核法概论

General Theory of Nuclear Law

汪 劲 **主　编**
胡帮达 **副主编**

图书在版编目(CIP)数据

核法概论/汪劲主编.—北京:北京大学出版社,2021.2
21世纪法学规划教材
ISBN 978-7-301-31830-0

Ⅰ.①核… Ⅱ.①汪… Ⅲ.①核安全—能源法—高等学校—教材 Ⅳ.①D912.6

中国版本图书馆CIP数据核字(2020)第220901号

书　　　名	核法概论
	HEFA GAILUN
著作责任者	汪　劲　主　编
责 任 编 辑	郭瑞洁
标 准 书 号	ISBN 978-7-301-31830-0
出 版 发 行	北京大学出版社
地　　　址	北京市海淀区成府路205号　100871
网　　　址	http://www.pup.cn
电 子 信 箱	law@pup.pku.edu.cn
新 浪 微 博	@北京大学出版社　@北大出版社法律图书
电　　　话	邮购部 010-62752015　发行部 010-62750672　编辑部 010-62752027
印 刷 者	河北滦县鑫华书刊印刷厂
经 销 者	新华书店
	787毫米×1092毫米　16开本　15.25印张　409千字
	2021年2月第1版　2021年2月第1次印刷
定　　　价	39.00元

未经许可,不得以任何方式复制或抄袭本书之部分或全部内容。
版权所有,侵权必究
举报电话:010-62752024　电子信箱:fd@pup.pku.edu.cn
图书如有印装质量问题,请与出版部联系,电话:010-62756370

编写说明

本书是北京大学教材建设计划立项教材。教材获准立项之初，主编结合参与《核安全法》《原子能法》的立法和论证工作，邀请参与起草论证《原子能法》《核安全法》工作的唐应茂、胡帮达、耿保江、张钰羚等学者作为责任撰稿人分头撰写了教材初稿。本教材出版以前，国内尚未公开出版发行过高等法学院校教学用核法类教科书。因此，本教材在编写中除了关注国家核与辐射相关法律法规和部门规章和有关技术标准规范及其解释类文献外，还大量参考了国外核法教材、论文和专著。

北京大学核科学与技术研究院四位院士曾于2010年8月向时任国务院总理提交了由北大核政策与法律研究中心撰写的《关于尽快制定我国原子能法的建议》报告，由此推动了国务院将制定原子能法列入2011年立法工作计划。然而，不凑巧的是2011年3月日本福岛发生核事故，促使我国原子能立法的重点转移到先行制定《核安全法》的工作上来。2017年9月1日全国人大常委会第三次审议通过了《核安全法》（2018年1月1日起施行）。考虑到起草中的《原子能法》草案文稿基本成熟并可能于2020年以前提交全国人大常委会审议通过，我们的撰稿工作曾作短暂停顿，希望在《原子能法》通过后完善书稿。在此期间，主编组织部分师生赴中广核大亚湾核电基地实地考察，赴甘肃嘉峪关中核核工业基地参加核燃料循环专题调研，并赴日本龙谷大学与北川秀树教授和大岛坚一教授研讨福岛核事故损害赔偿等法律问题。

2019年春季学期，主编结合北大《能源法专题研究》课程教学，邀请部分博士和硕士研究生在查阅国内外核法文献资料的基础上对初稿的内容作了修改订正。2020年春季学期，又组织责任撰稿人对2019年修改订正稿作了审核和修改，并再次利用《能源法专题研究》课程教学的机会邀请部分博士和硕士研究生在查阅文献资料的基础上参与对修改订正稿进行了修改完善，并组织全体人员共同参与了最终稿的修改完善工作。

可能是因为时机不成熟等原因，《原子能法（征求意见稿）》直到本书付诸出版之日也未提交全国人大常委会一审。

本教材由汪劲任主编，胡帮达任副主编，是北大核政策与法律研究中心研究人员从事核政策与法律研究与教学工作的集体成果。各章撰稿人如下：

第一章由汪劲（责任撰稿人）、张钰羚、李欣悦参与撰写；

第二章由胡帮达（责任撰稿人）、张钰羚、唐应茂参与撰写；

第三章由汪劲（责任撰稿人）、耿保江、唐应茂、张钰羚、邓策参与撰写；

第四章由唐应茂（责任撰稿人）、刘宁参与撰写；

第五章由胡帮达（责任撰稿人）、傅哲明、查宇星参与撰写；

第六章由耿保江（责任撰稿人）、刘宁、刘颖参与撰写；

第七章由耿保江（责任撰稿人）、刘颖、吴可婷参与撰写；

第八章由张钰羚（责任撰稿人）、傅哲明、冯令泽南参与撰写；

第九章由胡帮达（责任撰稿人）、李若英参与撰写。

本教材由胡帮达负责统稿，汪劲最终定稿。

本教材具有如下特点：

首先，从法学角度出发，全面探索和谋求中国核法与政策规范的体系化；其次，结合国内外核法发展，以法学方法介绍和评述了中国核法制度与政策的理论与实践；再次，力求全面体现国内外核法与政策有关较为明确和统一的学术观点及其法律实践；最后，鉴于核法属于法学与核科学的交叉学科，教材在正文之外相应安排了专栏、图表、案例，通过对核法制度的背景知识和相关原理与方法的介绍，辅助和促进读者加深对核法相关制度与内容的理解。教材还通过提取事项索引的方法，将各类概念和文献名附于书尾以方便读者快速查阅并有助于阅读。

因我们从事核法教学科研工作时间不长、才疏学浅和经验不丰富，难免会在教材中出现这样或者那样的问题。敬请读者批评指正！我们将会在今后的修订中不断予以改进。

汪　劲

2020 年 8 月 31 日

写于陈明楼 507 室

责任撰稿人简介

汪　劲（主编，第一、三章责任撰稿人），法学博士，北京大学法学院教授，北京大学核政策与法律研究中心主任。兼任中国法学会环境资源法研究会副会长，国家核安全专家委员会委员，生态环境部法律顾问。曾任《原子能法》《核安全法》起草小组专家组副组长。研究方向为核法律与政策，环境与资源保护法学。著有《环境法学（第四版）》（独著，教育部"十五"国家级规划教材，北京大学出版社2018年）、《核安全立法知识读本》（编写组组长，人民交通出版社2015年）等多部法学统编教材。

胡帮达（副主编，第二、五、九章责任撰稿人），法学博士，华中科技大学法学院副教授，北京大学核政策与法律研究中心兼职研究员。研究方向为核法律与政策，环境与资源保护法。著有《核法中的安全原则研究》（独著，法律出版社2019年）、《核安全立法知识读本》（撰稿人，人民交通出版社2015年）等。曾参与《原子能法》《核安全法》的起草论证工作。

唐应茂（第四章责任撰稿人），法学博士，北京大学法学院副教授，北京大学核政策与法律研究中心副主任。研究方向为核法律与政策，国际经济法。著有《债市开放》（法律出版社2019年）、《法院执行为什么难：转型国家中的政府、市场与法院》（北京大学出版社2009年）和《电子货币与法律》（法律出版社2002年）等。曾主持承担教育部人文社科项目《我国原子能立法研究》课题并参与《原子能法》的起草论证工作。

耿保江（第六、七章责任撰稿人），法学博士，唐山市纪委监委驻唐山市生态环境局纪检监察组副组长，北京大学核政策与法律研究中心兼职研究员。研究方向为核法律与政策，环境与资源保护法。著有《核管理机构职责论》（博士学位论文，2017年）、《核安全立法知识读本》（撰稿人，人民交通出版社2015年）等。曾参与《原子能法》《核安全法》的起草论证工作。

张钰羚（第八章责任撰稿人），法学博士，中国核工业集团有限公司法务主管，北京大学核政策与法律研究中心兼职研究员。研究方向为核法律与政策，环境与资源保护法。著有《核损害赔偿制度研究——以主体为核心》（博士学位论文，2018年）、《核安全立法知识读本》（撰稿人，人民交通出版社2015年）等。曾参与《核安全法》的起草论证工作。

目 录

- 1 第一章 核法概述
  - 1 第一节 核能与核技术利用概述
    - 1 一、核能与核技术利用的概念
    - 4 二、核能与核技术利用的发展历程
  - 6 第二节 核法的概念
    - 6 一、核法的定义和特征
    - 7 二、核法的目的
    - 8 三、核法的渊源
    - 12 四、核法在我国部门法体系中的地位
  - 16 第三节 核法的创制与发展
    - 16 一、核法的形成与演变
    - 22 二、中国核法的发展历程
  - 27 第四节 核法的效力范围
    - 27 一、对人的效力
    - 28 二、空间效力
    - 28 三、时间效力
- 30 第二章 核法的基本原则
  - 30 第一节 安全原则
    - 31 一、安全原则的概念
    - 35 二、安全原则的适用
  - 38 第二节 独立监管原则
    - 38 一、独立监管原则的概念
    - 39 二、独立监管原则的适用
  - 41 第三节 责任原则
    - 41 一、责任原则的概念
    - 43 二、责任原则的适用

44	第四节	透明原则
44		一、透明原则的概念
47		二、透明原则的适用
48	第五节	国际合作原则
48		一、国际合作原则的概念
51		二、国际合作原则的适用

53　第三章　核法的主体

53	第一节	国家和政府机关
53		一、国家
56		二、政府及其主管部门
62	第二节	核能开发利用单位
62		一、核能开发利用单位概述
66		二、核能开发利用单位应当具备的能力和条件
67		三、核能开发利用单位的基本义务
68	第三节	公众
68		一、核法中公众的概念
69		二、公众享有的核法中的权利
74	第四节	国际核能组织
75		一、国际原子能机构
77		二、经济合作与发展组织核能署
79		三、其他区域核能组织
80		四、非政府国际核能组织

82　第四章　核能利用许可与辐射防护

83	第一节	核能利用许可的内容
84		一、核能利用许可的规范体系
85		二、核能利用许可的条件
85		三、核能利用许可的程序
87	第二节	我国核能利用许可的类型
87		一、核设施安全许可
92		二、核活动许可
95		三、放射性矿产资源和核材料许可
97		四、核活动从业资格和资质许可

99	第三节 辐射防护
99	一、辐射防护的原则
102	二、辐射防护的基本要求

106 第五章 核设施的安全管控

106	第一节 核设施安全概述
106	一、核设施的概念与类型
107	二、核设施安全管控与核事故
111	第二节 核设施的选址和设计
111	一、核设施的选址
114	二、核设施的设计
115	第三节 核设施的建造与运行
115	一、核设施的建造
118	二、核设施的运行
124	第四节 核设施的退役
124	一、核设施退役的条件和目标要求
126	二、核设施退役的过程管控

130 第六章 核活动安全管控

130	第一节 核技术利用安全
130	一、核技术利用中安全管控的原则
132	二、核技术利用中安全管控的措施
136	第二节 乏燃料与放射性废物管理安全
136	一、乏燃料与放射性废物的概念
137	二、乏燃料管理安全
140	三、放射性废物管理安全
144	第三节 放射性物质运输安全
144	一、放射性物质及其运输的概念
146	二、放射性物质运输容器的设计、制造与使用
150	三、放射性物质运输的安全责任

153 第七章 核应急

153	第一节 核事故应急
153	一、核事故应急的概念

155		二、核事故应急组织体系
157		三、核事故应急准备和响应
161	第二节	辐射事故应急
161		一、辐射事故应急的概念
162		二、辐射事故应急组织体系
164		三、辐射事故应急准备和响应

167　第八章　核损害赔偿

167	第一节	核损害的概念
167		一、核损害的定义和特征
172		二、核损害的范围
175	第二节	核损害赔偿责任
175		一、核损害赔偿责任的概述
178		二、核损害赔偿责任的确定
186		三、核损害赔偿案件的管辖
187	第三节	核损害救济的财务保障机制
187		一、核损害救济财务保障机制的概念及其形式
188		二、核设施营运者的财务保证
192		三、国家补偿
194		四、国际公共基金

196　第九章　核安保和核不扩散

196	第一节	核安保
196		一、核安保问题的由来
198		二、核安保的国际法律框架和一般制度要求
205		三、中国的核安保法律制度
208	第二节	核不扩散
208		一、核不扩散问题的由来
209		二、核不扩散的国际法律框架和主要制度措施
213		三、中国与核不扩散

217　参考文献

220　文件索引

224　事项索引

Contents

1　Chapter 1　Overview of Nuclear Law

- 1　　1.1　Overview of Nuclear Energy and Utilization of Nuclear Technology
- 1　　　　1.1.1　Concept of Nuclear Energy and Utilization of Nuclear Technology
- 4　　　　1.1.2　Development of Nuclear Energy and Utilization of Nuclear Technology
- 6　　1.2　Concept of Nuclear Law
- 6　　　　1.2.1　Definition and Characteristics of Nuclear Law
- 7　　　　1.2.2　Purpose of Nuclear Law
- 8　　　　1.2.3　Source of Nuclear Law
- 12　　　 1.2.4　Status of Nuclear Law in National Legal System
- 16　　1.3　Creation and Development of Nuclear Law
- 16　　　　1.3.1　Formation and Evolution of Nuclear Law
- 22　　　　1.3.2　Development Process of PRC's Nuclear law
- 27　　1.4　Scope of Validity of Nuclear Law
- 27　　　　1.4.1　Validity on Person of Nuclear Law
- 28　　　　1.4.2　Spatial Validity of Nuclear Law
- 28　　　　1.4.3　Validity in Time of Nuclear Law

30　Chapter 2　Basic Principles of Nuclear Law

- 30　　2.1　Safety Principle
- 31　　　　2.1.1　Concept of Safety Principle
- 35　　　　2.1.2　Application of Safety Principle
- 38　　2.2　Independent Regulation Principle
- 38　　　　2.2.1　Concept of Independent Regulation Principle
- 39　　　　2.2.2　Application of Independent Regulation Principle
- 41　　2.3　Responsibility Principle
- 41　　　　2.3.1　Concept of Responsibility Principle

43		2.3.2 Application of Responsibility Principle
44	2.4	Transparency Principle
44		2.4.1 Concept of Transparency Principle
47		2.4.2 Application of Transparency Principle
48	2.5	International Co-operation Principle
48		2.5.1 Concept of International Co-operation Principle
51		2.5.2 Application of International Co-operation Principle

53　Chapter 3　Legal Subjects in Nuclear Law

53	3.1	State and Government Agencies
53		3.1.1 State
56		3.1.2 Government and Its Agencies
62	3.2	Exploitation and Utilization Entities
62		3.2.1 Overview of Exploitation and Utilization Entities
66		3.2.2 Capabilities and Requirements for Exploitation and Utilization Entities
67		3.2.3 Basic Obligations of Exploitation and Utilization Entities
68	3.3	General Public
68		3.3.1 Concept of General Public in Nuclear Law
69		3.3.2 Rights of General Public in Nuclear Law
74	3.4	International Nuclear Energy Organizations
75		3.4.1 International Atomic Energy Agency
77		3.4.2 Nuclear Energy Agency of Organization for Economic Co-operation and Development
79		3.4.3 Other Regional Nuclear Energy Organizations
80		3.4.4 Non-governmental International Nuclear Energy Organizations

82　Chapter 4　Nuclear Energy Utilization License and Radiation Protection

83	4.1	Contents of Nuclear Energy Utilization License
84		4.1.1 Applicable Laws for Nuclear Energy Utilization License
85		4.1.2 Conditions for Nuclear Energy Utilization License
85		4.1.3 Procedures for Nuclear Energy Utilization License
87	4.2	Types of Nuclear Energy Utilization License
87		4.2.1 Safety License of Nuclear Facilities

92		4.2.2 License for Nuclear Activities
95		4.2.3 License for Exploration and Mining of Radioactive Mineral Resources and Nuclear Materials
97		4.2.4 Qualification License for Nuclear Activities
99	4.3	Radiation Protection
99		4.3.1 Principles of Radiation Protection
102		4.3.2 Basic Requirements for Radiation Protection
106	**Chapter 5**	**Safety Management and Control of Nuclear Facilities**
106	5.1	Overview of Safety of Nuclear Facilities
106		5.1.1 Concept and Types of Nuclear Facilities
107		5.1.2 Safety Management and Control of Nuclear Facilities and Nuclear Accident
111	5.2	Siting and Design of Nuclear Facilities
111		5.2.1 Siting of Nuclear Facilities
114		5.2.2 Design of Nuclear Facilities
115	5.3	Construction and Operation of Nuclear Facilities
115		5.3.1 Construction of Nuclear Facilities
118		5.3.2 Operation of Nuclear Facilities
124	5.4	Decommissioning of Nuclear Facilities
124		5.4.1 Condition and Objective Requirements for Nuclear Facilities
126		5.4.2 Process Control of Decommissioning of Nuclear Facilities
130	**Chapter 6**	**Safety Management and Control of Nuclear Activities**
130	6.1	Safety of Utilization of Nuclear Technology
130		6.1.1 Principles of Safety Management and Control of Utilization of Nuclear Activities
132		6.1.2 Measures of Safety Management and Control of Utilization of Nuclear Activities
136	6.2	Safety of Spent Fuel and Radioactive Waste Management
136		6.2.1 Concept of Spent Fuel and Radioactive Waste
137		6.2.2 Safety of Spent Fuel Management
140		6.2.3 Safety of Radioactive Waste Management
144	6.3	Safety of Radioactive Material Transportation

144	6.3.1 Concept of Radioactive Material and Transportation
146	6.3.2 Design, Manufacture and Use of Radioactive Material Transportation Containers
150	6.3.3 Safety Responsibility of Radioactive Material Transportation

153　Chapter 7　Nuclear Emergency

153	7.1 Nuclear Accident Emergency
153	7.1.1 Concept of Nuclear Accident Emergency
155	7.1.2 Organization System of Nuclear Accident Emergency
157	7.1.3 Nuclear Accident Emergency Preparedness and Response
161	7.2 Radiological Accident Emergency
161	7.2.1 Concept of Radiological Accident Emergency
162	7.2.2 Organization System of Radiological Accident Emergency
164	7.2.3 Radiological Accident Emergency Preparedness and Response

167　Chapter 8　Compensation for Nuclear Damage

167	8.1 Concept of Nuclear Damage
167	8.1.1 Definition, Nature and Characteristics of Nuclear Damage
172	8.1.2 Scope of Nuclear Damage
175	8.2 Compensation Liability for Nuclear Damage
175	8.2.1 Overview of Compensation Liability for Nuclear Damage
178	8.2.2 Determination of Compensation Liability for Nuclear Damage
186	8.2.3 Jurisdiction over the Cases of Compensation for Nuclear Damage
187	8.3 Financial Guarantee Mechanism for Nuclear Damage Relief
187	8.3.1 Concept and Forms of Financial Guarantee Mechanism for Nuclear Damage Relief
188	8.3.2 Financial Security Provided by Nuclear Facility Operators
192	8.3.3 State Compensation
194	8.3.4 International Public Funds

196　Chapter 9　Nuclear Security and Non-proliferation

| 196 | 9.1 Nuclear Security |
| 196 | 9.1.1 Origin of Nuclear Security Issues |

198		9.1.2 International Legal Framework and General Institutional Requirements for Nuclear Security
205		9.1.3 PRC's Nuclear Security Legal System
208	9.2	Nuclear Non-proliferation
208		9.2.1 Origin of Nuclear Non-proliferation Issues
209		9.2.2 International Legal Framework and Main Institutional Measures for Nuclear Non-proliferation
213		9.2.3 PRC and Nuclear Non-proliferation

217 Bibliography

220 Document Index

224 Item Index

第一章

核 法 概 述

【教学目的与要求】 了解核能与核技术的概念,核能与核技术利用的现状,理解核法的定义、特征、目的、渊源及核法的体系,了解核法的创制与发展、核法的效力范围,为学习和掌握核法提供理论基础。

核能和核技术的和平利用对促进科学技术进步和经济发展具有重要意义,但同时也潜藏着对人体健康、生态环境、公共安全甚至国家安全方面的风险,有必要通过法律手段来控制核能与核技术利用的风险,以增进其对人类带来的福祉。这样一类法律就是本书所称的核法,它是调整核能与核技术利用过程中形成的社会关系的一套规范体系。本章将在介绍核能与核技术相关概念和发展历史的基础上,阐述核法的概念、演变历程及其适用范围,为读者了解核法这一高度专业性的领域法建立一个初步框架。

第一节　核能与核技术利用概述

一、核能与核技术利用的概念

(一)核能的概念

核能,也称为"原子能",是通过核裂变或核聚变反应从原子核释放出的能量。① 在英文中,"核能"与"原子能"分别对应的是"nuclear energy"和"atomic energy",它们通常指原子核变化过程中所释放的巨大能量,是相同内涵的概念的不同称谓。

 专栏1.1

核裂变(左)与核聚变(右)

通过裂变释放的能量称为核裂变能,通过聚变释放的能量称为核聚变能。

核裂变能,即一个原子核分裂时释放的能量。例如,一个铀-235原子核在中子作用下裂变为两个或多个较轻原子核的过程中所释放的能量就是核裂变能。核聚变能,即多个原子

---

① 参见《核安全立法知识读本》编委会编:《核安全立法知识读本》,人民交通出版社2015年版,第2页。

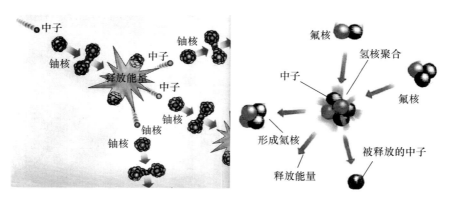

核结合时释放的能量。例如,氢的同位素——氘和氚的原子核结合在一起生成氦的过程所释放的能量就是核聚变能。

资料来源:《核安全立法知识读本》编委会编:《核安全立法知识读本》,人民交通出版社2015年版,第2页。

我国的核立法没有区分核能与原子能。例如在《核安全法》(2017年)、《放射性污染防治法》(2003年)以及《中华人民共和国政府和美利坚合众国政府和平利用核能合作协定》(1985年)中使用的是核能,而在《原子能法(征求意见稿)》(2018年)、《中华人民共和国政府和比利时王国政府和平利用原子能合作协定》(1985年)则使用了原子能。

国际核法文件也没有明确地对二者进行区分和定义。如在表述"和平利用核能/原子能"这一语义时,《国际原子能机构规约》(1956年)使用的是"原子能"一词,《核安全公约》(1994年)使用了"核能"一词,而《不扩散核武器条约》(1968年)既使用了"原子能"也使用了"核能"的表述。

此外,各国法律对这两个概念的采用也不一致。例如美国《原子能法》(1954年)通篇使用"原子能"概念,其对"原子能"的定义是"核裂变或核转变过程中释放出来的各种形式的能量"。日本《原子能基本法》(1955年)中对"原子能"的定义是"在原子核转变的过程中释放的所有种类的能量"。韩国《原子能法》(1958年)对"核能"的定义是"指原子核转变过程中从原子核中释放的所有形式的能量"。印度《原子能法》(1962年)对"原子能"的定义是"原子核由于裂变和聚变等过程释放的能量"。这些定义与《国际原子能机构安全术语》(2007年)中对"nuclear"的解释即"核的(形容词),严格地讲,涉及核子;涉及或利用核裂变或核聚变释放的能量"只是在措辞上有细微的差别。

我国《原子能法(征求意见稿)》(2018年)对原子能的解释是"原子能,也称核能,是指核反应(裂变或聚变)或者核跃迁时释放的能量"。

(二) 核技术利用的概念

核技术利用(utilization of nuclear technology),也称核技术应用,是指密封放射源、非密封放射源和射线装置在医疗、工业、农业、地质调查、科学研究和教学等领域中的使用。[①]

核技术包括放射性同位素技术和辐射技术。无论是哪种核技术,其工作原理都是利用电离射线(如X射线、γ射线等)与物质相互作用(参见专栏1.2),从而开展研究或生产活动。核技术的种类很多,包括各类加速器、核探测器、成像装置、放射线医疗设备、放射性同位素

---

① 参见我国《放射性污染防治法》(2003年)第62条对"核技术利用"的定义。

及制品(治疗和显像药物)、辐射改性的材料等。核技术的应用领域涉及工业、农业、医疗健康、环境保护、资源勘探和公众安全等领域,应用范围十分广泛。

专栏 1.2

辐射的概念及其分类

自然界中的一切物体,一般都会以电磁波的形式时刻不停地向外传送热量,这种传送能量的方式称为辐射。简单说来就是从某种物质中发射出来的波或粒子(热辐射、核辐射等)。其实我们天天和辐射打交道,只是我们自己并不一定会意识到,太阳光、紫外线、热、声等这些都是辐射。但当人们谈论辐射时,往往想到的却是相关放射性的这一类辐射。

辐射可分为非电离辐射和电离辐射。像太阳光、紫外线、热、声等这些都属于非电离辐射,而上面所说的放射性同位素发出的射线属于电离辐射,如钴—60 放射源发出的 γ 射线,以及常说的 α 射线、β 射线、中子射线等属于电离辐射。

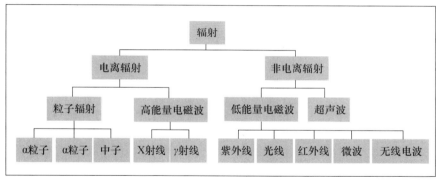

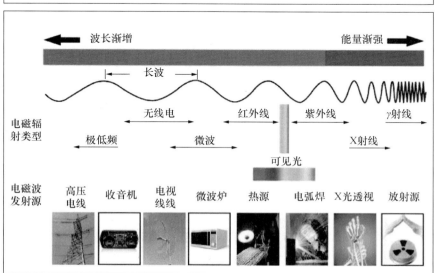

资料来源:国家核安全局网站科普园地:《神奇的核技术(二)》,http://nnsa.mee.gov.cn/zhxx_8953/kpyd/kpcl/201904/t20190412_699443.html,最后访问时间:2020 年 7 月 15 日。

二、核能与核技术利用的发展历程

（一）核能利用的历史与现状

1896年，德国科学家伦琴和法国科学家贝克勒尔分别发现了人工放射性和天然放射性。1898年，居里夫妇发现了放射性更强的钋和镭，并于1902年分离出了高纯度的镭。1905年，爱因斯坦提出狭义相对论，其中包含的质能方程为核能的开发奠定了理论基础。1938年，德国物理化学家哈恩和斯特拉斯曼发现了铀235的裂变现象，其后，物理学家费米提出了链式反应的理论，指出少量的铀经过裂变，可以产生数千倍于燃烧或其他化学作用所产生的能量。以上发现使核能的利用从理论走向了现实，其首先得到应用的领域是军事方面。1942年12月28日，罗斯福授权制造原子弹，制定了著名的曼哈顿计划（Manhattan Project），自此军用核能技术得到快速发展。在1945年至1955年这10年间，美国、苏联、英国等国家相继研制成功原子弹。

中国的军用核能在20世纪60年代飞速发展，1964年10月，中国自行研究、设计、制造的第一颗原子弹爆炸成功。仅2年零8个月后，即1967年6月，中国又成功进行了首次氢弹试验。1971年9月，中国第一艘核潜艇试航成功。中国成为世界上第五个拥有核潜艇的国家。

民用核能技术发端于军用核能技术。1945年第二次世界大战结束之后，核能被逐渐应用到非军事领域。民用核能的发展从20世纪50年代初探索起步。1953年12月8日，美国总统艾森豪威尔在联合国大会上发表了"原子能用于和平"（Atoms for Peace）计划的演说。该计划呼吁有核武器国家和无核武器国家进行合作，共同分享原子能技术；同时提议建立一个国际性的原子能机构。这次演说宣告了民用原子能时代的到来，对世界核政策从"保密和否定"向"开放和透明"进而向"和平利用原子能"转变起了重大的推动作用。其后10年内，苏联、英国、法国、美国、德国、加拿大及比利时等国家相继建成核电厂并投入运行，民用核工业得以发展。

民用核能利用的发展速度非常快。以核能发电为例，经过几十年的技术革新，核能发电技术也在不断地更新换代。从最初基于军用反应堆技术而设计建造的首批原型堆，到商用核电厂大发展时期的改进型核电技术，再到第三代核电技术，最后再到如今研发的第四代核能系统，每一代核技术的革新都意味着核电安全性的提高（参见专栏1.3）。

专栏1.3

核电站的类型

1942年12月，在美国芝加哥大学建成的世界第一座反应堆验证了可控的核裂变链式反应的科学可行性。至今，虽然世界上没有形成统一的划分标准，一般来讲世界核能系统的发展可以粗略地划为下述四代。

第一代核能系统是20世纪50~70年代，基于军用核反应堆技术，由美国、苏联、加拿大、英国等国家，设计、开发、建造的首批原型堆，用于发电或生产裂变材料。

第二代核能系统是20世纪70~90年代末，在第一代核能系统的安全性、可靠性和经济性得到验证以后，对这些经验证的机型实施了标准化、进行了系列化批量建设的核电厂。这一时期是商用核电厂大发展的时期。这一代的核电机组类型主要有美国设计的压水堆核电机型和沸水堆核电机型、法国设计的压水堆核电机型、俄罗斯设计的轻水堆核电机型,以及加拿大设计的重水堆核电机型等。

第三代核能系统派生于目前运行中的第二代核能系统。反应堆的设计基于同样的原理,并吸取了这些反应堆几十年的运行经验,进一步采用经过开发验证且可行的新技术,旨在提高现有反应堆的安全性。第三代核能系统的开发始于20世纪90年代,首次建成的采用第三代技术的核电机组是日本1997年投入运行的柏崎刈羽核电厂的两台先进型沸水堆机组。

第四代核能系统是未来新一代先进核能系统,无论是在反应堆还是在燃料循环方面都有重大的革新和发展。第四代核能系统的发展目标是增强能源的可持续性、核电站的经济竞争性、安全和可靠性以及防扩散和外部侵犯能力。目前最具发展前景的反应堆有六种:气体冷却快堆(GFR)、铅冷却快堆(LFR)、钠冷却快堆(SFR)、熔盐堆(MSR)、超临界水冷堆(SCWR)和超高温气冷堆(VHTR)。

资料来源:国家原子能机构:http://www.caea.gov.cn/n6759381/n6759387/n6759395/c6794088/content.html,最后访问时间:2020年5月15日。

从世界范围来看,目前有30多个国家拥有或正在建设核电厂,其中包括美国、法国、英国、日本、韩国、中国、巴西、印度、南非等国家。截至2020年7月,全世界在运核电机组共440台,装机容量3.893亿千瓦,在建机组54台,装机容量5.7441万千瓦。[1]

我国早在20世纪50年代就开展了核能开发利用的相关研究,并且建造了研究堆。20世纪80年代以后,我国建造了秦山核电厂和大亚湾核电厂,拉开了我国核电蓬勃发展的序幕。根据中国国家核安全局2019年报,截至2019年12月底,我国共有商业运行核电机组47台;在建核电机组15台,民用研究堆(临界装置)19座。[2]

(二)核技术利用历史与现状

从19世纪末开始,科学家就提出了利用核技术进行灭菌、无损检验、放射性示踪等设想。自1946年美国采用核反应堆大量生产放射性同位素取得成功之后,核技术利用形成规模,各种形式的核技术利用相继出现。

从世界范围来看,核技术利用最初(20世纪50年代)出现在农业、工业和医学领域,如辐射育种、核仪表、同位素自动扫描仪等。随着社会发展及现实需要,核技术利用不仅在农业、工业及医学等领域的用途越来越多,而且也逐步拓展到地质勘探、环保等领域。

虽然我国核技术利用的发展进程比发达国家滞后一些,但也从农业、工业和医学领域逐渐扩展到地质勘探、环保等领域,而且我国核技术利用于20世纪90年代开始产业化,迈开了快速发展的步伐。目前,我国核技术已广泛应用于国民经济的各个领域,并形成了一定的产业规模:在工业领域,核技术利用在辐射加工、射线工业CT检测等方面迅速发展;在农业领域,核技术已广泛应用于辐射育种、辐射加工等农业生产领域中;在医学领域,核技术应用于众多医疗设备中,如医用直线加速器、质子和重离子治疗加速器、医学影像诊断设备、放疗设备等;在环保领域,核技术在应对环保问题方面正以明显的优势发挥着越来越重要的作用,如利用辐射处理生活污水和工业废水,利用电子束照射的方法处理大气中的硫氧化物、

---

[1] 参见国际原子能机构网站,https://pris.iaea.org/PRIS/home.aspx,最后访问时间:2020年5月1日。
[2] 参见国家核安全局发布《中华人民共和国国家核安全局2019年报》,2020年6月,第3页。

氮氧化物等污染物等。

2016年以来，我国核技术利用呈现出新的发展趋势，国防军事安全和国家战略性新兴产业等都对其提出了紧迫、重大的需求。同时，我国经济的快速发展以及产业结构调整转型和创新驱动、军民融合等宏观因素为核技术利用提供了广阔的舞台。而我国持续完善的核法体系也为我国核技术利用的健康发展保驾护航（参见专栏1.4）。

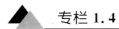

专栏 1.4

民用核技术发展前景

核技术应用具有技术含量高、替代难度大、应用范围广等特点，不仅可以加快推动相关产业转型升级，还可以产生巨大的经济效益和社会效益。目前，我国民用核技术产业年产值超过3000亿元，但其占GDP比重仅为0.4%，与发达国家相比发展潜力巨大。

民用核技术是战略性新兴产业，被称为"核工业的轻工业"。民用核技术应用包括以带电粒子加速器、放射性同位素为辐射源的辐射技术应用，以放射性同位素为载体的辐射、示踪技术应用等，目前广泛在工业、农业、医疗、环保、国家安全等国民经济领域实践。近年来，我国已出台了多项政策，将民用核技术产业列入高新技术产业给予扶持。2016年，《"十三五"核工业发展规划》更是将"促进核技术应用，壮大核产业规模"作为重点任务推进。此外，科技部在历次国家科技攻关计划和科技支撑计划中均给予了研发支持。

民用核技术不仅在工业领域应用越来越广泛，还与百姓生活日趋密切。以核医学为例，目前我国形成了完整的临床应用体系。截至2015年底，全国拥有PET和PET/CT设备258台，核医学显像诊断210万人次/年，诊断费用近50亿元；我国肿瘤治疗机构从1986年的264家增长到2015年的1413家，放疗市场由2008年的8.4亿元增长至2015年的38.8亿元，年复合增速达24.42%，且呈现加速迹象。同时，一批龙头企业迅速成长起来，创造出巨大的经济和社会效益。我国民用核技术发展始终坚持自主创新，在电子辐照加速器制造、γ辐照装置及钴源生产、射线成像检测设备、医学诊疗设备等众多领域均取得了较快进展，专利年申请量达近万件。截至2016年底，我国已有400多家单位直接从事辐射科学和技术研发与生产，相关单位达数千家，民用核技术产业年产值超过3000亿元，是2010年的3倍，为全社会提供了近10万个就业岗位。

资料来源：《国家原子能机构网站科普知识——核技术应用》，http://www.caea.gov.cn/n6759381/n6759387/n6759391/c6803475/content.html，最后访问时间：2020年7月13日。

第二节　核法的概念

一、核法的定义和特征

虽然核能与原子能概念在内涵上没有差别，但由于核能开发利用关系不仅涉及核能的开发利用，也涉及核技术的开发利用，因而核法的概念较原子能法相对广义。为方便起见，本书书名及相关内容均采取了核法(Nuclear law)的概念表述。

国际原子能机构(IAEA)在2003年出版的《核法手册》(Handbook on Nuclear Law)认为,核法是指规范从事与可裂变材料、电离辐射和接触天然辐射源有关活动的法人或自然人行为的特殊法律规范的统称。[①] 该手册进一步解释核法规范包含四个要素:首先,作为特殊法律规范,核法是国家基本立法的一部分,同时还包含着技术特殊属性决定的各种规则;其次,核法包含对"风险—收益"方法的调整,这是规制那些对社会和经济发展有益但同时风险巨大的人类活动的核心;再次,与其他的法律制度一样,该法律规范涉及法人的行为,包括商业的、学术的、科学的、和政府机构的行为,以及个人的行为;最后,核法着眼于以(由于利用可裂变材料或电离辐射而制造的)放射性为特征来定义该特殊法律规范的范畴。

本书认为,核法是以防范并管制核能与核技术风险和衡平利益为目的,调整人们在核能与核技术应用过程中形成的核能开发利用关系的法律规范的统称。其中,核能与核技术应用包含以下几个方面:核能开发利用、放射性物质开发利用、辐射防护以及其他核技术利用。

该定义包含如下三个特征:

第一,核法的目标是防范并管制核技术风险和平衡核技术应用带来的利益。因此,核法要求在任何时候,核能的研究、开发、利用和管理都应当无条件服从于共同防御风险与确保核安全作出最大贡献的最高目标。在此基础上,核法关注的重点是核安全以及涉核主体的各种谨慎义务及责任,以及合理分配涉核主体及关联利益主体(如核设施所在地与周边居民)因承担核设施与核技术应用及其容忍风险所带来的经济利益。

第二,核法的调整对象是核能开发利用过程中,在依法确立的核能开发利用单位、核安全监管机构以及公众等主体间形成的权利义务关系。既包括核安全监管机构与核能开发利用单位之间的监督与管控关系,也包括核能开发利用单位与其他单位或个人之间的经济关系,以及公众与核能开发利用单位、核安全监管机构之间的信息交换关系。

第三,核法除包含原子能法等以和平利用核能为目的的法律,核技术应用(如铀矿开发、核材料运输、贮存、利用、废弃以及放射性污染防护等)管理以及核安全监督管理的法律外,还包括核能与核技术应用领域的国际条约与协定,以及法律所指引适用的规制核能与核技术应用行为相关的核技术标准与技术规范。

二、核法的目的

核法的目的,是立法者拟通过实定法实现规制核行为的理想和目标,是确立核法基本原则的思想和理论结晶。综合核领域国际条约和各国核法律的目的以及相关论著的观点,本书认为,核法的目的主要包括以下几方面:

其一,和平利用核能以增进人类福祉,即允许和平地、有益地使用核能以及通过其他方式应用核技术。这一目的主要针对核能的利用问题,包含两个维度:第一,和平利用核能,即核法应当以和平利用核能为宗旨,防止核武器扩散,禁止核武器试验等;第二,促进民用核能的开发和利用,即核法应当促进民用核能科技研发、合作、推广、应用和产业扶持等。

其二,防控风险以保障人类和生态安全,即对现代和未来的人类与环境提供充分的保

---

① See C. Stoiber, A. Baer, N. Pelzer, et al., *Handbook on Nuclear Law*, International Atomic Energy Agency, 2003, p. 4.

护,使之远离相关风险的有害影响。这一目的主要针对核能利用的风险问题,包含两个维度:第一,防止核与辐射事故,核法应当为开展与核能及电离辐射相关的活动提供可以充分保护个体、财产和环境的法律框架,并为核设施等放射源的安全和保安提供充分的保护,并建立旨在对电离辐射的和平利用实施监管控制的监管机构①;第二,制止核恐怖主义,制定和采取有效的措施,防止核恐怖主义行为,对行为人加以惩罚。

其三,衡平各方利益,即对于核能开发利用关系所涉及的各方主体间的利益加以平衡。主要涉及国家和政府的利益、核能开发利用单位的利益、相关单位与个人的利益及公众的合法权益。

三、核法的渊源

核法的渊源,是指核法的外在表现形式。从制定法的角度看,我国核法的渊源包括国内法渊源和国际法渊源两部分。

(一)国内法渊源

《立法法》(2000年制定、2015年修正)确立了我国二级多元的立法体制。核法的国内法渊源主要表现为法律、行政法规、地方性法规(含自治条例和单行条例)、规章等。此外,从法律适用实践看,有权的国家机关对法的适用作出的具有普遍意义的解释也属于我国核法的渊源。

1. 法律

由于核能开发利用关系涉及既存法律关系的多个领域,因此核法的法律渊源存在于诸多部门法之中。依照《立法法》的规定,法律的效力高于行政法规、地方性法规及规章。

第一,以调整核能利用关系为目的的法律。这些法律是核法渊源的主要内容。我国现行有效的核法包括《核安全法》(2017年)和《放射性污染防治法》(2003年)。目前,我国的《原子能法》正在起草中。②

第二,包含调整核能利用关系的法律。出于法律的一致性和统一性原则,在我国由全国人大及全国人大常委会通过的法律中,许多都包含有调整核能利用关系的实体和程序规范。例如,在海洋保护法、环境保护法、水污染防治法、大气污染防治法、固体废物污染防治法、安全生产法、治安管理处罚法、刑法等法律中,均涉及对放射性物质与核安全管理的各种义务性、制裁性和授权性法律规范。

在法律效力上,以调整核能开发利用关系为目的的核法可以确立与国家基本法律的一般规定不一致的特别规定并适用。

2. 行政法规

行政法规是指由国务院依照宪法和法律制定的规范性文件,其法律效力低于法律。依照《立法法》的规定,国务院可以就下列事项作出规定:(1)为执行法律的规定需要制定行政法规的事项;(2)《宪法》第89条规定的国务院行政管理职权的事项。另外,对应当由全国

---

① See C. Stoiber, A. Baer, N. Pelzer, et al., *Handbook on Nuclear Law*, International Atomic Energy Agency, 2003, pp. 11-12.

② 参见2018年司法部公布的《中华人民共和国原子能法(征求意见稿)》,http://www.moj.gov.cn/news/content/2018-09/20/zlk_40216.html,最后访问日期:2020年6月10日。

人大及其常委会制定法律的事项但尚未制定法律的部分事项,国务院也可以根据全国人大及其常委会的授权决定先制定的行政法规。目前,国务院已经制定了《民用核设施安全监督管理条例》(1986 年)、《核材料管制条例》(1987 年)、《核电厂核事故应急管理条例》(1993 年)、《放射性同位素与射线装置安全和防护条例》(1989 年制定、2019 年修订)、《民用核安全设备监督管理条例》(2007 年制定、2019 年修订)、《核两用品及相关技术出口管制条例》(1998 年制定、2007 年修订)、《核出口管制条例》(1997 年制定、2006 年修订)、《放射性物品运输安全管理条例》(2009 年)和《放射性废物安全管理条例》(2011 年)等行政法规。

3. 国务院部门规章及其他规范性文件

依照《立法法》规定,国务院各部、委员会以及具有行政管理职能的直属机构,可以根据法律和国务院的行政法规、决定、命令,在本部门的权限范围内制定规章,规定执行法律或者国务院的行政法规、决定、命令的事项。没有法律或者国务院的行政法规、决定、命令的依据,部门规章不得设定减损公民、法人和其他组织权利或者增加其义务的规范,不得增加本部门的权力或者减少本部门的法定职责。

例如,国家核安全局制定了《核电厂在役检查无损检验技术能力验证实施办法(试行)》(2015 年)、《运行核电厂经验反馈管理办法(试行)》(2012 年)等规章。国家核安全局还与国家能源局联合制定了《与核安全相关的能源行业核电标准管理和认可实施暂行办法》(2012 年)。此外,国防科工局制定了《军工核安全设备监督管理办法》(2015 年)和《国防科技工业军用核设施定期安全审评管理办法》(2016 年)等规章。

依照《立法法》的规定,部门规章之间、部门规章与地方政府规章之间具有同等效力,在各自的权限范围内施行。

值得一提的是,在我国核安全监督管理领域,还存在着以 HAF(拼音"核安全法规"的简称)和 HAD(拼音"核安全导则"的简称)为简称的规范文件分类方式。其中,HAF 包括上述核安全方面的行政法规以及国家核安全局解释为执行核安全法律或国务院行政法规等事项而由国务院核安全监督管理部门在权限范围内制定的核安全规范性文件,HAD 则是国家核安全局制定的核安全技术规范。在国家法律和行政法规尚未对这两类规范性文件的性质作出定位前,本书认为 HAF 中除可以明确为行政法规和规章性质的,总体上属于部门规范性文件的范畴,而 HAD 则可以根据其制定程序和制定机关的权限纳入国家行业标准的范畴。

4. 地方性法规或地方政府规章

国家的核立法主要针对整个国家的核管理事项,只对具有共同性、基本性、原则性的内容予以规定,而无法针对事项的特殊性和个别性作出规定。依照《立法法》的规定,地方人大及其常委会根据本行政区域的具体情况和实际需要,在不与宪法、法律、行政法规相抵触的前提下,可以制定地方性法规。例如山东省人大常委会通过的《山东省辐射污染防治条例》(2014 年)、浙江省人大常委会通过的《浙江省核电厂辐射环境保护条例》(2002 年)、内蒙古自治区人大常委会通过的包括核与辐射安全内容的《内蒙古自治区环境保护条例》(1991 年制定、2018 年修正)、重庆市人大常委会通过的含有核与辐射安全方面内容的《重庆市环境保护条例》(2007 年制定、2018 年修正)、深圳市人大常委会通过的《大亚湾核电厂周围限制区安全保障与环境管理条例》(1994 年制定、2018 年修正)等。

《立法法》还规定,省、自治区、直辖市和设区的市、自治州的人民政府,可以根据法律、行政法规和本省、自治区、直辖市的地方性法规,制定规章,就为执行法律、行政法规、地方性法规的规定需要制定规章的事项和属于本行政区域的具体行政管理事项作出规定。例如广东省人民政府制定的《广东省核电厂环境保护管理规定》(1996年)、天津市人民政府制定的《天津市放射性废物管理办法》(1998年制定、2012年修正)、山东省人民政府制定的《山东省核事故应急管理办法》(2012年)等。

在核与辐射安全领域,目前我国还没有制定相关的自治条例和单行条例。

在效力层级上,地方性法规的效力高于本级和下级地方政府规章,省级人民政府制定的规章的效力高于本行政区域内的设区的市、自治州的人民政府制定的规章。

5. 对法的适用具有普遍意义的有权解释

这类有权解释包括立法解释、司法解释和行政解释。具体而言:

立法解释,是由全国人大常委会对核法的规定作进一步明确具体含义或者法律制定后出现新的情况作明确适用法律依据等的解释。它与法律具有同等效力。目前全国人大常委会尚未在核法领域作出任何法律解释。

司法解释,是由最高人民法院或最高人民检察院作出的属于审判、检察工作中具体应用法律的解释,这类解释应当主要针对具体的法律条文,并符合立法的目的、原则和原意。目前最高人民法院或最高人民检察院尚未作出过这类解释。

行政解释,是由依法行使核管理权的国务院有关部门根据法律、行政法规的授权对有关法律法规如何具体应用贯彻的问题所作的工作文件。这类解释相对较多,例如《国家核安全局关于进一步加强民用核安全设备无损检验人员考核监督工作的意见》(2013年)等。

(二)国际法渊源

一般认为,我国核法的国际法渊源包括条约、习惯、一般法律原则等。第二次世界大战以后,为了促进核能的和平利用,国际社会开始着手构建核能的规制体制,并组建了核能管理的国际组织——国际原子能机构。在国际原子能机构以及其他国际组织的共同努力下,核保障、核安保和核安全等方面的相关制度日趋完善,而构建这些制度的载体则为相关领域的大量国际文件。

从国际法的角度来看,这些国际文件可以分为两类,即硬法和软法。硬法是指对各缔约国具有法律效力的国际公约、条约及协定;软法则指在严格意义上不具有法律拘束力,但又具有一定法律效果的国际文件,国际组织和国际会议上的决议、决定、宣言、建议和标准等绝大多数都属于这一范畴。在核领域,对各国影响最大的硬法是国际公约,对各国影响最大的软法则是国际原子能机构制定的核安全标准。

以下本书将简要介绍核法领域的国际法渊源。

首先,在国际公约层面,依照我国法律有关国际条约适用的规定,中华人民共和国已缔结或者参加的国际条约与国内法律有不同规定的,适用国际条约的规定。但中华人民共和国声明保留的条款除外。中华人民共和国法律和中华人民共和国缔结或者参加的国际条约没有规定的,可以适用国际惯例。

到目前为止,核领域的主要国际公约有20个左右,包括《国际原子能机构规约》《核材料实物保护公约》《制止核恐怖主义行为国际公约》《核事故或辐射紧急援助公约》《及早通报核事故公约》《核安全公约》《乏燃料管理安全和放射性废物管理安全联合公约》《不扩散核武器条约》《全面禁止核试验条约》《核科学技术研究、发展和培训区域性合作协定》《关于核损害民事责任的维也纳公约》等。其中《全面禁止核试验条约》尚未生效。这些国际公约的主要内容涉及国际组织机构、核安保、核安全、核不扩散、核裁军、核科学技术合作和核损害赔偿等多方面。除《关于核损害民事责任的维也纳公约》以外,中国已经加入或签署上述所有已生效公约,亦即这些公约对中国具有约束力,中国负有履行公约的义务。

此外,在国际核法领域中,国际原子能机构发布的、具有高水准并且反映成员国最佳实践的系列安全标准,已为各国普遍采用,并成为国际核法领域的软法规范。

《国际原子能机构规约》第3条规定,国际原子能机构受权制定或采取旨在控制对人类的辐射照射和放射性物质向环境的释放,限制可能导致核反应堆堆芯、核链式反应、放射源或任何其他辐射源失控的事件发生的可能性,并在发生这类事件时减轻其后果,从而保护健康及尽量减少对生命与财产之危险的安全标准,并规定在引起辐射危险的设施和活动中应当适用这些标准,包括核装置、辐射源和放射源利用、放射性物质运输和放射性废物管理。

国际原子能机构安全标准反映了有关保护人类和环境免受电离辐射有害影响的高水平安全在构成要素方面的国际共识。这些安全标准以原子能机构《安全标准丛书》的形式印发,该丛书分安全基本法则、安全要求和安全导则三类(参见图表1.1)。

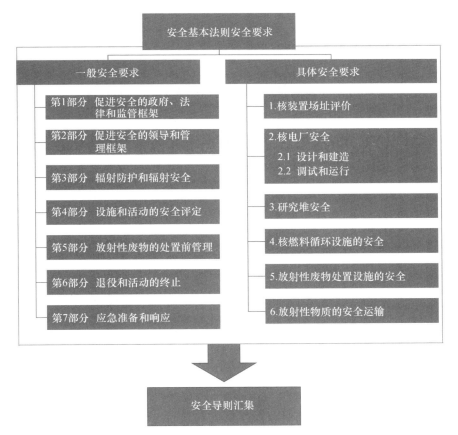

图表1.1 国际原子能机构安全标准系列文件的构成

其中,安全基本法则阐述了防护和安全的基本安全目标和原则,主要包括安全责任、政府职责、对安全的领导和管理、设施和活动的合理性、防止事故等十个方面的安全基本原则和目标。这些基本原则适用于核安全的所有领域。

安全要求是遵循安全基本法则提出的目标和原则而制定的为确保现在和将来保护人与环境所必须满足的各项要求,包括一般安全要求和具体安全要求。其中一般安全要求适用于核安全的所有领域,具体安全要求则分别适用于铀矿开采与加工、放射性物质运输、核电站、研究堆、放射源应用、核燃料循环设施和放射性废物处置等方面。

安全导则是指就如何遵守上述安全要求提出的建议和指导性意见,并表明需要采取建议的措施(或等效的可替代措施)的国际共识。安全导则介绍了国际良好实践并且不断反映最佳实践,以帮助用户努力实现高水平安全。

四、核法在我国部门法体系中的地位

(一)核法的体系

核法的体系,是指由一个国家现行有效的全部核法规范组合形成的一个具有有机联系的统一整体。

2007年10月,国务院批准了国家发展和改革委员会上报的《国家核电发展专题规划(2005—2020年)》。该规划提出,要"完善核电安全保障体系,加快法律法规建设"。具体的做法是:坚持"安全第一、质量第一"的原则,依法强化政府核电安全监督工作,加强安全执法和监管。加大对核安全监管工作的人、财、物的投入,培育先进的核安全文化,积极开展核安全研究,继续加强核应急系统建设,制定事故预防和处理措施,建立并保持对辐射危害的有效防御体系。在现有法律框架下,"十一五"期间继续开展核电行业标准的研究工作,"十一五"开始,随着核电堆型与技术方案的确定,要逐步建立和完善我国自己的核电设计、设备制造、建造、运行管理标准体系,为批量化发展核电创造条件;在核电标准化与安全体系完善以前,国家将对参与核电建设、运营和管理的企业资质适当予以控制。完善核电安全法律法规,尽快完成《原子能法》[①]及配套法规的立法工作;制定和完善有关核电与核燃料工业的科研、开发与建设、核安全等方面的管理办法;健全铀矿资源的勘探和开采的市场准入制度;强化核燃料纯化、转化、浓缩、元件加工、后处理、三废治理、退役服务等领域的生产服务业务的市场准入制度或执业资质制度。[②]

该规划涉及了我国核法体系的完善。按照法律渊源、效力高低即法律文件的表现形式划分,我国现有的核法法规涉及法律、行政法规、部门规章、其他规范性文件、地方性法规及规章等层级的规则。然而目前我国的核法缺乏一部核法基本法,缺乏对核法体系的顶层设计以及完善的核法框架体系。

按法律层级进行区分,可以分别总结现有核法的内容。核相关法律主要涉及环境保护、能源、安全管理与其他相关内容,如《环境保护法》(1989年制定、2014年修订)、《可再生能源法》(2005年制定、2009年修正)、《放射性污染防治法》(2003年)、《核安全法》(2017年)等。核行政法规主要涉及原子能投资建设、核材料运营管理、环境保护、铀资源开发等内容,如《建设工程质量管理条例》(2000年制定、2019年修正)、《民用核设施安全监督管理条例》

---

① 2018年9月,司法部公布了《原子能法(征求意见稿)》,公开向社会征求意见。
② 参见国家发展和改革委员会:《核电中长期发展规划(2005—2020年)》,2007年。

(1986年)、《海洋倾废管理条例》(1985年制定、2017年修订)、《矿产资源监督管理暂行办法》(已失效)。核相关部门规章主要涉及可行性研究与核准、核工程建设、运营、核应急、放射性废物处理、核燃料、核材料进出口、电力、环境、国土资源等方面的内容。①

除一般意义上的法律法规外，我国核与辐射安全管控领域还存在着大量技术规范——核安全导则与相关标准，它们与法律法规共同形成了具有特色的中国核与辐射安全法规标准体系。国务院新闻办公室在2019年9月发布的《中国的核安全》白皮书中曾强调："中国持续强化核安全法规标准建设，形成了法律、行政法规、部门规章相衔接，法规要求和技术标准相补充，中央和地方相结合的法规标准体系，实现了核能开发利用安全监管全覆盖，为依法治核夯实了基础。"

这里所谓具有特色的中国核与辐射安全法规标准体系，是指在全国人大常委会通过《核安全法》以前，我国国家核安全监督管理部门就采用的一套与《标准化法》规定不尽一致的代码体系来统一编撰国家核与辐射安全领域的法律、行政法规、部门规章和一系列导则和技术标准等规范。由于20世纪80年代以来我国引进的各类核电企业技术分别来自苏联、加拿大和美国等不同国家，这些国家的核技术和原理方法各不相同因而授权我国使用的技术规范也五花八门、各不相一。为了方便适用起见，我国不断转化国外有关核与辐射技术规范体系，并制定实施了一套中国特色的法规和技术标准体系。除《放射性污染防治法》和《核安全法》外，截至2020年8月我国还颁布实施了《民用核设施安全监督管理条例》《民用核安全设备监督管理条例》《核材料管制条例实施细则》《核电厂核事故应急管理条例》等行政法规，发布30余项部门规章和100余项核安全导则，制定了1000余项核安全相关国家标准和行业标准，31个省、自治区、直辖市制定地方性法规文件200余个。

我国核与辐射安全的标准和技术规范是由国务院有关部门按照职责分工制定的。目前国家核安全监督管理部门对核与辐射安全技术标准规范的分类体系是：

首先，以HAF为代码统一对具有拘束力的规范性法律文件进行编撰，主要包含核与辐射安全领域的法律、行政法规和部门规章。

其次，以HAD为代码统一对核安全导则等技术规范进行编撰，主要包含核与辐射安全领域的核安全导则和各类核安全技术文件。其中，核安全导则是核安全领域的指导性文件，描述了执行核安全部门规章采取的方法和程序，属于推荐性文件，不具有强制执行的效力。核安全技术文件是由国家核安全局制定并发布的作为技术参考的规范性文件。②

2016年以后，国家核安全监督管理部门开始对核与辐射安全规范性文件采用了10部分分类方式，其中每部分的内容主要由现行法规、部门规章和规范性文件(含技术文件)组成③，与法规汇编的体例类似(参见图表1.2)。④

---

① 参见赵威主编:《国际经济法论文集》,中国政法大学出版社2013年版,第7—13页。
② 参见国家核安全局:《核与辐射安全法规状态报告》,2016年11月。
③ 2016年11月以后国家核安全局开始将HAF的分类体系纳入HAD分类体系之中,即在HAD的10部分分类方式中每类均包含HAD的法规规章等内容。
④ 参见国家核安全局:《核与辐射安全法规状态报告》,2016年11月。

图表 1.2 核与辐射安全规范性文件的分类

序号	内容
第 0 部分	通用系列规定
第 1 部分	核动力厂系列规定
第 2 部分	研究堆系列规定
第 3 部分	非堆核燃料循环设施系列规定
第 4 部分	放射性废物管理系列规定
第 5 部分	核材料管制系列规定
第 6 部分	民用核安全设备监督管理系列规定
第 7 部分	放射性物品运输管理系列规定
第 8 部分	放射性同位素和射线装置监督管理系列规定
第 9 部分	辐射环境系列规定

在以上核与辐射安全技术规范中,也存在大量国务院有关部门按照职责分工制定的核安全标准。依照《核安全法》第 8 条第 2 款的规定,核安全标准是强制执行的标准。

作为法律规范的行为模式规范和要求,核安全标准也是我国核法体系的重要组成部分。依照《核安全法》的规定,核设施营运单位应当依照法律、行政法规和标准的要求,设置核设施纵深防御体系,有效防范技术原因、人为原因和自然灾害造成的威胁,确保核设施安全(第 16 条)。

（二）核法与其他法律的关系

目前,我国具有中国特色的社会主义法律体系基本形成。按照全国人大常委会的分类,我国的法律体系主要由宪法及宪法相关法、民法商法、行政法、经济法、社会法、刑法、诉讼与非诉讼程序法七个部分构成,包括法律、行政法规、地方性法规三个层次。核法作为我国法律体系的组成部分之一,与国内其他法律部门的关系十分密切,与国际法的联系也十分紧密。

第一,核法与宪法及宪法相关法的关系。宪法在一国法律体系中处于最高位阶,它是国家的根本法。一切法律的规定首先来源于宪法,任何法律规范都必须首先符合宪法规定。虽然目前宪法中并未直接对核法加以规定,但宪法中原则性的规定仍然是核法立法、行政与司法的基础与依据。宪法相关法与宪法一样,同属于调整国家与公民之间关系的法律,它们规定了国家机关的组织形式及其职权职责范围。

第二,核法与社会法的关系。社会法的概念产生于对法律部门有着严格划分的欧洲国家。社会法的范畴体系目前较为模糊,大体包括劳动与社会保障、消费者权益保护、计划和产业政策、国有企业以及核保护等法律。社会法是运用传统部门法方法不能单独应对和解决某些特定领域因新的社会问题导致社会关系发生改变,从而需要结合或者融合传统部门法方法以及其他经济、社会等方法确立综合性法律对策的产物,与传统法相比具有明显的公益保护特征,其调整手段既包含公法方法也包含私法方法。核法是综合不同法律手段应对和解决核相关问题和保护公民相关权益的法律现象,它具有一般社会法的主要特征。

第三，核法与行政法的关系。尽管核法的本质是通过调整核利用关系来实现社会公平，但由于我国长期形成的以政府为主导对核问题进行管理的模式，使得核立法呈现出强势的行政权力监管与干预现象。在核法与行政法的关系方面，行政法的手段和方法是核立法中运用得最多的：首先，核行政机关的管理权限必须由核行政组织法予以明确；其次，大量的核法制度是以行政法规范的形式确立的，由于这些制度所涉及的当事人主要是行政机关同行政相对方在实施行政管理中的关系，所以它们也属于行政法的范畴；最后，在核相关纠纷的行政调解处理方面，也要遵守行政诉讼法、行政复议法、行政处罚法的有关规定。然而，核法与行政法依然有着本质的区别：首先，核法的调整对象是核利用关系，目的在于公平合理地分配不同主体之间的利益，在利用核的过程中对核实行保护，因此任何涉及核与经济利益相关的决策都需要公众等相关利益方的参与；其次，核法的基本原则难以在行政法中探求其渊源，对与核问题相关的利益调整也难以通过行政权力综合衡量并采取对策；最后，核的法律保护需要综合运用诸如民事、刑事和国际等法律的手段和方法。

第四，核法与经济法的关系。核法与经济法同属于法学的新兴学科，它们相互之间的关系也非常密切。由于核问题产生与发展和自然资源与能源开发利用密切相关，因此目前的核保护的法律手段正在向融合社会、经济各个领域的方向发展，政府试图通过对经济运行机制和经济增长方式的改变以及从国民经济与社会发展各个环节谋求核问题的解决方法。所以核法与经济法有关宏观调控、财政投资和体制改革、税收征收和审计等制度有着非常密切的联系。核法与经济法中的自然资源法有特殊的天然联系，二者之间存在着如下区别：在立法目的方面，核立法的目的是为开展与核能及电离辐射相关的活动提供可以充分保护个体、财产和环境的法律框架[1]；而自然资源立法的目的在于合理开发、利用和保护自然资源，使自然资源得以为人类长远和持续的利用，重在保护人类的经济利益；在调整对象方面，核法调整所有的人类核利用关系，包括对核能的开发利用关系、对放射性物质的开发利用关系、辐射防护问题，以及其他核技术利用关系，而自然资源法调整开发、利用和保护自然资源过程中产生的社会关系，这种关系主要是经济关系或者民事关系。

第五，核法与民商法的关系。在国家尚未制定核法之前，核损害的救济多数是基于侵权行为法的规定通过民事诉讼解决的。从核损害救济的角度出发，核立法有关损害赔偿的规定与侵权责任法之间属于特别法与一般法的关系。例如，核污染侵害应当适用无过失责任制度，并且在因果关系的认定上实行推定、在举证责任方面实行举证责任倒置、在诉讼时效上予以延长以及在损害结果的范围上扩大了受法律保护的利益等。商法与核法的关系也比较密切，除了公司和企业制度包含涉核企业的责任规范外，核污染责任保险制度也是从商法领域发展起来的。

第六，核法与刑法的关系。核法与刑法的关系主要体现在对核相关犯罪的制裁方面。核法与刑法的关系体现在运用刑罚措施以惩治核相关的犯罪行为，从而实现核法的目的。例如，我国《刑法》第 114 条、第 115 条、第 338 条、第 339 条就规定了对违法排放、倾倒、处置放射性物质可能构成的犯罪的处罚。

---

[1] See C. Stoiber, A. Baer, N. Pelzer, et al., *Handbook on Nuclear Law*, International Atomic Energy Agency, 2003, p. 5.

第七,核法与诉讼及非诉讼程序法的关系。违反核法规范的结果将导致法律制裁,违反对他人的保护义务致害或者妨害他人也应当排除妨害或者赔偿损失。在此方面,核法与传统诉讼程序规定不同的是,在追究核损害责任等方面,需要诉讼法在原告的主体资格、因果关系认定和举证责任等方面实行制度创新。另外,各国对核污染争议纠纷的解决通常还实行非诉讼的行政处理或者仲裁的方法。这些法律规定都与核法规范相关,有的甚至直接规定于核法之中。

本书以上仅从社会主义法律体系的角度论述了核法与其他法律部门的相互关系。实际上,从环境保护的角度看,核法与环境法、能源法的关系也极为密切。环境法是以保护和改善环境、预防和治理人为环境损害为目的,调整人类环境利用关系的法律规范的总称。由于一方面,核能属于清洁能源的一种、有利于环境质量的改善,另一方面核能的开发利用又可能产生放射性事故、核事故等危害环境的风险,因此核能开发利用关系同时也要受到环境法的约束。能源法是调整能源开发、利用、管理活动中的社会关系的法律规范的总和。从能源种类的角度上分,能源法包含了石油法、煤炭法、电力法、核能法、可再生能源法等,因此核法从属于能源法。

第三节　核法的创制与发展

一、核法的形成与演变

1945年第二次世界大战结束后,发展民用核能开始提上美英等西方国家的议程。各国除制定原子能法外,也开始推动政府间原子能和平利用国际机构的建立。伴随人类和平利用核能的发展历程,核法经历了从无到有、再到逐步完善的发展过程。在此期间,民用核能的发展也经历了1979年美国三里岛核事故、1986年苏联切尔诺贝利核事故以及2011年日本福岛核事故(参见图表1.3)等重大考验。

图表1.3　历史上民用核设施发生的三次重大核事故

事故名称	事故概况
1979年美国三里岛核事故	1979年3月28日,美国宾夕法尼亚州萨斯奎哈纳河三里岛核电站(Three-Miles Island Nuclear Generating Station,TMI)发生核事故。该事故发生的主要原因是工作人员操作失误导致部分堆芯熔毁。该事故是美国核电历史上最严重的一次事故,被国际核事件分级表列为五级核能事故。
1986年苏联切尔诺贝利核事故	1986年4月26日,苏联的乌克兰共和国切尔诺贝利(Чорнобиль,Chernobyl)核能发电厂4号反应堆发生严重泄漏及爆炸事故。由于操作人员违反规章制度,第4号反应堆在进行半烘烤实验中突然失火,引起爆炸。
2011年日本福岛核事故	2011年3月12日,受地震影响,福岛第一核电站1号反应堆严重损毁,导致核蒸汽泄漏,发生爆炸。15日,4号机组发生火灾和爆炸,造成更多放射性物质的泄漏。在后续处理中,大量放射性污水被倾倒入海,造成严重的环境污染。根据国际核事件分级表,日本原子能安全保安院将该事故定为最高级7级。

综观七十多年各国和国际社会通过制定法律应对人类和平利用核能中出现的各种风险、事件和挑战的历程,本书将核法的形成与演变分为初创时期、发展时期和强化时期三个

阶段。

（一）核法的初创时期（1946—1978 年）

从 20 世纪 40 年代到 20 世纪 70 年代末期，是核法的初步形成时期。

1946 年，为了实现本国政府对核能的垄断，刚刚从战乱中恢复平静的美国和英国都制定了《原子能法》，加拿大也制定了《原子能控制法》。这一时期各国的立法重点主要放在规制核能和平开发利用上，而国际立法则注重确立核安全规范以及制定核损害赔偿领域的公约。

1. 国际核法的产生

1946 年 1 月 24 日，联合国大会第一次会议通过了一项决议，主要内容涉及和平利用原子能以及全面消除大规模杀伤性武器，并正式成立联合国原子能委员会。1949 年底，联合国原子能委员会终止工作。1951 年秋，联合国大会撤销了联合国原子能委员会并以联合国裁军委员会取而代之。

1955 年 8 月，联合国在日内瓦召开关于和平利用原子能的大型技术会议，提议设立国际原子能机构。1956 年 10 月 26 日，国际原子能机构规约大会在联合国总部召开。会议主要讨论了理事会的组成、大会、理事会和秘书处的职权及相互关系、保障制度等内容。经过与会各国的商讨，规约草案获得一致通过。1957 年 7 月 29 日，《国际原子能机构规约》生效，同日，国际原子能机构宣告成立。

根据《国际原子能机构规约》《处理联合国与国际原子能机构关系协定》以及《联合国宪章》的规定，国际原子能机构是以联合国建立特定联系的政府间国际组织，是对原子能利用进行国际法律控制的机构，是实现原子能利用国际法律控制的"执行者"和"监督者"。国际原子能机构的目标是谋求加速和扩大原子能对全世界和平、健康及繁荣的贡献。机构应尽其所能，确保由其本身，或经其请求，或在其监督或管制下提供的援助不致用于推进任何军事目的。

在国际原子能机构的主导下，民用原子能发展方面的国际立法得到了一定的发展。为保障公众权利和保障核电营运人不因核事故而破产，国际社会曾先后在核损害民事责任领域制定和通过了三个重要的国际法律文件，建立了两个有关核损害民事责任国际公约体系，包括：由经济合作与发展组织（Organization for Economic Co-operation and Development, OECD）1960 年起草的《关于核能领域中第三方责任的巴黎公约》（简称《巴黎公约》），由国际原子能机构 1963 年起草的《关于核损害民事责任的维也纳公约》（简称《维也纳公约》）以及《关于核能领域中第三方责任的布鲁塞尔补充公约》（简称《布鲁塞尔补充公约》）。

为了促进国际原子能机构成员国之间的合作，同时通过帮助成员国实施自己国家的原子能计划，履行其职责，1972 年国际原子能机构主持通过了《核科学技术研究、发展和培训区域性合作协定》。

在核保障方面，由于古巴导弹危机的影响，1968 年 7 月 1 日，苏联、美国、英国等国同时在莫斯科、华盛顿和伦敦签署了《不扩散核武器条约》（1970 年 3 月 5 日生效）。

1970 年 12 月 7 日，联合国大会通过《禁止在海床洋底及其底土安置核武器和其他大规模毁灭性武器条约》，该条约于 1971 年生效。

2. 各国核立法的展开

早期原子能立法，各国均设立了专门机构来监管原子能开发利用活动，并以防止核扩散为重点,对原子能技术与活动严格保密,对核能利用实行严格管制。

1946年,美国通过第一部原子能基本法《原子能法》,设立由总统任命的5人组成的美国原子能委员会(AEC)替代军方对原子能的研究和发展的控制权,禁止商用项目和民间资本涉及原子能研究和原子能领域,确立了政府对原子能的垄断权。同年,英国通过《原子能法》(Atomic Energy Act 1946),规定由供应部长(Minster of Supply)负责对原子能活动的控制;加拿大通过《原子能控制法》,规定建立一个由内阁任命的5人组成的原子能控制委员会(The Atomic Energy Control Board)以监督和控制原子能的各个环节的活动。

自20世纪50年代民用核能逐渐发展开始,各国的核法也出现了一定的变化,促进和规范民用核能利用的立法开始出现。

1954年美国修改《原子能法》,标志着现代原子能法的形成。为了确保美国在民用原子能领域技术领先地位、国际声望和展示和平利用原子能的重要性,该法同时涉及了民用和军事原子能利用活动两方面,结束了政府对原子能的垄断,允许原子能的广泛和平利用,鼓励私人主体参与核能的开发利用。该法设立了有涉核授权立法职能、涉核事务行政管理职能和司法职能的美国原子能委员会,委员会的主要职能包括三部分:继续开展原子能军事项目、促进民用原子能发展,以及保障民用原子能安全。此外,该法还鼓励核原料、核设施开发与研究,规范原子能工业各领域活动,并在核材料使用、许可制度、国际活动、信息管理、核损害责任、专利发明、组织管理、司法程序、进出口、矿业开采与供应、军事领域等诸多方面确立了相关的制度措施。

其后1957年,美国制定了有关核损害民事责任的《普莱斯—安德森法》(Price-Anderson Nuclear Industries Indemnity Act),针对如何在监管、技术和金融政策上推进民用核电的发展,就核电发展过程中包括AEC的监管和许可、技术可靠性、安全性、政府资金支持、反应堆事故风险等的责任分配、保险等作出规定。1969年美国制定的《国家环境政策法》(National Environmental Policy Act)规定对人类有重大环境影响的拟议活动方案实行环境影响评价,并在核反应堆项目的审批中,增加了环境影响评价报告的制定和听证程序。1974年美国通过《能源重组法》(Energy Reorganization Act)将AEC分成了两个机构,分别为能源研究与发展管理局(Energy Research and Development Administration),负责军事核工业和民用核工业的发展研究等;核监管委员会(Nuclear Regulatory Commission),负责民用原子能方面的法规制定、许可证审批、核设施监督和违章处罚等。

日本方面,1955年12月19日国会通过及修改了三部法律,包括《原子能基本法》《原子能委员会设置法》以及《总理府设置法》,因为与原子能相关,因此三部法律合称"原子能三法"。《原子能基本法》以促进和平利用原子能,提高公众福利为立法目的,规定了开发、提取原子能的矿物、核燃料物资管理、核反应堆的管理等涉及原子能行政管理机构设置的事项。《原子能委员会设置法》设立了原子能委员会,规定了原子能安全委员会的具体设置、目的和任务、职责和职权。《总理府设置法》的内容部分修改,设立了原子能委员会。

1956年3月31日,日本国会通过了《原子能研究所法》,确定了财团法人"日本原子能研究所"为永久性的原子能开发机构。1957年6月10日,国会通过了《原子炉等规制法》和《放射线障害防止法》,前者规定了与核原料、核燃料与核反应堆有关的许可证制度,后者对放射性同位素及辐照装置的使用、销售、租借和处置等事项予以规范。1958年,日本国会又通过了《防止辐射损害的技术标准法》。在核损害责任赔偿法方面，日本并未加入《巴黎公约》和《维也纳公约》，而是通过 1961 年 6 月国会颁布实施的《核损害赔偿法》，对因核设施营运者（我国核法律文件表述为"核设施营运单位"[①]）从事的反应堆运行、燃料制造、再加工、核燃料材料利用、乏燃料贮存、核燃料材料及其污染的其他材料的处置等引起的核损害的责任承担、赔偿数额、保险要求、纠纷解决方式、管辖与诉讼时效等内容作出规定。

欧洲国家的核法也在同步发展。为了弥补战时制定的《原子能法》的不足，英国于 1965 年通过了《核设施法》。该法规定英国卫生与安全委员会（Health and Safety Committee, HSC）下的卫生与安全执委会（Health and Safety Executive, HSE）负责执行核设施建造与运营的许可证制度。除英国外，瑞典分别于 1956 年和 1968 年制定了《原子能法》和《核责任法》，德国于 1959 年制定了《和平利用原子能和防止其危害法》，法国分别于 1963 年和 1968 年通过了《关于核设施的 63—1228 号政令》（1963 Decree on Major Nuclear Installations）和《关于核能领域第三者责任的 68—943 号法》（Act No. 68-943 of 30101968）。

（二）核法的发展时期（1979—2010 年）

从 1979 年到 2010 年，是核法的逐步发展时期。

受 1979 年美国三里岛核事故和 1986 年苏联切尔诺贝利核事故的影响，国际层面以及各国国内层面的核法数量不断增多，范围更加广泛，内容日趋完备。

1. 国际核法的发展

核事故的发生，使得国际层面对预防和应对核事故愈发重视，制定了一系列与此相关的国际公约和标准。

在国际公约方面，国际核安全法律框架在 20 世纪 90 年代基本成型。1986 年，《及早通报核事故公约》通过。该公约要求加强安全发展和利用原子能方面的国际合作，在发生可能导致越境影响的核事故时，必须对事故发生的相关时间、场所、排放放射性物质的种类以及对事故状况的判断等情报及其他基本情报等进行通报，以使可能超越国界的辐射后果减少到最低限度。同年，《核事故或辐射事故紧急情况援助公约》通过。该公约旨在建立一个有利于在发生核事故或者辐射紧急情况时迅速提供援助，尽量减少其危害后果的国际援助体制。公约规定在发生核事故或者放射性紧急事态时应当将影响控制在最小限度内，还规定了防止放射性损害、保护人体生命以及环境的紧急援助活动等措施。

1994 年通过的《核安全公约》目的在于加强国际核技术交流与合作，在世界范围内实现和维持高水平的核安全，在核设施内建立防止潜在辐射危害的有效防御措施，防止核与辐射事故的发生及减轻事故的后果。1997 年通过的《乏燃料管理安全和放射性废物管理安全联合公约》目的在于在世界范围内达到和维持乏燃料和放射性废物管理方面的高安全水平，确保乏燃料和放射性废物管理的一切阶段都有防止潜在危害的有效防御措施。

以上公约均针对预防应对核事故以及管理放射性废物而制定。

此外，核损害赔偿责任国际立法也在不断完善。国际社会认识到核事故后果的严重性，因此完善了核损害赔偿制度，以满足加强对受害者保护的迫切需要。这些制度方面的改进包括：提高营运人的责任限额，扩大赔偿责任范围；扩大公约适用的地理范围，从而将更多的

[①] 我国《核安全法》第 93 条第 4 款规定："核设施营运单位，是指在中华人民共和国境内，申请或者持有核设施安全许可证，可以经营和运行核设施的单位。"

受害者纳入赔偿范围;考虑到核辐射对人体健康的潜在影响的显现期较长,延长受害者提出索赔的时间(或诉讼时效)。为此,1988年,在国际原子能机构和经济合作与发展组织的联合组织下,《关于适用〈维也纳公约〉和〈巴黎公约〉的联合议定书》得到了通过。该议定书扩大了《巴黎公约》和《维也纳公约》与其他有关条约的适用范围。

其后,1997年,《修正〈关于核损害民事责任的维也纳公约〉的议定书》得到通过,同年还通过了旨在为既非《巴黎公约》缔约国也非《维也纳公约》缔约国的国家构建一个基本的损害赔偿体系,并且可为所有国家提供补充援助的《核损害补充赔偿公约》。这标志着国际原子能机构主导下的国际核损害赔偿制度发展取得了里程碑式的进步。

2004年,《巴黎公约》体系得到了完善,经济合作与发展组织再次以补充议定书的方式对《巴黎公约》和《布鲁塞尔补充公约》进行了修订。修订后的公约取消了原核电站营运者(在我国法律文件中也称"营运单位")对特大自然灾害引起的核事故造成的核损害免责的条款,使得核损害的免责范围缩小。同时,公约将生命丧失和人身伤害的索赔期限延长为核事故发生之日起30年,这意味着核损害索赔期限得到延长。此外,公约还从提高核设施营运者赔偿责任限额、扩展"核损害"概念范围等方面对核损害赔偿制度作了进一步的完善,从而强化了核设施营运者的赔偿责任。

在此时期,国际原子能机构还制定并颁布了一系列安全标准,包括安全基本原则、一般安全要求、一般安全导则、具体安全要求和具体安全导则。这些标准反映的是在构成要素方面,有关保护人类和环境免于受到电离辐射有害影响的高水平安全的国际共识,建立了涵盖铀矿开采与加工、放射性物质运输、核电站、研究堆、放射源应用、核燃料循环设施和放射性废物处置的基本安全原则体系。上述安全标准本身对成员国没有约束力,但依照《国际原子能机构规约》,这些安全标准在国际原子能机构自身实施的工作领域具有约束力,并延及原子能机构援助国。此外,这些安全标准中的很多内容被纳入了相关条约中,并为各国核立法所参考。

2. 各国国内核法的发展

在国内法层面,各国相继制定了综合性的核法规范,除此之外还制定了包括放射性废物运输及处置、核事故应急、公众知情权保障、核事故损害赔偿等内容的核专门性法律,对核安全法律制度予以了强化。

在综合性的核法规范方面,美国于1980年制定了《核安全、研究、发展和演示法》和《核监管委员会财政年授权法》,前者主要针对民用轻水堆的安全问题,以减小潜在严重核事故发生的可能性、减少因核事故对人造成的损害为立法目的,后者指令核管理委员会建立国家核应急计划的标准;此外,规范核监管委员会、环保署、能源部和交通部等部门关于核废物处置和防止核污染的职权的《能源政策法》也于1992年得到通过。除美国外,德国于1984年通过了《核安全和辐射防护法》。[①] 瑞典于1984年通过了控制涵盖所有核反应堆的安全事项的《核活动法》,于1988年通过了保护公众、环境和动物免受辐射照射的《辐射防护法》,并先后于1987年、1995年和1999年对《原子能法》进行了修订。

在放射性废物运输及处置方面,美国于1982年通过了《核废物政策法》,于1985年通过

---

① See OECD: Nuclear Legislation in OECD Countries: Regulatory and Institutional Framework for Nuclear Activities-Sweden,2008, http://www.oecd-nea.org/law/legislation/sweden.pdf,最后访问时间:2018年8月6日。

了《低放废物政策法修正案》，并于 1987 年通过了《核废物政策法修正案》。英国于 1991 年通过了《放射性物质道路运输法》，1993 年通过了《放射性物质法》，分别对放射性物质安全运输及处置作出了规定；此外，日本于 2000 年通过了《特定放射性废物最终处置法》和《高放废物最终处置法》，对放射性废物的安全处置措施作出规定。

在核事故应急方面予以立法的代表国家为日本。日本国会于 1999 年通过了《原子能灾害特别应对法》，规定了政府、当地主管部门、相关组织和运营商在各自领域应采取的应急措施。

在公众知情权的保障方面予以立法的代表国家为法国。法国于 1987 年通过了《公共安全措施、林业防火保护和重大风险预防组织法》，该法授予法国市民享有对重大技术危害和保护措施的知情权。① 其后，法国又于 2006 年通过了《核领域透明与安全法》。

在核事故损害赔偿方面，多国通过了其核损害赔偿责任法或对其相关法律进行了修订与完善。以印度为例，印度于 2010 年通过了《核损害民事责任法》，限定了核事件责任人的最高赔偿额度，同时规定了核设施营运者对于供应商的追索权。此外，美国分别于 1988 年和 2005 年对《普莱斯—安德森法》进行了修正；日本分别于 1988 年和 1989 年对《原子能损害赔偿补偿协议法》和《原子能损害赔偿法》进行了修订；德国、法国、瑞士、俄罗斯、日本、韩国、西班牙等国也在这段时间对核损害赔偿法进行了修改。

（三）核法的强化时期（2011 年至今）

2011 年日本福岛核事故发生以来至今，是核法的调整强化时期。

福岛核事故的发生再一次令全世界担忧，世界范围内核能发展的积极性下降，有些国家甚至因为担心核能的安全问题而弃用核能。因此，完善制度建构以保证核事故受害者得到更为及时充分有效的赔偿，进一步加强完善核安全监管和核事故应急，以及建立统一的国际核损害赔偿制度成为这一时期核法的发展完善趋势。

1. 国际核法的完善

日本福岛核事故发生后，《核安全公约》有关缔约方提交了关于修改公约相关导则文件的建议和对《核安全公约》文本的修订建议。2012 年 8 月，国际原子能机构组织召开了针对福岛核事故的《核安全公约》第二次特别会议，并根据形成的决议成立了由 47 个缔约方参加的《核安全公约》有效性和透明度工作组。2014 年 1 月，在工作组行动建议的基础上，有 36 个缔约方联合提出了两个修约提案共计 11 项修正建议，修正建议在第六次审议会议上依协商一致的原则获得通过。修订后的公约导则文件更清晰地指导各缔约方在满足《核安全公约》目标中应采取的行动，改进国家报告编制质量，有效参与履约审议过程，积极开展国际合作及提高公开透明度。

同时，国际原子能机构于 2011 年 9 月核准了旨在加强全球核安全框架的《核安全行动计划》，该计划从 12 个方面作出了详细要求，即安全评价、IAEA 同行评估、应急准备与响应、国家监管机构、持证者、IAEA 安全标准、国际法律框架、计划建设核电项目的成员国、能力建设、电离辐射防护、交流、研究和发展。核安全制度体系得到进一步完善。

2015 年 4 月，《核损害补充赔偿公约》生效。该公约于 1997 年 9 月得到通过，旨在确定最低的国家赔偿额，并在国家赔偿额不足以赔偿核事故造成的损害时，提供公共资金以进一

---

① 参见陈维春：《法国核电法律制度对中国的启示》，载《中国能源》2007 年第 8 期。

步提高核损害赔偿额。该公约不仅向《巴黎公约》和《维也纳公约》的缔约国,也向其他国家开放,以构建一个全世界范围内的基本的核损害赔偿体系。这标志着核损害赔偿制度体系在国际原子能机构的主导下得到了进一步的完善。

此外,为了应对核恐怖主义威胁、加强国家之间的合作,国际社会自2010年4月以来,举行了四届核安全峰会,就核安保领域应对核威胁、防止非法核走私等多项国际合作议题展开了广泛的讨论。

2. 各国国内核法的完善

福岛核事故的发生使得核安全监管体制的完善、核应急体系的完善,及核损害赔偿责任的强化等问题得到进一步重视。福岛核事故发生后,日本于2011年通过关于福岛第一核电站核泄漏事故的赔偿法案,即《原子能损害赔偿支援机构法》;于2012年通过了《原子能规制委员会设置法》,成立原子能规制委员会①,实现监管机构的统一监管和独立运作;于2013年11月通过了有关福岛核事故产生的损害索赔权时效的特例法案,将核事故索赔时效由3年延长至10年。为加强核安全监管和核应急体系,日本还修订了《原子能基本法》(1955年)、《原子炉等规制法》(1957年)、《原子能灾害特别应对法》(1999年)以及其他相关法规。

美国于2011年发布公告2011-01《缓解策略》,要求持证者对是否符合相关监管要求提高全面验证。同年发布了检查手册临时指南TI 2515/184《SAMG的可用性和准备情况检查》。2012年发布了3个命令——《关于超设计基准外部事件缓解策略要求进行许可证修改的命令》(EA-12-049)、《关于可靠的增强安全壳通风许可证修改的命令》(EA-12-050)以及《关于可靠的乏燃料池仪表进行许可证修改的命令》(EA-12-051),另外还发布了1项信息要求——10CFR50.54(f),要求每个反应堆使用现有的方法和信息重新评估所在厂址地震和洪水灾害,以确保对当前设计基准灾害的防护。2013年,美国核监管委员会(NRC)发布实施海啸、潮汐或假潮灾害评估指南(JLD-ISG-2012-06),不仅为NRC工作人员提供评估技术基准,也为持证者实施NRC的评估方法提供指导;于同年还发布信息要求——10CFR50.54(f)的补充要求,要求持证者提供公众关系的问题,涉及可操作性、应报告性、短期行动和延期申请等内容。

欧盟理事会于2014年7月通过了2009/71/EURATOM号指令建立核设施的核安全共同框架的修订案。新核安全指令旨在从福岛核事故和欧盟核电厂压力测试结果中汲取经验教训,借鉴国际核能界的最新安全要求,为欧盟提供一个更强有力的核安全框架。法国、英国、德国、芬兰、加拿大等国也都在福岛事故发生后对本国核电厂进行全面的安全检查,制订了行动计划,对既有法律、标准作出修订。

二、中国核法的发展历程

(一)中国核法的萌芽(1949—1983年)

从1949年到1983年是中国核法的萌芽时期,在这个阶段,民用核能与核技术的发展刚刚开始起步。这一时期民用核能与核技术的利用主要包括对放射性同位素和射线装置的利用,立法重点在于对这些利用方式可能产生的电离辐射安全进行管理。在对放射性同位素

---

① 原子能规制委员会自成立起就发布了一系列的核安全相关文件,如原子能规制委员会于2012年发布了《应急准备行动计划》《应急行动规范》《核应急响应手册》《原子能灾害对策指南》(2013年修订)等。

和射线装置的利用不断发展的过程中,放射防护标准也在发生变化。

1960 年,国务院批准发布了《放射性工作卫生防护暂行规定》。同年,科学技术委员会和卫生部制定并颁发了《电离辐射的最大容许标准》《放射性同位素工作的卫生防护细则》《放射性工作人员的健康检查须知》等三个标准,对职业性放射性人员的每周最大容许剂量作出了规定。

1973 年召开的全国环境保护会议推动了对于放射防护的基本标准的修订和编制工作。经过对原有标准的补充和修改,国家计划委员会、国家基本建设委员会、国防科学技术委员会和卫生部于 1974 年联合批准发布了《放射防护规定》(GBJ8—74)。该《规定》采用了国际放射防护委员会(International Commission on Radiological Protection,ICRP)所推荐的最大容许剂量概念和剂量限值概念,对电离辐射的最大容许剂量当量和限制剂量当量,放射性物质的最大容许浓度和限制浓度,放射性物质污染表面的控制水平,放射性废物、废水、废气的治理和排放,开放型放射性工作单位的分类及其工作场所分级,对建筑物的主要防护要求等内容作出了系统的规定。

1978 年中国实行改革开放政策,中央政府提出引进国外先进技术、设备和资金,决定发展核能并向法国购买两座核电站设备,加快我国核电发展。① 1979 年,卫生部、公安部、国家科委联合发布了《放射性同位素工作卫生防护管理办法》,主要对于放射性同位素工作中可能出现的放射防护问题作出了规定,包括放射性同位素工作场所基建工程的预防性监督,放射性同位素工作的申请、许可和登记,放射性同位素的运输与保管,放射性同位素工作单位的卫生防护组织和剂量监督,放射性同位素"三废"处理的卫生要求,以及放射性同位素工作的事故处理等方面。

(二)中国核法的初创(1984—1997 年)

从 1984 年到 1997 年是中国核法的初创时期,在这个阶段,我国电力工业的主要发展方向是火电和水电,国家提出将核电作为一种补充适当发展。根据当时的设想,在 1990 年前后要建设三至四座大中型核电站,到 20 世纪末有可能达到 1000 万千瓦。② 因此,民用核电开始进入起步阶段,核技术应用的领域逐渐扩展,法律法规开始涉及除辐射安全防护外核法的其他内容。

在核电建设方面,实际上早在 1970 年 2 月 8 日中央政府就秘密决定在华东建设核电站以解决上海和华东用电问题,工程名为"七二八工程"。但因采用自主研发还是国外引进技术的意见不一致,以及 1979 年 3 月 28 日美国发生三里岛核电站泄露事故的影响,延缓了我国的核电站建设的进程。直到 1982 年 8 月"七二八工程"才正式上马并命名为秦山核电厂。

1981 年 4 月,广东省政府和原水电部联合向国务院上报了广东核电站可行性研究报告,因涉及我国香港、英法等因素和国内经济因素,报告未获通过。之后,政府成立广东核电站谈判协调小组与英法方面开展谈判。与此同时,中国政府还派团赴英、法、芬兰和苏联考察核电状况。最后,政府决定广东核电站选择法国核岛配英国常规设备;华东核电站选择法国

---

① 参见李鹏:《起步到发展:李鹏核电日记(上)》,新华出版社 2004 年版,第 21 页。
② 参见同上书,第 337 页。

核岛及其常规设备。①

1983年中国成立国务院核电领导小组，由此拉开了中国核能发电事业的序幕。由于对大型核电站的建设和生产运行技术的不了解，中国政府决定以经济技术合作的形式向国外购买一批大型核电设备。通过谈判和比较，择优选购设备，建设第一批核电站成为我国核能发展起步阶段的主要方式。与此同时，中国政府决定在进口设备的同时，通过合作生产、引进制造技术，逐步提高核电设备国产化的比重。因此，在选购国外设备的时候，中方把对方是否能转让技术作为选择的重要条件之一。② 此外，由于核电站建设是一项复杂的综合系统工程，特别需要有严格的安全质量保证。为了保证核电站的建设与运行的安全，和对和平利用核能的安全实行严格的监督，中国政府决定制定《原子能法》。

1984年，《原子能法》的立法工作首次启动。同年，中国加入国际原子能机构并成为13个指定理事国之一。根据时任国务院副总理李鹏的批示，由国家科学技术委员会（设立有国家核安全局）牵头，会同能源、机械、水电、环保、卫生、公安、劳动等部门启动原子能法起草工作。

1986年4月苏联切尔诺贝利核电站发生严重事故，给我国刚刚兴起的核电建设带来冲击，核电发展的进程也开始放缓。1986年5月国务院举行办公会议讨论核安全问题，会议要求在搞好秦山核电站及其扩建工程、广东核电站工程的基础上主要是掌握技术，其目的甚至大于发电，强调设计、建造、运行管理是核电站的三个主要环节。③ 同时由国务院核电办牵头组织地方政府和公安、卫生等部门在核电站投产前制定应急方案，做好社会应急措施。④

1989年7月，国家科学技术委员会将定稿的《原子能法（草案）》报送国务院法制局，并很快发至各部门征求意见。由于有关部门存在不同意见，草案被国务院法制局退给国家科学技术委员会，要求进一步修改。其间，国务院于1986年10月29日发布了《民用核设施安全监督管理条例》，规定国家核安全局对全国民用核设施安全进行监督管理，制定核安全法规。这标志着我国原子能领域法制建设的开端。

1995年，《原子能法》的立法工作第二次启动，该次立法仍由国家科学技术委员会牵头组织。同年，第八届全国人大常委会将《原子能法》列入计划审议的第一类项目。1995年5月，《原子能法》草案被提请国务院审议，随后又因政府体制改革，立法工作停止。

虽然《原子能法》的立法工作在这一阶段处于停滞不前的状态，但国务院通过了一系列相关的条例，对核能与核技术的利用加以规制，包括1986年通过的《民用核设施安全监督管

---

① 按照国务院定的各部之间的分工，有的核电站的建设以核工业部为主，如秦山核电站，从设计、设备的研制到建设，整个过程都由核工业部为主来进行。有的核电站则以水电部为主，如广东核电站、华东核电站和辽宁核电站，核工业部负责核岛部分的设计和建设。参见李鹏：《起步到发展：李鹏核电日记（上）》，新华出版社2004年版，第145—146页、第193页。
② 我国与外资合作经营的广东大亚湾核电站是我国内地第一座大型核电站。当时在浙江秦山，我国还以自己的力量为主动工兴建一座容量为30万千瓦的中型核电站，这对增强自力更生的能力和消化、掌握国外大型核电技术将起到积极的作用。参见同上书，第338页。
③ 设计主要是标准问题。建造主要是质量保证体系问题。运行人员的水平如何，是关系到核电站能否安全运行的根本保证。要安排具有一定反应堆操纵经验、知识水平较高、素质好的人来担任主控室的值班人员。他们有权处理核电站运行中出现的各种问题。建立现代化的培训机制是必不可少的。参见同上书，第407页。
④ 1986年7月，香港出现了反核舆论与活动。为了保证大亚湾核电站建设按计划顺利进行，中国政府采取七点具体安排。其中包括"正式宣布把大亚湾核电站列为中国自愿接受国际原子能机构核安全监督的项目"。参见同上书，第408页。

理条例》、1987年通过的《核材料管制条例》、1989年通过的《放射性同位素与射线装置安全和防护条例》、1993年通过的《核电厂核事故应急管理条例》以及1997年通过的《核出口管制条例》等。除此以外，还有一系列部门规章与安全标准，在这一时期相关立法处于空白状态的情况下构成了核能与核技术利用的规范体系。

同时，这一时期开始出现针对地方事项特殊性与个别性的地方性法规与规章。1994年，深圳市人大常委会针对大亚湾核电厂的安全运行、周边环境与公众安全等问题通过了《大亚湾核电厂周围限制区安全保障与环境管理条例》（已被修改）。1996年，广东省政府制定了《广东省核电厂环境保护管理规定》（现已失效），旨在加强对广东省核电厂环境的管理监督，保护环境，保障公众健康。

（三）中国核法的调整时期（1998—2009年）

从1998年到2009年是中国核法的调整时期。这个时期我国提出了到2020年建成3000万千瓦发电量的核电发展规划，并逐步实现核电建设的国产化、批量化。

在这个阶段，《原子能法》的立法工作仍然未能完成，但出现了核法领域内第一步由全国人大常委会通过的法律，即《放射性污染防治法》，同时，相关行政法规的体系更加完善。此外，中国加入了更多领域的国际公约，与国际核法的关系更加密切。

1998年以前因管理体制频繁改变，《原子能法》的立法工作被搁置。1998年国务院机构改革，国防科学技术工业委员会成立；原国家科学技术委员会的核管理职能划入国防科学技术工业委员会，原来的核安全管理的职能被划入新成立的国家环境保护总局，对外称"国家核安全局"。1999年《原子能法》的立法工作第三次启动，《原子能法》被列入国务院立法规划，由新成立的国防科学技术工业委员会主持起草研究工作。然而，原国防科学技术工业委员会直到2006年2月才提交征求意见稿，向最高人民法院、外交部、发改委、国土资源部、环保总局以及中国核工业集团公司等29个部门和企事业单位征求意见。在2008年的国务院机构改革中，国防科工委被撤销，纳入工业与信息化产业部，对外称"国防科工局"。机构改革后，工业和信息化部在广泛研究和征求专家意见的基础上，修改提出了2010年6月征求意见稿。[①]

在此期间，为了适应新形势下环境保护和核产业发展的需要，建立和完善我国放射性污染防治的法律制度，强化对放射性污染的防治，国家环保总局及国家核安全局主持起草了《放射性污染防治法》，于2003年6月在第十届全国人民代表大会常务委员会第三次会议上通过，自2003年10月1日起施行。该法以防治放射性污染，保护环境，保障人体健康，促进核能、核技术的开发与和平利用为目的。

此外，国务院于1998年通过了《核两用品及相关技术出口管制条例》，于2007年通过了《民用核安全设备监督管理条例》，于2009年通过了《放射性物品运输安全管理条例》，并对通过的部分条例进行了修订，如于2005年修订了《放射性同位素与射线装置安全和防护条例》，于2006年修订了《核出口管制条例》，于2007年修订了《核两用品及相关技术出口管制条例》等。同时，更多具有针对性的地方性法规和地方政府规章得到了通过，构成了地方核能与核技术利用规范体系的组成部分。

在推进国内立法的同时，中国于2005年批准了由联合国大会通过的《制止核恐怖主义

---

① 该征求意见稿与2006年的《原子能法》征求意见稿相比，结构和内容基本没有改变。

行为国际公约》,于 2006 年加入了由国际原子能机构外交大会审议通过的《乏燃料管理安全和放射性废物管理安全联合公约》,在防止核恐怖主义行为和乏燃料与放射性废物管理等方面深入参与国际合作。

(四)中国核法的发展时期(2010 年至今)

从 2010 年至今是中国核法的发展时期,在这个阶段,《核安全法》由全国人大常委会通过并已开始施行,《原子能法》的立法工作再次启动并已向社会公开征求意见。伴随着核能与核技术利用的快速发展,核法也进入了发展的时期。

2010 年,《原子能法》的立法工作第四次启动。2010 年 9 月,北京大学核科学与技术研究院四位院士给时任国务院总理温家宝提交了一份报告,建议尽快制定我国《原子能法》。该报告迅速得到了批示。2010 年底,国务院法制办召开立法座谈会研究《原子能法》起草事宜,各相关部门作出了积极的回应。2011 年 1 月,国务院办公厅印发了《2011 年立法工作计划》,将《原子能法》列为需要积极研究论证的有关推进节能减排、建设资源节约型环境友好型社会的项目之一,由工业和信息化部及其下属国防科工局、环境保护部及其下属国家核安全局、国家能源局组织起草。2011 年 3 月,日本福岛发生核电站爆炸事故,进一步引起了国家对于相关立法工作的重视。

自 1984 年至 2010 年,《原子能法》的立法工作四次启动又四次搁置,其根本原因在于政府部门职权的不断调整。在 2010 年以前,国务院总共进行过四次较大规模的机构改革,而四次原子能立法恰在这个过程之中。

2012 年,受日本福岛核事故影响,环境保护部及其下属国家核安全局主张应率先制定《核安全法》,主要的理由包括:核安全管理的原则与制度尚未完善,损害赔偿制度与公众参与机制尚未建立,核安全管理体制较为混乱,军工、应急、核材料安全管理互相分离,不同主体的核安全责任未全面落实等,以上问题需要制定《核安全法》予以规制。同年,全国人大办公厅将《核安全法》纳入十二届人大立法规划。2017 年 9 月 1 日,《核安全法》得到全国人大常委会的通过,并于 2018 年 1 月 1 日起施行。《核安全法》的主要立法目的在于保障核安全,预防与应对核事故,安全利用核能,保护公众和从业人员的安全与健康,保护生态环境,促进经济社会可持续发展。

在《核安全法》立法起草期间,《原子能法》立法起草工作被列入全国人大常委会立法工作计划中的"预备项目",即启动第五次《原子能法》立法工作。2018 年 9 月 20 日,司法部公布《原子能法(征求意见稿)》,并公开征求社会意见。除上述立法活动外,在此期间,为规范和加强我国核安保工作,国家国防科技工业局起草了《中华人民共和国核安保条例(征求意见稿)》,并于 2016 年 6 月开始向社会公开征求意见;为了规范核电发展和管理工作,2016 年 9 月,国务院法制办公布了国家发展和改革委员会、国家能源局起草的《核电管理条例(送审稿)》以征求公众意见。

目前,世界核能发展进入稳定期,而中国核能发展势头强劲。在发展的过程中,由核电站等相关核设施引发的"邻避"问题不可忽视。政府推进核能发展应当防止出现仅由企业发声,或者核科学家仅从科学层面解读的现象,应当关注公众权益,满足公众需求。法律的意义在于衡平社会关系与分配相关利益,目前正在起草的《原子能法》应当回应社会的重大关切。

第四节　核法的效力范围

核法的效力范围,即核法的适用范围或生效范围,是指核法对哪些人、在什么空间、时间范围内有效。一般认为,核法的效力范围包括对人的效力、空间效力和时间效力三个方面。

一、对人的效力

核法的对人的效力,是指核法对哪些人具有拘束力,即对什么样的自然人和法人适用。

从一般法理的角度来看,由于历史发展阶段和国情的不同,各国在法律对人的效力方面先后确立过不同的原则,主要有以下四种。

第一,属人主义原则。一国的法律对具有本国国籍的公民和本国登记注册的法人适用,不论其是在本国领域内还是本国领域外。在本国领域内的外国人,则不适用该国法。

第二,属地主义原则。一国的法律对其主权管辖范围内的一切人均有效,包括本国人、外国人和无国籍人。本国人在本国领域外则不受约束。

第三,保护主义原则。任何人只要损害了一国的利益,不论损害者的国籍与所在地域,该国法律对其都有效。

第四,以属地主义为基础,属人主义、保护主义为补充原则。这是近代以来大多数国家所采用的原则。① 我国核法的对人的效力方面也采用这一原则。

具体来讲,我国的核法对人的效力主要包括两个方面。

首先,对中国人的法律效力。我国核法适用于中国领域内的所有公民、国家机关、武装力量、政党、社团、企事业单位,法律面前人人平等;即使在国外,中国人原则上仍受我国核法的保护与约束。同时,由于各国法律的内容和要求的差异,在国外的中国人必须遵守所在国的法律,尊重他国主权。一旦发生利害冲突,按有关国际法和国际惯例妥善解决。例如根据我国《刑法》的规定,中国公民在中国领域外犯中国刑法规定之罪的,适用中国刑法。当中国公民在境外犯我国刑法规定之走私核材料罪的,适用我国刑法。

其次,对外国人的法律效力。我国《宪法》第 32 条第 1 款规定:"中华人民共和国保护在中国境内的外国人的合法权利和利益,在中国境内的外国人必须遵守中华人民共和国的法律。"根据国家主权原则,外国人在中国领域内,除法律另有规定的除外,均适用包括核法在内的中国法律。需要指出的是,我国法律规定对于享有特权和豁免权的外国人犯罪应当追究刑事责任时,按照国际惯例通过外交途径解决。

对于外国人在中国领域外适用我国核法问题,又可以分为如下两种情形:

一是在刑事追责方面,依照我国《刑法》第 8 条规定:"外国人在中华人民共和国领域外对中华人民共和国国家或者公民犯罪,而按本法规定的最低刑为 3 年以上有期徒刑的,可以适用本法,但是按照犯罪地的法律不受处罚的除外。"因此,当外国人在中国领域外犯我国刑法规定之走私核材料罪等涉核犯罪时,适用我国刑法。

二是在原子能物项和技术出口管制方面,也存在部分核法条款适用中国领域外的外国人的情形。根据《核出口管制条例》《核两用品及相关技术出口管制条例》的规定,对于受出

---

① 参见高其才:《法理学》(第 2 版),清华大学出版社 2011 年版,第 98 页。

口管制的核物品(含两用物品)、核技术相关物项及技术等,物项和技术的接收方及其政府需作出承诺,未经中国政府允许,不得将中国供应的上述受管制物项和技术用于出口申明的最终用途以外的其他用途,也不得将其向申明的最终用户以外的第三方转让,否则中国主管机关有权中止或撤销已经颁发的出口许可证。① 可见,当外国接受方主体违反我国核法关于原子能物项和技术出口保证的规定时,适用中国法并应承担相应的不利后果。

二、空间效力

核法的空间效力即核法生效的地域范围,主要解决的是核法在什么地域适用的问题。核法的空间效力直接体现国家主权,一般分为域内与域外两个方面。

在域内,核法的空间效力主要包括两种情况:第一,有的法在全国范围内有效。如由全国人大、全国人大常委会和国务院制定的规范性法律文件,如法律、行政法规和规章及其他规范性文件。以《核安全法》为例,该法的适用范围是"中华人民共和国领域及管辖的其他海域内",其中"中华人民共和国领域",是指我国的领土范围,包括国家疆界以内的陆地、水域及其上空和底土,即由领陆、领水及领水的底土、上空所组成。"管辖的其他海域",是指我国在领海以外的邻接领海并属我国专属管辖的一定宽度的海域,即毗连区、专属经济区和大陆架等。第二,有的法在局部地域有效。由我国地方国家机关在其法定范围内制定的涉核地方性法规或地方政府规章在其管辖范围内有效。例如山东省人大常委会2014年通过的《辐射污染防治条例》,其效力只在山东省管辖范围内有效。

域外方面,在互相尊重国家主权和领土完整的国际法原则基础上,从维护国家核心利益和企业公民权益出发,我国某些核法或核法的某些其条款具有域外效力。② 例如,我国《对外贸易法》(1994年制定、2016年修正)第17条第1款规定:国家对与裂变、聚变物质或者衍生此类物质的物质有关的货物、技术进出口,以及与武器、弹药或者其他军用物资有关的进出口,可以采取任何必要的措施,维护国家安全。根据该条款,为维护国家安全,国家可以针对涉核出口采取任何必要措施。这赋予了该管制规则以广泛的域外适用效力。

三、时间效力

核法的时间效力意指核法的效力起始和终止期限,以及有无溯及力的问题。

核法的时间效力通常遵从一般法理。在多数情况下,法律自公布之日起生效。核法的终止主要包括两种情况:一是明示终止,即立法机关明文宣布原有法律效力终止或废止;二是默示终止,即事实上发生法律冲突时,按照本国确定的原则使该法实际上终止,例如新法的施行使原有法律自然失效。核法的溯及力问题即核法是否溯及既往的问题,我国按照"以人为本"的要求,灵活适用溯及力原则,基本上适用从旧兼从轻原则。

当然,核法作为调整核能开发利用关系的法律规范的集合,在讨论其时间效力时,仍需要具体到每一项法律文件或某一项法律文件所规定的具体事项。以《核安全法》为例,该法第94条规定:"本法自2018年1月1日起施行。"可见,《核安全法》的效力起始时间为2018年1月1日;目前未有终止、废止及其他失效情形;不存在新法、旧法的选择适用问题。

---

① 参见《核出口管制条例》第5、17条,《核两用品及相关技术出口管制条例》第6、17条。
② 参见张文显主编:《法理学》(第4版),高等教育出版社2011年版,第62页。

【本章思考题】

1. 简述核能与核技术利用的概念。
2. 什么是核法？核法有哪些特征？
3. 核法的渊源有哪些？
4. 简述核法体系及其构成。
5. 试论核法与其他法律的关系。
6. 我国核法经历了怎样的发展历程？
7. 试述核法的效力范围。

第二章

核法的基本原则

【教学目的与要求】 了解核法中安全原则、独立监管原则、责任原则、透明原则和国际合作原则的概念、内涵和指导意义,掌握各项基本原则的功能及其适用。

法律原则反映立法者以法的形式所选择确定的思想理论和基本立场,是法律制度基本性质、基本内容和基本价值取向的集中反映,是法律规则和概念的基础和出发点。法律原则具有三方面的重要功能:一是对理解和制定法律具有指导意义;二是在缺乏具体法律规则的情况下,直接作为行政机关执法和法院审判的依据;三是作为疑难案件的裁判依据,纠正严格实施具体规范可能带来的个案的不公。法律原则有基本原则和具体原则之分。其中基本法律原则体现法律根本价值,其作为法律规则的本源性、综合性和稳定性的原理和准则,体现着人们通过法律调整社会关系欲达到的目标;具体原则是在基本原则指导下适用于某一具体法律规范中特定情形的原则。

因此,核法的基本原则应当是贯穿于整个核法规范体系,是所有关于核能利用相关行为的具体规范之规范,是有别于特定领域的具体核法原则的原则。本书在梳理国际和各国核法文献[①],综合参考国内外学者观点的基础上,提炼出核法的五项基本原则,即安全原则、独立监管原则、责任原则、透明原则和国际合作原则。

第一节 安 全 原 则

核能利用活动伴有释放电离辐射的风险,一旦发生事故,尤其核电厂等大型核设施运行失常而导致核事故并造成大量放射性物质释放时,会给人体健康和生态环境造成巨大的危害,严重影响社会的安定并给核能产业界带来严重打击。历史上发生的美国三里岛核事故、苏联切尔诺贝利核事故和日本福岛核事故不断给人们敲响警钟——发展核能必须以安全为前提。国际和各国立法都将安全原则规定为核法的首要原则。

---

① 现有文献中关于核法原则的表述相对全面的主要是国际原子能机构出版的《核法手册》及其发布的安全标准文件《基本安全原则》,前者归纳了 11 项原则,包括安全原则、安保原则、责任原则、许可原则、持续控制原则、赔偿原则、可持续发展原则、履约原则、独立性原则、透明原则和国际合作原则;后者归纳了 10 项基本安全原则,包括安全责任原则、政府职责原则、对安全的领导和管理原则、设施和活动的合理性原则、防护的最优化原则、限制对个人造成的危险原则、保护当代和后代原则、防止事故原则、应急准备和响应原则以及采取防护行动减少现有的或未受监管控制的辐射危险原则。

一、安全原则的概念

"安全"是人们日常生活中常见的概念,但也是一个见仁见智、众说纷纭的概念,其原因就在于"安全"概念内涵的抽象性和外延的广泛性。因此,当我们论及"安全"时,总是要限定在一定的领域、阶段、主体和对象范围等语境下,否则言此及彼,所论不在一个层面上,容易造成混淆。在核法中,理解安全原则的概念需要辨析核领域与安全有关的概念并了解安全原则内涵的演变过程。

(一)核法中与"安全"相关的概念

核法中和安全原则密切相关的概念是"核安全"(nuclear safety),而核安全和"核安保"(nuclear security)以及"核保障"(nuclear safeguard)的概念有着密切的关联,核工业界将核安全、核安保和核保障并称为"3S"。理解核法中的安全原则,应当先对这些概念进行辨析。(核法中与安全有关的概念可用图表2.1表示)

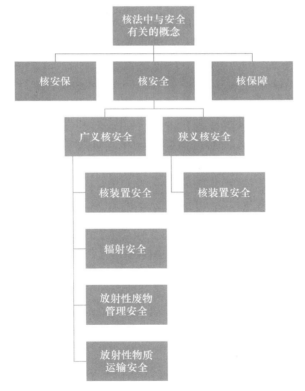

图表 2.1 核法中与安全有关的概念

首先,"核安全"是指"实现正常的运行工况,防止事故发生或减轻事故后果,从而保护工作人员、公众和环境免受不当的电离辐射危害"。[1] 国际原子能机构将"辐射防护"(radiation protection)(参见第四章第五节)和"核安全"放在一起并简称为"防护和安全",包括核装置

---

[1] 参见国际原子能机构:《国际原子能机构安全术语:核安全和辐射防护系列》,国际原子能机构2007年版,第123页。

安全、辐射安全、放射性废物管理安全（参见第六章第二节）和放射性物质运输安全（参见第六章第三节），但不包含与辐射无关的安全方面。这里的"安全"，主要涉及保持对源的控制，源有很多不同类型，因此安全可称为核安全、辐射安全、放射性废物安全或运输安全，但防护在这个意义上主要与保护人类免受辐射有关，而不论是什么源，因而总是称为辐射防护。①从中可看出，"核安全"具有广义和狭义之分。广义的"核安全"包括核装置安全、辐射安全、放射性废物（管理）安全和放射性物质运输安全，这里的"辐射安全"指"放射源或其他辐射源安全"；狭义的"核安全"仅指"核装置安全"。这一推断可以从其他国际文件和各国的核安全法中得以印证。例如，核安全领域最重要的公约《核安全公约》仅适用于核设施，这里的"核安全"即为狭义的核安全；而法国《核领域透明与安全法》（2006年）和加拿大的《核安全与控制法》（1997年）调整的范围则不限于核设施，即为广义的"核安全"的概念。我国《核安全法》中的"核安全"也对应广义的核安全概念。

其次，"核安保"是指"防止、侦查和应对涉及核材料和其他放射性物质或相关设施的偷窃、蓄意破坏、未经授权的接触、非法转让或其他恶意行为"。②（参见第九章第一节）核安保和核安全在内容上有相似和协同之处。例如，就核装置和其他设施的设计和建造作出适当规定；对进入核装置和其他设施实施控制，以防止放射性物质丢失以及被擅自移动、持有、转移和使用；为减轻事故和故障的后果作出安排，这类安排还有助于采取措施处理引起辐射危险的违反安保的行为；就放射源和放射性物质的安保管理采取措施。③一个典型的具体例子就是，反应堆容器的设计既有防止事故发生时放射性物质溢出的核安全功能又有防止外部袭击的核安保作用。核安全和核安保也存在明显的差异。例如，二者防御对象不同，核安全主要针对核能利用活动的操作人员的行为失误而导致事故发生，核安保针对外部不法分子（尤其是恐怖分子）的恶意企图（盗窃核材料或破坏设施等）；二者透明性要求不同，核安全问题是核能利用的本质特征，是透明的，核安全措施鼓励透明并有赖于对过去的失误开放评价，核安保涉及抵御蓄意行为，有赖于对信息的控制，具有保密特性。

最后，"核保障"是核不扩散体系中的重要制度工具。这里的"保障"是指"通过组织、法律和技术的机制防止核技术和核材料被滥用于军事目的"。④保障的载体通常是保障协议，即"国际原子能机构与一个或多个成员国缔结的载有该国或多个成员国承诺不利用某些物项推进任何军事目的和授权原子能机构监督履行这种承诺的协定"。⑤需要说明的是，不同于核安全、核安保，核保障是一个政策工具性的概念，而不是一个政策目的性的概念。⑥换言之，核安全、核安保和核不扩散应当为三个并立的目的性概念。但由于核保障是核不扩散最重要的制度，核能界习惯将核安全、核安保和核保障并称为"3S"（参见图表2.2）。核保障和核安保具有密切的协同关系。例如，核保障中的防止核材料和技术被转移应用于军事目的

---

① 参见国际原子能机构：《国际原子能机构安全术语：核安全和辐射防护系列》，国际原子能机构2007年版，第138页。
② 同上书，第123页。
③ 同上书，第2、123页。
④ See Doyle, J., *Nuclear Safeguards, Security and Non-proliferation*, Butterworth-Heinemann, 2008, p.17.
⑤ 参见国际原子能机构：《国际原子能机构安全术语：核安全和辐射防护系列》，国际原子能机构2007年版，第123页。
⑥ See Kazutomo Irie, Redefining Interrelationship between Nuclear Safety, Nuclear Security and Safeguards, *Journal of Power and Energy Systems*, Vol. 6, No. 2(2012).

或者落入不法分子的手中构成核安保的另一个方面,即阻止和侦查核物质的非授权转移。两者在监测系统、核鉴定、核非法贸易分析、信息安全、质量管理分析系统、风险评价和应急响应等方面相互促进和强化。①

图表 2.2　核法中的"3S"及其相互关系

(二)核法中安全原则的内涵

第二次世界大战结束后,人们开始展望民用核能的前景,但由于担心核武器扩散,民用核能发展一直受到限制。直到 1954 年美国率先通过《1954 年原子能法》,民用核能的发展序幕被正式拉开,核安全问题也开始受到重视。

在民用核能发展过程中,为了确保安全,核能监督管理部门和核能工业界一开始采用确定论安全分析法②评估安全并贯彻纵深防御(参见专栏 2.1)的理念,此时能够预防核事故发生就意味着安全。然而,美国三里岛核事故的发生暴露了基于确定论的安全评价方法的不足。以美国为代表,核能监督管理部门开始提倡利用概率风险评价法(也称概率安全分析法)③来评估安全,并率先将"安全"定位于"可接受风险水平"(参见专栏 5.4)。自此,核法上"安全"的理念由事故预防向风险防控转变,对"安全"含义的理解开始转变为相对安全。

核法中的安全原则,是指从事核能利用活动应当确保人类和环境免受不当电离辐射危害。安全原则被国际和各国的核法文件确立为核法中最重要的一项基本原则,但这些法律文件对安全原则的具体表述方式略有差异。例如,《核安全公约》(1994 年)将其表述为"安全优先"(priority to safety),即"每一缔约方应采取适当步骤确保从事与核设施直接有关活动的一切组织为核安全制定应有的优先政策"(第 10 条);芬兰《核能法》(1987 年)明确规定"安全"为本法的一般原则(general principles)之一,即"核能的利用必须安全,其不能对人们造成伤害,不能损害环境或财产"④;俄罗斯《原子能利用联邦法》则直接规定"法律规制原子能的目的和原则包括确保原子能利用的安全,即保护个人、人民和环境免于辐射危害"。⑤

---

① See Kenneth Luongo et al., Integrating Nuclear Safety and Security: Policy Recommendations (paper represented at the workshop held in Washington, D.C. at the US-Korea Institute, October 12, 2011).

② 确定论安全分析方法是以纵深防御概念为基础,以确保反应性控制、余热排出和放射性包容三项基本安全功能为目标,针对确定的设计基准工况,采用保守的假设和分析方法,并满足特定验收准则的一套方法。参见国家核安全局:《概率安全分析技术在核安全领域中的应用(试行)》(国核安发〔2010〕12 号)。

③ 概率安全分析是以概率论为基础的风险量化评价方法。与传统的确定论安全分析方法相比,概率安全分析方法可较现实地反映核动力厂的实际状况,其分析对象不仅仅局限于设计基准工况,而是尽可能地考虑更广泛的事件谱,并对这些事件的进程进行全面的分析,并在此基础上对风险进行量化。参见《概率安全分析技术在核安全领域中的应用(试行)》(国核安发〔2010〕12 号)。

④ 参见芬兰 1987 年《核能法》(Nuclear Energy Act)第 6 条,英文文本来源于芬兰核安全监管机关网站:https://www.stuklex.fi/en/haku/ls/19870990? allWords=Nuclear+Energy+Act,最后访问日期:2020 年 5 月 8 日。

⑤ 参见俄罗斯 1995 年《原子能利用联邦法》(Federal Law On The Use Of Atomic Energy)第 2 条,http://www.rertr.anl.gov/IAEA197/russlaw.html,最后访问日期:2020 年 5 月 8 日。

我国《核安全法》规定了"国家坚持理性、协调、并进的核安全观"（第 3 条）、"从事核事业必须遵循确保安全的方针。核安全工作必须坚持安全第一、预防为主、责任明确、严格管理、纵深防御、独立监管、全面保障的原则"（第 4 条）。这些规定体现了我国核法安全原则的基本内容。

综合国内外核法关于安全原则的论述，本书认为，核法中的安全原则包含安全优先、预防为主、风险可接受三项子原则。

其中，安全优先，是指在处理核能发展和安全关系的问题上，把安全放在首位，在确保安全的前提下发展核能。这是由发展民用核能的目的和核能风险的潜在大规模损害后果的特性所共同决定的。前者要求发展核能必须是为社会增加福利而不是减损包括人们健康和美好环境在内的既有权益；后者从历史上发生的严重核事故已经说明，没有安全保障，核能发展所带来的利益都会得不偿失。

预防为主，是指避免危害后果发生的手段应当以预防为先，使核能利用的决策和行为在符合安全标准的前提下进行，而不是要等到核能利用行为已经开展甚至在事故发生后才采取控制措施。这是因为核事故导致的损害，尤其是电离辐射对人身和生态环境的损害通常为不可逆的，而且事后的补救也往往在成本上过于高昂而不符合经济理性。区别于环境法中的预防原则，核法中预防特别注重纵深防御（defence in depth），通过将一些连续和独立的防护层结合起来加以实施，确保任何单一的技术故障、人为或组织失误都不会导致有害影响，并确保可能引起重要有害影响的叠加故障概率非常低。①（参见专栏 2.1）

专栏 2.1

纵深防御的五个层次

第一层次防御的目的是防止偏离正常运行及防止安全重要物项的故障。这一层次要求：按照恰当的质量水平和经验证的工程实践，正确并保守地选址、设计、建造、维修和运行核动力厂。为此，应十分注意选择恰当的设计规范和材料，并对部件的制造、核动力厂的建造和调试进行质量控制，还应重视涉及设计、制造、建造、在役检查、维修和试验的过程和规程，以及进行这些活动时良好的可达性、核动力厂的运行方式和运行经验的利用等方面。

第二层次防御的目的是检测和控制偏离正常运行状态，以防止预计运行事件升级为事故工况。这一层次要求在设计中设置特定的系统和设施，通过安全分析确认其有效性，并制定运行规程以防止这些始发事件的发生，或尽量减小其造成的后果，使核动力厂回到安全状态。

设置第三层次防御是基于以下假定：尽管极不可能，某些预计运行事件或假设始发事件的升级仍有可能未被前一层次防御所制止，而演变成事故。在核动力厂的设计中，假定这些事故会发生。这就要求必须通过固有安全特性和(或)专设安全设施、安全系统和规程，防止造成反应堆堆芯损伤或需要采取场外干预措施的放射性释放，并能使核动力厂回到安全

---

① 参见国际原子能机构：《基本安全原则》，第 SF-1 号，2007 年，第 12 页。

状态。

第四层次防御的目的是减轻第三层次纵深防御失效所导致的事故后果。通过控制事故进展和减轻严重事故的后果来实现第四层次的防御。安全目标是,在严重事故下仅需要在区域和时间上采取有限的防护行动,且避免场外放射性污染或将其减至最小。这一要求可能导致早期放射性释放或者大量放射性释放的事件序列被实际消除。

第五层次,即最后层次防御的目的是减轻可能由事故工况引起的潜在放射性释放造成的放射性后果。该层次要求配备恰当的应急设施,制定用于场内、场外应急响应的应急计划和应急程序。

资料来源:《核动力厂设计安全规定》(国家核安全局,2016年)。

风险可接受,是指核能利用过程中追求的安全目标是将风险控制在相对可接受的范围内,而不是零风险的绝对安全。这是由核能风险的固有的科学不确定性及其社会建构性所决定的。核能风险的科学不确定性主要表现在发生概率方面,现有的科学技术只能将这一概率控制在相对其他技术风险更低的水平,但无法将其将至为零,除非禁止发展核能;核能风险的社会建构性在于,人们受其价值偏好等因素的影响而对核能风险有不同的认知。理性的安全应当是在综合考虑电离辐射对人体健康与环境的影响、经济可行性和技术可行性等因素后,将核能风险控制在各方可以接受的范围内。这也是我国理性、协调、并进核安全观的应有之义。

二、安全原则的适用

安全原则具有指导核法制度构建的功能,安全原则的价值追求也需要具体的制度规范设计来实现。安全原则的适用主要表现在准入控制、过程控制和后果控制三个方面。

(一)通过准入控制来降低核与辐射事故风险

对核能利用活动实施准入控制,旨在从源头上确保拟议的核能利用活动符合法律规定的安全要求,其具体措施主要包括制定和实施安全规划、制定和实施安全标准、建立和实施安全许可制度四个方面。

第一,制定和实施核安全规划。制定安全规划是核领域的统领性规划,是从安全的角度对核能产业发展和核安全工作的宏观要求。安全规划的科学性和合理性是控制具体核能利用活动风险的重要保障。日本福岛核事故发生后,我国国务院首次批准发布了《核安全与放射性污染防治"十二五"规划及2020年远景目标》,随后于2017年批准发布了《核安全与放射性污染防治"十三五"规划及2025年远景目标》(参见专栏2.2)。我国《核安全法》规定,国务院核安全监督管理部门会同国务院有关部门编制国家核安全规划,报国务院批准后组织实施(第7条)。2018年我国司法部发布的《原子能法(征求意见稿)》也明确规定,原子能科学研究与技术开发专项规划要同时注重提高原子能产业的经济性和安全性。

专栏 2.2

核安全与放射性污染防治"十三五"规划的目标

《核安全与放射性污染防治"十三五"规划及 2025 年远景目标》指出,到 2020 年,运行和在建核设施安全水平明显提高,核电安全保持国际先进水平,放射源辐射事故发生率进一步降低,早期核设施退役及放射性污染治理取得明显成效,不发生放射性污染环境的核事故,辐射环境质量保持良好,核应急能力得到增强,核安全监管水平大幅提升,核安全、环境安全和公众健康得到有效保障。具体包括以下六个方面:

第一,在核设施安全水平提高方面,运行核电厂安全业绩持续提升;在建机组质量受控,重大建造事件得到妥善处理;新建核电机组保持国际先进水平,从设计上实际消除大量放射性物质释放。研究堆、核燃料循环设施安全风险进一步得到消除,应对自然灾害的能力不断增强,运行安全得到有效保障,环境影响进一步降低,核燃料循环设施避免发生临界事故。

第二,在核技术利用装置安全水平提高方面,高风险移动放射源在线跟踪监控能力基本形成,废旧放射源实现安全收贮。放射源辐射事故年发生率进一步降低,避免发生重特大放射源辐射事故。

第三,在放射性污染防治水平提高方面,早期核设施退役取得明显成效,基本消除历史遗留中低放废物安全风险,形成与我国核工业发展相适应的放射性废物处理处置能力。基本完成 2010 年前关停的铀矿山的退役治理和环境恢复工作,全面完成重点地区历史遗留铀地质勘探设施的环境治理。

第四,在安全保卫方面,核设施抵御新威胁的能力进一步提升,核电厂抵御网络安全威胁能力明显增强,核安保机制进一步完善,有效应对突发事件。

第五,在应急响应方面,基本建成适应我国核能事业发展的国家核应急体系,形成复杂条件下重特大核与辐射事故应急响应能力。

第六,在安全监管方面,核安全监管体系进一步完善,建成国家核与辐射安全监管技术研发基地,具备较强的校核计算和试验验证能力。全面建成全国辐射环境监测体系,中央和地方辐射环境监测能力明显提升。

资料来源:《核安全与放射性污染防治"十三五"规划及 2025 年远景目标》(环境保护部、国家发展改革委、财政部、国家能源局、国家国防科工局,2017 年 3 月 23 日),http://swnro.mee.gov.cn/zcfg_14357/gh/201801/P020180124601018647180.pdf,最后访问日期:2020 年 5 月 8 日。

第二,制定核安全标准。安全标准,是指核能开发利用行为、设备、系统等应当满足的技术指标和规范的总称。安全标准是核法贯彻实施的重要手段和技术支撑,也是规范核能和核技术利用生产经营、促进核行业健康发展的技术保障。国际核能组织和各核能国家高度重视安全标准体系的构建。例如,国际原子能机构在总结各国良好实践的基础上出版了适用于引起辐射危险的各类设施和活动的安全标准系列文件(见第一章第二节)。我国目前与核安全相关的标准包括放射性污染防治标准、放射性物品运输安全标准和核安全技术标准,但尚未建立统一的核安全标准体系。国内现行核电项目主要是参考美国、法国、俄罗斯以及国际原子能机构的技术标准,核电设备制造企业在生产中仍面临多技术路线和标准并存的问题。为此,我国《核安全法》第 8 条明确规定要从高从严建立核安全标准体系。

第三,实施核安全许可。安全许可,是指核能监督管理部门依法对核能利用的申请进行审查,对符合法律规定和满足标准要求的申请进行批准,授权申请人从事该申请活动的行政行为。作为安全准入门槛的安全许可制度意味着,未经核能监督管理部门许可,任何人都不得从事核能利用活动,即便该活动已经满足安全标准。① 实施安全许可制度是国际公约(如《核安全公约》)的要求和各核电国家防控风险的通行做法。② 而且,为谨慎起见,核法中通常采用分阶段许可模式,例如我国《核安全法》第 22 条规定,核电厂的选址、设计、建造、运行、退役等活动均需向国务院核安全监督管理部门申请相应的安全许可(见第四章第一节)。

(二) 实施过程控制以保障核能利用处于风险可控范围

准许某种核能利用活动只是一个暂时的积极判断,③并不代表核能利用过程一直处于安全状态,因为技术故障和人因问题的存在可能会导致核能利用活动偏离正常或安全的状态。为此,需要对核能利用活动的整个过程实施控制,确保其风险处于可控的状态。这里的过程控制包括核能利用活动的许可证持有人的自我安全管理和核能监督管理部门的外部监督两个方面。

在许可证持有人的安全管理方面,许可证持有人是具体从事核能开发利用行为的主体,也是相对其他主体而言对其开展的活动的风险信息最为了解的主体,因而也能更有效地管控风险。以核设施安全管理为例,核设施营运者采取的安全管理措施包括:对核设施进行定期安全评价;建立并实施质量保证体系,有效保证设备、工程和服务等的质量,确保设备的性能满足核安全标准的要求,工程和服务等满足核安全相关要求;严格控制辐射照射,确保有关人员免受超过国家规定剂量限值的辐射照射,确保辐射照射保持在合理、可行和尽可能低的水平;对核设施周围环境中所含的放射性核素的种类、浓度以及核设施流出物中的放射性核素总量实施监测,并定期向国务院环境保护主管部门和所在地省、自治区、直辖市人民政府环境保护主管部门报告监测结果,等等。④

在核能监督管理部门的安全监管方面,监管者必须保持持续监管核能利用活动的能力以确保这些活动按照许可条款的规定,正在安全地、可靠地开展。例如,为确保核设施运行安全,核能监督管理部门应当利用分析、监视、试验和检查等手段进行核实,以确保核设施的实际状况和运行始终符合其设计、可适用的本国安全要求以及运行限值和条件。⑤ 根据我国《核安全法》的规定,国务院核安全监督管理部门和其他有关部门应当对从事核安全活动的单位遵守核安全法律、行政法规、规章和标准的情况进行监督检查(第 70 条)。

(三) 建立和启动核应急体系以减轻事故后果

在特定情况下,纵深防御措施有可能会失效,此时作为防控危害后果的最后一道屏障,建立和启动核应急体系是确保公众和环境免受不当电离辐射危害的不可或缺的措施。

其中,建立应急体系,主要是指在事故发生前制定应急预案,在预案中明确应急的启动

---

① 参见《核安全公约》(1994 年)第 7 条;《乏燃料管理安全和放射性废物管理安全联合公约》(1997 年)第 19 条。
② See C. Stoiber, A. Baer, N. Pelzer, et al., *Handbook on Nuclear Law*. International Atomic Energy Agency, 2003, p.7.
③ 参见陈春生:《核能与法之规制》,月旦出版社股份有限公司,1995 年版,第 117 页。
④ 参见《中华人民共和国核安全法》(2017 年)第 16—19 条;《核安全公约》(1994 年)第 19 条。
⑤ 参见《核安全公约》(1994 年)第 14 条。

情形、应急参与的主体、应急措施等内容,以做好各种准备。美国三里岛核事故虽然没有造成放射性物质向环境释放的后果,但暴露出美国核事故应急体系存在的严重问题。切尔诺贝利核事故后,国际原子能机构推动缔结了《核事故或辐射紧急情况援助公约》(1986年)和《及早通报核事故公约》(1986年),核应急问题自此得到国际层面和各国的高度重视。之后的《核安全公约》以及《乏燃料管理安全和放射性废物管理安全联合公约》都明确要求各缔约国建立核应急体系。我国已建立了三级核应急体系(见第七章)。

制定科学的应急预案需要得到有效的实施才能发挥其减轻甚至避免电离辐射危害发生的功能。例如,日本福岛核事故虽然造成了放射性物质污染环境的严重后果,但是其应急体系的运行(如及时采取撤离和疏散措施)避免了直接的人员伤亡,没有造成切尔诺贝利核事故那样的严重后果。这里的应急体系的运行被称为应急响应。应急响应本质上是应急准备这一静态体系转变为动态机制,是将应急准备的措施进行"激活"的过程,响应行动通常包括事故缓解和控制、辐射监测和后果评价、人员放射性照射防护、去污洗消和医疗救治、出入通道和口岸控制、市场监管和调控、维护社会治安、信息报告和发布、国际通报和援助等方面。①我国《核安全法》第58条规定了应急响应的具体要求(见第七章)。

第二节 独立监管原则

政府设立监管机构对核能利用行为进行监管具有正当性和合法性。《核安全公约》等国际法律文件均强调国家必须建立一个有关核能利用的立法和监管框架。不同于其他专业领域的监管,核能监管特别强调监管的独立性,即应当遵循独立监管原则。

一、独立监管原则的概念

所谓独立监管原则,是指核能监督管理部门的安全决定不受任何参与核能发展或从事促进核能发展活动的主体的干涉,如果发生涉及安全的与核技术相关的重大风险,其他利益必须服从核能监督管理部门的独立和专业的判断。②

监管独立性原则缘起于美国。在美国的行政法理论上,独立监管机构被称为"第四部门",其主要原因是这些监管机构不隶属于总统负责的行政分支,而是直接对国会负责。在核领域,美国的监管部门也经历了一个从不独立到独立的发展过程。1974年以前,美国原子能委员会(Atomic Energy Commission)负责对美国军用核能与民用核能的开发利用活动实施统一的监督和管理,即原子能委员会既负责推动核能产业的发展,同时又负责核安全监管,但这种安全监管和发展促进职能合一的机构设置遭到了人们的批评和质疑。1974年,美国国会通过《能源重组法》撤销原子能委员会,将其推动核能发展和核安全监管的职责予以分离,分别设立了美国核监管委员会和能源研究与开发署(现在的美国能源部)。前者独立行使核安全监管权,包括制定法规、标准,对核材料和核设施颁发许可并进行监督和检查,对违法行为予以纠正和处罚以及开展与许可和监管相关的研究等;后者则承担着促进核能

---

① 参见《国家核应急预案》(2013年修订)。
② See C. Stoiber, A. Baer, N. Pelzer, et al., *Handbook on Nuclear Law*, International Atomic Energy Agency, 2003, p.9.

研究与开发的职责。[①] 美国核监管委员会的独立性依靠其人员、权力和经费等多方面保障机制来实现。美国对核能实施独立监管的做法后来为各国所借鉴并被国际公约所提倡。

核领域国际法律文件已对独立监管原则作出明确规定。例如,《核安全公约》(1994年)第8条规定,"每一缔约方应采取适当步骤确保将监管机构的职能与参与促进或利用核能的任何其他机构或组织的职能有效地分开";《乏燃料管理安全和放射性废物管理安全联合公约》(1997年)第20条要求,"每一缔约方应依照其立法和监管框架采取适当步骤,以确保在几个组织同时参与乏燃料或放射性废物管理和控制的情况下监管职能有效独立于其他职能";《核材料实物保护公约修订案》(2005年通过、2016年生效)第2条规定,"国家应设立或指定负责实施法律和监管框架的主管部门,并赋予充分的权力、权限和财政及人力资源,以履行其所担负的责任。国家应采取步骤确保国家主管部门与负责促进或利用核能的任何其他机构之间在职能方面的有效独立性"。这些国际公约关于独立监管原则的规定虽略有差异,但其实质都是一致的,即确保核能监督管理部门能够在不受其他主体的不当影响下就安全相关问题做出决定,并有能力保障这一决定得到履行。

我国《民用核设施安全监督管理条例》(1986年)首次在核设施监管领域确立了独立监管原则,其第4条规定:"国家核安全局对全国核设施安全实施统一监督,独立行使核安全监督权。"2017年通过的《核安全法》第4条第二款则将这一原则适用范围予以了拓展,要求核安全工作必须坚持独立监管的原则。

核能监管之所以强调独立性原则,主要有三方面的理论依据:一是,核能开发利用活动带来的风险是一种技术风险,对其加以规制需要高度依赖专门的科学知识,传统的行政部门不如独立的监管部门能够发展和提高专业性;[②]二是,政府既有确保核能安全的职责,又有支持(促进)核能发展的职能,如果这两项权力由政府授权的一个行政机关来实施的话,该行政机关势必会在安全和发展之间进行权衡选择,尤其是在该行政机关受到核能相关利益集团的游说或者影响下,其做出的决策或许并不一定能保障公众的安全;三是,核能产业投资风险大,独立的监管部门有利于维持监管政策的稳定性和长效性从而有利于为核能产业提供稳定的监管预期。

二、独立监管原则的适用

独立监管原则实质上是对核监管体制的要求,为了实现这一原则,法律应当设立专门的核能监督管理部门、授予其实施核安全(和核安保)监管的权力,并提供与其职责相匹配的人力和财政资源。监管独立性是一个相对的概念,存在不同的模式,综合各国核监管的实践经验可以发现,采取以下四方面的措施有利于提高监管的独立性。

第一,确保监管组织法定。从行政组织法的角度来看,确保核监管独立性的前提就是通过立法来建立核能监督管理部门,并授予其核安全监管的职能,同时明确核能监督管理部门的人员组成与任免机制以及经费来源,从而在人财物等方面保障核能监督管理部门的稳定性和独立性。例如,美国1974年通过《能源重组法》设立核监管委员会,加拿大于1997年通

[①] See J. Samuel Walker and Thomas R. Wellock, *A Short History of Nuclear Regulation: 1946-2009*, U.S. Nuclear Regulatory Commission, 2010, p.49.

[②] 参见马英娟:《政府监管机构研究》,北京大学出版社2007年版,第79页。

过《核安全与控制法》设立了核安全委员会,日本于 2012 年通过《原子能规制委员会设置法》设立了原子能规制委员会。我国《核安全法》第 4 条确立了独立监管的原则,第 6 条规定了核监管体制。

第二,分离和整合监管职能。监管独立性原则并没有排除设立多个部门分别独立行使不同领域的监管职能的监管模式。例如,有的国家就分别建立了核安全和核安保的监管机关。然而,相对于单独的监管部门而言,多部门共管或者分管的组织架构可能会导致部门之间的推诿扯皮或者增加部门协调的成本从而削弱核安全监管的独立性。为此,将核监管的权力合并至一个部门由其统一或完整地行使,有利于增强独立监管的效力和权威性。日本设立原子能规制委员会的目的之一就是整合原来分散在原有经济产业省和文部科学省等不同部门的安全监管职能(参见图表 2.3)。

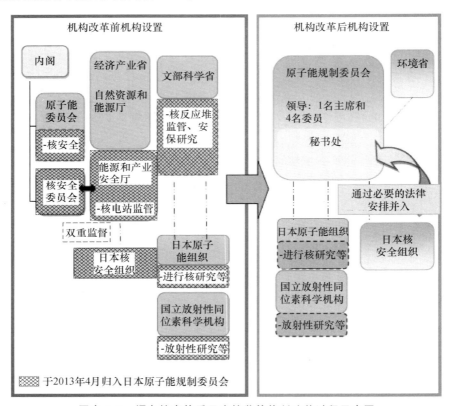

图表 2.3　福岛核事故后日本核监管体制改革过程示意图

我国《核安全法》规定由国务院核安全监督管理部门负责核安全的监督管理,国务院核工业主管部门、能源主管部门和其他有关部门在各自职责范围内负责有关的核安全管理工作,同时规定国家建立核安全工作协调机制来统筹协调有关部门推进相关工作(第 6 条)。

第三,提高核能监督管理部门的组织地位。核能监督管理部门的权威性在一定程度上影响其监管的独立性。从行政组织法的角度来看,监管机关在行政组织体制中的地位或者行政级别是其权威性的重要标志。行政级别越高,核能监督管理部门在决策和执法时所面临的权力干扰越少,其在与其他行政机关发生关联时,沟通和协商更能获得尊重从而可以保障其权力行使的效力。美国、韩国、日本等国家的核监管体制改革均体现了这一发展趋势

(见第三章第一节)。

第四,保障核能监督管理部门的监管能力。核监管是专业性监管,需要利用专业知识对核专业性问题作出判断和决定。国际原子能机构指出,"监管机构必须具备履行职责所需的充分的法律授权、技术和管理能力以及人力和财政资源"。① 换言之,监管独立性的实现除了获得法律授权之外,还需要一定的条件保障,具体包括人员的配备与培训、经费保障、监管能力建设、专家咨询、技术支持等方面。(见第三章第一节)

第三节 责 任 原 则

核能开发利用行为涉及众多的主体,既包括直接实施核能利用行为的主体(如核设施营运者),也包括为核能利用提供各种服务和技术支持的主体(如核设备供应商),还包括对核能利用行为进行监督和管理的政府机关(如核能监督管理部门)。为此,必须明确对核能利用行为施加影响的主体的责任,只有责任到位了安全的目标和要求才能得到有效落实。

一、责任原则的概念

责任原则,也称许可证持有人主要安全责任原则,是指依法获得核能监督管理部门颁发的许可的主体应当对其所实施的核能利用活动的安全负有主要的管理义务并对其行为造成的后果承担责任的准则。

从理论上来讲,对核能利用风险施加控制的主体都负有相应的安全责任。② 然而,如果仅仅笼统地规定所有主体都具有确保核安全的责任,而不加以区别对待的话,实际上会造成安全责任虚置的结果,等同于没有明确责任主体,也没有体现公平原则。对此,国际公约和国外立法都将获得授权从事涉核或者电力辐射等相关活动的营运者或者许可证持有人规定为对安全负有主要责任的主体。③

国际公约和各国核法关于责任原则的规定大体相似。例如,《核安全公约》第9条规定,"每一缔约方应确保核设施安全的首要责任(primary responsibility)由有关许可证的持有者承担,并应采取适当步骤确保此种许可证的每一持有者履行其责任";《乏燃料管理安全和放射性废物管理安全联合公约》第21条第1款规定,"每一缔约方应确保乏燃料或放射性废物管理安全的首要责任由有关许可证的持有者承担,并应采取适当步骤确保此种许可证的每一持有者履行其责任"。又如,法国《核领域透明与安全法》第28条规定,"陆上固定式核设施的许可证持有人应对其设施的安全负责",④等等。我国《核安全法》关于责任原则的规定采用了概括加具体化的立法表达方式。具体而言,《核安全法》第4条规定:"……核安全工作必须坚持……责任明确……的原则。"第5条进一步规定:"核设施营运单位对核安全负全

---

① 参见国际原子能机构:《基本安全原则》,第 SF-1 号,2007 年,第 7 页。
② See C. Stoiber, A. Baer, N. Pelzer, et al. *Handbook on Nuclear Law*, International Atomic Energy Agency, 2003, p.7.
③ 参见许安标、刘华、王毅韧主编:《中华人民共和国核安全法释义》,中国民主法制出版社2017年版,第41页。
④ 见法国《核领域透明与安全法》(2006年)(Act No. 2006-686 of 13 June 2006 on Transparency and Security in the Nuclear Field), http://www.french-nuclear-safety.fr/References/Regulations/Act-No.-2006-686-of-13-June-2006,最后访问日期:2020年5月8日。

面责任。为核设施营运单位提供设备、工程以及服务等的单位,应当负相应责任。"

核法中确立许可证持有人首要责任原则的合理性在于三方面:一是,许可证持有人是核能利用活动的直接实施者或者控制人,相对其他主体而言直接掌握着更为全面的关于核能利用活动的风险的信息,从而能够更有针对性地采取风险控制措施;二是,规定许可证持有人的主要安全责任,实际上简化和明晰了监管的对象,有利于提高监管效率;三是,许可证持有人往往是核能利用活动最直接和最大的获益者,规定其承担主要的安全责任体现了风险(责任)和收益分配的公平性。理解责任原则,需要注意把握以下两点:

第一,许可证持有人为主要责任主体,并不排除其他核能利用活动有关的主体(包括其他非许可证持有人和核能主管部门)的安全责任。① 我国《核安全法》第5条也体现了这一要求,在规定核设施营运者的全面责任外还规定其他主体需承担相应的安全责任。

第二,这里的安全责任包括安全义务和法律责任(参见专栏2.4)。许可证持有人负有采取各种措施保障其所开展的核能利用活动的安全的主要法律义务,如不履行该法律义务或者违反该法律义务,则需要承担相应不利的法律后果。我国《核安全法》《放射性污染防治法》以及其他法规和规章都同时规定了许可证持有人和其他主体的安全管理义务和法律责任。

专栏 2.3

"责任"的概念

《现代汉语词典》对"责任"的解释有两种:一是分内应做的事;二是没有做好分内的事,因而应当承担的过失。常译成中文"责任"一词的英语单词有"responsibility,duty,obligation,liability"。在《韦伯词典》中,"responsibility"是指"一个人应该负责任的事情;承担责任的性质或状态";"duty"是指"对上级或父母的尊重、服从;相应的业务、服务;道德或法律上的义务";"obligation"是指"一个人必须要做的事情,比如履行正式合同或承诺;履行家庭义务或国家义务";"liability"是指"某人该做的事情以及承担责任的性质或状态"。

著名法理学家沈宗灵教授认为,法律责任大体上指以下两个密切联系的含义:第一,相当于义务。第二,指有违法行为或违约行为,也即未履行合同义务或法定义务,或仅因法律规定,而应承受某种不利后果。

我国《核安全法》同时规定了许可证持有人和其他主体的安全管理义务和法律责任。例如,其第16和第18条规定,核设施营运单位应当依法设置核设施纵深防御体系,建立并实施质量保证体系,严格控制辐射照射,确保有关人员免受超过国家规定剂量限值的辐射照射;其第77条规定,核设施营运单位违反上述规定,由国务院核安全监督管理部门或者其他有关部门责令改正,给予警告;情节严重的,处20万元以上100万元以下的罚款;拒不改正的,责令停止建设或者停产整顿。

资料来源:刘作翔、龚向和:《法律责任的概念分析》,载《法学》1997年第10期。

---

① 参见国际原子能机构:《促进安全的政府、法律和监管框架》2.14和4.49项,http://www-pub.iaea.org/MTCD/publications/PDF/Pub1465c_web.pdf,最后访问日期:2020年5月8日。

二、责任原则的适用

责任原则的适用主要包括两方面：一是规定许可证持有人及相关主体的安全管理义务；二是明确许可证持有人及相关主体的法律责任。

（一）规定许可证持有人及相关主体的安全管理义务

法律应当规定许可证持有人在核设施的建造、运行和退役，核材料和放射性废物的管理、放射源利用等核能利用各方面（环节）的具体安全管理义务。国际原子能机构指出，许可证持有人须负责：建立和保持必要的能力；提供适当的培训和信息；制订旨在保持所有条件下安全的程序和安排；对设施和活动及其相关设备的适当设计和优等质量进行核实；确保对所使用、生产、贮存或运输的所有放射性物质实施安全控制；确保对产生的所有放射性废物实施安全控制。这些责任应按照监管机构确定或核准的适用的安全目标和要求予以履行，而且应当通过落实管理制度来确保做到这一点。[1]（参见第三章第二节）

由于核设施设计单位、建造单位、核燃料生产制造单位以及为核设施提供核安全设备设计、制造、安装和无损检验服务的单位等为许可证持有人提供设备、工程以及服务的单位所从事的活动的质量也会影响核安全水平[2]，这些单位也应当遵守本法和其他有关法律、行政法规的规定，加强核安全管理，建立健全责任制度，保证其从事活动的质量符合规定的要求。例如，我国《核安全法》第17条规定："核设施营运单位和为其提供设备、工程以及服务等的单位应当建立并实施质量保证体系，有效保证设备、工程和服务等的质量，确保设备的性能满足核安全标准的要求，工程和服务等满足核安全相关要求。"

（二）明确许可证持有人及相关主体的法律责任

规定许可证持有人的安全义务即意味着明确了其行为模式，但若只有行为模式没有法律后果还不足以构成一个完整的法律规则，也无法保障责任原则得到落实，故有必要建立与许可证持有人安全义务相匹配的法律责任体系。这里的法律责任体系包括行政责任、刑事责任和民事责任。例如，根据我国《核安全法》的规定，核设施营运单位未设置核设施纵深防御体系的，将由国务院核安全监督管理部门或者其他有关部门责令改正，给予警告；情节严重的，处20万元以上100万元以下的罚款；拒不改正的，责令停止建设或者停产整顿（第77条）；因核事故造成他人人身伤亡、财产损失或者环境损害的，核设施营运单位应当按照国家核损害责任制度承担赔偿责任（第90条）（见第八章）；对于违法情节严重构成犯罪的，将依法追究刑事责任（第91条）。

对于为许可证持有人提供设备、工程以及服务的单位而言，其法律责任主要包括行政法律责任和民事法律责任两方面。在行政法律责任方面，例如，根据我国《核安全法》规定，未经许可为核设施提供核安全设备设计、制造、安装或者无损检验服务的，由国务院核安全监督管理部门责令改正，处50万元以上100万元以下的罚款；有违法所得的，没收违法所得；对直接负责的主管人员和其他直接责任人员处2万元以上10万元以下的罚款（第83条）。在民事法律责任方面，为许可证持有人提供设备、工程以及服务的单位所承担的主要是一种合同责任。根据我国《核安全法》规定，为核设施营运单位提供设备、工程以及服务等的单位

---

[1] 参见国际原子能机构：《基本安全原则》，第SF-1号，2007年，第6页。
[2] 参见许安标、刘华、王毅韧主编：《中华人民共和国核安全法释义》，中国民主法制出版社2017年版，第42页。

不承担核损害赔偿责任,但核设施营运单位与其有约定的,在承担赔偿责任后可以按照约定追偿(第90条)。

第四节 透明原则

公开透明是现代社会治理的重要特征,在风险规制的很多领域已经成为一项基本的法律原则,但在核能领域曾一直讳莫如深。这是因为,核能的早期发展源于二战时期的军事计划,在当时以及其后很长一段时间,关于核材料和技术的信息被认为是具有高度政治和军事敏感性的,且都被各国政府作为机密处理。这种对核能利用技术和信息的严格政府控制,虽有维护国家安全利益和防止核武器扩散的考虑,但也在一定程度上塑造了核能利用活动封闭决策和管理的传统。随着民用核能的不断发展和普及化,核能的神秘色彩开始淡化,透明原则逐渐发展成为核法的一项重要原则。

一、透明原则的概念

核法中的透明原则,是指政府、核能主管部门以及获得授权从事核能利用活动的主体应当以"看得见"的方式作出核能利用相关的决策、决定,实施监管或管理活动,并及时向社会公布核能利用相关的信息,确保社会公众了解核能利用及其安全的状态。

民用核能领域透明原则的提倡与对核事故的反思有关。切尔诺贝利核事故发生后,人们发现苏联对核事故信息的封闭使得事故的后果更为糟糕。作为回应,在国际原子能机构的推动下,1986年国际社会缔结了《及早通报核事故公约》,要求各缔约国在发生核事故时应当立即直接或者通过国际原子能机构向可能会受到核事故影响的国家或机构通知核事故的性质、发生时间和地点等有关情报,开始在国际层面上倡导核安全信息的公开。继《及早通报核事故公约》之后,民用核能利用公开透明获得了更多的国际认同,后续相关的国际公约都要求国家要保障公众的知情权。美国核监管委员会指出,"核监管是事关公众的事务,必须公开和坦诚地进行,公众应当保持知晓情况并有机会按照法规要求参与到监管过程中"。[①]

核领域国际公约主要从信息通报的角度规定了透明原则的要求。除上述《及早通报核事故公约》外,其他公约也有类似的规定。例如,《核安全公约》第16条第2款规定:"每一缔约方应采取适当步骤,以确保可能受到辐射紧急情况影响的本国居民以及邻近该设施的国家的主管部门得到制订应急计划和作出应急响应所需的适当信息。"《乏燃料管理安全和放射性废物管理安全联合公约》第13条规定:"每一缔约方应采取适当步骤,以确保制定和执行针对拟议中放射性废物管理设施的程序,以便向公众提供此类设施的安全方面的信息。"

经国际社会的推动,透明原则被越来越多的国家的核立法所确立,具有代表性的是作为世界第二大核电国家的法国坚持将公开透明作为其核能规制与发展的主要原则,具体表现

---

① See U.S. Nuclear Regulatory Commission, The United States of America Seventh National Report for the Convention on Nuclear Safety, 2016, http://www.nrc.gov/reading-rm/doc-collections/nuregs/staff/sr1650/r6/, last accessed on May 8, 2020.

为其于 2006 年通过了《核领域透明与安全法》，该法第 1 条规定"国家制定有关核安全的法规，这些法规保障公众能够了解与核活动有关的风险信息，以及其对人体健康、安全和环境影响有关的信息"，并将"透明"解释为"公众获取核安全方面信息权利有关规定"。①

我国在法律规范层面推行政府管理的公开透明始于 2007 年国务院颁布的《政府信息公开条例》，随后这一原则在环境法中得到进一步发展，如《环境保护法》（2014 年）②以及环境保护部颁布的《环境信息公开办法（试行）》（2007 年）和《企业事业单位环境信息公开办法》（2015 年）等法律、行政法规和部门规章分别从不同的层面明确和细化了环境治理的公开透明要求。然而，核能利用的问题并不能被环境法所完全覆盖，公开透明的理念在我国核领域发展相对滞后。

受 2010 年 5 月发生的大亚湾燃料棒轻微损伤事件③和 2011 年日本福岛核事故的影响，以及由于公众反对核能项目现象频发带来的压力（参见专栏 2.5），环境保护部（现为生态环境部）办公厅于 2011 年 4 月在环保系统内部印发了《环境保护部（国家核安全局）核与辐射安全监管信息公开方案（试行）》和《关于加强核电厂核与辐射安全信息公开的通知》，旨在推动核安全管理的公开透明化。这一努力得到了立法机关的肯定，2017 年 10 月通过的《核安全法》第五章专门规定了"信息公开和公众参与"，标志着在核安全领域确立了透明原则。为规范和加强核安全信息公开工作，保障公民、法人和其他组织对核安全的知情权、参与权、表达权和监督权，提升公众对核安全的认知水平，保障核能利用安全，生态环境部还于 2020 年 9 月发布了《核安全信息公开办法》。

专栏 2.4

2011 年福岛核事故后的抢盐风波和 2011 年江西彭泽核电项目争议

1. 2011 年福岛事故后的抢盐风波

2011 年 3 月 11 日，日本福岛核电站发生核泄漏。随着日本核危机蔓延，一股抢购潮波及全球。因"碘盐能预防治疗核辐射"的传言，我国从 3 月 14 日开始出现"抢盐"苗头，绍兴、上海等东部沿海城市成为"抢盐"风波的始发地。之后，随着网络信息的传播，数日之内，"抢盐"风潮席卷全国各地。同时，各地方政府也通过各种方式劝导民众勿信谣言，理性消费，并核实中国沿海未出现污染迹象。各地于 3 月 16 日开始部署稳定市场措施，并陆续召开新闻发布会，公布保障供应措施及澄清谣言。

2. 2011 年江西彭泽核电项目争议

2008 年 1 月国务院核电领导小组会议决定，启动内陆核电项目，明确江西彭泽核电作为

---

① 参见法国《核领域透明与安全法》（ACT No. 2006-686 of 13 June 2006 on Transparency and Security in the Nuclear Field），http://www.french-nuclear-safety.fr/References/Regulations/Act-No.-2006-686-of-13-June-2006，最后访问日期：2020 年 5 月 8 日。

② 《中华人民共和国环境保护法》（2014 年）第五章为"信息公开和公众参与"，规定了公民、法人和其他组织获取环境信息、参与和监督环境保护的权利，政府和企业环境信息公开的责任和义务。

③ 参见孟登科：《核电恐慌》，载《南方周末》2010 年 6 月 30 日电子版，http://www.infzm.com/content/46991，最后访问日期：2020 年 5 月 8 日。

首批启动的项目。彭泽核电项目厂址位于江西省彭泽县城马当镇境内，濒临长江，与邻省安徽望江县一水之隔。2010年5月彭泽核电项目"两评"报告（厂址安全分析报告和环境影响报告）获得环境保护部（国家核安全局）正式批复。2010年7月国家核安全局同意彭泽核电项目一期工程开始前期工作。2011年3月14日，日本福岛核事故引发国际社会对核安全的高度关注，我国国务院出台"国四条"要求对全国在运在建核电机组进行安全检查并暂停审批核电项目。安徽省望江县民众因此意识到核电站安全风险，开始通过网络等途径发出抗议，指出核电站"两评报告"存在评估方资质不符，测评不客观，真实性不足等问题。同时，相关方面也未进行充分的社会稳定风险调研，仅有的两次民意调查，在人口比例、地域范围选取上缺乏科学性，且调研方曾通过发放礼品、强制填写问卷等方式诱导公众参与。2011年6月，原望江县委副书记等四位退休干部向望江县委、安徽省政府、省发改委、国务院等先后递交了《吁请停建江西彭泽核电厂的陈情书》等多份材料，指出彭泽核电厂造假报批、人口数据失真、地震标准不符、邻近工业集中区和民意调查走样等问题，并声称已准备好提起诉讼。随后望江县政府在该陈情书基础上起草了《关于请求停止江西彭泽核电厂项目建设的报告》并于2011年11月15日发往国家能源局，表达为维护全县人民的合法权益请求取消彭泽核电项目的愿望，从而将争议引向高潮。在官方与民间的合力反对下，项目最终以停建观望收尾并造成巨大经济损失。

资料来源：
1. 孟登科：《核电恐慌》，载《南方周末》2010年6月30日电子版，http://www.infzm.com/content/46991，最后访问日期：2020年5月8日。
2. 谭爽：《邻避项目社会稳定风险的生成与防范——以彭泽核电站争议事件为例》，载《北京交通大学学报（社会科学版）》2014年第4期。
3. 孙郁瑶：《一场核电之争》，载《中国工业报》2012年3月13日第A03版。

需要指出的是，由于核能利用关乎国家安全和社会稳定，坚持透明原则并不意味着核能利用所有的事项都应当公开。理解透明原则应当重点把握该原则规范的主体范围和行为边界。

首先，从国际核法和各国核立法的实践来看，透明原则主要适用于民用核能方面。对于已经合法拥有核武器的国家，其从事军用核能活动的主体（如军队有关部门）一般不适用该原则，因为这些活动关乎一国的国家安全，核能军事利用方面的信息属于军事机密；对于根据《不扩散核武器条约》的规定不得开发和拥有核武器的国家，其核能利用活动必须向国际原子能机构公开并接受其监督和核查。

其次，即便在民用核能领域，透明原则也有其适用的主要场域。例如，对核安保工作来说，应对核恐怖活动或其他针对核材料和核设施的不法行为的措施和相关信息也不应当公开，而应当遵循保密原则。例如，《核材料实物保护公约》第6条规定："各缔约国应采取符合其国家法律的适当措施，以保护由于本公约的规定而从其他缔约国得到的或经由参与执行本公约的活动而得到的任何机密情报的机密性。缔约国如向国际组织提供机密情报，则应采取步骤，以确保此种情报的机密性获得保护。"根据我国《核安全法》第38条的规定，核设施营运单位和其他有关单位持有核材料，应当按照规定的条件依法取得许可并建立信息保密制度，采取保密措施，以防止核材料被盗、破坏、丢失、非法转让和使用。

最后，核安全领域涉及国家秘密、商业机密和个人隐私的信息也应当遵守其他法律的规定予以保密。换言之，核法中的透明原则主要适用于民用核安全领域，其应当理解为以公开透明为原则，以保密为例外。而由于核安全和核安保方面存在交叉，核立法在具体的制度设计时应当注意明确公开和保密的范围。

二、透明原则的适用

综观国际和各国核法，透明原则的适用主要表现在三个方面：

首先，应当确立并保障公众知情权。公开透明是相对封闭隐秘而言的，原子弹秘密研制的历史使社会公众无法得知核能利用相关的信息，原子弹的爆炸和核事故的发生使公众对核能利用充满了恐惧。这种心理上的恐惧导致民用核能发展面临社会接受性挑战。实施透明原则意味着破除核能利用的神秘面纱，让社会公众了解核能在如何被使用，全面知悉核能利用的风险和给社会带来的福利。由于核材料的政治军事敏感性，核能利用相关的信息主要掌握在政府和具体开展核能利用活动的主体（主要是核能企业）手上，公众一般无法知悉。为此，应当首先赋予公众在核领域的知情权，宣示公众获取核相关信息的正当权利基础。例如，我国《核安全法》第11条第2款规定"公民、法人和其他组织依法享有获取核安全信息的权利"。同时，为了确保公众能够获取相关信息，法律还应当规定政府有关部门及从事核能开发利用的主体的信息公开义务，如我国《核安全法》第五章的规定。

其次，应当建立公众参与制度，确保受核能利用相关决策影响的公众能够参与核能利用决策。换言之，公众不仅要了解信息，还要在了解信息的基础上发表意见、与信息公开义务主体互动，通过不同方式参与包括法律法规起草、标准制定、核能利用许可颁发等过程并发表意见和提出建议。引入公众参与是有效应对危机事件的需要、保障公民基本权利的要求以及树立良好政府形象的要求。进一步讲，公众的参与和监督，能够帮助政府实现科学决策和民主决策的融合，避免决策者因盲目性和随意性造成决策失误，可以增强核能利用的社会接受性，促进核能可持续发展。同时，公众的参与和监督，可以督促核设施运营单位主动承担社会责任，采取更为积极有效的措施保障安全，防止污染环境，为建设环境友好型社会多作贡献。立法明确规定公众参与的主体、参与的事项和方式等内容（见第三章第三节）。

最后，应当建立风险交流机制，确保各涉核主体能够进行风险交流从而建立关于核能风险的共同认知和互信。国际原子能机构指出，风险交流是指融合和反映了信息接收者观点，旨在帮助人们在健康和安全方面作出更加充分决定的行动、语言和其他互动。[1] 美国核监管委员会将"风险交流"定义为"一个讨论会导致健康、安全、安保或环境关切的互动过程"，并指出该风险交流应当为"一个包括多种听众、多种信息和多种目的的双向过程"。[2] 风险交流机制应当包括内部的风险交流和外部的风险交流。前者是指核能监督管理部门人员与风险评价的专家之间的交流，使核能监督管理部门的人员对风险事实进行了解以便形成共识；后者是核能监督管理部门和风险利益相关方之间的沟通。风险交流对实现核安全具有重要意

---

[1] See IAEA, Communication with the Public in a Nuclear or Radiological Emergency, IAEA, 2012, https://www-pub.iaea.org/MTCD/Publications/PDF/EPR-Communcation_web.pdf., last accessed on May 8, 2020.

[2] See Nuclear Regulatory Commission, Effective Risk Communication—The Nuclear Regulatory Commission's Guideline for External Risk Communication, NUREG/BR-0308, 2004, https://www.nrc.gov/docs/ML0509/ML050960339.pdf, last accessed on May 8, 2020.

义：在确定风险规制目标的决策过程中，有效的风险交流能够对公众进行宣传和教育，增进公众和政府之间的对话与公众对专家的信任，反映利益相关者的价值偏好和利益诉求；在发生核事故时，有效的风险交流能够避免社会恐慌，缓解核事故的影响。正如美国核监管委员会所指出的，"我们拥有最先进的风险见解，最卓越的科学，最领先的专家，但是如果我们没有一个有效的交流计划，我们将会失败"。① 我国《核安全法》尚未对风险交流作出明确规定，但实践中核能行业界正在不断探索这种机制。②

第五节　国际合作原则

和平开发利用核能是世界各国的共同愿望，确保核能利用安全是世界各国的共同责任。和平利用核能和安全利用核能都需要构建国内和国际法律体系作为制度保障。国际合作已经成为核法的一项基本原则，坚持这一原则对共同推进全球核安全治理，打造核安全命运共同体，进而推动构建人类命运共同体具有重要意义。

一、国际合作原则的概念

国际合作原则，是指国家与国家之间、国家与国际组织之间应当通过各种方式协作开展核能开发利用活动和控制核能利用风险。

核法中强调国际合作原则和核能的国际化特性密切相关。具体而言：首先，在安全和环境领域，潜在的跨境影响需要政府协调政策和参与合作项目以减少对公民和领土造成损害的风险；其次，利用核材料会导致超越国境的核安保风险，应对恐怖活动、非法贩运核材料以及核爆炸装置扩散的威胁需要采取高级别的国际合作；最后，核工业的跨国性特征日益明显，核材料和设备的频繁跨界转移，使得必须依赖公共和私人实体组织采取联合的方法才能对其进行有效的控制。③

国际合作的目的可以概括为两个方面，一是促进核能技术的和平利用，让核能带来的福利惠及更多的国家；二是通过交流经验和提高控制危险、预防事故、应对紧急情况和减缓任何有害后果的能力来促进和加强全球安全。

事实上，核能利用的历史就是国际合作的历史。第二次世界大战前，不同国家的物理学家已经开始合作研究电离辐射的相关理论；第二次世界大战期间美国牵头和英国、加拿大等国家合作研制原子弹；第二次世界大战结束后美国倡导和平利用原子能，开始对其他国家输出民用核能技术，并呼吁有核武器国家和无核武器国家进行合作，共同分享原子能技术，同时提议建立一个国际性的原子能机构，致力于有效防止原子能滥用、核武器扩散，并开展原子能民用研究开发工作，让原子能真正地造福人类。在美国、苏联等国家的共同推动下，国际原子能机构于1957年建立，标志着核领域国际合作进入一个新的发展阶段。

根据《国际原子能机构规约》(1957年)以及联合国与国际原子能机构签订的关系协定

---

① 参见陈建源：《美国核能管制委员会对外风险沟通之导则》，载《台电核能月刊》2011年第341期。
② 例如，中国核能行业协会已举办了多届核能公众交流大会。参见《第三届核能公众沟通大会鹭岛论剑——主旨报告提出6点建议，引起关注》，http://www.china-nea.cn/site/content/36557.html，最后访问日期：2020年5月8日。
③ See C. Stoiber, A. Baer, N. Pelzer, et al．, *Handbook on Nuclear Law*, International Atomic Energy Agency, 2003, pp.9-10.

的规定,国际原子能机构是与联合国建立特定联系的政府间国际组织,旨在谋求加速和扩大原子能对全世界和平、健康及繁荣的贡献,是实现原子能利用国际法律控制的"执行者"和"监督者"。国际原子能机构的国际合作职能包括推动核科学技术研究、防止核扩散、强化核安全与核安保以及促进民用核能的发展。除了国际原子能机构等全球性的国际组织所开展的核领域的国际合作外,区域层面以及双边或多边国家之间也建立了核能利用的合作机制。例如,经济合作与发展组织国家还建立了负责核领域合作的专门机构——核能署。(参见四章第四节)。

1986年苏联切尔诺贝利核事故的发生推动了核领域国际合作的快速发展和国际核法体系的完善,一系列的核安全相关国际公约相继得以缔结;美国"9·11"恐怖袭击事件发生后,国际合作防范和打击核恐怖主义成为核法中的热点问题。国际合作的原则也被核领域的国际法所确立和巩固(见第九章第一节)。国际社会缔结了大量关于核领域国际合作的国际公约,包括《不扩散核武器条约》(1970年)、《禁止在海床洋底及其底土安置核武器和其他大规模毁灭性武器条约》(1971年)、《核科学技术研究、发展和培训区域性合作协定》(1972年)、《核材料实物保护公约》(2005年修订)、《核事故或辐射紧急情况援助公约》(1986年)、《及早通报核事故公约》(1986年)、《核安全公约》(1994年)、《乏燃料管理安全和放射性废物管理安全联合公约》(1997年)、《制止核恐怖主义行为国际公约》(2005年)等。其内容涵盖技术合作、核不扩散、核安保、核安全等各方面的国际合作。例如,《核安全公约》第1条规定,本公约的目的是通过加强本国措施与国际合作,包括适当情况下与安全有关的技术合作,以在世界范围内实现和维持高水平的核安全;又如,《乏燃料管理安全和放射性废物管理安全联合公约》第1条规定,本公约的目标是通过加强本国措施和国际合作,包括情况合适时与安全有关的技术合作,以在世界范围内达到和维持乏燃料和放射性废物管理方面的高安全水平。

国际合作的理念在我国核法中也得以体现。例如,我国《放射性污染防治法》第4条规定:"国家支持开展放射性污染防治的国际交流与合作";《核安全法》第13条规定:"国家组织开展与核安全有关的国际交流与合作,完善核安全国际合作机制,防范和应对核恐怖主义威胁,履行中华人民共和国缔结或者参加的国际公约所规定的义务。"

由于涉及对核能利用风险的控制以及国际关系问题,理解核法中的国际合作原则需要注意以下两方面的问题:

第一,核领域的国际合作应当在和平利用核能的大前提下展开。第二次世界大战中原子弹的使用和冷战时期的核军备竞赛给人类带来了深度恐惧,为了避免核战争这一毁灭性的灾难,国家之家、国家和国际组织之间的任何形式的交流和合作活动都应当以促进核能的和平利用为宗旨,并通过过程控制确保国际合作的各类项目和活动不偏离该宗旨,禁止任何形式的非和平利用目的的核国际合作。中国在核安全白皮书中指出,中国将继续推进核安全国际合作,倡导构建公平、合作、共赢的国际核安全体系,维护地区和世界和平稳定,共同推进全球核安全治理,打造核安全命运共同体(参见专栏2.6)。

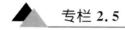

专栏 2.5

人类命运共同体与核安全命运共同体

"构建人类命运共同体"是中国国家主席习近平于 2015 年 9 月在纽约联合国总部出席第七十届联合国大会一般性辩论时发表重要讲话中提出的治国理政方针理论。2017 年 10 月 18 日,习近平主席在党的十九大报告中进一步强调,各国人民应同心协力,构建人类命运共同体,建设持久和平、普遍安全、共同繁荣、开放包容、清洁美丽的世界。构建人类命运共同体重要战略思想着眼人类发展和世界前途提出的中国理念、中国方案,符合世界历史发展规律,受到国际社会的广泛赞誉和热烈响应。

打造核安全命运共同体是构建人类命运共同体的重要组成部分。中国要倡导构建公平、合作、共赢的国际核安全体系,坚持公平原则,本着务实精神推动国际社会携手共进、精诚合作,共同推进全球核安全治理,打造核安全命运共同体,推动构建人类命运共同体。打造核安全命运共同体的内容包括:

第一,忠实履行国际义务和政治承诺。中国批准了核安全领域所有国际法律文书,严格执行联合国安理会决议,支持和参与核安全国际倡议。

第二,支持加强核安全的多边努力。中国支持国际原子能机构在核安全国际合作中发挥核心作用,从政治、技术、资金等方面,为机构提供全方位支持。加强核不扩散国际合作,深化打击核恐怖主义国际合作。

第三,加强核安全国际交流合作。中国重视国家间的核安全政策交流与务实合作,与法国、美国、俄罗斯、日本、韩国等国家及"一带一路"核电新兴国家密切沟通;加强与经济合作与发展组织核能署、欧盟、世界核电营运者协会等国际组织交流合作;中国为世界贡献智慧和力量,推广中国核安全监管体系,分享先进技术和经验,共享资源和平台。

中国打造核安全命运共同体,有利于构建公平、合作、共赢的国际核安全体系,推动国际社会携手共进、精诚合作,推动全球核安全治理,确保核安全,实现世界各国和平开发利用核能的愿望,最终推动构建人类命运共同体。

资料来源:
1. 习近平:《共同构建人类命运共同体》,http://cpc.people.com.cn/nl/2017/olzo/c64094-29037658.html,最后访问日期:2020 年 9 月 24 日;
2. 国务院新闻办公室:《中国的核安全》(白皮书),2019 年 9 月。

第二,核领域的国际合作应当在尊重国家主权、平等互利的基础上展开。主权是一个国家独立于其他国家之外,且于法律上不受其他国家的影响,以及国家排他性的管辖权,具有对其领土和人民的政府权力的至高性,是国家独立自主处理内外事务的权力,在国际关系上表现为国家享有自主权和平等权。在主权平等原则下,各国法律地位平等,国家的领土完整和政治独立不受侵犯,同时各国有权选择并发展其政治、社会、经济及文化制度。因此,各国应当在充分享有主权并充分尊重其他国家主权的前提下同其他国家开展核领域的国际合作活动,互利共赢。中国在核安全白皮书中指出,要坚持公平原则,本着务实精神推动国际社

会携手共进、精诚合作,提升全球核安全水平,促进各国共享和平利用核能事业成果。

二、国际合作原则的适用

(一)积极开展核领域国际交流与合作

核领域的国际合作包括国家和国家之间的合作,如关于共同打击核恐怖主义的合作和防止核武器扩散的合作;也包括从事核能利用活动的单位或企业之间的合作,如核能技术研发合作和核电厂运行经验分享等。前一类国际合作中国家本身是行为主体,国家应积极主动参与,从而增进国家利益;后一类国际合作中国家是监管者,国家应当依法予以支持,从而促进核能产业发展和增进公共利益。

近三十年来,我国与联合国主要机构、非政府核国际组织以及其他国家政府、企业建立了多边、区域及双边层面的国际合作机制,并在这些机制框架下开展了包括信息交流、技术援助、国际会议及培训等多种形式的合作与交流活动。例如,中国与法国、美国、俄罗斯、日本、韩国等国家及"一带一路"核电新兴国家密切沟通,签订 50 余份核安全合作协议,加强高层互访、专家交流、审评咨询、联合研究等全方位合作;建立中美核安全年度对话机制,与美国合作建成核安全示范中心和中国海关防辐射探测培训中心;与俄罗斯举行中俄海关防范核材料及其他放射性物质非法贩运联合演习;建立中日韩核安全监管高官会机制,共享监管经验;与经济合作与发展组织核能署、欧盟、世界核电营运者协会等国际组织交流合作,积极参加核安全国际同行评估,对标国际,共同提高,持续参加全球核安全与安保网络、亚洲核安全网络框架下的各项活动,拓展国际合作平台,提升中国核安全能力。①

(二)忠实履行国际公约规定的义务

在核领域,公约既是国际合作努力的成果及其制度化表现,也为开展国际合作提供了规范遵循。根据公约必须履行的国际法基本原则要求,上述核领域国际公约的缔约方有义务履行反映在公约上的承诺。

一般来说,已经加入了上述国际公约的国家,国内核法就必须反映国际法律中包含的义务。如果一个国家的法律规定其所加入的条约自动生效,就不需要再单独立法。此外,履约的具体方式可能因不同的公约而异,有的公约规定了明确的履约方式,例如《核安全公约》要求每一缔约方应在其本国法律的框架内采取为履行本公约规定义务所必需的立法、监管和行政措施及其他步骤,并要求每一缔约方应在召开每次缔约方会议之前,就它为履行本公约的每项义务已采取的措施提出报告,以供审议。中国批准了核安全领域所有国际法律文书,认真开展履约活动。中国代表分别担任 2011 年《核安全公约》缔约方第五次审议会议和 2012 年第二次特别会议主席,为推动全球核安全治理贡献中国力量。②

(三)积极推动完善核领域国际法律制度体系

从国际原子能机构成立至今,国际合作的制度体系得到了长足发展,但其远未完善。我们看到,1986 年苏联切尔诺贝利核事故的发生促成了《核事故或辐射紧急情况援助公约》《及早通报核事故公约》《核安全公约》和《乏燃料管理安全和放射性废物管理安全联合公约》

---

① 参见国务院新闻办公室:《中国的核安全》(白皮书)(2019 年 9 月),http://www.scio.gov.cn/zfbps/32832/Document/1663405/1663405.htm,最后访问日期:2020 年 5 月 8 日。

② 同上。

的缔结,全球核安全法律制度体系得以建立,但 2011 年日本福岛核事故的发生引发了对全球核安全制度体系的完善的思考;2001 年美国"9·11"恐怖袭击事件促成了《制止核恐怖主义行为国际公约》的缔结以及《核材料实物保护公约》的修订(2005 年),国际核安保框架开始搭建,但从四次核安全峰会讨论的问题来看,全球核安保制度体系仍有很多问题需要国际社会共同来解决;此外,在核不扩散领域,朝核问题和伊核问题也对现有的国际机制带来了挑战。为此,各国应当继续强化合作,为推动国际合作制度框架体系的完善贡献力量,为和平、安全、可持续利用核能缔造全球化的制度环境。

中国支持国际原子能机构在核安全国际合作中发挥核心作用,从政治、技术、资金等方面,为机构提供全方位支持。中国持续向国际原子能机构核安全基金捐款,用于支持亚洲地区国家核安全能力建设。加强核不扩散国际合作,加入桑戈委员会[①]、核供应国集团等多边机制和国际组织;颁布实施《核出口管制条例》《核两用品及相关技术出口管制条例》,发布《核出口管制清单》《核两用品及相关技术出口管制清单》。深化打击核恐怖主义国际合作,与国际刑警、核安全问题联络小组、打击核恐怖主义全球倡议等国际组织与多边机制密切合作。[②] 我国国家领导人连续四次参加核安全峰会,就加强核材料和核设施安全、应对核恐怖主义威胁、开展国际合作等议题提出了中国方案,贡献了中国智慧。我国《核安全法》第 13 条规定国家要完善核安全国际合作机制,彰显了负责任核大国的形象和使命担当。

【本章思考题】

1. 核法中有哪几项基本原则?
2. 安全原则对核法制度的构建有哪些基本要求?
3. 简述核法中确立独立监管原则的意义。
4. 核能利用许可证持有人为何要对核安全负有首要责任?
5. 简述核领域中不适用透明原则的情形。
6. 核领域国际合作原则的适用应当注意哪些问题?

---

① 桑戈委员会又称"核出口国委员会"于 1971 年在维也纳成立,旨在推动《不扩散核武器条约》关于成员国向无核国家出口核材料、设备和技术的控制条件和程序的规定的履行。1997 年 10 月 16 日,中国正式加入桑戈委员会。

② 参见国务院新闻办公室:《中国的核安全》(白皮书)(2019 年 9 月),http://www.scio.gov.cn/zfbps/32832/Document/1663405/1663405.htm,最后访问日期:2020 年 5 月 8 日。

第三章

核法的主体

【教学目的与要求】 了解国家在核领域的权利和义务、政府核能管理体制的概念和特点、政府及其主管部门在核领域的职能和具体职责;了解核能开发利用单位的概念及类型、核能开发利用单位应当具备的能力和条件、核能开发利用单位的基本义务;了解公众享有的核法上的权利、掌握信息公开和公众参与制度;理解国际原子能机构、经济合作与发展组织核能署、其他区域核能组织以及非政府国际核能组织的成立背景、宗旨、组织机构及职能规定。

核法的主体是核法律关系中一切权利和义务的载体,是一切核法律关系得以发生的基础,准确认识核法主体这一概念对核法的学习具有极为重要的意义。本章将核法的主体分为国家和政府机关、核能开发利用单位、公众和国际核能组织四种类型,在我国现行核法律法规及政府在核能利用及安全监管方面权力配置的框架下,以国际条约、协定及主要国家对于核法主体的相关规定为基础,阐明每种类型的核法主体之概念、范围和相应的权利义务关系等问题。

第一节 国家和政府机关

一、国家

(一)国家在核领域的权利

国家在核领域的权利,是指作为主权国家所享有的对核能的开发、研究和利用的权利,主要包括和平利用核能的权利和参与国际合作的权利。

国家对于核能的和平利用权利,是指国家有权组织利用本国资源、科研力量、工业基础开展核能利用的基础研究和工业化应用,掌握核能利用科技原理,培养核能专业技术人员,建立核能工业体系,利用核能为国家创造财富和繁荣。①

除了有权独立自主地和平利用核能之外,国家还有权参与相关国际合作、获得相关国际帮助等。例如《不扩散核武器条约》第4条第2款规定,所有缔约国承诺促进并有权参加在最大可能范围内为和平利用核能而交换设备、材料和科学技术情报。有条件参加这种交换

---

① 参见陈刚:《国际原子能法》,中国原子能出版社2012年版,第108页。

的各缔约国还应单独地或会同其他国家或国际组织,在进一步发展为和平目的而应用核能方面,特别是在无核武器的各缔约国领土上发展为和平目的的应用核能方面,开展合作以作出贡献。

(二)国家在核领域的义务

国家在核能的开发利用过程中还应承担相应的国际义务,尊重他国利用核能的权利,并在本国内部建立起相关的监管机制,以促进国际社会对核能的和平开发利用。此项义务主要体现在以下几个方面:

1. 促进核能产业发展

核能在国家安全和经济社会发展中具有重要地位。国家应当对核能研究、开发和利用活动实行严格、规范的管理,采取措施鼓励核能的研究、开发和利用,促进核能科学技术进步和相关产业的发展,推动核能科学技术在工业、农业、医疗卫生、环境保护、科学研究和国防等领域的应用,实现促进核能产业发展的目的。通常,各国会采用法律条文形式,对国家促进核能产业发展的义务予以明确规定。

在2018年我国起草的《原子能法(征求意见稿)》中,立法者也关注到了促进核能产业发展的问题,例如该征求意见稿从三个层面对国家在促进核能发展方面的义务提出要求:第一,鼓励和支持原子能在国民经济和社会发展等领域的应用。第二,鼓励和支持原子能知识的宣传教育,普及原子能科学知识。第三,对原子能研究、开发和利用活动,在科学技术奖励、产业、财政、税费等方面,按照国家规定给予政策支持。第四,鼓励和支持和平利用原子能的国际交流与合作。

我国在《核安全法》第3条同样强调了理性、协调、并进的核安全观。中国核安全观的核心内涵是"四个并重",即发展和安全并重、权利和义务并重、自主和协作并重、治标和治本并重。

2. 防止和减轻核能开发利用产生的电离辐射危害

国家应当采取措施防止和减轻核能开发利用的有害影响。《核安全公约》要求缔约国在核设施内建立和维持防止潜在辐射危害的有效防御措施,以保护个人、社会和环境免受来自此类设施的电离辐射的有害影响;防止带有放射后果的事故发生和一旦发生事故时减轻此种后果。①

我国作为该公约的缔约国,也履行了上述义务。2003年6月全国人大常委会通过了《放射性污染防治法》,旨在防治放射性污染,保护环境,保障人体健康,促进核能、核技术的开发与和平利用。2017年9月全国人大常委会通过了《核安全法》,旨在保障核安全,预防与应对核事故,安全利用核能,保护公众和从业人员的安全与健康,保护生态环境,促进经济社会可持续发展。

3. 防止针对核材料、核物质、核设施的恶意行为

国家应当采取措施防止针对核材料、核物质、核设施的恶意行为。国际原子能机构于

---

① 《核安全公约》第1章 目的、定义和适用范围。第1条:目的。本公约的目的是:(1)通过加强本国措施与国际合作,包括适当情况下与安全有关的技术合作,以在世界范围内实现和维持高水平的核安全;(2)在核设施内建立和维持防止潜在辐射危害的有效防御措施,以保护个人、社会和环境免受来自此类设施的电离辐射的有害影响;(3)防止带有放射后果的事故发生和一旦发生事故时减轻此种后果。

1980 年通过了《核材料实物保护公约》,旨在保护核材料在国际运输中的安全,防止未经政府批准或者授权的集团或个人获取、使用或扩散核材料,并在追回和保护丢失或被窃的核材料,惩处或引渡被控罪犯方面加强国际合作。① 该公约于 1987 年生效。2005 年,国际社会通过了《核材料实物保护公约修订案》(2016 年生效)。该修订案将公约的使用范围从核材料拓展到核设施,要求缔约国强化实物保护的法律框架,并在出现可信破坏威胁的情况下进行合作。② 此外,2005 年通过的《制止核恐怖主义行为国际公约》(2007 年生效)要求缔约国采取所有可行的措施来防止和准备应对国土内和国土外的核恐怖活动。③(参见第九章)

我国在针对核材料、核物质、核设施的恶意行为规制方面,也采取了一系列积极行动。1986 年 10 月,国务院发布了《民用核设施安全监督管理条例》,在民用核设施的建造和营运中加强监督管理,保证安全,促进核能事业的顺利发展。1987 年 6 月,国务院发布了《核材料管制条例》,保证核材料的安全与合法利用,防止被盗、破坏、丢失、非法转让和非法使用,保护国家和人民群众的安全。1988 年,我国加入了《核材料实物保护公约》。2015 年 7 月,全国人大常委会通过的《国家安全法》第 31 条也重申了要加强对核设施、核材料、核活动和核废料处置的安全管理、监管和保护(参见第五、六章)。

4. 防止核技术被滥用于军事目的

国家应当采取措施防止核技术被滥用于军事目的。国际原子能机构于 1956 年通过了《国际原子能机构规约》,该规约于 1957 年生效,经历了 1963 年、1973 年和 1989 年三次修订。该规约第 2 条要求原子能机构应尽其所能,确保由其本身,或经其请求,或在其监督和管制下提供的援助不致用于推进任何军事目的。该规约第 3 条 A 款第 5 项授权国际原子能机构"制定并执行安全保障措施,以确保由机构本身,或经其请求,或在其监督和管制下提供的特种裂变材料及其他材料、服务、设备、设施和情报,不致用于推进任何军事目的"。

为了避免核武器扩散引发的核战争,1968 年联合国大会通过了《不扩散核武器条约》,该条约于 1970 年生效。《不扩散核武器条约》第 1 条要求"有核武器的缔约国承诺不直接或间接向任何接受国转让核武器或其他核爆炸装置或对这种武器或爆炸装置的控制权;并不以任何方式协助、鼓励或引导任何无核武器国家制造或以其他方式取得核武器或其他核爆炸装置或对这种武器或爆炸装置的控制权";第 2 条要求"无核武器的缔约国承诺不直接或间接从任何让与国接受核武器或其他核爆炸装置或对这种武器或爆炸装置的控制权的转让;不制造或以其他方式取得核武器或其他核爆炸装置;也不寻求或接受在制造核武器或其他核爆炸装置方面的任何协助";第 6 条要求每个缔约国"承诺及早停止核军备竞赛和核裁军方面的有效措施"。

我国历来坚决反对核技术被滥用于军事目的。我国于 1984 年加入国际原子能机构,自

---

① 《核材料实物保护公约》序言;《公约》的主旨是,保护核材料在国际运输中的安全,防止未经政府批准或者授权的集团或个人获取、使用或扩散核材料,并在追回和保护丢失或被窃的核材料,惩处或引渡被控罪犯方面加强国际合作,对《公约》范围内的犯罪建立普遍管辖权,防止核武器扩散。

② 《核材料实物保护公约修订案》:4. 在"公约"第 1 条之后新增以下第 1(1)条:第 1(1)条 本公约的目的是在世界各地实现和维护用于和平目的的核材料和核设施的有效实物保护,在世界各地预防和打击涉及这类材料和设施的犯罪以及为缔约国实现上述目的开展的合作提供便利。7. "公约"第 5 条由以下案文代替:二、缔约国在核材料被偷窃、抢劫或通过任何其他非法方式获取或受到此种威胁时,应依照其国内法尽最大可能向任何提出请求的国家提供合作和协助,以追回和保护这种材料。

③ 参见《制止核恐怖主义行为国际公约》序言、第 7 条、第 8 条。

愿将自己的民用核设施置于该机构的保障监督之下;于1992年加入《不扩散核武器条约》。1997年,国务院发布了《核出口管制条例》,规定核出口保证只用于和平目的、接受国际原子能机构保障监督、未经中国政府许可不得向第三国转让等三项原则;阐述了不主张、不鼓励、不从事核武器扩散,不帮助他国发展核武器,禁止向未接受国际原子能机构保障监督的核设施提供帮助,拒绝向其提供核出口和人员、技术交流与合作的政策。1998年,国务院又发布了《核两用品及相关技术出口管制条例》,重申严格履行不扩散核武器的国际义务(参见第九章)。

二、政府及其主管部门

(一)政府核能管理体制概述

核能管理体制是政府在核能利用及安全监管方面权力配置的表现形式,包括核能监管的组织设立及其职能(权限)划分等具体内容。

在主要的核国家中,核能管理体制呈现出产业发展管理部门和核安全独立监管部门并存的行政组织结构,安全监管机构的独立性是核能管理体制的重要特点。

需要说明的是,有核武器的国家在发展民用核能之前,核能相关的技术、核材料均被政府严格控制,监督管理部门通常为政府特定的部门,该部门既负责核武器的开发同时又负责核安全相关事项的监管。在民用核能发展初期,由于民用核能技术很大程度上承继于军用核能领域,而且民用核能产业需要政府的大力扶持,加上从事监管的专业技术人员的有限性,有核武器的国家没有新设民用核能的监督和管理机关,而是由原来的军用核能监督和管理机关同时负责民用核能的监管。后期随着民用核能产业的发展和成熟,核安全问题日益凸显,出现了军民分开、产业发展管理职能和核安全监管职能分离的监管体制改革趋势,在民用核能领域逐渐形成了产业发展管理部门(能源管理部门)和核安全独立监管部门并存的行政组织结构。

(二)政府及其主管部门在核领域的职能

政府及其主管部门在核领域同时扮演着核政策制定者、法律文件草拟和制定者、行政管理和监督者、组织协调者以及赔偿纠纷解决者的角色。

核政策包括核能发展和核技术利用规划与战略在内的政策措施,由于核技术的专业性,核政策的实际制定者通常都是在核领域承担相关职责的政府核能主管部门。同时,政府及其主管部门作为立法主体的行政机关,依据其自身的专业优势拟定核法律草案、制定行政法规以及标准和导则等规范性文件。

政府及其主管部门的监督管理行为围绕核安全和核能发展开展。其中,在核安全方面主要以安全许可及后续监管为重点,在核能发展方面主要基于整个核能行业的健康发展角度提供相应的管理和监督。政府及其主管部门的管理和监督职能涉及核燃料循环的各个环节,包括从前期的许可、技术审查,再到运行环节的评估,以及提供技术援助,甚至涉及对核法及政策执行情况的监管。

政府及其主管部门的组织协调者角色表现为政策、法律制定或起草中的协调者和行政管理中的协调者。即使政府及其主管部门完全依法行使职权,核设施营运者也可能发生核事故,造成严重损害。为此,政府及其主管部门除了要解决因核事故造成的损害赔偿纠纷问题外,还可能要对核事故损害承担兜底责任。

(三) 政府核能主管部门的具体职责

依据承担职责的不同,政府核能主管部门分为核能发展管理部门和核能监督管理部门。核能发展管理部门主要承担代表政府促进核能发展的职责;核能监督管理部门主要承担代表政府对核能发展和核能开发利用活动实施监督管理的职责。

1. 核能发展管理部门及其职责

核能发展管理部门主要代表政府履行核能利用、核材料与核燃料循环管理、核进出口与国际合作、科学研究与技术开发等方面的职责。

核能发展管理部门经历了综合管理时期、职责分化时期、调整优化时期的演变过程:由最初的在管理范围上"军民不分"、管理的事项也相对简单,到核能军用和民用管理职责逐渐分离、职责在既有的不同核能发展管理部门之间调整,同时一些核相关管理职责也赋予了其他部门,再到伴随着核能事业发展和核事故的发生,核能发展管理部门的职责随之调整和优化。

国际公约及相关制度文件多对核能监管作出明确规定,但也不乏对核能发展管理的指导和要求。依据《国际原子能机构规约》的规定,各成员国应当在机构的监管下,开展和平利用原子能的研究、发展和实际应用;开展原子能和平利用的科学及技术情报的交换;促进原子能和平利用方面的科学家、专家的交换和培训。

在各国实践中,部分国家也对核能发展管理部门作出了规定。美国于1954年根据《原子能法》设立的原子能委员会,具备促进核能发展和许可两项重要职责。随后,在其核电发展最为迅猛的时期,美国分化了核能发展管理部门的职责。例如,1974年通过的《能源重组法》对美国原子能委员会的职责进行了分离,设立了两个机构,其中一个是能源研究与开发署(Energy Research and Development Administration),负责核武器的研发与生产,并负责推动核电和其他核能相关的工作。另外,为了将核能发展方面的职责加以统一,1977年美国将能源研究与开发署并入能源部(Department of Energy),从而使能源部专门负责促进核能发展。根据1954年《原子能法》和1978年《核不扩散法》的规定,能源部负责批准与外国签订的特殊核材料出售和浓缩服务的合同,参加对设备、反应堆和核材料的出口许可证的审查,批准外国政府对美国原始核材料的转移。

法国最初设立的核能发展管理部门在管理职责上也包括军事和民用核能利用的两大领域。20世纪80年代,法国修订了原子能委员会章程,成立核能委员会。1992年,为进一步整合核相关职责,法国政府将核能委员会的主要任务确定为——为了能源、卫生、国防和工业目的,集中力量发展和监管原子能利用活动,完成工业部和研究部布置的其他工作。同时,1991年,法国还组建了放射性废物管理局,独立于产生放射性废物的企业,负责法国放射性废物的长期管理。法国总统府根据2008-378号法令,建立了核政策委员会(Council for Nuclear Policy)。该委员会的职责是负责核政策大政方针的制定,并对政策的实施情况,尤其是涉及核出口、国际合作、核工业政策、能源政策、科研、核安全、核安保和环境保护等问题进行监督。

1956年,日本政府依据《原子能基本法》在内阁办公室内部设立了原子能委员会。委员会旨在以民主方式实施日本的国内核政策,实现《原子能基本法》的立法目标。其具体职责包括:计划、宣传、决定基本政策或战略来促进对核能的研究、开发和利用,调整行政机构的活动使其符合财政预算和政策,为其他行政省部提供与核材料、核燃料和核反应堆相关的咨询意见,等等。

在中国中央政府层面,有关核能管理的部门主要包含如下由国务院部委管理的国家局:

其一,国家国防科技工业局。国务院核工业主管部门一般指国家国防科技工业局,由工业和信息化部管理。

中国的核工业主管部门经历了由以军为主到军民结合、再到转向民用的发展历程。

1956年11月,国务院设立了第二机械工业部,负责组织开展核工业发展建设、核武器制造和"两弹一星"工程。1958年,国务院将第一机械工业部、第二机械工业部和电机制造工业部合并为第一机械工业部,将第三机械工业部改名为第二机械工业部,依旧负责主管核工业工作。1982年4月,国务院将第二机械工业部改名为核工业部。与此同时,全国人大常委会1982年决定,将国务院国防工业办公室与中国人民解放军国防科学技术委员会、中央军委科学技术装备委员会办公室合并,设立国防科学技术工业委员会,在国务院、中央军委领导下,统一管理国防科技和国防工业工作。

1988年4月,国务院开展机构改革试点,为了统筹管理和开发能源,对能源工业实行全行业管理,调整能源结构,加快能源建设,撤销核工业部、煤炭工业部、石油工业部,组建能源部。核工业部撤销后,组建中国核工业总公司,由能源部归口管理。①

1998年国务院机构改革,新组建了国防科学技术工业委员会,开始承担核电办公室(国家核事故应急办公室)的职能,收回并行使1988年机构改革时交由中国核工业总公司承担的核电建设管理职能,负责对核科研、军用核设施安全、国家核电建设等实施行政管理。② 依照规定,中国政府成立了国家原子能机构,与国防科学技术工业委员会系统工程二司合署办公,由国防科学技术工业委员会代表中国政府参加国际原子能机构的有关活动。

在2008年的机构改革方案中,国务院新设立了工业和信息化部,除将信息产业部和国务院信息化工作办公室的职责整合划入工业和信息化部外,还将原国防科学技术工业委员会除核电管理以外的职责划给工业和信息化部。其中组织协调武器装备科研生产的重大事项、保障军工核心能力建设等职责划给国家国防科技工业局。作为工业和信息化部的其他事项之一,工业和信息化部保留国家原子能机构牌子,代表国家参加国际原子能机构及其他政府间国际组织和有关活动,履行有关职责。③

国家国防科技工业局属于国务院部委管理的国家局。该局系统工程二司(设有国家原子能机构、国家核事故应急办公室、核电办公室)负责与核管理相关的行政事项。主要职能包括:负责组织核电建设;组织实施核工业军转民发展规划和重大民品项目;承办国家核事故应急协调委员会的日常工作。

在促进核能发展方面,国家原子能机构的职责主要体现在:(1)负责研究、拟定中国和平利用核能事业的政策和法规;(2)负责研究、制订中国和平利用核能事业的发展规划、计划和行业标准;(3)负责中国和平利用核能(除核电外)相关项目的论证、审批、监督、协调项

---

① 参见国务委员宋平于1988年3月28日在第七届全国人民代表大会第一次会议上的报告:《关于国务院机构改革方案的说明(1988年)》,http://www.npc.gov.cn/wxzl/gongbao/2000-12/26/content_5002068.htm,最后访问日期:2020年5月7日。

② 参见《国防科学技术工业委员会职能配置内设机构和人员编制规定》(国防科学技术工业委员会,1998年)。

③ 参见《第十一届全国人民代表大会第一次会议关于国务院机构改革方案的决定》(全国人民代表大会,2008年);《工业和信息化部主要职责内设机构和人员编制规定》(国务院办公厅,2008年)。

目的实施。①

其二,国家能源局。2008年国务院撤销能源部,将国家发展和改革委员会的能源行业管理有关职责及机构与国家能源领导小组办公室的职责、国防科学技术工业委员会的核电管理职责统一整合,划入新设立的国家能源局。

国家能源局为国家发展和改革委员会管理的国家局。在国家发展和改革委员会指导下,核电自主化工作由国家能源局组织实施。目前,国家能源局主要负责核电管理,拟订核电发展规划、准入条件、技术标准并组织实施,提出核电布局和重大项目审核意见,组织协调和指导核电科研工作,组织核电厂的核事故应急管理工作。②

综上所述,在促进核能发展方面,由工信部管理的国家国防科技工业局(国家原子能机构)承担着促进核能和平开发利用的职能;由国家发改委管理的国家能源局则承担着核电发展之促进与监管的职能。此外,中央军委和国务院的其他有关部门还承担着促进国防以及军事领域原子能开发利用的职能。

2. 核能监督管理部门及其职责

核能监管实质上是政府通过行使公权力对核能开发利用行为导致的风险加以规制的过程。由于核能开发利用的特殊性,国际法律文件和各国的立法实践都强调建立专门的核能监督管理部门来代表政府独立行使核能监管的权力。建立具有法律权力和技术能力的核能监督管理部门,是构建国家核安全体系的基本要求之一,能够有效保障核设施营运者以及核材料与电离辐射的使用者安全、可靠地从事相关的活动。国际法律文件都要求各国及地区建立独立的核能监督管理部门,以实现核能发展管理职能与核能监管职能的分离(见第二章第二节)。

主要核能国家大都通过制定法律来设立独立的核能监督管理部门。例如,美国于1974年通过《能源重组法》③设立了美国核监管委员会;加拿大于1997年通过《核安全与控制法》设立加拿大核安全委员会;法国于2006年通过《核透明与安全法》设立了法国核安全局;日本于2011年通过《原子能规制委员会设置法》设立日本原子能规制委员会④;韩国于2011年通过《核安全与核安保委员会建立与运作法》成立核安全与核安保委员会。⑤

核能监督管理部门的设立需要考虑多种因素,包括一个国家的法律结构、文化观念与传统,现有的政府组织与程序,可得的技术、财政与人力资源,以及该国核能的发展情况等。⑥实践层面,虽然各国核能监督管理部门的设立模式不尽相同,但根据核能监督管理部门与其他行政机关的关系,大致可以将核能监督管理部门的设置模式分为三类:综合型核能监督管

---

① 参见国家原子能机构:《机构职能》,http://www.caea.gov.cn/n6758879/index.html,最后访问日期:2020年2月20日。
② 参见《国家能源局主要职责内设机构和人员编制规定》(国务院办公厅,2013年)。
③ See C. Stoiber, A. Baer, N. Pelzer, et al., *Handbook on Nuclear Law*, International Atomic Energy Agency, 2003, p. 25.
④ 日本2011年《原子能规制委员会设置法》的日文版《原子力規制委員会設置法》,载于日本原子能规制委员会网站:http://www.nsr.go.jp/law/data/1116-03.pdf,最后访问日期:2020年5月7日;有关英文介绍参见日本原子能规制委员会英文网站:http://www.nsr.go.jp/nra/gaiyou/data/japan.pdf,最后访问日期:2020年2月20日。
⑤ 参见韩国核安全与核安保委员会网站关于该委员会的介绍:http://nssc.go.kr/nssc/english/introduction/purpose.html,最后访问日期:2020年2月20日。
⑥ See C. Stoiber, A. Baer, N. Pelzer, et al., *Handbook on Nuclear Law*, International Atomic Energy Agency, 2003, p. 25.

理部门、隶属型核能监督管理部门和独立型核能监督管理部门。

其中,综合型核能监督管理部门,是指由一个行政机关同时行使核能发展管理和核安全监管的双重职能。这种核能监督管理部门的设置模式,通常出现在核能发展的早期,当时核安全问题没有受到足够重视,而推动核能行业发展是政府的首要任务,典型的例子就是美国早期的原子能委员会。

隶属型核能监督管理部门,是指核能监督管理部门设立在政府行政分支的一个不具有推动核能发展职能的部门之下。以日本为例,2011年福岛核事故后,日本政府于2011年颁布了内阁决议,决定对原有核监管机构开展大规模的调整,改革的思路是将原有监管机构中核能发展促进和核安全监管的职能分离,将原来分散的有关核安全、核安保、核保障、放射物和放射性同位素监管的职责加以整合、统一,并纳入新设立的原子能规制委员会。根据《原子能规制委员会设置法》的规定,原子能规制委员会作为环境省的附属独立机构[1],对全国核安全实施统一监管。[2]

独立型核能监督管理部门,即采取独立于其他行政机关的设立方式,通常包括两种:一种是核能监督管理部门直接隶属于政府首脑,另一种是核能监督管理部门独立于政府首脑。前者以韩国为代表,其在日本福岛核事故后对核能管理体制开展改革的结果是将原有分散于各行政部门的核安全监管职能剥离出来加以整合并纳入新设立的、直属于总统的核安全与核安保委员会;后者以美国为代表,其根据1974年《能源重组法》设立的核监管委员会属于美国政府的独立规制机构,不是直接隶属于总统的行政分支。[3]

核能监督管理部门的主要职责是对核能利用行为实施监管以确保核安全。综合上述国际文件的要求和各国的实践可以看出,核能监督管理部门的主要职能和职责包括:制定核安全规章、标准和导则,对核能开发利用活动实施许可,对许可的核能开发利用活动进行监督检查,参与核应急,调查事故,公开信息等。

例如,在国际核法文件中,《核安全公约》将核能监督管理部门的职能分为四个方面:制定核安全要求和法规;对核设施实施许可证制度;对核设施许可证持有人是否遵守法规和许可证的要求开展监督检查;对法规和许可证条款的强制执行,包括中止、修改和吊销许可证。[4] 国际原子能机构在其安全标准文件《基本安全原则》第3.10项中指出,"监管机构必须具备履行职责所需的充分的法律授权、技术和管理能力以及人力和财政资源"。《促进安全的政府、法律和监管框架》关于核能监督管理部门的职责和职能有21项要求,从中可以归纳出核安全监管机构的8项主要职能,包括对设施和活动的批准;审查和评定安全相关资料;实地视察设施和活动;制定执法政策、条例和导则;要求受权方采取纠正行动;向有关各方宣

---

[1] 在日本的行政组织结构中,原子能委员会属于外局的性质。
[2] 参见《第六次核安全公约履约审查会日本国家报告》(National Report of Japan for 6th Review Meeting August 2013)第33页,英文版载于国际原子能机构网站:http://www.nsr.go.jp/english/cooperation/conventions/data/cns_6th.pdf,最后访问日期:2020年2月20日。
[3] 在美国,总统除了对独立规制机构的成员进行提名(经国会批准后)外,对规制机构几乎没有实际控制权。美国的一些学者也因此称此独立规制机构称为"第四部门"。
[4] 参见《核安全公约》第7条和第8条。

传条例和导则；建立核安全相关记录；与有关各方的交流和磋商。[1]

在其他国家实践中，美国核监管委员会根据1974年《能源重组法》及其他相关法律的授权对核反应堆、核材料、放射性废物相关的活动等颁发许可并加以监督，并开展与许可和监管相关的研究等工作，主要职能和职责包括建立标准（包括制订州应急计划标准）和制定规章、技术审核与研究、颁发许可证、批准和授权、监督和调查（包括核事故调查）、运行经验评估和确证性研究等。[2] 法国核安全局根据2006年《核透明与安全法》及相关法律的授权代表国家专门负责法国核安全与辐射防护的监管，其主要职能和职责包括制定规章、批准（授权）、实施监督、参与应急、调查事故、提供信息和研究跟踪等。[3] 日本原子能规制委员会根据2012年《原子能规制委员会设置法》的授权对原子能的生产、加工、贮藏、再处理以及废弃物处理等核相关的活动进行规制，其主要职能和职责包括：根据法律法规制定规章、标准和导则，批准核设施的设计、建造、运行和退役，听取许可证持有人的汇报并在必要时开展现场检查，建立应急准备和响应体系、公开信息等。[4]

中国的核能监督管理部门创建于20世纪80年代初。1984年12月经国务院批准，在国家科学技术委员会设立国家核安全局，主要任务是根据党和国家的方针、政策和有关法令、法规，对我国民用核设施进行核安全审查、监督和管理，以保证我国和平利用核能事业安全、顺利地发展。[5] 随后，国务院制定的行政法规，如《民用核设施安全监督管理条例》（1986年）、《民用核安全设备监督管理条例》（2007年）、《放射性物品运输安全管理条例》（2009年），规定了国家核安全局独立实施民用核安全监督的主体地位。

1998年国务院机构改革，成立了国家环境保护总局，并将国家科学技术委员会承担的核安全监督管理职能划入。在核安全方面，主要负责核安全、辐射环境、放射性废物管理工作，拟定有关方针、政策、法规和标准；参与核事故、辐射环境事故应急工作；对核设施安全和电磁辐射、核技术应用、伴有放射性矿产资源开发利用中的污染防治工作实行统一监督管理；对核材料的管制和核承压设备实施安全监督。国家环境保护总局设有核安全与辐射环境管理司（国家核安全局），具体承担核安全、辐射环境、放射性废物管理工作；对核设施安全和电磁辐射、核技术应用、伴生放射性矿产资源开发利用中的污染防治实行统一监督管理；对核材料的管制和核承压设备实施安全监督；承担有关国际公约和双边合作协定实施工作。

2018年国务院机构改革，新组建了作为国务院组成部门的生态环境部。生态环境部对

---

[1] 参见国际原子能机构安全标准文件《促进安全的政府、法律和监管框架》（Governmental, Legal and Regulatory Framework for Safety）第4—32页，http://www-pub.iaea.org/MTCD/publications/PDF/Pub1465_web.pdf，最后访问日期：2020年2月20日。

[2] 参见经济合作发展组织核能署（OECD-NEA），《OECD国家的核立法：美国（2008年）》（Nuclear Legislation in OECD Countries: USA），第11页。英文文本载于OECD-NEA网站：http://www.oecd-nea.org/law/legislation/usa.pdf，最后访问日期：2020年2月20日。

[3] 参见《法国2011年核与辐射安全报告》（Nuclear Safety and Radiation Protection in France in 2011），第55—56页，报告文本载于法国核安全局网站：http://www.french-nuclear-safety.fr/index.php/English-version/ASN-s-publications/ASN-s-annual-reports/Nuclear-safety-and-radiation-protection-in-France-in-2011，最后访问日期：2020年2月20日。

[4] 参见《第六次核安全公约履约审查会日本国家报告》（National Report of Japan for 6th Review Meeting August 2013）第33页，该报告英文版载于国际原子能机构网站：http://www.nsr.go.jp/english/cooperation/conventions/data/cns_6th.pdf，最后访问日期：2020年2月20日。

[5] 参见《关于设立国家核安全局的通知》（国务院办公厅，1984年）。该通知要求，为了工作需要，国家核安全局一般可以单独行文，也可以与有关部委联合行文。有关会议可请他们参加，有关文件、电报和资料可以直接发给他们，以利其更好地开展工作。

外保留国家核安全局的牌子,主要负责核与辐射安全的监督管理。其具体职能包括:拟订有关政策、规划、标准,牵头负责核安全工作协调机制有关工作,参与核事故应急处理,负责辐射环境事故应急处理工作。监督管理核设施和放射源安全,监督管理核设施、核技术应用、电磁辐射、伴生放射性矿产资源开发利用中的污染防治。对核材料管制和民用核安全设备设计、制造、安装及无损检验活动实施监督管理。① 目前,国家核安全局内设机构包括核设施安全监管司、核电安全监管司、辐射源安全监管司,也是生态环境部的内设机构。

中国国家原子能机构也承担着部分核能监管的职责。具体包括:牵头负责国家核事故的应急管理工作,承担国家核事故应急管理办公室的日常工作,负责研究制定国家核事故应急预案并组织实施;负责核安保与核材料管制;负责核进出口审查和管理以及负责核设施退役及放射性废物管理。②

此外,中央军事委员会负责军工、军事核安全的监管,并领导中国人民解放军队制定核事故应急工作预案,实施核事故应急救援工作。③ 国务院公安、卫生、海关、交通运输、国土资源等部门,在其各自的职责范围内,对原子能的研究、开发和利用活动实施相应的监督和管理。

第二节 核能开发利用单位

一、核能开发利用单位概述

本书所称核能开发利用单位,是指经国家核能主管部门许可,享有从事核能开发利用活动的权利,同时负有确保其所从事的核能开发利用行为安全义务的主体。核能开发利用单位通常也被称为"许可证持有人",它们是国家核能监督管理部门监管的主要对象。

核能开发利用单位是一个笼统的概念,根据不同的标准可以分为不同的类别。例如,从资本构成看,核能开发利用单位中的企业可以分为国有企业(包括国有控股企业)和私有企业,如美国的民用核电厂大部分都是私有企业,法国的核电厂则都由其国有企业——法国电力集团来建造和运行;从核能产业链的不同环节或分工看,核能开发利用单位可以分为放射性矿产开发单位;核燃料生产/加工单位,核设施设计、建造、运行单位;放射性物品运输单位;放射性废物处置单位;核设备制造单位;核技术利用单位等。

总体上看,核能开发利用单位包括核设施设计、建造、运行单位;核燃料生产、加工单位;核设备制造单位;核技术利用单位;放射性矿产开发单位;放射性物品运输单位;放射性废物处置单位等对核能与核技术进行开发利用的单位等。

---

① 参见《生态环境部职能配置、内设机构和人员编制规定》(中共中央办公厅、国务院办公厅,2018年)。依照该规定,核安全总工程师和核设施安全监管司、核电安全监管司、辐射源安全监管司的司长对外可使用"国家核安全局副局长"的名称。

② 参见国家原子能机构:《机构职能》,http://www.caea.gov.cn/n6758879/index.html,最后访问日期:2020年2月20日。

③ 《中华人民共和国核安全法》第55条第4款规定:中国人民解放军和中国人民武装警察部队按照国务院、中央军事委员会的规定,制定本系统支援地方的核事故应急工作预案,报国务院核工业主管部门备案。第59条第2款规定:中国人民解放军和中国人民武装警察部队按照国务院、中央军事委员会的规定,实施核事故应急救援工作。第92条规定:军工、军事核安全,由国务院、中央军事委员会依照本法规定的原则另行规定。

国际原子能机构将核能开发利用单位相关主体分为如下四大类①：

第一类是营运者（operator），是指申请批准或已被批准从事某些活动或与任何核设施或电离辐射源有关的工作和（或）在其从事这些活动或与任何核设施或电离辐射源有关的工作时负责核安全、辐射安全、放射性废物安全或运输安全的任何组织或法人。其中，除其他外，特别包括私营个体、政府部门、发货人或者承运人、许可证持有人、医院和自营职业者等。

在各国有关核能工作文件中，使用英文 operator 来表述广义营运者的概念，有时也被用于表示运营人员，所以很容易与组织类型的营运者相混淆。例如，营运者可能包括那些在源使用期间直接控制设施或活动的人员（例如射线照相技师或承运人），或是那些在源不受控制的情况下（例如丢失的或被非法转移的源或重返大气层的卫星）对源失去控制会签负有责任的人员。

此外，营运者还与营运组织（operating organization）同义。营运组织主要包括申请批准或已被批准运行经批准的设施并负责该设施安全的组织和从事核设施的选址、设计、建造、调试和（或）运行的组织（及其承包商）。

第二类是许可证持有人（licensee），是指持有监管机构颁发的批准从事与某一设施或活动有关的规定活动的法律文件的，对一个设施或活动负有全部责任的人或组织（负责法人）。在核法领域，许可证持有人一般指当前许可证的持有者。

第三类是供应商（supplier），是指受注册者或许可证持有人委托并向其提供源的设计、制造、生产或建造方面全部或部分职责的任何法人。源的进口商也被认为是源的供应商。

第四类是承运人（carrier），是指使用任何运输手段承运放射性物质的任何人、组织或政府。既包括受雇或受酬的承运人（在一些国家称为公共承运人或合同承运人），也包括自行负责的承运人（在一些国家称为个体承运人）。

尽管国际原子能机构将核能开发利用单位分为上述四大类，但是世界各国核法对核能开发利用单位的规定却各不相同，其称谓和种类都存在一定的差异，但在一定语境下有些概念又是同义的。例如，在获得许可证的情况下，核设施的营运者既是许可证持有人，又是核设施的营运组织。核立法在使用上述概念时，需要明确界定其外延与内涵。上述主体有一个共同性的特征，就是核能开发利用单位需要取得许可证才能从事核能开发利用活动。而许可证持有人的一般安全义务主要包括遵守核安全法律法规、对其从事的核能开发利用活动的安全全面负责以及接受核安全监管机构的监督和管理三个方面，而具体的安全义务则因许可证持有人的不同而不同，由单项核法律法规分别规定（参见专栏 3.1）。

专栏 3.1

主要国家和地区的核能开发利用单位

在美国，1954 年《原子能法》将核能开发利用单位分为"许可证持有者"和"契约方"（contractor）。从事核能开发利用活动的主体首先是持有核设施许可证的人，包括商业核设施许

---

① 参见国际原子能机构：《安全术语核安全和辐射防护系列》（2007 年版），中文文本载于国家原子能机构官网：http://www-pub.iaea.org/MTCD/publications/PDF/IAEASafetyGlossary2007/Glossary/SafetyGlossary_2007c.pdf，最后访问日期：2020 年 2 月 20 日。

可证持有者、医用核设施许可证持有者、用于研发活动的核设施许可证持有者、核设施建造许可证持有者、特殊核材料许可证持有者、同位素生产许可证持有者、核材料副产品许可证持有者和铀浓缩设施许可证持有者八种类型。这些许可证持有者在从事有关活动前,均须向美国核监管委员会申请相应许可证,并且持证者应当根据许可的条件要求,提供符合要求的财务保证,以满足公众责任要求。

除了"许可证持有者",美国核法中的"契约方"也是另一种核能开发利用单位,是指从事低放废物运输及处置、核设施退役、核材料贮存等方面核活动的主体,即与能源部签订合同的人。契约方应当与能源部签订补偿协议。

在德国,其核法将"核能开发利用单位"分为"营运者"和"持有者"(holder)。"营运者"主要包括两类:核设施(nuclear installation)以及核动力船舶(nuclear ship)的营运者。此外,法律还规定了一类特殊情形的营运者,"在运载核材料时,包括与运载有关的存储核材料情况下,承运者通过合同承担本法领土范围内的核设施营运者的责任,该承运者从承担责任时起应被视为该核设施的营运者。合同应当采用书面形式"。而持有者,则包括核裂变过程材料、放射性材料或电离辐射发生装置的持有者。

在我国台湾地区,法律规定的"营运人(经营者)"即"核能开发利用单位",是指"经政府指定或核准经营核子设施者"。"营运人(经营者)"可以分为"核设施营运人(核子设施经营者)"和"核材料运输人(核子物料运送者)"两种。不过,依据有关法律规范的规定,可以进一步将营运人(经营者)分为六类主体,分别是:核反应堆营运人(核子反应器经营者);核材料生产设施营运人(生产核子物料设设施经营者);处理、储存或处置核材料设施营运人(处理、贮存或处置核子物料设设施经营者);乏燃料或放射性废物处置设施营运人(用过核子燃料或其经再处理所产生废料处置设施经营者);核材料运输人(核子物料运送者);放射性废物运输人(放射性产物或废料运送者)。

台湾地区法律还对"营运人"规定了相应的资质要求,即"营运人"需要取得相应执照才能从事相关核应用活动。

资料来源:
1. 美国1954年《原子能法》第53节a项、第56节、第81节a项、第103节a项、第104节a项、第104节c项、第170节d项、第185节a项、第193节d项。
2. 德国《原子能法》(2002年修订)第25条、第25a条、第26条第1款。
3. 我国台湾地区《核子损害赔偿法》(1997年)第12—14条;《核子损害赔偿法施行细则》(1998年)第7条;《原子能法》(1968年)第五章。

我国的核能开发利用单位,自建国初期由国家主导设立,经过数十年的演变形成了当下中国核工业集团公司、中国广核集团公司、国家电力投资集团公司三足鼎立的局面(参见专栏3.2)。

专栏 3.2

我国核能开发利用单位的演变历程

我国最早的核能开发利用是由国家主导开展的。1956年至1958年期间,国家成立第三机械工业部负责核工业建设,1958年第三机械工业部改为第二机械工业部,第二机械工业部承接了第三机械工业部的职能,继续承担着核工业建设的职责。1982年,第二机械工业部改为核工业部。

1988年核工业部撤销,同年8月,国务院批准能源部组建中国核工业总公司,自此,民事主体开始进入核能开发利用领域。1994年成立了中国广核集团有限公司(下称"中广核"),打破了中国核工业总公司对国内核电行业的垄断,同时推动了全国核电行业步入商业化运营时代。

1999年4月,国务院批准中国核工业总公司改组为中国核工业集团公司(下称"中核集团")和中国核工业建设集团公司(下称"中国核建")。中核集团由原来的中国核工业总公司,以及100多家企事业单位和科研院所组成。主要负责中国核武器的研制、核燃料的开采提取,以及核试验,是我国核电站的主要投资方和业主,是核电发展的技术开发主体、国内核电设计供应商和核燃料供应商,也是重要的核电运行技术服务商,以及核仪器仪表和非标设备的专业供应商。中国核建是在原中国核工业总公司所属部分企事业单位的基础上组建而成的,主要负责我国全部核能利用开发应用事业,承担核工程、国防工程、核电站和其他工业与民用工程建设任务,如广州大亚湾、嘉兴秦山核电站的建设与运营;2004年国资委批准中国核建主业为"军工工程、核电工程、核能利用、核工程技术研究、服务"。

2006年,国务院常务会议作出了"统一核电技术路线"的决定,从美国西屋公司引进第三代核电技术AP1000,同时成立同国家核电技术公司(下称"国核技")以承担AP1000自主化的任务。2015年12月,中核集团和中广核共同投资设立华龙国际核电技术有限公司,建设并推广"华龙一号"核电品牌。

2015年,国核技选择与中国电力投资集团公司(下称"中电投")合并重组为国家电力投资集团有限公司(下称"国家电投")。2018年,经国务院批准,中核集团与中国核建实施战略重组,中国核建整体无偿划转进入中核集团。自此在核电开发利用领域,形成了中核集团、中广核、国家电投三足鼎立的局面。

资料来源:中国报告网发布:《2017—2022年中国核电市场现状调查及发展态势预测报告》,http://baogao.chinabaogao.com/dianli/283160283160.html,最后访问日期:2020年5月27日。

然而,与实践层面的格局清晰不同,在理论中,我国现有的核安全方面的法律法规(包括规范性文件)虽然规定了核能开发利用单位的安全义务,但缺乏对主体概念的统一定义,在具体规定上也存在不一致的情况。依照核法律法规的规定,我国的核能与核技术开发利用单位主要有如下几大类[①]:

首先,是直接从事核安全活动的单位。包括核设施营运单位;核燃料循环设施的营运单位;为核设施营运单位提供设备、工程以及服务等的单位;为核设施提供核安全设备设计、制造、安装和无损检验服务的单位;生产、销售、使用、贮存放射源的单位;核技术应用生产经营单位。

---

① 本书根据《放射性污染防治法》《核安全法》和其他现行法规有关规定整理,分类方法有一定的交叉重叠。特此说明。

其次，是涉及放射性矿产资源的单位。包括铀（钍）矿和伴生放射性矿开发利用或者关闭铀（钍）矿的单位；转让、进口、生产、销售、使用放射性同位素、射线装置、加速器、中子发生器以及含放射源的射线装置的单位；装备有放射性同位素仪表的单位。

再次，是经国家批准从事核材料和核燃料生产活动的单位。包括：核材料、核设施、其他放射性物质及相关设施的持有或营运单位；持有、使用、生产、储存、运输和处置核材料的单位；放射性物品运输容器的设计、制造单位；持有核材料的其他有关单位。

最后，是涉及乏燃料和放射性废物的单位。包括产生、贮存、运输、后处理乏燃料的单位；专门从事放射性废物处理、贮存、处置的单位；国务院指定专营的高水平放射性废物实行集中深地质处置单位；产生放射性废气、废液的单位。

此外，还有一些涉及核能与核技术有关的科研机构，它们若从事上述涉核业务的话，也应当依照法律规定取得相应的许可证。这些单位包括：从事原子能研究、开发和利用的单位/从事原子能研究、开发和利用活动的单位；核技术应用领域先进技术研发、知识产权保护、成果转化示范应用，引导核技术应用生产经营单位；承担原子能国防应用任务的单位等。

二、核能开发利用单位应当具备的能力和条件

依照我国《放射性污染防治法》《核安全法》和其他涉核法规的规定，为确保能够全面履行安全义务、承担安全责任，核能开发利用单位应当具备以下能力和条件：

第一，核能开发利用单位应当具有保障核能开发利用活动安全运行的能力。核能开发利用单位负有全面的核安全责任，必须贯彻"安全第一、预防为主"的方针，预防核事故和有害影响的发生。核设施的选址、设计、建造、调试、运行、管理，民用核安全设备的设计、制造、安装和无损检验，核材料的持有，放射性同位素和射线装置的生产、销售和使用，放射性物品运输容器的设计和制造，以及放射性物品的托运等均应符合核安全要求。

第二，核能开发利用单位应当有满足核安全要求的组织管理体系和质量保证、安全管理、岗位责任等制度。核能开发利用单位应当具有健全的组织管理制度和完善的质量保证体系，确保核设施、核设备等的质量和可靠性，满足安全管理的要求，明确岗位职责和权限，将安全责任的承担落实到日常运行、经营和管理各个环节当中。

第三，核能开发利用单位应当有规定数量、合格的专业技术人员和管理人员。加强安全管理、建立健全安全责任制度必须配备一定数量、符合岗位要求的专业技术和管理人员及其他必要条件，并为从业人员提供相关培训，确保人员能够胜任相应工作，具备安全运行、执行应急计划等能力。

第四，核能开发利用单位应当具备与核设施、核设备、核材料、放射性废物等相适应的安全评价、资源配置和财务能力。例如，核设施营运单位在核设施运行前和运行期间均应当对运行安全加以分析和评价，确保符合设计要求，预防危害的产生，并在必要时及时采取纠正措施；核设施营运单位还应具有与核设施安全相适应的资源配置和财务能力，采取适当的安全与防护措施。

第五，核能开发利用单位应当具备必要的核安全技术支撑和持续改进能力。核能开发利用单位应当持续开发先进、可靠的核安全技术，充分利用先进的科学技术成果，提高核安全水平。

第六，核能开发利用单位应当具备应急响应能力和核损害赔偿财务保障能力。核能开

发利用单位应当按照核设施的规模和性质制订核事故场内应急计划,做好应急准备。在发生核事故时,核能开发利用单位应按照应急预案的要求开展应急响应。

第七,核能开发利用单位还应满足法律、行政法规规定的其他条件。

三、核能开发利用单位的基本义务

《核安全法》第5条规定:"核设施营运单位对核安全负全面责任。为核设施营运单位提供设备、工程以及服务等的单位,应当负相应责任。"

通常情况下,核能开发利用单位应当遵守核安全法律法规,对其从事的核能开发利用活动的安全问题全面负责,以及接受核能监督管理部门的监督和管理,而具体承担的责任内容则因持有的许可证类型的不同而不同。

其中,安全责任是核能开发利用主体最主要的义务。根据《核安全法》的规定,核设施营运单位的安全责任主要体现在如下几个方面:

第一,开展核安全文化建设。《核安全法》第9条第3款规定:"核设施营运单位和为其提供设备、工程以及服务等的单位应当积极培育和建设核安全文化,将核安全文化融入生产、经营、科研和管理的各个环节。"

第二,建立完善核安全保卫制度。《核安全法》第12条第2款规定:"核设施营运单位应当建立和完善安全保卫制度,采取安全保卫措施,防范对核设施、核材料的破坏、损害和盗窃。"

第三,纵深防御与安全评价。《核安全法》第16条要求核设施营运单位应当依照法律、行政法规和标准的要求,设置核设施纵深防御体系,有效防范技术原因、人为原因和自然灾害造成的威胁,确保核设施安全;应当定期对核设施作安全评价,并接受国务院核安全监督管理部门的审查。

第四,质量保障。根据《核安全法》第17条的规定:"核设施营运单位和为其提供设备、工程以及服务等的单位应当建立并实施质量保证体系,有效保证设备、工程和服务等的质量,确保设备的性能满足核安全标准的要求,工程和服务等满足核安全相关要求。"

第五,辐射防护。《核安全法》第18条要求核设施营运单位严格控制辐射照射,确保有关人员免受超过国家规定剂量限值的辐射照射,确保辐射照射保持在合理、可行和尽可能低的水平。

第六,放射性核素监测。《核安全法》第19条要求核设施营运单位应当对核设施周围环境中所含的放射性核素的种类、浓度以及核设施流出物中的放射性核素总量实施监测。

第七,人员培训。核设施营运单位应当按照国家有关规定,制订培训计划,为从业人员提供核安全教育和技能培训并考核;应当为从业人员提供相应的劳动防护和职业健康检查,保障从业人员的安全和健康。

第八,报告义务。核设施运营单位的报告义务主要体现为监测结果报告、核安全经验反馈和核事故应急报告。《核安全法》第19条规定,核设施营运单位应定期向国务院环境保护主管部门和所在地省、自治区、直辖市人民政府环境保护主管部门报告放射性核素的监测结果。第35条第3款规定,核设施营运单位应当建立核安全经验反馈体系。《核安全法》第58条第2款规定,发生核事故时,核设施营运单位应当按照应急预案的要求开展应急响应,减轻事故后果,并立即向国务院核工业主管部门、核安全监督管理部门和省、自治区、直辖市人民政府指定的部门报告核设施状况,根据需要提出场外应急响应行动建议。

第九，乏燃料、放射性废物的处置。根据《核安全法》第48条的规定，针对乏燃料和放射性废物，核设施营运单位的主要义务是缴纳乏燃料处理处置费用，预提核设施退役费用、放射性废物处置费用，列入投资概算、生产成本，专门用于核设施退役、放射性废物处置。

第十，信息公开和公众参与。《核安全法》第64条规定，核设施营运单位应当公开本单位核安全管理制度和相关文件、核设施安全状况、流出物和周围环境辐射监测数据、年度核安全报告等信息。《核安全法》第66条第1款要求核设施营运单位应当就涉及公众利益的重大核安全事项通过问卷调查、听证会、论证会、座谈会，或者采取其他形式征求利益相关方的意见，并以适当形式反馈。

第三节 公 众

一、核法中公众的概念

核法语境下的公众，是指与核能开发利用和核安全监督管理行为及其结果有直接或间接利害关系的各种主体的统称。包括公民（自然人）、社会组织、企事业单位，以及受影响的其他政府部门等。[①] 其中公民（自然人）、企事业单位的范畴和一般法律意义上的并无二致，但受影响的政府部门和社会团体需要特别留意。

作为核法语境下公众的类型之一，受影响的其他政府部门与本章第一节中政府及其主管部门不同（参见第三章第一节），是将政府部门拟制为因核能开发利用活动受到影响的私主体，具备主张各项核法权利的资格，而非作为核能主管部门，以公主体的地位行使行政管理权。

至于核法语境下公众的另一种类型社会团体，则可依照其设立宗旨的不同分为环保团体、特殊利益集团和其他团体。[②] 环保团体是寻求保护、分析或监测环境以防止遭受侵害或恶化的组织；其他团体则主要指一些可能并不受项目影响，但却对项目本身及其产生的影响具有浓厚兴趣的团体，主要包括全国或国际性的非政府组织、大学、研究机构等[③]；而特殊利益集团在核法领域中则主要指代政府设立、由涉核企业事业单位参与的行业协会。例如，中国核能行业协会是2007年经国务院同意、民政部批准设立的全国性非营利社会团体，业务主管单位是国家国防科工局。会员主要来自与核能利用相关的核设施建设、运营、研究设计、建筑安装、设备制造、核燃料循环、技术服务、人才培养等领域以及热心核能利用的企事业单位，吸收部分境外独资企业作为联系会员。主要任务是做好政府与会员单位之间、会员单位之间、国内与国际之间的沟通与交流，维护全行业和会员的合法权益，向政府建言献策，为企业排忧解难，努力发挥桥梁和纽带作用，推动核能行业的自主创新和技术进步，为提高核能利用的安全性、可靠性和经济性提供服务，促进核能行业又好又快又安全地发展。[④] 严

[①] 参见《核安全立法知识读本》编委会：《核安全立法知识读本》，人民交通出版社2015年版，第59—60页。
[②] 参见汪劲：《环境法学》（第四版），北京大学出版社2018年版，第63页。
[③] See World Bank, Public Involvement in Environmental Assessment: Requirements, Opportunities and Issues, *Environmental Assessment Sourcebook Update*, October 1993, p.6. 转引自汪劲：《环境法学》（第四版），北京大学出版社2018年版，第63页。
[④] 参见《中国核能行业协会章程》，http://www.china-nea.cn/site/term/13.html。最后访问日期：2020年5月5日。

格意义上讲,中国核能行业协会仅属于广义的公众范畴中代表涉核企业事业单位利益的社会团体。

二、公众享有的核法中的权利

公众作为核法中最重要的权利主体之一,其所享有的权利内容是否完善,实现权利的路径是否畅通,权利的保障机制是否健全等问题对完善核法律制度至关重要。从权利的内容层面讲,公众在核法领域所享有的权利内容主要有信息获取权、决策参与权、监督举报权,以及受到侵害时获取救济的权利;从权利的实现层面讲,公众要想将上述法定权利转化为实然权利,必须依赖政府对公众参与制度的完善落实,使公众能够便捷、无障碍地参与到核领域中的事务、决策中来,从而在现实维度中保证各项权利的实现;从权利的保障层面讲,政府及其核主管部门、核能开发利用单位等主体必须将其掌握的核能利用信息提供给公众,保障公众在实现各项核法中的权利时有充足的依据,此即为信息公开制度。因此,以下将主要围绕上述内容展开。

(一)公众获取核能开发利用信息的权利

公众获取核能开发利用信息的权利包含两个方面:一方面是公众应当享有主动获取有关核能开发利用信息不受阻碍的权利,即信息获取权;另一方面则是掌握核能开发利用信息的主体应当通过易被获知、理解的方式,将有关核信息向公众公开,从而保障公众获取核能开发利用信息的权利得到实现,即信息公开制度。

1. 信息获取权

所谓信息获取权是指知悉、获取信息的自由与权利,包括从官方或非官方知悉、获取相关信息。具体到核领域,则指公众有知悉和获取核能开发利用以及核能监管决策和状态等方面信息的权利。

我国的《核安全法》和单项政府信息公开行政法规中都明确了公众具有信息知情权。《核安全法》第65条第2款规定,公民、法人和其他组织,可以依法向国务院核安全监督管理部门和核设施所在地省、自治区、直辖市人民政府指定的部门申请获取核安全相关信息。《政府信息公开条例》(2019年修订)第27条规定,除行政机关主动公开的政府信息外,公民、法人或者其他组织可以向地方各级人民政府、对外以自己名义履行行政管理职能的县级以上人民政府部门(含派出机构、内设机构)申请获取相关政府信息;第28条规定,行政机关应当建立完善政府信息公开申请渠道,为申请人依法申请获取政府信息提供便利。

需要注意的是,权利的行使是有边界的,尽管信息获取权在整个权利体系中极为重要,但这绝不意味着信息获取权的行使可以不受任何限制。立法者认为在这一权利之外,还存在着一些与其同等重要的法益需要保护。我国《核安全法》第69条规定,涉及国家秘密、商业秘密和个人信息的政府信息公开,按照国家有关规定执行。该条文虽然并未对公民在核领域享有的信息获取范围作出明确界定,但为权利的行使划定了边界。

2. 信息公开制度

核能开发利用信息公开,是指核能开发利用信息公开的主体按照一定的程序和方式,向公众提供一定范围核能开发利用信息的法律制度,是贯彻透明原则的重要体现。核能开发利用信息公开是有效应对危机事件的需要、保障公民基本权利和树立良好政府形象的要求(参见专栏3.3)。

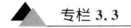

专栏 3.3

大亚湾燃料棒轻微损伤事件

2010年5月23日,大亚湾核电站监测发现,一回路冷却水放射性碘核素和放射性气体轻微上升,5月28日放射性水平达到平衡并保持稳定。国家核安全局获悉,大亚湾核电站二号机组反应堆中的一根燃料棒包壳出现微小裂纹,其影响仅限于封闭的核反应堆一回路系统中,放射性物质未进入到环境,未对环境造成影响和损害。

国家核安全局有关负责人介绍说,为保证工作人员、公众、社会和环境的安全,核电站按照纵深防御原理设计了核燃料包壳、一回路压力边界和安全壳三道实体屏障,以防止放射性物质释放到环境。核电站按照运行技术规范的要求,对一回路放射性进行连续监测。2010年5月23日,大亚湾核电站二号机组正处于正常的功率运行状态,一回路放射性水平例行监测中,发现核反应堆一回路放射性碘核素及放射性气体活度异常上升,经研究判断为一根燃料棒包壳出现微小裂纹,其影响仅限于封闭的核反应堆一回路系统中。核反应堆一回路压力边界和安全壳完整性良好,确保放射性物质不会进入到环境。核电站设置的监测仪器显示厂房内和厂房周围环境的放射性水平无异常变化,环境保护部在大亚湾核电站周围设置的放射性监测点的独立监测也未发现异常变化。

资料来源:中华人民共和国生态环境部官网:http://www.mee.gov.cn/gkml/sthjbgw/qt/201006/t20100616_190997.htm? keywords=,最后访问日期:2020年7月8日。

美国、法国、俄罗斯等核能利用大国的国内法都将信息公开规定为一项基本要求。具体而言:

美国是核安全信息公开比较全面的国家。一方面,美国核监管委员会将"开放"(openness)和"透明"(transparency)作为一项"良好规制的原则"(principles of good regulation)来加以强调。根据该原则,美国核监管委员会认为,"核监管是事关公众的事务,必须公开和坦诚地进行,公众应当保持知晓情况并有机会按照法规要求参与到监管过程中"。另一方面,美国将核安全信息公开的实践也几乎做到极致。比如,就信息公开方式而言,美国核监管委员会不仅通过其网站主动公开信息,还通过博客、推特、YouTube等各种渠道公开信息;就信息公开范围而言,美国核监管委员会几乎将其监管的所有环节、活动都向公众公开。比如,美国核监管委员会的许多内部会议、与被监管机构的沟通会议等活动,都向公众公开,公众只要提前在网上点击预约,就能随时加入会议,观察美国核监管委员会如何监管、其内部讨论什么样的问题。

法国作为世界第二大核电国家,坚持将公开透明作为其核能规制与发展的主要原则。为实现核能规制公开透明的法制化,法国于2006年通过了《核透明与安全法》,将"透明"作为法律的名字。同时,该法第1条规定,国家制定有关核安全的法规,这些法规保障公众能够了解与核活动有关的风险信息,以及其对人体健康、安全和环境影响有关的信息,并将"透明"解释为由"公众获取核安全方面信息权利组成的有关规定"。此外,法国《核透明与安全法》还规定建立专门的核信息公开机构——地方信息委员会(Local Information Committee)

和核安全信息与透明高级委员会(High Committee for Transparency and Information on Nuclear Security)。前者为每一个陆上核设施所在地的机构,后者为国家层面的机构。就前者而言,它的成员包括省议会、市议会或者若干市镇议会和大区地方议会的代表,由所在省选出的国会议员,环境保护协会、经济界和具有代表性的职工工会组织和医疗行业的代表,以及其他有资格的人士。

　　由于切尔诺贝利核事故的影响,俄罗斯也非常重视信息公开。比如,俄罗斯《原子能利用法》第2条将原子能利用有关信息的可获得性规定为原子能领域法律规制的原则和目的。同时,根据该法的规定,除国家秘密外,任何组织和公民享有根据俄罗斯联邦法律规定的程序,从有关行政机关和有职权的组织咨询与获取包括规划当中、在建、在运行和已经退役的核装置、放射源和储存设施的安全信息的权利,而对于拒绝提供信息、故意曲解或隐瞒在原子能利用时安全问题方面的客观资料,组织与大众媒体的有关负责人须承担相关法律责任。

　　综合国际法律文件的要求和各国立法实践,可以归纳核能开发利用信息公开制度的基本要素,包括信息公开主体、信息公开类型、信息公开方式和信息公开的事项范围。具体而言：

　　信息公开主体包括信息公开权利主体和信息公开义务主体。信息公开权利主体通常是指公众。具体而言,信息公开权利主体包括个人和机构,如企业和其他组织。就信息公开义务主体而言,它通常既包括政府机构,也包括核能利用企业,如核电厂。根据我国《核安全法》第63条和第64条的规定,国务院有关部门及核设施所在地省、自治区、直辖市人民政府指定的部门、国务院核安全监督管理部门以及核设施营运单位负有核安全信息公开的义务。根据《核安全信息公开办法》的规定,核安全监督管理部门和核动力厂营运单位均负有核安全信息公开的义务。政府机构作为信息公开义务主体,通常公开的是核能利用监管有关的信息,比如核安全监管法律法规及规范性文件、核安全行政许可相关信息、核安全监督检查情况、核辐射和环境质量情况以及核事故情况等；核能利用企业作为信息公开义务主体,通常公开的是该企业自身的信息、核安全管理制度、核安全许可信息、自己评估的核设施安全状况、发生的核事件/事故、自己检测的流出物情况、辐射环境监测数据以及核安全报告等。

　　信息公开类型包括信息公开义务主体自主公开,也包括根据信息公开权利主体的申请或要求,信息公开义务主体向申请人公开与核安全相关的特定信息。例如,我国《核安全法》第63条和第64条规定的国务院有关部门及核设施所在地省、自治区、直辖市人民政府指定的部门、国务院核安全监督管理部门以及核设施营运单位应当公开的信息属于主动公开的类型,第65条规定的"公民、法人和其他组织,可以依法向国务院核安全监督管理部门和核设施所在地省、自治区、直辖市人民政府指定的部门申请获取核安全相关信息"则属于依申请公开的类型。

　　信息公开方式,是指义务主体以什么方式和渠道公开信息,主要是义务主体依法自主公开的情况下的信息公开方式和渠道。比如,义务主体可以通过传统的报纸、电视、广播方式公开信息,也可以通过网站、微信、微博等更现代的方式公开信息。我国《核安全法》第65条第1款规定,对依法公开的核安全信息,应当通过政府公告、网站以及其他便于公众知晓的方式,及时向社会公开。应当指出的是,除了上述有关规定外,我国《核安全法》还规定了两种具有中国特色的信息公开方式：一是国务院的核安全报告。《核安全法》第63条第3款规定,国务院应当定期向全国人民代表大会常务委员会报告核安全情况。二是核设施营运单位的核安全宣传。《核安全法》第67条要求核设施营运单位开展核安全宣传活动,并采取以下措施:(一)在保证核设施安全的前提下,对公众有序开放核设施;(二)与学校合作,开展对学生的核安全知识教育活动;(三)建设核安全宣传场所,印制和发放核安全宣传材料;(四)法律、行政法规规定的其他措施。《核安全信息公开办法》第9条规定,核动力厂营运单位应当通过企业门户网站或所属集团公司门户网站,以及其他便于公众知晓的方式公开核安全信息。核动力厂营运单位也可以通过新闻发布会、广播、电视、报刊、新媒体等多种方式公开核安全信息。《核安全信息公开办法》第14条规定,核安全监督管理部门应将核安全信息通过政府公告、政府网站或其他便于公众知晓的方式公开。

信息公开的事项范围,是指涉及什么内容的信息应当或可以公开。例如,根据我国《核安全法》第63和第64条的规定,国务院核安全监督管理部门应当依法公开与核安全有关的行政许可,以及核安全有关活动的安全监督检查报告、总体安全状况、辐射环境质量和核事故等信息;核设施营运单位应当公开本单位核安全管理制度和相关文件、核设施安全状况、流出物和周围环境辐射监测数据、年度核安全报告等信息。基于安全(安保)的考虑,我国《核安全法》还明确规定了需要保密的事项:例如,核设施营运单位和其他有关单位持有核材料,应当采取建立信息保密制度,采取保密措施等措施,防止核材料被盗、破坏、丢失、非法转让和使用,保障核材料的安全与合法利用(第38条);国务院核工业主管部门负责协调乏燃料运输管理活动,监督有关保密措施(第51条);核安全监督检查人员执行监督检查任务,应当出示有效证件,对获知的国家秘密、商业秘密和个人信息,应当依法予以保密(第74条)。此外,在《核安全信息公开办法》第7条和第12条中,还明确规定了核动力厂营运单位和核安全监督管理部门应当公开的核安全信息事项范围。

(二)公众参与核能开发利用决策的权利

公众参与核能开发利用决策的权利包含两个方面:其一是公众自身应当享有参与核能开发利用决策、投身核能的开发利用过程、监督核能开发利用活动的权利,能够顺畅地表达自身利益诉求,即决策参与权和监督举报权;其二是政府及其有关部门和核能开发利用单位,应当为公众参与核能开发利用决策、投身核能的开发利用过程、监督核能开发利用活动提供平台和条件,以保障公众参与核能开发利用决策的权利得以实现,即公众参与制度。

1. 决策参与权和监督举报权

决策参与权,是指公众享有参与核能开发利用决策、表达利益诉求的机会的权利,是一种公众自身应当享有的权利。例如,我国《核安全法》第66条规定,核设施营运单位应当就涉及公众利益的重大核安全事项通过问卷调查、听证会、论证会、座谈会,或者采取其他形式征求利益相关方的意见,并以适当形式反馈。核设施所在地省、自治区、直辖市人民政府应当就影响公众利益的重大核安全事项举行听证会、论证会、座谈会,或者采取其他形式征求利益相关方的意见,并以适当形式反馈。

监督举报权,是指公众对核能主管部门是否依法履行职责,核能开发利用单位是否依法履行义务,以及核能开发利用单位和核能主管部门的行为侵犯公众合法权益的现象或行为有监督和举报的权利。例如,我国《核安全法》第68条第1款规定,公民、法人和其他组织有权对存在核安全隐患或者违反核安全法律、行政法规的行为,向国务院核安全监督管理部门或者其他有关部门举报。

2. 公众参与制度

核能利用公众参与，是指在核能开发利用过程中，公众参与法律法规制定、参与政府许可与规制活动以及参与其他核能利用重大事件并发表意见和提出建议的制度。公众的参与和监督，能够帮助政府实现科学决策，避免决策者因盲目性和随意性造成决策失误，可以督促核设施营运单位主动承担社会公民的环境责任，采取更为积极有效的措施防止污染环境，为建设环境友好型社会多作贡献。公众参与制度也是贯彻透明原则的重要体现。

核能利用主要国家的法律都将公众参与作为一项重要原则或制度加以规定。例如，法国《核安全与透明法》第2条中将"参与"规定为一项原则，要求在核电厂申请许可证、建造等阶段采取参与地方信息委员会、公众听证会、网络咨询会和全国辩论会等形式开展公众参与。俄罗斯《原子能利用法》第14条规定，任何组织（包括社会组织或团体）与公民有权参加讨论原子能利用领域的法律性文件与规划起草，以及有权参加讨论核设施、放射源与储存设施的分布、设计、建造、使用与退役等问题，组织还有权推荐自己的专家参与核设施、放射源与储存设施的分布、设计、建造、使用与退役等问题的专家评价。我国《核安全法》第五章亦规定了公众参与的内容。

各国法律关于公众参与制度内容的规定不尽相同，但基本上都围绕公众参与的主体、公众参与的事项以及公众参与的方式这三个核心要素方面来展开。具体而言：

公众参与的主体包括权利主体和义务主体。前者指有权参与核能利用相关决策的主体，一般都涵盖公民个人、法人和其他类型的组织，在核能利用方面主要是指核设施所在地的公众，包括公民个人、法人、环保组织和其他社会组织；后者指负有组织公众参与义务的主体，通常包括政府机构和核设施营运单位。各国核法对公众参与主体的范围规定不尽一致。例如，美国公众参与的义务主体主要是美国核监管委员会；权利主体通常情况下为公众，即任何个人和机构。但在某些特定事项中，权利主体的范围根据参与事项的性质而受到一定限制，如在涉及核设施选址许可的听证会中，参与的权利主体主要是受该许可影响的个人和机构。

根据我国《核安全法》规定，组织公众参与的义务主体包括核设施营运单位和核设施所在地省、自治区、直辖市人民政府两类机构，不包括国务院核安全监督管理部门（第66条）；公众参与的权利主体包括涉及公众利益的重大核安全事项的利益相关方以及享有举报核安全隐患或者违反核安全法律、行政法规的行为的任何公民、法人和其他组织（第66条、第68条）。

公众参与的事项指的是公众可以针对哪些核能利用的事项、环节或者活动参与决策。一般而言，法律、法规和规章的制定和出台，需要遵守相关立法活动要求，包括向社会公开征求意见稿并以某种方式对公众意见作出回应。因此，核能利用过程中，公众通常可以通过对法律、法规和规章的征求意见稿提出意见，参与法律、法规和规章的立法过程。在核能利用领域，公众是否可以参与政府的许可和规制活动，可以参与哪些核能利用事项的许可和规制活动，各个国家的规定不尽相同。例如，美国公众参与的事项范围较为广泛，包括一般性的规则制定，也包括法律执行、核设施许可及相关听证，以及核设施退役等具体监管行为和活动。又如，俄罗斯《原子能利用法》第14条规定的公众参与事项包括原子能利用领域的法律性文件与规划起草，参加讨论核设施、放射源与储存设施的分布、设计、建造、使用与退役等问题。

我国《核安全法》规定的公众参与的事项是"涉及公众利益的重大核安全事项"（第66条），但未对"涉及公众利益的重大核安全事项"进行界定。因此，从广义解读来看，相当多的核能利用活动或事项都可能成为"涉及公众利益的重大核安全事项"，比如重大核法律法规的制定或修改、重大核能利用活动、重大核能监管活动、重大核事故等等，都可以解读为"涉及公众利益的重大核安全事项"。但是，我国《核安全法》并未将核安全监管机构明确规定为公众参与的义务主体，那么，从严格的法律解读来看，对于核安全监管活动，包括核设施选址、建造、运营、退役相关的核安全许可活动，公众能否参与决策尚不明确。

公众参与的方式指的是公众通过什么途径或形式参与到核能利用相关的决策过程中。从功能主义的角度来看，公众参与的方式应当和参与决策的事项相匹配，应当遵循便利有效性。总结其他领域的公众参与制度可以发现，公众参与的方式一般包括意见征询会、讨论会、说明会、听证会等等。在核法中，各国核法的规定也不尽相同，例如法国《核透明与安全法》规定了参与当地信息委员会、公众听证会、网络咨询会和全国辩论会等公众参与形式。我国《核安全法》第66条明确列举了部分公众参与形式，如问卷调查、听证会、论证会、座谈会，同时也允许采取"其他形式"征求利益相关方意见。应当指出的是，公众参与的目的之一是保障公众的利益诉求能够在核能利用相关的决策中得以表达或者得到考虑。制度设计除了规定上述公众参与的主体、事项和方式之外，还应当保障公众参与的效力，即应当建立公众参与的行政和司法保障机制。我国《核安全法》第66条规定，核设施营运单位和核设施所在地省、自治区、直辖市人民政府在征求公众意见后，应该以适当形式反馈。

（三）受到侵害时获取救济的权利

权利救济作为权利的重要内容，对保障权利的实现有着至关重要的作用。在核法领域中，公众享有受到侵害时获取救济的权利。

所谓受到侵害时获取救济的权利，是指公众认为自身权益受到或者可能受到核能开发利用行为或者核能主管部门的决策、监督行为的不利影响或者侵害的，有权依法获得救济的权利。

公众实现权利救济的途径通常包括刑事途径、行政途径和民事途径。[①] 刑事途径适用于有关主体触犯刑法有关规定，由司法机关依照刑法加以惩处，从而实现救济的情形；而行政途径则通常包括申请行政复核、申请行政复议和提起行政诉讼等途径；民事途径则通常在核损害赔偿制度的框架下进行，如我国《核安全法》第11条第2款规定，公民、法人和其他组织受到核损害的，有依法获得赔偿的权利（参见第八章）。

第四节　国际核能组织

核事故造成跨国影响的可能性、核扩散的控制以及核恐怖活动的应对都要求建立核能开发利用活动的国际监管框架。为了鼓励和促进全世界和平利用原子能的研究、发展和实际应用，国际核能组织应运而生，其中最有代表性的两大国际核能组织便是国际原子能机构和经济合作与发展组织核能署（OECD-NEA）。除了这两大国际核能组织外，特定区域内的国家间还设立了区域核能组织，一些非政府组织在国际核能领域也发挥了重要的作用。

---

① 参见《核安全立法知识读本》编委会：《核安全立法知识读本》，人民交通出版社2015年版，第60—61页。

一、国际原子能机构

国际原子能机构是旨在促进世界核领域科学和技术合作的政府间组织,致力于安全、可靠和和平地利用核科学技术,促进国际和平与安全以及联合国可持续发展目标的实现。①

（一）国际原子能机构的成立背景及其宗旨

在国际原子能机构的成立过程中,美国发挥了推动进程的主导性作用。1953年12月8日,美国总统艾森豪威尔在联合国大会上发表了"原子能用于和平"的演说,呼吁有核武器国家和无核武器国家开展合作,共同分享原子能技术,并且倡导建立致力于有效防止原子能滥用、核武器扩散,并参与原子能民用研究开发工作的国际性组织,标志着核能和平利用时代的真正到来。

1956年10月,"国际原子能机构规约大会"在联合国总部召开。会议就"国际原子能机构理事会的组成,大会、理事会和秘书处的职权及相互关系,保障制度"等内容展开了探讨。经过与会各国的商讨,规约草案获得81个国家的一致通过。② 1957年7月《国际原子能规约》（以下简称《规约》）生效,是日国际原子能机构宣告成立。截至2020年2月20日,国际原子能机构共有成员国171个。③ 中国政府于1984年1月1日递交了接受国际原子能机构《规约》的接受书,成为其正式成员国。

国际原子能机构以谋求加速和扩大原子能对全世界和平、健康及繁荣的贡献为其目标宗旨,致力于尽其所能,确保由其本身、或经其请求、或在其监督或管制下提供的援助不致用于推进任何军事目的。④

（二）国际原子能机构的组织机构与职能

1. 国际原子能机构的组织机构

根据《规约》《处理联合国与国际原子能机构关系协定》以及《联合国宪章》的规定,国际原子能机构是与联合国建立特定联系的政府间国际组织,是为原子能利用提供国际法律控制的机构。

国际原子能机构由5个直属总干事办公室和6个业务司组成。5个直属总干事办公室分别是决策机关秘书处、总干事协调办公室、内部监督服务办公室、法律事务办公室以及新闻和宣传办公室。6个业务司分别是管理司（提供财务、人力资源管理、行政、信息技术和一般服务等方面的解决方案）、技术合作司（负责制定和执行机构的发展任务）、核能司（为核燃料循环和核设施寿期提供技术支持,建立各国在能源规划、分析以及核信息和知识管理方面的能力）、核安全和安保司（以保护人民、社会和环境免受电离辐射的有害影响为工作核心）、核科学和应用司（涵盖从健康、粮食和农业到环境、水资源和工业等广泛的社会经济部门）和保障司（执行国际原子能机构作为世界核视察机构的职责,主要职责是管理和实施原子能机

---

① 参见《国际原子能机构概述》,https://www.iaea.org/about/overview,最后访问日期：2020年2月20日。
② See IAEA, History of IAEA, https://www.iaea.org/about/overview/history, last accessed on February 20, 2020.
③ See IAEA, List of Member States, https://www.iaea.org/about/governance/list-of-member-states, last accessed on February 20, 2020.
④ 参见《国际原子能机构规约》"第2条 目标",《国际原子能机构规约》中文版全文载于：https://www.iaea.org/sites/default/files/statute_ch.pdf,最后访问日期：2020年2月20日。

构保障)。[①]

国际原子能机构的组织机构包括大会、理事会和总干事,其各自的性质、产生程序和职权如下:

(1) 大会。作为国际原子能机构的权力机构,大会由全体成员国代表组成,每年应举行常会,并可由总干事应理事会或过半数成员国的请求,举行特别会议。大会可讨论在《规约》范围内或与《规约》所规定的任何机关的职权有关的任何问题或事项;并可向机构全体成员或理事会或兼向两者提出有关此类问题或事项的建议。同时,大会有权核准国家加入、停止成员国的成员特权与权利、选举理事会理事国、审议理事会的年度报告、审议机构预算和向联合国提交的报告、核准《规约》修订案、以及核准总干事的任命等。每一成员国在大会召开期间应有一票表决权。[②]

(2) 理事会。作为国际原子能机构的决策机构,理事会由理事国组成。理事国的产生分为指定和选举两种方式。被指定的理事国应当在原子能技术方面最为先进,而无论是指定还是选举,理事国所在区域都应在北美、拉丁美洲、西欧、东欧、非洲、中东及南亚、东南亚及太平洋、以及远东地区适当公允分配。理事会应就机构的事务及机构核准的任何项目,拟定向大会提出的年度报告。在不违背《规约》所规定的理事会对大会所负的责任的条件下,理事会有权依照《规约》行使机构的职能。理事会每一理事国应有一票表决权。[③]

(3) 总干事。作为国际原子能机构的最高领导和行政首长,总干事由理事会任命并经大会核准,每届任期四年。总干事应对工作人员的任用、组织及行使职责负责,并应接受理事会领导,受理事会管辖。同时,总干事应依理事会制定的条例履行职责。总干事履行职责时,不应征求或接受机构以外任何方面的指示;其应避免采取任何可能有损于机构官员地位的行动;在对机构负责的条件下,不得透露因其所任机构公务而得悉的任何工业秘密或其他机密情报。各成员国承诺尊重总干事职责的国际性质,不得设法影响履行其职责。

2. 国际原子能机构的职能

作为联合国大家庭内致力于"原子能为和平服务"的组织,国际原子能机构是实现原子能利用国际法律控制的"执行者"和"监督者"。

国际原子能机构有权鼓励和援助全世界和平利用原子能的研究、发展和实际应用;遇有请求时,充任成员国相互提供服务或供给材料、设备和设施的居间人或者主动依《规约》提供材料、服务、设备及设施;从事有助于和平利用原子能的研究、发展、实际应用的任何工作和服务;促进原子能和平利用的科学及技术情报的交换;鼓励原子能和平利用方面的科学家、专家的交换和培训;制定并执行、实施安全保障措施;制定或采取旨在保护健康及尽量减少对生命与财产的危险的安全标准(包括劳动条件的标准);取得或建立有助于履行其受权执行的职能的设施、工厂及设备。

《规约》还规定,国际原子能机构在执行上述职能时,应当遵循以下要求:第一,依照联合

[①] See IAEA, Organizational Structure of IAEA, https://www.iaea.org/about/organizational-structure, last accessed on February 20, 2020.

[②] 参见《国际原子能机构规约》"第 5 条 大会",《国际原子能机构规约》中文版全文载于:https://www.iaea.org/sites/default/files/statute_ch.pdf,最后访问日期:2020 年 2 月 20 日。

[③] 参见《国际原子能机构规约》"第 6 条 理事会",《国际原子能机构规约》中文版全文载于:https://www.iaea.org/sites/default/files/statute_ch.pdf,最后访问日期:2020 年 2 月 20 日。

国促进和平与国际合作的宗旨与原则,并遵循联合国促成有安全保障的世界裁军的政策及根据此项政策所订立的任何国际协定进行工作;第二,对所收到的特种裂变材料的使用建立管制,以确保此项材料仅用于和平目的;第三,以确保有效利用及使世界各地区有可能普遍获得最大利益的方式,并顾及世界不发达地区的特别需要,支配其资源;第四,每年向联合国大会提出机构的活动情况报告,并于适当时向安全理事会提出报告,倘若在机构活动方面发生属于安全理事会职权范围的问题时,机构应通知对维持国际和平与安全负有主要责任的安全理事会,并应采取根据本规约,包括第 12 条 C 款的规定,可采取的措施;第五,就经济及社会理事会和联合国其他机关主管事项,向该机关提出报告。

此外,国际原子能机构在执行职能时,不得对提供给成员国的援助附加与本规约条款相抵触的任何政治、经济、军事和其他条件,在遵守本规约的规定及一国或数国与机构所订符合本规约规定的协定之条款的情况下,机构进行活动时,应适当尊重各国的自主权。

二、经济合作与发展组织核能署

经济合作与发展组织核能署是一个旨在促进拥有先进核技术基础设施的国家之间合作的政府间机构,该机构通过促进国家间合作来寻求实现在核安全、核技术、核科学、环境和法律方面的卓越表现。NEA 属于经济合作与发展组织的框架内,总部设在法国巴黎。①

(一)经济合作与发展组织核能署的成立背景及其宗旨

考虑到"二战"后欧洲经济复苏下快速增长的能源需求,以及核能带来的可能性,OEEC 理事会(经济合作与发展组织的前身)于 1958 年 2 月成立了欧洲核能署(ENEA),该机构的名称于 1972 年被改为核能署(NEA),以此反映其在欧洲范围之外的成员数量不断增加。

NEA 的发展经历了几个重要时期:第一时期中,NEA 主要为核能合作奠定基础,并着重发起若干联合研发活动。随着核能从实验阶段逐渐演变为商业、工业发展,这一时期在 20 世纪 60 年代后期也自然结束。第二时期从 20 世纪 70 年代初开始,NEA 的作用发生了变化,主要重点是为协调各成员国国家核计划(特别是在卫生、安全和监管领域)提供平台。随着核能在 20 世纪 70 年代的蓬勃发展,政府面临来自其选民的越来越大的压力,需得更加重视核能对环境造成的影响以及核电厂的安全和监管。第三个时期从 20 世纪 90 年代初期开始,在苏联解体之后,NEA 在经济合作与发展组织的领导下,启动了一项有限的推广计划,主要针对中欧和东欧国家以及苏联解体后的欧洲国家实施。②

与此同时,NEA 开启了改革进程,其中的核心措施便是制定战略计划(strategic plan),旨在满足成员国在应用和开发核能科学和技术中不断产生的需求。第一个战略计划于 1999 年通过,为 NEA 开展工作提供了五年的指导。第二个战略计划的实施期为 2005 年至 2010 年,第三个战略计划的实施期为 2011 年至 2016 年,最新的战略计划的实施期为 2017 年至 2022 年。

经济合作与发展组织核能署致力于通过国际合作,协助其成员国维持和进一步发展以和平目的安全、无害环境和经济使用核能所需的科学、技术和法律基础。它努力提供权威性

---

① See NEA, About Us, http://www.oecd-nea.org/general/about, last accessed on February 20, 2020.
② See NEA, History of the OECD Nuclear Energy Agency, http://www.oecd-nea.org/general/history, last accessed on February 20, 2020.

评估,并就关键问题达成共识,作为对政府核能政策决策和经济合作与发展组织在能源和低碳经济可持续发展等领域更广泛分析的投入。① 截至 2020 年 2 月,NEA 共有 33 个成员国和 2 个战略合作伙伴(中国即为其中之一)②。

(二)经济合作与发展组织核能署的组织机构与职能

NEA 的组织机构由《经济合作与发展组织核能署规约》(以下简称《核能署规约》)所确定,该规约最初的形式是由经济合作与发展组织理事会于 1957 年 12 月 20 日通过的一项决议,随后于 1961 年 9 月 30 日由经济合作与发展组织理事会批准通过。随着 NEA 成员数量的增加,《核能署规约》数次经由经济合作与发展组织理事会的决议修正,并逐渐走向现代化。③

根据《核能署规约》的规定,NEA 由核能指导委员会管理,该委员会直接向经济合作与发展组织理事会报告。核能指导委员会主要由各国原子能主管机关和相关部门的高级官员组成。④ 核能指导委员会负责监督 NEA 的工作,以确保其以符合《核能署规约》和经济合作与发展组织理事会决议规定的方式开展活动,响应 NEA 成员国的需求,并与核能指导委员会建立的框架一致。此外,核能指导委员会还为 NEA 提供政策指导,从而将 NEA 的重点扩展到专业领域之外,并使其更能发挥政策导向的作用。⑤

核能指导委员会下辖 9 个分委员会,分别是核能监管活动委员会、核设施安全委员会、放射性废物管理委员会、核设施退役与残留物管理委员会、辐射防护与公共卫生委员会、核能法律委员会、核能发展技术经济研究与核燃料循环委员会、核科学委员会、以及核数据和代码开发、应用与验证管理局。⑥

由一名总干事与两名副总干事为领导的总干事办公室负责 NEA 日常事务的处理,下辖预算与财政办公室、人力资源与管理团队、信息技术团队、7 个专业司局和办公室(核安全技术与规制司、放射性废物管理与退役司、辐射防护与核安全人类事务司、核科学司、NEA 数据库、核技术发展与经济司、法律顾问办公室)、以及政策与协调办公室。⑦

根据《核能署规约》的规定,NEA 的主要职能包括⑧:与经济合作与发展组织其他机构在其职权(责)范围内合作,促进技术和经济研究,为成员国开展与和平开发利用核能领域的研究和工业发展有关的方案和项目提供咨询;酌情为和平开发利用核能建立合作机构提供支持,努力确保尽可能多的国家参与;鼓励成员国开展有关和平开发利用核能的研究,酌情促

---

① See NEA, About Us, http://www.oecd-nea.org/general/about, last accessed on February 20, 2020.
② See NEA, NEA Member Countries, http://www.oecd-nea.org/pub/nea-brochure.pdf, last accessed on February 20, 2020.
③ See NEA, Statute of the OECD Nuclear Energy Agency, Foreword, http://www.oecd-nea.org/general/about/statute.html, last accessed on February 20, 2020.
④ See NEA, Steering Committee for Nuclear Energy, http://www.oecd-nea.org/general/history/work.html, last accessed on February 20, 2020.
⑤ See NEA, The Role of the Steering Committee for Nuclear Energy, http://www.oecd-nea.org/general/about/strategic-plan2017-2022.pdf, pp. 27, last accessed on February 20, 2020.
⑥ See NEA, Structure of Nuclear Energy Agency Committees and Subsidiary Bodies, http://www.oecd-nea.org/general/about/organigram/committee_structure.pdf, last accessed on February 20, 2020.
⑦ See NEA, NEA Organisational Structure Effective 14 September 2020, http://www.oecd-nea.org/general/about/organigram/organisational_structure.pdf, last accessed on October 20, 2020.
⑧ See NEA, Statute of the OECD Nuclear Energy Agency, http://www.oecd-nea.org/general/about/organigram/committee_structure.pdf, last accessed on February 20, 2020.

进缔结联合使用由成员国共同建立的研究设施的协议、以及建立联合研究机构;鼓励成员国之间开展相关的科学和技术信息交换工作;为国家主管当局促进保护从业人员和公众免受电离辐射危害和保护环境提供帮助;NEA 应当为国家主管当局促进核设施和材料安全提供帮助;为核损害第三方责任和保险制度的推进提供帮助;鼓励采取措施,确保专利发明在核能领域得到最有效的利用;在进一步推动核能和平开发利用的基础上,为消除国际贸易或核工业发展的障碍提供帮助;以及为自由传播和平利用核能的信息提供帮助,特别是关于核活动的安全和监管信息以及核设施和核材料的实物保护信息。

中国目前是 NEA 的战略合作伙伴之一,双方在核安全与监管、放射性废物管理与核电厂退役、放射性防护和应急准备、经济、战略和政策相关分析、科技合作以及核能法律领域互惠互利、合作日益密切。①

三、其他区域核能组织

区域核能组织,是指特定区域内的国家,为了开展区域核能开发利用合作、协调区域核能安全而设立的国际组织,这类组织有欧洲原子能共同体和美洲核能委员会等。

其中,欧洲原子能共同体(European Atomic Energy Community,EURATOM)是成立最早的区域核能组织。1957 年,法国、联邦德国、意大利、比利时、荷兰、卢森堡等 6 国政府首脑和外长签署了《欧洲经济合作公约》和《欧洲原子能共同体条约》,总称《罗马条约》,决定成立共同市场和原子能共同体,该条约于 1958 年生效,欧洲原子能共同体也于同年正式成立。1965 年,法国、联邦德国、意大利、荷兰、比利时和卢森堡 6 国在布鲁塞尔又签署了《布鲁塞尔条约》,决定将欧洲煤钢共同体、欧洲经济共同体和欧洲原子能共同体合并,统称"欧洲共同体"。1967 年 7 月 1 日,《布鲁塞尔条约》生效,欧共体正式诞生,并将欧洲原子能共同体合并到统一架构内。1991 年 12 月,欧洲共同体马斯特里赫特首脑会议通过《马斯特里赫特条约》,1993 年 11 月 1 日,《马斯特里赫特条约》正式生效,欧洲联盟正式成立,原子能共同体的职能纳入欧洲联盟。欧洲原子能共同体成立的宗旨是:为迅速建立与发展核工业创造必要条件,对提高成员国的生活水平和发展与其他国家的关系作出贡献。② 其主要职能在于:促进研究和保证技术情报的传播;建立保护工人与公众健康的统一安全标准,并保证其实施;促进投资,特别是通过鼓励企业合作,建立发展共同体核能所需的基本设施;保证共同体的所有使用者经常和公平地取得矿石与核燃料供应;通过适当的监督,确保核材料只用于该目的;行使在特种裂变次材料方面赋予它的所有权;通过建立专用物资与装备的共同市场,通过核能领域投资资本的自由流动,以及通过专业人员在共同体内的自由就业,为最佳的技术设施保证广泛的商业出路与利用;与其他国家及国际组织建立必要的关系,以促进核能的和平利用。③

美洲核能委员会(Inter-American Nuclear Energy Commission,IANEC)成立于 1959 年,其宗旨是为成员国提供核能的咨询研究平台,并为成员国对核材料的和平利用提供合作的便利。该机构还组织核能的技术会谈,支持国家性的实验研究,并促进各国在该领域中的

---

① OECD, *China in Focus: Lessons and Challenges*. Paris: OECD, 2012: pp. 118-120.
② 参见《欧洲原子能共同体条约》第 1 条。转引自:《欧洲共同体条约集》,戴炳然译,复旦大学出版社 1993 年版,第 273 页。
③ 参见《国际原子能共同体条约》,第 2 条。转引自同上书,第 273 页。

信息交流。该委员会也同时与成员国政府合作,保证核研究项目的顺利融资。但目前该委员会已经没有运作。①

四、非政府国际核能组织

除了前文中所提到的政府间组织,还有很多非政府组织活跃在国际核能合作与安全保障领域。尤其是在核电开发管理领域,非政府组织发挥了极为重要的作用。

(一)世界核电营运者协会

世界核电营运者协会(World Association of Nuclear Operators,WANO)是一个非营利的非政府间组织。

美国三里岛核事故和苏联切尔诺贝利核事故发生后,世界范围内核电形象严重受损,核电行业管理者开始思考如何联手重振声誉,改善和提高运营管理能力。在美国核动力运行研究所(INPO)和国际电力生产和配电者协会(UNIPEDE)的支持下,由英国中央电力管理局主席马歇尔爵士倡议,世界144个核营运单位在莫斯科成立了世界核电营运者协会这一世界性组织,并于1989年5月份签署了《世界核电营运者协会宪章》。② 至今,该协会在全世界范围内已经有超过120个成员,运营超过430座民用核电站。③ 该协会的宗旨是通过促进会员之间的相互交流与合作,来最大限度地提高全球核电厂的安全性和可靠性。④

该协会每年召开一次年度大会,每两年选举一位协会会长以为双年大会服务。日常活动由协会理事会组织开展,理事会由8到9名理事组成。协会机构下设协调中心,对协会理事会负责。协调中心的主要职能是通过工作协调和高效联系帮助地区中心完成协会的使命,目前在世界范围设有巴黎、莫斯科、东京和亚特兰大四个地区中心,每个地区中心保持与协调中心和其他地区中心的密切联系,同时还必须促进地区会员之间的有效联系。⑤

(二)世界核能协会

世界核能协会(World Nuclear Association,WNA)是推广核能的全球性行业组织。

该协会成立于2001年,总部位于英国伦敦。该协会的成员包括:近乎全世界所有的铀矿开采、转化、浓缩与燃料制造企业,占世界核发电量70%的核电站营运者,世界主要的核反应堆供应商,核工程设计、建设和放射性废物管理公司以及在核运输、法律、保险、经纪、行业分析和金融方面提供国际服务的公司。⑥

该协会的宗旨是通过提供权威信息,发展共同的行业立场以及促进能源辩论,促进关键国际影响者对核能的更广泛理解。该协会的职能主要体现在以下三个方面:(1)核工业合作。该协会为核工业各个方面的领导人和专家开展全球论坛和商业会议提供场所,通过工作组在经济、安全和环境问题上形成联合立场。此外,该协会在影响核工业监管和政策环境的主要世界论坛中代表核工业。(2)核信息管理。该协会通过网站以及领先的有关核动力发展的在线新闻服务,提供可靠、全面和易于获取的核动力信息。(3)核能通信。为了在主

---

① 参见陈刚:《国际原子能法》,中国原子能出版社2012年版,第102页。
② 同上书,第105—106页。
③ 参见世界核电营运者协会官方网站:https://www.wano.info/about-us/our-history,最后访问日期:2020年2月20日。
④ 参见同上。
⑤ 参见同上。
⑥ 参见世界核能协会官方网站:http://www.world-nuclear.org/our-association/who-we-are/mission.aspx,最后访问日期:2020年2月20日。

要利益攸关方之间增加全球对核能的支持,该协会的作用是代表正在进行能源辩论的核工业的利益。通过与合作伙伴协调关键信息,该协会向决策者和影响者提供有针对性的信息,包括对能源相关问题感兴趣的媒体和国际组织。①

（三）国际辐射防护委员会

国际辐射防护委员会（International Commission on Radiological Protection, ICRP）是一个由各国辐射防护领域专家组成的国际型学术组织。

其前身为国际X射线和镭保护委员会（IXRPC），该委员会于1928年在第二届国际放射学大会上成立,成立之初是为了回应人们对在医疗界观察到的电离辐射效应问题的关注。为了更好地考虑医疗区域以外的辐射使用,1950年该协会经过重组更名为国际辐射防护委员会。②

由于人类对核能利用最大的担忧来源于使用核能的副产品和放射性物质过程中电离辐射的放射性对生物和环境的损害。因此,委员会兼顾核能利用取得效益的同时,必须关注保护人类、其他生物以及环境免受放射性有害效应的危害。它的主要职责是基于科学研究、基础数据和专家经验,研究并制定适用于全球的辐射防护标准,包括制定放射性元素剂量限值等。③

该委员会由主要委员会,科学秘书处,四个常设委员会（关于效果的第1委员会、关于药物的第2委员会、关于医学的第3委员会和关于申请的第4委员会）以及一系列任务组组成。主要委员会和科学秘书处共同指导、组织和监督国际放射防护委员会的工作。所有ICRP报告在出版前均由主要委员会批准。常设委员会在其专业领域向主要委员会提供咨询,指导任务组的工作,并在确保委员会报告质量方面发挥重要作用。成立任务组是为了完成一项具体任务,通常是制作单一的委员会报告,以便在国际放射防护委员会的年度专刊中公布,并且通常由委员会成员和该领域的其他专家组成,邀请他们参与工作。④

【本章思考题】

1. 根据国际原子能机构的分类标准,核能开发利用相关主体有哪些？
2. 依照我国法律规定,核能开发利用单位应当具备哪些能力和条件？
3. 简述国家在核领域承担的义务。
4. 试述我国核能发展管理部门和核能监督管理部门的职责。
5. 公众在核能利用领域有哪些基本权利？信息公开制度和公众参与制度分别由哪些基本要素构成？
6. 简述国际原子能机构的基本职能。

---

① 参见世界核能协会官方网站：http://www.world-nuclear.org/our-association/who-we-are/mission.aspx,最后访问日期：2020年2月20日。
② 参见国际辐射防护委员会官方网站：http://www.icrp.org/page.asp? id=9,最后访问日期：2020年2月20日。
③ 参见国际辐射防护委员会官方网站：http://www.icrp.org/page.asp? id=3,最后访问日期：2020年2月20日。
④ 参见同上。

第四章

核能利用许可与辐射防护

【教学目的与要求】 了解核能利用许可的设定和类型、条件与程序,理解不同种类核能利用许可的法律依据、主要内容和违反许可的法律后果,了解辐射防护的基本原则和基本要求。

各国均将安全作为开展核能利用的前提,并在核能利用相关立法中将核安全作为首要立法目标和法律原则,而保障安全原则和目标实现的重要制度抓手就是许可制度。从行政法原理来看,核能利用许可是有权政府机构作出的具体行政行为,且只能依当事人申请发生,有权政府机构不得主动作出。同时,核能利用许可是一种授益性行政行为,许可引起的法律后果是有权政府机构准予申请人从事法律一般禁止的特定行为。但是,这种授益性并不排除在许可的同时附加一定的条件或义务。

核能利用许可是要式行政行为,应遵循一定的法定程序,并应有正规的文书。尽管关于行政许可的性质还存在赋权说、解禁说、特权说等不同的理解①,然而,在核能利用领域全面建立以一般禁止为基础的许可制度,任何未经许可的核能利用活动均为非法,这已经是世界各国的共识。因此,对于与核能利用相关的活动,应当设置一般禁止的法律规范。只有当某项活动可以给人类带来相当程度收益的情况下才允许通过许可解禁,并且要针对不同的风险级别设置不同的许可条件(参见专栏 4.1)。

专栏 4.1

行政许可的概念、特征和分类

我国《行政许可法》第 2 条规定:"本法所称行政许可,是指行政机关根据公民、法人或者其他组织的申请,经依法审查,准予其从事特定活动的行为。"该法第 3 条第 2 款进一步规定:"有关行政机关对其他机关或者对其直接管理的事业单位的人事、财务、外事等事项的审批,不适用本法。"

根据《行政许可法》的上述规定,结合我国学界近年来的研究成果,可对行政许可的概念作如下界定:行政许可,是指在法律规范一般禁止的情况下,行政主体根据行政相对人的申

---

① 参见应松年主编:《行政许可法教程》,法律出版社 2012 年版,第 24—29 页。

请,经依法审查,通过颁发许可证或者执照等形式,依法作出准予或者不准予特定的行政相对人从事特定活动的行政行为。可以从如下四个方面来理解行政许可的概念:

第一,行政许可是一种行政行为。行政许可是行政主体通过其工作人员依法代表国家,基于行政职权而作出的能够直接引起法律效果的行为。第二,行政许可是有限设禁和解禁的行政行为。行政许可的设定就是法律规范的一般禁止,而行政许可的实施就是对是否可以解除一般禁止依法作出判断的过程,其目的是对符合条件和具备资格的特定对象解禁。第三,行政许可是授益性行政行为。行政许可是赋予行政相对人某种权利和资格的行政行为,即免除被许可人某种不作为的义务,使其可以行使某种权利或者获得行使某种权利的资格的行政行为。第四,行政许可是要式行政行为。行政许可应遵循一定的法定程序,并应以正规的文书、格式、日期、印章等形式予以批准、认可和证明,必要时还应附加相应的辅助性文件。

我国《行政许可法》实际上将行政许可分为一般(普通)许可、特许、认可、核准、登记五类。

- 一般许可。是指只要申请人依法向主管行政主体提出申请,经有权主体审查核实其符合法定的条件,该申请人就能够获得从事某项活动的权利或者资格,对申请人并无特殊限制的许可。如驾驶许可、营业许可等。
- 特许。是指直接为相对人设定权利能力、行为能力、特定的权利或者总括性法律关系的行为,又称设权行为。特许是由行政机关代表国家向被许可人授予某种特定的权利,主要适用于有限自然资源的开发利用、有限公共资源的配置、直接关系公共利益的垄断性企业的市场准入等事项。
- 认可。是指由行政机关对申请人是否具备特定技能的认定。主要适用于为公众提供服务、直接关系公共利益并且要求具备特殊信誉、特殊条件或者特殊技能的资格、资质的事项。认可事项,行政机关一般应当通过考试、考核方式决定是否予以认可。
- 核准。是指行政机关对某些事项是否达到特定技术标准、经济技术规范的判断、确定。核准主要适用于直接关系公共安全、人身健康、生命财产安全的重要设施的设计、建造、安装和使用,直接关系人身健康、生命财产安全的特定产品、物品的检验、检疫事项。
- 登记。是指行政机关确立个人、企业或者其他组织的特定主体资格。登记的功能是确立申请人的市场主体资格。

资料来源:姜明安主编:《行政法与行政诉讼法》(第六版),北京大学出版 2015 年版。

此外,辐射防护是防控核能利用风险的重要制度措施,同时也是核能利用许可中必须考虑的因素,因此本章将其一并予以论述。

第一节　核能利用许可的内容

核能利用许可是指在法律规范一般禁止的情况下,核能主管部门经依法审查,作出准予或者不准予申请人从事相关核能利用活动的行政行为。核能利用许可应当依法予以设定。

一、核能利用许可的规范体系

在我国核能利用许可立法实践中,设定核能利用许可的法律规范主要有法律、行政法规、国务院的决定等形式。①

核能利用许可的设定,应在我国《宪法》和《立法法》所确定的立法体制与框架下进行。同时,我国《行政许可法》对行政许可设定制度的内容作出了具体规定,是核能利用许可设定的基本依据。具体来讲,我国《行政许可法》第12条对可以设置行政许可的事项作了列举。从列举的事项来看,除了第6项的兜底条款之外,其他5种法律规定可以设置行政许可的事项,都存在与之对应的核能利用许可事项。

例如,可以设置行政许可的事项包括"直接涉及国家安全、公共安全、经济宏观调控、生态环境保护以及直接关系人身健康、生命财产安全等特定活动,需要按照法定条件予以批准的事项"(第12条第1项)。核能利用直接涉及公共安全和生态环境保护,也直接关系人身健康和生命财产安全,在某些情况下,如从核材料的实物保护和防止恐怖分子破坏活动角度考虑,可能还涉及国家安全,因此,核能利用中相当多的许可制度都可以列入这一事项。

又如,可以设置行政许可的事项包括"有限自然资源开发利用、公共资源配置以及直接关系公共利益的特定行业的市场准入等,需要赋予特定权利的事项"(第12条第2项)。铀矿开采是核能利用中的一个重要活动,涉及有限自然资源的开发利用,因此,核能利用中有关铀矿开采的许可制度属于比较典型的第2项规定的情况。

再如,可以设置行政许可的事项包括"提供公众服务并且直接关系公共利益的职业、行业,需要确定具备特殊信誉、特殊条件或者特殊技能等资格、资质的事项",以及"直接关系公共安全、人身健康、生命财产安全的重要设备、设施、产品、物品,需要按照技术标准、技术规范,通过检验、检测、检疫等方式进行审定的事项"(第12条第3、4项)。我国《核安全法》第37条第1款规定,"核设施操纵人员以及核安全设备焊接人员、无损检验人员等特种工艺人员应当按照国家规定取得相应资格证书",这属于《行政许可法》第12条第3项规定的情形。而《核安全法》第36条第1款规定:"为核设施提供核安全设备设计、制造、安装和无损检验服务的单位,应当向国务院核安全监督管理部门申请许可。境外机构为境内核设施提供核安全设备设计、制造、安装和无损检验服务的,应当向国务院核安全监督管理部门申请注册。"这属于《行政许可法》第12条第4项规定的情形。

根据上述原理,我国通过《核安全法》《放射性污染防治法》以及《放射性废物安全管理条例》《放射性同位素与射线装置安全和防护条例》《放射性物品运输安全管理条例》《核材料管制条例》《核出口管制条例》《核两用品及相关技术出口管制条例》《民用核设施安全监督管理条例》《民用核安全设备监督管理条例》等法律、行政法规建立了核能利用许可制度体系。

---

① 依照我国《行政许可法》第15条的规定,地方性法规和规章可以根据需要设定许可。但是,在我国核能立法实践中,地方性法规和规章设定核能利用许可的情形相对较少。

二、核能利用许可的条件

核能利用许可是政府核能主管部门履行行政管理职能不可缺少的重要手段,但并不意味着核能主管部门可以随意地设立核能利用许可。在大多数国家法律体系中,法律上没有特别禁止的活动均可认为个人可自由从事而无需经过许可。只有当活动对个人或环境具有可以确认的损害风险时,法律才会要求个人实施活动前应得到事先许可。[①] 核能利用对人的健康与安全以及对环境都具有特殊风险,但在医学、农业、能源等领域可以带来重大收益。正是这种风险与收益并存在基本格局,使得我们需要在该领域要建立起一套完善、谨慎的法律监管制度,并针对不同的风险级别设置不同的监管手段。

由于核技术的特殊风险,核法通常要求涉及可裂变材料和放射性同位素等核能利用活动得到事先许可。不同的国家对这些许可使用了不同的术语,主要有"授权"(authorization)、"许可"(license)、"准许"(permit)、"证书"(certificate)或"批准"(approval)。原则上,法律必须对哪些活动或设施需要许可、哪些活动或设施不需要许可作出明确规定,如果政府核能主管部门认为某些活动的损害风险较低的话,可以不设置许可。[②]

从世界各国实行核能利用许可制度的范围看,大多数核能利用许可事项都集中于两个方面:一是对公民、社会、国家利益可能产生重大影响的特殊行业和经营活动,如放射性矿产资源的采冶、核设施的建造和运行等的许可;二是对从事影响公民生命、自由、财产利益的特殊职业的个人,如核安全工程师、核设施操纵员等的资格。总之,只有与公共福利相关的,应该由政府承担维护国家和社会利益责任的领域才能设定核能利用许可。与此同时,设定核能利用许可,还应当遵循经济和社会发展规律,有利于发挥公民、法人或者其他组织的积极性、主动性,维护公共利益和社会秩序,促进经济、社会和生态环境协调发展。

通常情况下,赋予核能利用许可的活动主要包括:

(1) 核动力厂的选址、设计、建造、调试、运行和退役,以及整个核燃料循环,从放射性矿石开采和加工到核材料浓缩和核燃料制造,再到乏燃料和放射性废物管理;

(2) 研究堆、实验堆、临界装置等其他反应堆的设计、建造、运行和退役;

(3) 放射源生产;

(4) 辐射和放射性物质在科学、医学、研究、工业、农业(包括食品和动物饲料的辐照)以及教学中的应用;

(5) 放射性物质或辐射设备(例如加速器)在研究实验室、大学和制造设施的利用;

(6) 可能增加天然放射性物质照射的地下矿产开采等活动;

(7) 包括放射源在内的核材料运输。[③]

三、核能利用许可的程序

综观各国核立法关于核能利用许可的规定,获取核能利用许可的程序一般包括:申请、

---

① See C. Stoiber, A. Baer, N. Pelzer, et al., *Handbook on Nuclear Law*, International Atomic Energy Agency, 2003, p. 7.
② Ibid., p. 8.
③ Ibid., pp. 33-34.

处理、审查与决定、听证、变更和延续。

核能利用许可的申请程序因申请人行使自己的申请权而开始,申请人必须以书面形式向政府核能主管部门提出申请,通常需要提交以下必要材料:

(1) 许可证申请者的身份证明(个人或组织);
(2) 申请者的技术资格、财力和道德情况;
(3) 预申请许可的活动的相关情况,包括将使用的核材料数量和类型说明;
(4) 使用核材料或开展核相关活动的场所或设施的详细说明;
(5) 实施活动的详细时间表,包括例如施工期限和材料输送日期;
(6) 为提供财务保证,在设施设计阶段制订的退役计划;
(7) 相关的特殊情况说明。[①]

申请人的申请行为只要符合法律规定的有效要件,就应当认定为合法有效,政府核能主管部门应当对申请人所提供的申请及附加材料进行要件审查,并在法定期限内作出受理与否的决定。对核能利用许可申请的审查程序包括形式审查和实质审查,形式审查只就申请材料是否齐全、是否符合法定形式作出判断;实质审查则要对书面文件所列的有关情况的实际状态进行调查核实,并对其申请理由是否充分、适当作出认定。[②]

核能主管部门对核能利用许可申请进行审查时,发现核能利用许可事项直接关系他人重大利益的,应当告知该利害关系人。对于重要的许可证的颁发,在审评程序中还须咨询核安全专家委员会的意见。对于环境影响评价的审评,公众在某一个时间段内可以参与并提出意见。

基于审查的结果,核能主管部门应当作出准予或者拒绝申请的决定。决定的程序有当场决定、上级机关决定和限期作出决定三类。[③] 被许可人获得核能利用许可后,可能因为各种原因又要求变更或延续许可,应当向核能主管部门提出申请,并由核能利用行政管理主体决定,变更和延续程序可以起到对行政许可后续监管的作用。如果申请人或其他利益相关者认为在申请核能利用许可的过程中权益受到侵害,可以通过听证程序、行政复议和行政诉讼进行救济。

此外,由于核能利用许可种类较多,根据不同的许可事项还规定了特别程序,如招标、拍卖程序,考试、考核、核准程序等。

对于已经取得许可的核能利用相关活动,核能主管部门也要对其进行连续追踪检查,以确保许可证持有人遵守相关的安全准则。为了保证许可证持有人遵守许可证条件,核能主管部门可以进入或接近正在使用核技术和核材料的厂址和设施,以确保公众健康和安全得到充分保护,还可以要求营运者提供所有必要的信息,包括供应商提供的信息。对于违反许可证要求的许可证持有人,核能主管部门有权中止、修改和吊销其许可证。

[①] See C. Stoiber, A. Baer, N. Pelzer, et al., *Handbook on Nuclear Law*, International Atomic Energy Agency, 2003, p.36.
[②] 各国实践中的实质审查又可分为核查、上级机关书面复查和听证核查。
[③] 参见应松年主编:《行政法与行政诉讼法学》(第二版),法律出版社2009年版,第190—195页。

第二节 我国核能利用许可的类型

在学理上,依据不同的标准可以将核能利用许可分为不同类型。

以许可是否有特殊限制为标准,可将核能利用许可分为一般许可和特别许可。一般许可是指申请人依法向核能主管部门提出申请,经审查核实后,在符合法定条件的情况下,申请人就能够获得从事某项核能利用活动的权利或者资格,对申请人并无特殊限制的许可,如注册核安全工程师资格证书。特别许可是除了必须符合一般条件外,还对申请人予以特别限制的许可,如核出口许可。

以许可享有程度为标准,可将核能利用许可分为排他性许可和非排他性许可。前者是指某个人或组织获得某项许可后,其他任何人或者组织都不能再申请获得的许可,如探矿许可;后者是指所有具备法定条件的申请者均可获得的许可,如注册核安全工程师资格证书。

以许可是否附加以必须履行的义务为标准,许可分为权利性许可和附义务许可。前者是申请人根据自己的意志来决定是否行使该许可所赋予的权利和资格,如核设施操纵员资格;后者是指申请人必须同时承担一定时期内从事该项活动的义务,否则要承担一定的法律责任,如核设施运行许可。

在我国的实践中,根据核能利用的不同领域、涉及的不同对象以及核能利用的不同活动性质,核能利用许可主要可以分为核设施安全许可、核活动许可、放射性矿产资源和核材料许可、核活动从业资格和资质许可等四大类。

一、核设施安全许可

核设施安全许可是指以核设施的建设、运行、关闭为内容的许可,此类许可的内容均与核设施直接相关,是核能利用许可制度的核心。

《核安全法》第2条对核设施的含义和范围作出了界定。根据该条规定,核设施(nuclear facilities)是指核电厂、核热电厂、核供汽供热厂等核动力厂及装置;核动力厂以外的研究堆、实验堆、临界装置等其他反应堆;核燃料生产、加工、贮存和后处理设施等核燃料循环设施;放射性废物的处理、贮存、处置设施。

国家建立核设施安全许可制度。[①] 对于可能对人员核环境安全存在潜在危害的活动,核设施营运单位必须事先向国务院核安全监督管理部门申请许可。考虑到核设施的规模和复杂程度,对核设施的安全许可一般按照其选址、设计、建造、调试、运行和退役等不同阶段逐步作出许可(参见图表4.1)。

(一)选址许可

核设施选址工作对于保障核设施安全具有至关重要的意义。基于核设施的特殊性,核设施的合适选址属于稀缺资源。我国《核安全法》和《放射性污染防治法》对核设施选址许可作出了规定。《核安全法》第14条要求国家对核设施的选址统筹规划,科学论证,合理布局。

[①] 参见《核安全法》第22条。

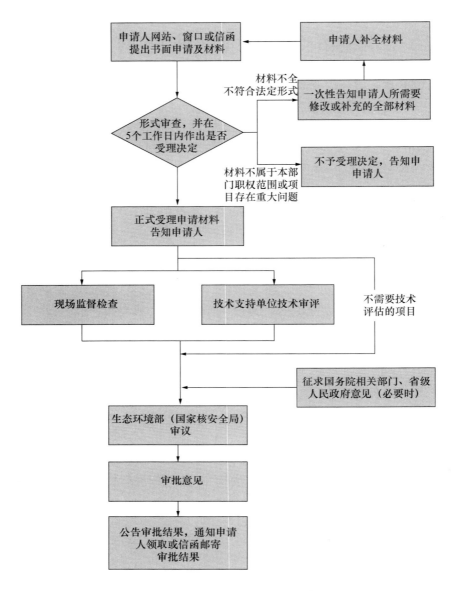

图表 4.1　民用核设施许可证审批事项

资料来源：生态环境部：《民用核设施选址、建造、运行、退役等活动审批事项（核动力厂和研究堆选址、建造、运行安全许可审批事项）》和《民用核设施（核燃料循环设施、放射性废物处理处置设施）许可证审批事项》，http://zwfw.mee.gov.cn/ecdomain/#/commonPage_1，最后访问时间：2020年7月9日。

根据《核安全法》第22条的规定，核设施营运单位进行核设施选址等活动，应当向国务院核安全监督管理部门申请许可。具体来讲，《核安全法》第23条规定，核设施营运单位应当对地质、地震、气象、水文、环境和人口分布等因素进行科学评估。在满足核安全技术评价要求的前提下，向国务院核安全监督管理部门提交核设施选址安全分析报告，经审查符合核安全要求后，取得核设施厂址选择审查意见书。与此同时，《放射性污染防治法》第18条还要求，在办理核设施选址审批手续前，应当编制环境影响报告书，报国务院环境保护行政主管部门审查批准；未经批准，有关部门不得办理核设施选址批准文件。

此外，由于放射性废物处置场所不同于核电厂之类的核设施，《核安全法》和《放射性污染防治法》还专门对放射性废物处置场所的选址许可作出了规定。比如，《核安全法》第42条规定，国务院核工业主管部门会同国务院有关部门和省、自治区、直辖市人民政府编制低、中水平放射性废物处置场所的选址规划，报国务院批准后组织实施。国务院核工业主管部门会同国务院有关部门编制高水平放射性废物处置场所的选址规划，报国务院批准后组织实施。放射性废物处置场所的建设应当与核能发展的要求相适应。《放射性污染防治法》第44条也规定，国务院核设施主管部门会同国务院环境保护行政主管部门根据地质条件和放射性固体废物处置的需要，在环境影响评价的基础上编制放射性固体废物处置场所选址规划，报国务院批准后实施。

除了上述法律规定外，我国国家核安全局1991年发布的《核电厂厂址选择安全规定》以及生态环境部2019年发布的《核动力厂、研究堆、核燃料循环设施安全许可程序规定》，对核电厂等核设施选址的程序、要求作出了详细的规定。

（二）设计许可

确保核设施安全的关键在于提高核设施本身的工艺、设备、施工、管理各方面的质量，加强自控能力，尽量减少事故发生的几率。这就要求核设施的设计要经过充分的科学论证和安全评估。[①] 我国《核安全法》第24条规定，核设施设计应当符合核安全标准，采用科学合理的构筑物、系统和设备参数与技术要求，提供多样保护和多重屏障，确保核设施运行可靠、稳定和便于操作，满足核安全要求。

目前，除了按照基本建设项目管理程序要求进行核电厂初步设计审批外，我国并没有独立的核设施设计许可，而是将核设施设计作为是否发放核设施建造许可的考虑因素之一。[②] 例如，国务院1986年颁布的《民用核设施安全监督管理条例》第16条规定，国家核安全局及其派出机构可向核设施制造、建造和运行现场派驻监督组（员）执行核安全监督任务，监督是否按照已批准的设计进行建造。

此外，对于建设已经充分论证的具有相同设计类型的核设施，对其设计许可程序应当适当放宽审查过程。[③]

（三）建造许可

我国《核安全法》《放射性污染防治法》关于核设施建造许可的规定主要包括如下几个方面内容：

第一，有关核设施建造许可制度的规定。《核安全法》第22条规定，核设施营运单位进行核设施建造等活动，应当向国务院核安全监督管理部门申请许可。在领取有关许可证或者批准文件后，方可进行相应的建造活动。核设施营运单位要求变更许可文件规定条件的，应当报国务院核安全监督管理部门批准。

[①] 例如，美国尽管在1989年将建造—运行分阶段许可合并为联合运行许可，但是依然保留了独立的设计许可证。参见郁祖盛：《中国与美国核电厂许可证管理程序的比较》，载《核安全》2006年第3期。

[②] 正因如此，在核电管理实务中设计许可通常不被视为核电厂建设所需的核安全许可。参见康慧、王正：《核电厂建设五阶段与核安全许可制度》，载《电力勘探设计》2007年第4期。

[③] 例如，韩国《原子能法》第12-2条和12-3条就针对重复建造相同设计类型的核设施，规定了标准设计许可证。参见徐原总译审、陈刚主编：《世界原子能法律解析与编译》，法律出版社2011年版，第489页。

第二,有关申请核设施建造许可前环境影响评价制度的规定。《放射性污染防治法》第20条规定,核设施营运单位应当在申请领取核设施建造、运行许可证和办理退役审批手续前编制环境影响报告书,报国务院环境保护行政主管部门审查批准;未经批准,有关部门不得颁发许可证和办理批准文件。

第三,有关核设施建造许可申请材料的规定。《核安全法》第25条规定,核设施建造前,核设施营运单位应当向国务院核安全监督管理部门提出建造申请,提交的材料包括核设施建造申请书、初步安全分析报告、环境影响评价文件、质量保证文件以及法律、行政法规规定的其他材料。

第四,有关核设施建造许可申请审批的规定。《核安全法》第32条规定,国务院核安全监督管理部门应当依照法定条件和程序,对核设施安全许可申请组织安全技术审查,满足核安全要求的,在技术审查完成之日起20日内,依法作出准予许可的决定。国务院核安全监督管理部门审批核设施建造许可申请时,应当向国务院有关部门和核设施所在地省、自治区、直辖市人民政府征询意见,被征询意见的单位应当在3个月内给予答复。

第五,有关核设施建造许可证有效期的规定。《核安全法》第26条规定,核设施营运单位取得核设施建造许可证后,应当确保核设施整体性能满足核安全标准的要求。核设施建造许可证的有效期不得超过10年。有效期届满,需要延期建造的,应当报国务院核安全监督管理部门审查批准。但是,有国家政策或者行为导致核设施延期建造、用于科学研究的核设施、用于工程示范的核设施、用于乏燃料后处理的核设施等四种情形之一且经评估不存在安全风险的除外。

第六,有关法律责任的规定。《核安全法》第79条规定,违反本法规定,核设施营运单位未经许可,从事核设施建造活动的,由国务院核安全监督管理部门责令改正,处100万元以上500万元以下的罚款;拒不改正的,责令停止建设或者停产整顿;有违法所得的,没收违法所得;造成环境污染的,责令限期采取治理措施消除污染,逾期不采取措施的,指定有能力的单位代为履行,所需费用由污染者承担;对直接负责的主管人员和其他直接责任人员,处5万元以上20万元以下的罚款。此外,《放射性污染防治法》也对违反该法的法律责任作出了规定,对于未经许可或者批准,核设施营运单位擅自进行核设施的建造活动的,由国务院环境保护行政主管部门责令停止违法行为,限期改正,并处20万元以上50万元以下罚款;构成犯罪的,依法追究刑事责任(第52条);未编制环境影响评价文件,或者环境影响评价文件未经环境保护行政主管部门批准,擅自进行建造活动的,由审批环境影响评价文件的环境保护行政主管部门责令停止违法行为,限期补办手续或者恢复原状,并处1万元以上20万元以下罚款(第50条)。

除了上述法律规定外,我国《民用核设施安全监督管理条例》《核动力厂、研究堆、核燃料循环设施安全许可程序规定》等也对核设施建造许可作出了相应规定。

(四)调试许可

对于核设施的调试许可,我国《核安全法》和《放射性污染防治法》未作明确规定①,实践中主要由《民用核设施安全监督管理条例》和《核动力厂、研究堆、核燃料循环设施安全许可程序规定》等予以规范。

---

① 我国《核安全法》第26条提出核设施建造完成后应当进行调试,验证其是否满足设计的核安全要求。

《民用核设施安全监督管理条例》第 10 条规定,核设施营运单位在核设施运行前,必须向国家核安全局提交《核设施运行申请书》《最终安全分析报告》以及其他有关资料,经审批准获得允许装料(或投料)、调试的批准文件后,方可开始装载核燃料(或投料)进行启动调试工作。

关于核电厂等设施的调试,《核动力厂、研究堆、核燃料循环设施安全许可程序规定》第 11 条规定,核设施营运单位应当按照批准的调试大纲所确定的顺序、方法等要求完成调试试验项目。核设施营运单位应当在调试大纲确定的所有调试试验项目完成后两个月内,向国家核安全局提交调试报告。

(五)运行许可

我国《核安全法》《放射性污染防治法》对核设施运行许可的规定主要包括如下几个方面内容:

第一,有关核设施运行许可制度的规定。《核安全法》第 22 条规定,核设施营运单位进行核设施运行等活动,应当向国务院核安全监督管理部门申请许可。《放射性污染防治法》第 19 条作了类似规定,要求核设施营运单位领取有关许可证或者批准文件后,方可进行相应的运行活动。

第二,有关申请核设施运行许可前环境影响评价制度的规定。《放射性污染防治法》第 20 条规定,核设施营运单位应当在申请领取核设施建造、运行许可证和办理退役审批手续前编制环境影响报告书,报国务院环境保护行政主管部门审查批准;未经批准,有关部门不得颁发许可证和办理批准文件。

第三,有关核设施运行申请提交材料的规定。《核安全法》第 27 条规定,核设施首次装投料前,核设施营运单位应当向国务院核安全监督管理部门提出运行申请,并提交核设施运行申请书、最终安全分析报告、质量保证文件、应急预案以及法律、行政法规规定的其他材料。

第四,有关核设施运行许可申请审批的规定。《核安全法》第 32 条规定,国务院核安全监督管理部门审批核设施运行许可申请时,应当向国务院有关部门和核设施所在地省、自治区、直辖市人民政府征询意见,被征询意见的单位应当在 3 个月内给予答复。

第五,有关核设施运行许可有效期的规定。《核安全法》第 27 条规定,核设施营运单位取得核设施运行许可证后,应当按照许可证的规定运行。核设施运行许可证的有效期为设计寿期。

第六,有关核设施运行许可证延期申请的规定。《核安全法》第 28 条规定,核设施运行许可证有效期届满需要继续运行的,核设施营运单位应当于有效期届满前 5 年,向国务院核安全监督管理部门提出延期申请,并对其是否符合核安全标准进行论证、验证,经审查批准后,方可继续运行。

《核安全法》还规定,对于未经许可运行核设施或者核设施运行许可证有效期届满未经审查批准而继续运行核设施的行为,由国务院核安全监督管理部门责令改正,处 100 万元以上 500 万元以下的罚款;拒不改正的,责令停产整顿;有违法所得的,没收违法所得;造成环境污染的,责令限期采取治理措施消除污染,逾期不采取措施的,指定有能力的单位代为履行,所需费用由污染者承担;对直接负责的主管人员和其他直接责任人员,处 5 万元以上 20 万元以下的罚款(第 79 条)。

（六）退役许可

核设施退役是指采取去污、拆除和清除等措施，使核设施不再使用的场所或者设备的辐射剂量满足国家相关标准的要求。

我国《核安全法》和《放射性污染防治法》规定了核设施退役许可制度，具体包括如下内容：

第一，有关核设施退役许可申请需要提交的材料的规定。《核安全法》第30条规定，核设施退役前，核设施营运单位应当向国务院核安全监督管理部门提出退役申请，并提交核设施退役申请书、安全分析报告、环境影响评价文件、质量保证文件以及法律、行政法规规定的其他材料。

第二，有关申请核设施退役许可前环境影响评价制度的规定。《放射性污染防治法》第20条规定，核设施营运单位应当在申请办理退役审批手续前编制环境影响报告书，报国务院环境保护行政主管部门审查批准；未经批准，有关部门不得颁发许可证和办理批准文件。

《核安全法》还规定，对于未经许可而实施核设施退役的行为，由国务院核安全监督管理部门责令改正，处100万元以上500万元以下的罚款；有违法所得的，没收违法所得；造成环境污染的，责令限期采取治理措施消除污染，逾期不采取措施的，指定有能力的单位代为履行，所需费用由污染者承担；对直接负责的主管人员和其他直接责任人员，处5万元以上20万元以下的罚款（第79条）。

二、核活动许可

核活动是指任何研究、生产、提取、加工、处理、应用、搬运、贮存或处置放射性物质或核材料的活动，以及在陆上、水上或空中交通线上运输放射性物质或核材料的活动，或任何其他转移或使用放射性物质或核材料的活动。

核活动一般情况下应获得许可才能进行。核活动许可是以核技术利用以及涉核活动为内容的许可，主要包括核技术利用许可、核进出口许可、放射性物质运输许可和放射性废物处理、贮存与处置许可。

（一）核技术利用许可

核技术的应用领域非常广泛，主要包括两类，一类是放射性同位素的应用，另一类是射线装置的应用。放射性同位素，是指某种发生放射性衰变的元素中具有相同原子序数但质量不同的核素。射线装置，是指X线机、加速器、中子发生器以及含放射源的装置。

《放射性污染防治法》第28条规定，生产、销售、使用放射性同位素和射线装置的单位，应当按照国务院有关放射性同位素与射线装置放射防护的规定申请领取许可证，办理登记手续。转让、进口放射性同位素和射线装置的单位以及装备有放射性同位素的仪表的单位，应当按照国务院有关放射性同位素与射线装置放射防护的规定办理有关手续。

生产、销售、使用放射性同位素和加速器、中子发生器以及含放射源的射线装置的单位，应当在申请领取许可证前编制环境影响评价文件，报省、自治区、直辖市人民政府环境保护行政主管部门审查批准；未经批准，有关部门不得颁发许可证（第29条）。

在法律责任方面，违反《放射性污染防治法》规定，生产、销售、使用、转让、进口、贮存放射性同位素和射线装置以及装备有放射性同位素的仪表的，由县级以上人民政府环境保护行政主管部门或者其他有关部门依据职权责令停止违法行为，限期改正；逾期不改正的，责令停产停业或者吊销许可证;有违法所得的,没收违法所得;违法所得10万元以上的,并处违法所得1倍以上5倍以下罚款;没有违法所得或者违法所得不足10万元的,并处1万元以上10万元以下罚款;构成犯罪的,依法追究刑事责任(第53条)。

为了加强对放射性同位素、射线装置安全和防护的监督管理,促进放射性同位素、射线装置的安全应用,保障人体健康,保护环境,国务院于2005年发布、2014年和2019年两次修订《放射性同位素与射线装置安全和防护条例》。在我国境内生产、销售、使用放射性同位素和射线装置,以及转让、进出口放射性同位素的,应当遵守此条例。

(二)核进出口许可

核进出口活动不同于一般的国际商品贸易,为避免以和平目的转让的核物项(包括核材料、核设备、反应堆用非核材料、核设施等)或核技术被用于核爆炸活动等目的,国际上已形成了相对完善的核出口控制机制。① 基于《不扩散核武器条约》《核材料实物保护公约》等国际条约的要求,许可成为核进出口控制的重要手段和措施。与其他所有涉及核材料和核技术的活动一样,这类物品和资料的跨境转让只有在获得许可的情况下才能进行,并且必须在对申请人身份、转让标的、转让目的地、最终用途、期限以及其他信息都非常明确的情况下,才能发放许可。②

我国《核安全法》第31条规定,进口核设施,应当满足中华人民共和国有关核安全法律、行政法规和标准的要求,并报国务院核安全监督管理部门审查批准。出口核设施,应当遵守中华人民共和国有关核设施出口管制的规定。

关于核出口许可,《核出口管制条例》进一步规定,出口《管制清单》所列物项及其相关技术,应当向国家原子能机构提出申请,填写并提交相应文件(第7条)。核出口申请经复审或者审批同意的,由商务部颁发核出口许可证(第12条)。核出口许可证持有人改变原申请出口的物项及其相关技术的,应当交回原许可证并重新申请、领取核出口许可证(第13条)。商务部颁发核出口许可证后,应当书面通知国家原子能机构(第14条)。核出口专营单位进行核出口时,应当向海关出具核出口许可证,依照海关法的规定办理海关手续,并接受海关监管(第15条)。在法律责任方面,伪造、变造、买卖核出口许可证的,或者以欺骗等不正当手段获得核出口许可证的,依照有关法律、行政法规的规定处罚;构成犯罪的,依法追究刑事责任(第19条)。

关于核进口许可,《放射性污染防治法》第28条规定,进口放射性同位素和射线装置的单位以及装备有放射性同位素的仪表的单位,应当按照国务院有关放射性同位素与射线装置放射防护的规定办理有关手续。《放射性同位素与射线装置安全和防护条例》进一步规定,进口列入限制进出口目录的放射性同位素,应当在国务院生态环境主管部门审查批准后,由国务院对外贸易主管部门依据国家对外贸易的有关规定签发进口许可证(第16条)。伪造、变造、转让许可证的,由县级以上人民政府生态环境主管部门收缴伪造、变造的许可证或者由原发证机关吊销许可证,并处5万元以上10万元以下的罚款;构成犯罪的,依法追究

---

① 参见国家原子能机构网站:http://www.caea.gov.cn/n6759305/n6759324/c6798057/content.html,最后访问时间:2020年7月20日。
② See C. Stoiber, A. Baer, N. Pelzer, et al., *Handbook on Nuclear Law*, International Atomic Energy Agency, 2003, p.140.

刑事责任。伪造、变造、转让放射性同位素进口和转让批准文件的,由县级以上人民政府生态环境主管部门收缴伪造、变造的批准文件或者由原批准机关撤销批准文件,并处5万元以上10万元以下的罚款;情节严重的,可以由原发证机关吊销许可证;构成犯罪的,依法追究刑事责任(第55条)。

除了上述法律法规外,我国《核两用品及相关技术出口管制条例》《民用核安全设备监督管理条例》《两用物项和技术进出口许可证管理办法》《两用物项和技术出口通用许可管理办法》《核进出口及对外核合作保障监督管理规定》等也对核进出口许可作出了相应规定。

(三) 放射性物质运输许可

为了加强对放射性物品运输的安全管理,保障人体健康,保护环境,促进核能、核技术的开发与和平利用,国务院于2009年制定了《放射性物品运输安全管理条例》。

根据《放射性物品运输安全管理条例》第38条的规定,放射性物品的每次运输活动都要经过相关部门的许可。通过道路运输放射性物品的,应当经公安机关批准,按照指定的时间、路线、速度行驶,并悬挂警示标志,配备押运人员,使放射性物品处于押运人员的监管之下。通过道路运输核反应堆乏燃料的,托运人应当报国务院公安部门批准。通过道路运输其他放射性物品的,托运人应当报启运地县级以上人民政府公安机关批准。具体办法由国务院公安部门商国务院核安全监督管理部门制定。此外,从事运输一类放射性物品的活动,托运人还应当编制放射性物品运输的核与辐射安全分析报告书、辐射监测报告,报启运地的省、自治区、直辖市人民政府环境保护主管部门备案(第37条)。

(四) 放射性废物处理、贮存与处置许可

放射性废物(radioactive wastes),是指含有放射性核素或者被放射性核素污染,其浓度或者比活度大于国家确定的清洁解控水平,预期不再使用的废弃物。

我国《核安全法》第43条规定,国家建立放射性废物管理许可制度。专门从事放射性废物处理、贮存、处置的单位,应当向国务院核安全监督管理部门申请许可(参见图表4.2)。核设施营运单位利用与核设施配套建设的处理、贮存设施,处理、贮存本单位产生的放射性废物的,无需申请许可。

放射性废物处理,是指为了能够安全和经济地运输、贮存、处置放射性废物,通过净化、浓缩、固化、压缩和包装等手段,改变放射性废物的属性、形态和体积的活动。我国并没有专门针对放射性废物处理活动设立独立的许可,而是要求将放射性废物处理后送交取得相应许可证的贮存或处置单位。根据《放射性废物安全管理条例》第10条和第11条的规定,核设施营运单位或者核技术利用单位应当对其产生的除废旧放射源以外的放射性固体废物或不能经净化排放的放射性废液进行处理,使其转变为稳定的、标准化的固体废物或放射性固体废物后,送交取得相应许可证的放射性固体废物贮存单位集中贮存,或者直接送交取得相应许可证的放射性固体废物处置单位处置。

放射性废物贮存,是指将废旧放射源和其他放射性固体废物临时放置于专门建造的设施内进行保管的活动。《放射性污染防治法》第46条规定,设立专门从事放射性固体废物贮存的单位,必须经国务院环境保护行政主管部门审查批准,取得许可证。禁止未经许可或者不按照许可的有关规定从事贮存放射性固体废物的活动。禁止将放射性固体废物提供或者委托给无许可证的单位贮存。不过,为了减少重复许可、减少核设施运营单位的负担,《放射性废物安全管理条例》第12条和第16条也规定,核设施营运单位利用与核设施配套建设的

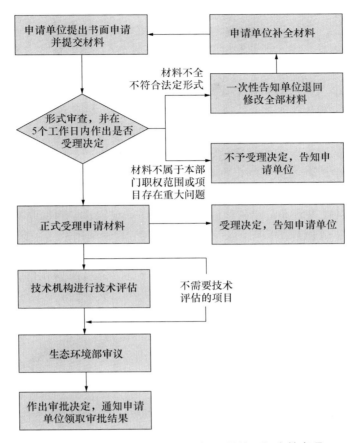

图表 4.2　放射性固体废物贮存、处置许可证审批事项

资料来源:《放射性固体废物贮存、处置许可证审批事项》,http://zwfw.mee.gov.cn/ecdomain/#/commonPage_1,最后访问时间:2020 年 7 月 9 日。

贮存设施,贮存本单位产生的放射性固体废物的,不需要申请领取贮存许可证;贮存其他单位产生的放射性固体废物的,应当依照相关规定申请领取贮存许可证。放射性固体废物贮存许可证的有效期为 10 年。

放射性废物处置,是指将废旧放射源和其他放射性固体废物最终放置于专门建造的设施内并不再回取的活动。《放射性污染防治法》第 46 条规定,设立专门从事放射性固体废物处置的单位,必须经国务院环境保护行政主管部门审查批准,取得许可证。禁止未经许可或者不按照许可的有关规定从事处置放射性固体废物的活动。禁止将放射性固体废物提供或者委托给无许可证的单位处置。放射性固体废物处置许可证的申请、变更、延续的审批权限和程序,以及许可证的内容、有效期限,都与放射性固体废物贮存许可证相同,但对于许可证申请者所应当满足的条件要求有所不同。

三、放射性矿产资源和核材料许可

放射性矿产资源和核材料许可是以放射性矿产资源勘查、开采和核材料的持有等为内容的许可。

(一)放射性矿产资源许可

放射性矿产资源许可主要针对铀矿石。开采铀矿石作业方式分为三种:露天开采、地下开采和原地浸出。露天开采主要是用于品位相对比较低的矿石;地下开采主要用于品位高一些的矿石;原地浸出是先在地下循环化学试剂,把矿石分解后从溶液中提起矿物。在这三种方式采矿的过程中,如果不对残留物进行覆盖,可能会向空气和水环境中释放放射性核素。为了减少采矿过程中的风险,确保采冶后环境的恢复,通常需要对采矿过程实施许可监管。

根据《矿产资源法》第3条的规定,我国对矿产资源的勘查、开采实行许可证制度,符合资质规定的许可证申请者经批准取得探矿权和采矿权后,才能从事矿产资源的勘查和开采活动。因此,对矿产资源勘察和开采活动,我国分别批准探矿权和采矿权。《矿产资源法》第16条规定,开采放射性矿产等特定矿种的,可以由国务院授权的有关主管部门审批,并颁发采矿许可证。同时,《放射性污染防治法》第34条规定,开发利用或者关闭铀(钍)矿的单位,应当在申请领取采矿许可证或者办理退役审批手续前编制环境影响报告书,报国务院环境保护行政主管部门审查批准。开发利用伴生放射性矿的单位,应当在申请领取采矿许可证前编制环境影响报告书,报省级以上人民政府环境保护行政主管部门审查批准。

此外,虽然铀矿石和副产物中的铀、钍等放射性物质的浓度都比较低,但是其浓度通常依然高于清洁解控水平。且铀矿石和副产物是获取核材料的源材料,非法占有铀矿石和副产物,也可能造成对公共安全的潜在危险,因此,对于铀矿石和副产物的占有和转让活动,部分国家也设置了许可制度加以监管。

(二)核材料许可

我国《核安全法》和《核材料管制条例》(1987年)界定了核材料的范围,并规定了核材料许可证制度。根据《核安全法》第2条和《核材料管理条例》第2条的规定,核材料包括铀-235,含铀-235的材料和制品;铀-233,含铀-233的材料和制品;钚-239,含钚-239的材料和制品;氚,含氚的材料和制品;锂-6,含锂-6的材料和制品以及其他需要管制的核材料;铀矿及其初级产品不属于核材料管制范围。核设施营运单位和其他有关单位持有核材料,应当按照规定的条件依法取得许可(《核安全法》第38条)。国务院核安全监督管理部门负责批准核材料的许可申请(第51条)(参见图表4.3)。

同时,核材料许可制度存在一定适用条件。一般而言,持有核材料的数量决定了是否适用许可制度,以及采用何种许可制度。例如,根据《核材料管制条例》第9条规定,持有核材料达到一定限额的,才需要申请许可。具体而言,持有累计的调入量或生产量大于或等于0.01有效公斤的铀、含铀材料和制品(以铀的有效公斤量计);任何量的钚-239、含钚-239的材料和制品;累计的调入量或生产量大于或等于3.7×10的13次方贝可(1000居里)的氚、含氚材料和制品(以氚量计);累计的调入量或生产量大于或等于1公斤的浓缩锂、含浓缩锂材料和制品(以锂-6量计),才需要获得核材料许可。累计调入或生产核材料数量小于上列限额者,可免予办理许可证,但必须办理核材料登记手续。对不致危害国家和人民群众安全的少量的核材料制品可免予登记。

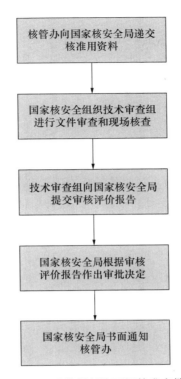

图表 4.3 民用核材料许可证核准审批事项

资料来源：生态环境部：《民用核材料许可证核准审批事项》，http://zwfw.mee.gov.cn/ecdomain/#/commonPage_1，最后访问时间：2020 年 7 月 9 日。

四、核活动从业资格和资质许可

核活动从业资格和资质许可是以涉核行业从业人员资格或单位资质为内容的许可。

（一）核活动从业资格许可

核活动一般具有专业性强的特点，同时关系到公共利益，涉及国家、人民生命财产安全。因此，对于从事这类活动的人员要求有必备的学识、技术和能力，应当设置相应的能力起点标准，并实行准入控制，实施从业资格许可。核活动从业资格许可包括操纵员资格许可、核安全工程师资格许可。

关于操纵员资格许可，根据我国《核安全法》第 37 条规定，核设施操纵人员以及核安全设备焊接人员、无损检验人员等特种工艺人员应当按照国家规定取得相应资格证书。核设施营运单位以及核安全设备制造、安装和无损检验单位应当聘用取得相应资格证书的人员从事与核设施安全专业技术有关的工作。《民用核设施安全监督管理条例》第 13 条进一步规定，核设施操纵员执照分《操纵员执照》和《高级操纵员执照》两种。国家核安全局负责制定核批准颁发这两种许可证件（第 8 条）。持《操纵员执照》的人员方可担任操纵核设施控制系统的工作。持《高级操纵员执照》的人员方可担任操纵或者指导他人操纵核设施控制系统的工作。此外，民用核安全设备焊工、焊接操作工和无损检验人员由国务院核安全监管部门核准颁发资格证书（《民用核安全设备监督管理条例》第 25 条）。在法律责任方面，无执照操纵或违章操纵的,国家核安全局可依情节轻重,给予警告、限期改进、停工或者停业整顿、吊销核安全许可证件的处罚(《民用核设施安全监督管理条例》第21条)。无许可证擅自从事民用核安全设备设计、制造、安装和无损检验活动的,由国务院核安全监管部门责令停止违法行为,处50万元以上100万元以下的罚款;有违法所得的,没收违法所得;对直接负责的主管人员和其他直接责任人员,处2万元以上10万元以下的罚款(《民用核安全设备监督管理条例》第44条)。

关于核安全工程师资格许可,我国在核安全及相关领域建立了注册核安全工程师执业资格制度。2002年11月,人事部印发了《注册核安全工程师执业资格制度暂行规定》。根据该暂行规定第4条的规定,许可证申请者需通过国务院生态环境主管部门和人事部门组织的从业资格认证考试、取得《注册核安全工程师执业资格证书》并经注册登记后才能以注册核安全工程师名义执业。注册核安全工程师的执业范围包括核安全的审评和监督、民用核设施操纵与运行、核质量保证、辐射防护和辐射环境监测等活动(第20条)。此外,注册核安全工程师注册有效期为2年。有效期满需继续执业的,持证者应在期满前3个月按规定办理再次注册手续(第15条)。

(二)核活动从业资质许可

大多数核活动需要有大量的资本投入和技术人员,只有具备特定能力的法人团体才能实施,为了对其能力予以确认和方便管理,需要设置相应的资格准入制度,从事相关活动必须具有相应的资质。在我国核活动从业资质许可体系中,资质许可基本上涉及每一个环节,如探矿资质许可、采矿资质许可、核设施运行资质许可、放射性物品运输资质许可等。

以放射性物品运输资质为例,我国《核安全法》规定,核材料、放射性废物的承运人应当依法取得国家规定的运输资质(第52条)。交通运输部《放射性物品道路运输管理规定》(2010年制定、2016年修正)对放射性物品道路运输经营资质作出了进一步规定。根据该规定,放射性物品道路运输经营资质可分为放射性物品道路运输经营资质和非经营性放射性物品道路运输资质。申请从事放射性物品道路运输经营的单位,应当在具备有符合要求的专用车辆及设备、有符合要求的从业人员、有健全的安全生产管理制度的条件下,向所在地设区的市级道路运输管理机构提出申请(第7、第10条)。此外,该规定第8条和第11条进一步明确,生产、销售、使用或者处置放射性物品的单位(含在放射性废物收贮过程中的从事放射性物品运输的省、自治区、直辖市城市放射性废物库营运单位),可以向所在地设区的市级道路运输管理机构申请非营业性道路危险货物运输资质,使用自备专用车辆从事为本单位服务的非经营性放射性物品道路运输活动。

在法律责任方面,《放射性物品道路运输管理规定》第38条规定,未取得有关放射性物品道路运输资质许可,存在无资质许可擅自从事放射性物品道路运输的;使用失效、伪造、变造、被注销等无效放射性物品道路运输许可证件从事放射性物品道路运输的;超越资质许可事项,从事放射性物品道路运输的;非经营性放射性物品道路运输单位从事放射性物品道路运输经营的情形之一的,由县级以上道路运输管理机构责令停止运输,有违法所得的,没收违法所得,处违法所得2倍以上10倍以下的罚款;没有违法所得或者违法所得不足2万元的,处3万元以上10万元以下的罚款。构成犯罪的,依法追究刑事责任。

第三节 辐 射 防 护

辐射防护(radiation protection 或 radiological protection)一般是指为保护人们免受暴露于电离辐射的有害影响,从而采取的相关措施。① 就辐射的性质来说,一方面其危害性可对社会公众构成相当大的心理影响,另一方面辐射的有效控制需要较高的专业性,因此辐射防护的安全问题格外敏感。既往惨痛的核事故教训表明,辐射防护措施是核能利用过程中必不可少的制度要素。

大多国家均存在相关辐射防护的立法或政策文件。比如德国的《核安全和辐射防护法》②,美国的《联邦辐射防护指南》等。③ 辐射防护的专业性导致辐射防护法律文件的内容量较大,同时辐射防护往往需要多个规范部门(比如环境、健康、安全等多个部门)同时操作,因此,国家辐射防护的立法是授权性的。④ 我国《放射性污染防治法》第13条规定,核设施营运单位、核技术利用单位、铀(钍)矿和伴生放射性矿开发利用单位,必须采取安全与防护措施,预防发生可能导致放射性污染的各类事故,避免放射性污染危害。《核安全法》第52条规定,核材料、放射性废物的托运人应当在运输中采取有效的辐射防护措施。

一、辐射防护的原则

为了保护工作人员和公众免受或少受辐射的危害,辐射防护既要对人及其环境提供恰当的防护,又要能促进核能和核科学技术的应用和发展。为此,辐射防护立法通常应当遵循正当性、防护的最优化和剂量限值的适用这三项原则。⑤

正当性(justification)是指任何一种伴有辐射的实践,只有正当理由的前提下才允许进行。所谓"正当理由",即实践所带来的利益要大于为生产产品和保障安全所付出的代价,这才具备正当性。⑥ 比如通过在食物、饲料、饮料、化妆品等施用于人的商品或产品中有意添加放射性物质被认为是不正当的。

防护的最优化是指"政府或监管机构必须指定并强制执行防护和安全最优化的要求,注册者和许可证持有者必须确保防护和安全达到最优化"。⑦ 即在有限的资源条件下,应该最大限度地降低对工作人员和公众的辐射危险。

---

① See IAEA, IAEA Safety Glossary: 2018 Edition, International Atomic Energy Agency, Vienna, 2019, p.175.
② See OECD, Nuclear Legislation in OECD and NEA Countries: Regulatory and Institutional Framework for Nuclear Activities- Sweden, http://www.oecd-nea.org/law/legislation/sweden.pdf, last accessed on July 9, 2020.
③ See EPA, Radiation Protection Guidance to Federal Agencies for Occupational Exposure, https://www.epa.gov/radiation/radiation-protection-guidance-federal-agencies-occupational-exposure-approval, last accessed on July 9, 2020.
④ See Helen Cook, *The Law of Nuclear Energy*, Sweet & Maxwell, 2018, pp.5-27.
⑤ 参见国际原子能机构:《国际辐射防护和辐射源安全基本安全标准》,国际原子能机构《安全标准丛书》第GSR Part 3号2014年版,第4页。
⑥ 参见杨钦元:《现代辐射防护的基本原则》,载《中国建材科技》1997年第4期。
⑦ 参见国际原子能机构:《国际辐射防护和辐射源安全基本安全标准》,国际原子能机构《安全标准丛书》第GSR Part 3号2014年版,第4页。

剂量限值原则是指控制操作中辐射剂量在"不可接受"范围以下。个人剂量限值是以人体所有组织受照射以后所发生的随机性效应的总的危险度为依据,用以限制随机性效应的发生率,确保工作人员和公众所受到的照射达不到确定性效应的剂量(参见专栏4.2)。所以,个人剂量限值并不是安全与危险的分界线,而是在实践的控制中"不可接受"的剂量与"可忍受"的剂量区域间的分界线。"可忍受"的剂量是指这种照射是不受欢迎的,但还是可以忍受的。因此,设定辐射防护程度不应把剂量限值作为设计和安排工作的依据,不应把它作为管理的目标值。

专栏 4.2

随机性效应和确定性效应

电离辐射的生物学效应按照辐射剂量与效应的关系,可以分为随机性效应(stochastic effect)和确定性效应(deterministic effect)。随机性效应是效应的发生没有剂量阈值,效应的严重程度与剂量无关,但是其发生的概率与剂量大小成正相关的一类辐射导致的生物效应的总称。

随机性效应主要有癌症和遗传效应两种,其发生是由细胞遗传物质的变异导致的。简单地讲,癌症就是细胞不受控制地分裂增殖。正常情况下,细胞自身有控制生长和分裂增殖的能力,同样也有控制修复受损组织的能力。前面我们已经讲到过,在细胞水平下,电离辐射的射线通过直接和间接的方式作用于细胞中掌控这些重要功能的大分子。DNA等重要的结构受到损伤后,细胞的控制过程会被打断。如果细胞失去了对有限增殖的控制,这些变异的细胞就拥有了无限增殖的能力,这就是癌症产生的根源。遗传效应,它指的是父母这一代受到辐射照射后没有明显的体效应或临床症状,但是他们的后代出现了先天性的缺陷。遗传效应是射线作用在父母的生殖细胞上,使这些重要细胞出现受损或变异,它们结合后的受精卵本身就可能存在重大缺陷。事实上,我们没有在人群中观察到由于电离辐射引起的遗传效应,只是在实验室的动物实验中看到了这种现象。需要特别指出的一点是,我们身边的致癌因子很多,远比辐射更能导致癌症和遗传效应的发生。

确定性效应是指电离辐射与细胞相互作用,会导致细胞受损或死亡。随着人体受照射的辐射剂量增大,可以导致大量细胞的死亡,器官和组织就表现出显著的结构或功能的异常,于是就会产生可被观察到的器官和组织受损反应。

确定性效应可以发生在机体的不同器官组织,不同的确定性效应有不同的辐射剂量阈值。所谓阈值是可以导致某种效应的最小剂量。人体受到的辐射剂量只有超过一定的阈值后,确定性效应才会发生,效应的严重程度与剂量成正比关系,剂量越高,效应越严重,甚至能致人死亡。由于人群中存在性别、年龄、健康状况等种种差别,不同个体的剂量阈值大小也会有所不同。

下表给出了急性单次照射下确定性效应的阈值。

剂量阈值（单位：戈瑞）	组织与效应
0.15	男性暂时不育
0.5	造血机能低下
1.0	急性放射性综合征
0.5～2.0	眼晶体出现可见的浑浊
5.0	视力障碍（白内障）
2.5～6.0	女性不育
3.0—10.0	皮肤损伤

下表则是常年接受照射下确定性效应的阈值，以每年受照的剂量表示。

剂量阈值（单位：戈瑞）	组织与效应
0.1	眼晶体出现可见的浑浊
0.2	女性不育
0.4	视力障碍，男性暂时不育，造血机能低下
1.0	慢性放射性综合征
2.0	男性永久不育

资料来源：

1. 国际原子能机构：《国际辐射防护和辐射源安全基本安全标准》，国际原子能机构《安全标准丛书》第 GSR Part 3 号 2014 年版。
2. 中国辐射防护学会网站科普园地：《什么是随机性效应？》，http://www.csrp.org.cn/newsitem/277488179，最后访问时间：2020 年 7 月 17 日。
3. 中国辐射防护学会网站科普园地：《什么是确定性效应？》，http://www.csrp.org.cn/newsitem/277488181，最后访问时间：2020 年 7 月 17 日。

基于辐射防护原则的考虑，以下活动和设施只有在其为受照个人和社会产生的足够的效益可以抵消带来的损害时，核能监督管理部门才可以发放许可证[①]：

（1）辐射源的生产和辐射或放射性物质在医学、工业、兽医业或农业，或教育、培训、研究的应用，包括任何可能受到辐射或放射性物质照射的活动；

（2）核能的生产，包括涉及或可能涉及辐射或放射性物质过量照射的任何核燃料循环活动；

（3）涉及天然放射源引起过量照射的活动，且核能监督管理部门认为要加以监管控制的活动；

（4）放射源的运输；

（5）放射性物质（包括含放射性物质的消费品），含放射性物质的装置（例如密封或非密封放射源）和产生辐射的装置（包括移动式射线照相设备）；

（6）含有放射性物质的设施或产生辐射的装置，包括辐照设施、放射性矿物的开采和选冶设施、处理放射性物质的装置、核设施和放射性废物管理设施；

---

① See C. Stoiber, A. Baer, N. Pelzer, et al., *Handbook on Nuclear Law*, International Atomic Energy Agency, 2003, pp. 49-50.

（7）用于放射源运输的设施和设备；

（8）核能监督管理部门规定的其他任何活动、放射源或设施。

对于因人为原因增加某些商品或产品的放射活度的行为，核能监督管理部门不得予以许可。这些行为包括：涉及食品、饮料、化妆品或供人食用、吸入，或经皮肤摄取或应用的任何其他商品或产品的活动；以及将放射性物质在产品（如玩具、首饰、装饰品）中非慎重使用的行为。①

二、辐射防护的基本要求

（一）制定辐射防护的标准

辐射剂量学研究辐射剂量及辐射剂量的测量。辐射防护标准是实施辐射防护的依据，目前各国都是根据国际辐射防护委员会（ICRP）的建议，结合本国情况制订相应标准。

制定辐射防护标准以剂量限制为依据。剂量限值（dose limits），是指受控源计划照射的个人所受到的有效剂量或剂量当量不得超过的值。② 剂量限值对个人剂量提供了一个明确的界限，其目的是防止受到来自所有受控源的计划照射产生过分的个人危害。需要注意的是，剂量限值不是安全与危险的界限，而是不可接受的下限，是最优化过程的约束条件。如果采用了最优化原则，可能只有在极少数情况下，必须接受或考虑的剂量才会接近剂量限值。

剂量限值不适用于应急照射情况。在这种情况下，知情的受照射个人自愿从事抢救生命的行动或试图阻止灾难态势。对于承担紧急救援作业的知情志愿者，可以放宽对正常情况的剂量限制。除应急情况外，一般的剂量限值的设定需要考虑：第一，受辐射照射的群体。例如，未成年人、老年人、孕妇的剂量限值往往更严格。第二，受辐射的周期。第三，受辐射的总量。③

国际辐射防护委员会综合了这些新成果，于1977年发表26号出版物，对辐射防护的基本原则作了重大修改。根据国际辐射防护委员会这一辐射防护体系，我国先后于1984年和1988年制定了《放射卫生防护基本标准》和《辐射防护规定》。同时，针对建材利用工业废渣状况，我国于1986年和1988年先后颁布了《建筑材料用工业废渣放射性物质限制标准》（GB6763-86）和《掺工业废渣建筑材料产品放射性物质控制标准》（GB9196-88）。前者是环境管理标准，后者是产品质量标准。两项都是强制性国家标准。④ 2002年，我国制定了《电离辐射防护与辐射源安全基本标准》（GB18871-2002）（参见专栏4.3）。

剂 量 限 值

剂量限值一般由国家法规进行规定，适用于实践所引起的照射，不适用于医疗照射，也

---

① See C. Stoiber, A. Baer, N. Pelzer, et al., *Handbook on Nuclear Law*, International Atomic Energy Agency, 2003, p.48.
② 参见杨钦元：《现代辐射防护的基本原则》，载《中国建材科技》1997年第4期。
③ 参见刘长安：《职业照射个人剂量限值的理解和应用》，载《中国工业医学杂志》2009年第5期。
④ 参见杨钦元：《现代辐射防护的基本原则》，载《中国建材科技》1997年第4期。

不适用于无任何主要责任方负责的天然源的照射。剂量限值的确定涉及社会对辐射危害的可接受程度,不仅仅基于辐射生物效应方面的考虑,还具有社会发展、经济、健康和道德等多方面的属性。

- 在1895年伦琴发现X射线不久就发现,在人员受到照射后,会发生诸如红斑、脱发和皮炎等不良反应,使人们意识到应当限制过度照射,这可谓是剂量限值的萌芽。那时,因缺乏测量辐射照射量的标准方法,并没有定量的剂量限值,常以不发生肉眼可观测到的皮肤红斑等急性效应为原则。
- 1928年,国际X射线及镭防护委员会(ICRP前身)公布了第一个建议书,剂量限值采用"耐受剂量"的概念,选取可造成红斑剂量的一部分份额,按日结算。当时认为在此剂量之下,年复一年的工作也不会造成危害。显然,此时的剂量限值作为"安全"与"危险"的分水岭,是以防止发生确定性效应为出发点。
- 1966年的ICRP建议书明确辐射防护的目的是防止出现诸如红斑或脱发等急性效应,并将发生白血病、白内障和其他恶性疾病等"晚期效应"的危险程度限制到可接受水平,此时剂量限值的含义不再是单纯的安全与否,还考虑到了社会的可接受性。
- 在1977年ICRP的第26号建议书中,确定剂量限值的侧重点,已经从有阈的确定性效应变为无阈的随机性效应,并采用将辐射危险度与其他安全程度较高行业的职业危险度相比较的方法来考虑剂量限值。
- 与1977年建议书相比,1990年和2007年最新的ICRP建议书中,剂量限值的理念没有重大变化,但职业照射年剂量限值由50mSv降到了20mSv,年公众照射剂量限值由5mSv降到了1mSv。

剂量限值所代表的危险的可接受程度可认为是"不可接受"和"可容忍"的分界线。因此,剂量限值作为剂量限制体系的最后一道防线,以保护每个个体,避免过度的不公平在个体身上发生。我国国家标准GB18871-2002规定,对于职业照射剂量限值:连续5年的年平均有效剂量20 mSv,或任何一年的有效剂量50 mSv;眼晶体的年当量剂量150 mSv(2014年底IAEA发布的国际辐射防护与辐射源安全基本标准将此值降为20 mSv),四肢或皮肤的年当量剂量500 mSv。对于公众照射剂量限值:年有效剂量1 mSv,眼晶体的年当量剂量15 mSv,皮肤的年当量剂量50 mSv。

资料来源:中国辐射防护协会网站科普园地:《剂量限值》,http://www.csrp.org.cn/newsitem/278491387,最后访问时间:2020年7月17日。

(二)开展辐射防护监测

辐射的防护监测主要指为了控制、估算工作人员、公众所受辐射和放射性物质的照射而进行测量的过程,该过程主要目的就是为了保障群众与工作人员的人身安全。[1] 辐射防护的目的就是确保工作人员、群众可以在安全环境中生活、工作,而环境安全性监测的一个重要方式就是监测。通常情况下,辐射防护与监测对象主要包含环境监测与人员监测两个部分:环境监测和人员监测。监测领域主要包含四个部分:环境监测、个人剂量的监测、工作的场

---

[1] 参见何叶娜:《试论辐射监测技术人员辐射监测防护与安全》,载《低碳世界》2016年第18期。

所监测以及流出物的监测。

辐射的防护监测实施主要包含制定监测方案、进行现场测量与采样、对监测点进行定位、处理数据以及评价结果等。此外,在监测的方案中,需要对质量保证的措施、监测的对象、监测的仪器、监测的点位以及监测的周期加以明确,其中,质量的保证措施在辐射防护的监测中占据着重要地位,其主要强调相关监测人员只有获得上岗证以后才可以正式入职,同时定期将监测仪器送到计量部门进行检定,然后建立监测全过程质量控制的体系,在整个监测过程中,还应按照不同监测项目与对象选择相关监测的仪器。①

(三)实施辐射防护干预

辐射防护干预是指在照射已经存在的情况下,采取干预措施减减轻照射造成的不良影响的措施(参见专栏4.4)。干预措施往往是应急的,其本质是对已经发生的事故的补救,其目的是尽量减少其不良影响。②

专栏 4.4

外照射基本防护措施

外照射(external exposure)体外辐射源对生物体所产生的照射。对于外照射的基本防护措施一般有三种方法:时间防护、距离防护和屏蔽防护。

- 控制受照射时间:在一定的照射条件下,受照剂量的大小与受照时间成正比,照射时间越长,受照剂量就越大。所以在受到电离辐射照射的时候,要尽可能地缩短电离对身体的照射时间,尽快地躲开存在电离辐射的地方,从而减轻电离辐射对人体的伤害。
- 增大辐射源与受照人员之间的距离:外照射剂量直接与距离辐射源的距离相关。对于一个点状放射源来讲,辐射照射剂量与该源的距离平方成反比,因此假如离源的距离增加1倍,那么照射剂量将近似降低4倍。
- 利用屏蔽材料:所谓屏蔽,就是在放射源和人体之间插入必要的吸收物质,使屏蔽层后面的电离辐射强度能降低到所要求的水平,进而达到保护人体不受电离辐射伤害的目的。

资料来源:国家核安全局网站科普园地:《神奇的核技术(十六)——辐射的防护与管理》,http://nnsa.mee.gov.cn/ztzl/kpcl/201905/t20190507_702070.html,最后访问时间:2020年7月17日。

应急辐射干预遵守三项原则:第一,应尽一切可能的努力防止严重确定性效应的发生。第二,干预应当是正当的,即防护措施的引入应能达成利大于弊。第三,干预应当是最优的,即使防护措施的实施获得最大的净利益。③

干预防护措施的决策基于应急干预原则。一般的防护措施包括隐蔽、撤离、临时避迁、永久再定居等等。如果公众可能遭受的预期剂量达到或超过发生严重确定性效应的剂量水

---

① 参见何叶娜:《试论辐射监测技术人员辐射监测防护与安全》,载《低碳世界》2016年第18期。
② 参见李德平:《辐射防护的基本原理》,载《辐射防护通讯》1995年第5期。
③ 参见王恒德:《中岛敬行核事故和辐射事故的应急干预水平和应急防护措施决策问题》,载《辐射防护》1999年第4期。

平,应立即采取撤离措施。在一般情况下,应将各防护措施的可避免剂量与事先确定的干预水平相比较,并要考虑当时当地的可用资源、气候条件(恶劣的气候可能妨碍某些防护措施的实施)、政治、社会和心理影响等因素,然后做出何时在多大范围内实施何种防护措施的决策。①

【本章思考题】
1. 目前各国一般对哪些核能利用行为设定了行政许可?
2. 简述核能利用许可的一般程序。
3. 简述我国核能利用许可的主要类型。
4. 试述辐射防护应当遵循的三项原则。

---

① 参见王恒德:《中岛敬行核事故和辐射事故的应急干预水平和应急防护措施决策问题》,载《辐射防护》1999 年第 4 期。

第五章

核设施的安全管控

【教学目的与要求】 了解核设施的概念与类型,以及其与安全问题的关系;理解核设施选址与设计、建造与运行以及退役各阶段安全管控的对象和目标;了解核设施安全管控相关的国际要求和国内法规定;掌握核设施安全管控的制度措施的内容。

"设施和活动"(facilities and activities)是核法所规制的风险源的统称,包括核设施、各种电离辐射源的使用、所有放射性废物管理活动、放射性物质运输和任何其他可能使人遭受天然存在的源或人工源的辐射照射的实践或环境。根据国际原子能机构的定义,"设施"包括核设施,辐照装置,铀矿开采等一些采矿和原料加工设施,放射性废物管理设施以及需要考虑防护和安全的规模生产、加工、使用、处理、贮存或处置放射性物质(或安装辐射发生器)的任何其他场所;"活动"包括工业、研究和医用辐射源的生产、使用、进口和出口,放射性物质的运输,设施的退役,排放流出物等放射性废物管理活动,以及受过去活动残留物影响的厂址在恢复方面的一些活动。[①]

本章主要介绍核设施的安全管控要求,下一章将介绍核活动的安全管控,这两章的内容将涵盖上述主要的设施和活动。

第一节 核设施安全概述

核设施是核能利用领域中最重要的风险源,核设施的安全是国际社会和各国高度关注的问题。理解核法中关于核设施安全管控的制度措施先要对核设施的概念及其存在的主要安全风险有所了解。

一、核设施的概念与类型

在国际原子能机构的安全术语中,核设施(nuclear facility),是指生产、加工、使用、处

---

① 国际原子能机构:《国际原子能机构安全术语——核安全与辐射防护系列》,http://www-ns.iaea.org/downloads/standards/glossary/safety-glossary-chinese2007-10-23.pdf,最后访问时间:2020 年 5 月 9 日。

理、贮存或处置核材料的设施,包括相关建筑物和设备。① 在核法中,核设施的范围和类型由具体法律来规定。例如,在国际公约中,《核安全公约》规定,核设施系指在缔约方管辖下的任何陆基民用核动力厂,包括设在同一厂址并与该核动力厂的运行直接有关的设施,如贮存、装卸和处理放射性材料的设施(第 2 条)。这里的核设施范围限定为陆基民用核动力厂。

在我国,法律所调整的核设施的范围由《放射性污染防治法》(第 62 条)和《核安全法》(第 2 条)所规定。根据这两部法律的规定,核设施包括四种类型,分别是:核电厂、核热电厂、核供汽供热厂等核动力厂及装置;核动力厂以外的研究堆、实验堆、临界装置等其他反应堆;核燃料生产、加工、贮存和后处理设施等核燃料循环设施;放射性废物的处理、贮存、处置设施。在上述核设施中,最为社会公众所知晓、数量最多的是核电厂。

二、核设施安全管控与核事故

核设施的安全管控,是指通过采取各种措施防止核设施运行偏离正常状况,避免核事故的发生。简而言之,核设施安全的反面就是核事故,理解核设施的安全管控措施应当先了解核事故的概念及其成因。

(一)核事故的概念及其类型

根据国际原子能机构的定义,核事故(nuclear accident),是指涉及发生或可能发生放射性物质释放,并已造成或可能造成对别国可能具有放射性安全重要影响的国际性超越国界释放的设施或活动的任何事故。② 我国《核安全法》规定得更为明确,具体来说,核事故,是指核设施内的核燃料、放射性产物、放射性废物或者运入运出核设施的核材料所发生的放射性、毒害性、爆炸性或者其他危害性事故,或者一系列事故(第 93 条)。

为了统一划分各国核电厂事故的级别,便于互相通报和与公众进行交流,国际原子能机构和经济合作与发展组织于 1990 年发表了国际核事件分级表和实例(参见图表 5.1),已被普遍采用。8 个等级中的较低级别(1—3 级)称为事件,较高级别(4—7 级)称为事故,0 级表示安全上无重要意义的事件。人类核能利用历史上已经发生过两次 7 级核事故,分别是切尔诺贝利核事故和日本福岛核事故。

截至 2020 年 8 月,我国未发生 2 级及以上的事件或事故。

图表 5.1　国际原子能机构核事件分级表和实例

级别	说明	准则	实例
7 级	特大事故	堆芯的放射性裂变产物大量逸出至厂区外(其量相当于 10^{16} Bq 碘-131);可能有急性健康效应。在广大地区(可能涉及一个以上国家)有慢性健康效应;有长期的环境后果	1986 年苏联切尔诺贝利核事故;2011 年日本福岛第一核电站事故

---

① 国际原子能机构:《国际原子能机构安全术语——核安全与辐射防护系列》,http://www-ns.iaea.org/downloads/standards/glossary/safety-glossary-chinese2007-10-23.pdf,最后访问时间:2020 年 5 月 9 日。
② 参见同上。

(续表)

级别	说明	准则	实例
6级	严重事故	明显向厂区外逸出裂变产物（其量相当于10^{15}～10^{16} Bq碘-131）；很可能需要全面实施当地应急计划	1957年苏联基斯迪姆后处理厂事故
5级	有厂区外危险的事故	有限地向厂区外逸出裂变产物（其量相当于10^{14}～10^{15} Bq碘-131）；需要部分地实施当地应急计划（如就地隐蔽或撤离）；由于机械效应或熔化，堆芯严重损坏	1957年英国温茨凯尔军用反应堆事故；1979年美国三里岛核事故；1987年巴西戈亚尼亚铯-137放射源污染事故
4级	主要在设施内的事故	少量放射性向厂区外逸出；除了当地食品要控制外，一般不需要厂区外防护措施；堆芯有某些损坏；工作人员所受剂量（1Sv量级）可能导致急性健康效应	1973年英国温茨凯尔后处理厂事故；1980年法国圣洛朗核电厂事故；1983年阿根廷布宜诺斯艾利斯临界装置事故
3级	重大事件	极少量放射性（超过规定限值）向厂区外逸出；无需厂区外防护措施；厂区内严重污染；工作人员受过量照射；接近事故状况——丧失纵深防御措施	1989年西班牙范德略斯核电厂事件
2级	事件	不直接或立即影响安全，但有潜在安全影响	
1级	异常	没有危险，但偏离正常的功能范围，这可能由于设备故障、人因失误或程序不适当所造成	
0级	安全上无重要意义		2020年中国阳江核电厂因海洋生物导致停堆事件

资料来源：

1. 参见国家核安全局网站，http://nnsa.mee.gov.cn/zhxx_8953/kpyd/kpcl/201704/t20170424_412676.html。最后访问时间：2020年5月9日。

2. 参见国家能源局网站，http://www.nea.gov.cn/2014-10/27/c_133744358.htm。最后访问时间：2020年5月9日。

核电厂发生严重核事故会对人的生命与健康造成严重威胁、对生态环境造成破坏，并会导致严重的经济损失与社会影响。

例如，在切尔诺贝利核事故中，反应堆爆炸导致大量的放射性物质释放，事故发生后的现场灭火和事故处理中共有203人被诊断为急性放射病，其中29人死亡，另有2人死于反应堆爆炸，总共因事故死亡31人；放射性物质还造成大量民众辐射照射剂量超标，在长期健康后果方面，到1994年共有565名儿童被诊断为患甲状腺癌，其他更为广泛范围内的健康影响目前还尚无结论。① 切尔诺贝利核事故发生的头几个星期内，当地生物群尤其是被毁反应堆周围数千米的针叶林和田鼠受到致死剂量的辐射，到1989年当地的生态系统才开始恢复。放射性物质的释放还造成大面积地表污染，有1000平方公里的地区的放射性污染超过$5.5×10^5$ Bq/m²，2.5万平方公里划为受影响地区。② 此外，爆炸造成的放射性烟雾在空气中

---

① 参见赵仁恺、阮可强、石定寰主编：《八六三计划能源技术领域研究工作进展（1986—2000）》，原子能出版社2001年版，第364页。

② 参见同上。

弥散，并在风力的作用下飘散并沉降到 20 多个欧洲国家。①

在福岛核事故中，由于疏散和撤离及时，核事故释放的放射性物质并没有直接导致人员伤亡，日本福岛核事故调查委员会的报告指出有将近 167 名工作人员在应急过程中受到超过 100 个毫希伏特剂量的辐射照射，其他公众健康效应仍有待继续观察。② 福岛核事故发生后，在该厂址 20 公里半径内和其他指定区域的居民被撤离，在 20 公里至 30 公里半径内的居民则被指令进行隐蔽，后被建议自愿撤离。③ 放射性核素还通过福岛第一核电厂和大气沉积直接或间接进入海洋，以致我国和美国在相关的海域都监测到放射性核素。

（二）核事故的成因及其防控

核设施属于高度复杂系统，尽管随着技术的不断改进可以不断提高安全性，但仍然存在不可消除的风险。导致核事故发生的原因主要可以总结为以下三个方面：

第一，技术故障。核能技术的复杂性也正是影响其安全问题或者风险的主要因素之一，因为系统越复杂越难以做到完美，技术故障或者缺陷越难以消除。

以核电厂（轻水堆）为例，核电厂在结构设计上最重要的安全措施之一，是在放射性裂变产物和人所处的环境之间设置多道屏障，以最大限度地包容放射性物质，尽可能减少放射性物质向周围环境的释放。其中最为重要的是燃料元件包壳、一回路压力边界和安全壳这三道屏障，这三道屏障都是由非常复杂的各种设备组成的系统，其技术可靠性很大程度上决定了反应堆的安全性。然而，目前为止，没有科学家能够声称上述屏障在技术上绝对可靠。例如，在第一道屏障方面，据美国统计，正常运行时燃料包壳的破损率为 0.06%。④

实践中，2010 年我国大亚湾核电站二号机组反应堆中的一根燃料棒包壳便出现微小裂纹，导致一回路放射性水平异常上升。⑤ 在第二道屏障方面，由于可能发生失流事故、热阱丧失事故、蒸汽发生器传热管破裂事故、蒸汽管道破裂事故、冷却剂丧失事故等系统故障，反应堆堆芯应急冷却系统的可靠性一直是专家们争论的焦点，三里岛核事故中的堆芯熔化事实和福岛核事故中应急系统的失效便是鲜活的教训。而在第三道屏障方面，安全壳同样并不总是坚不可摧的，福岛核事故中 1—3 号机组的安全壳都已破损，反应堆三道安全屏障相继贯穿，致使放射性物质直接向大气中排放。⑥

第二，外部事件。所谓外部事件，是指与设施的运行或活动的开展无关，但可能对设施或活动的安全产生影响的事件。⑦

仍然以核电厂为例，核能利用活动的安全性还需经受来自核电厂系统外部事件的考验。外部事件包括外部自然事件和外部人为诱发事件。前者主要是那些对核电厂安全造成威胁的自然条件或灾害，主要包括地震和地表断层作用，气象学事件（如闪电、龙卷风、热带飓风

---

① 参见〔美〕莱斯特·R. 布朗等：《经济·社会·科技——1987 年世界形势评述》，贡光禹等译，科学技术文献出版社 1988 年版，第 78 页。
② See The Official Report of the Fukushima Nuclear Accident Independent Investigation Commission, The National Diet of Japan, 2012, p. 19.
③ See IAEA, The Fukushima Daiichi Accident, Report by the Director General, 2015, p. 1.
④ 参见朱继洲主编：《核反应堆安全分析》，西安交通大学出版社 2004 年版，第 8 页。
⑤ 参见冯永锋：《大亚湾核电站燃料棒轻微破损未造成影响》，载《光明日报》2010 年 6 月 17 日第 6 版。
⑥ 参见初秀伟、王茹春、戴莉主编：《形势与政策》，航空工业出版社 2012 年版，第 148 页。
⑦ 国际原子能机构：《国际原子能机构安全术语——核安全与辐射防护系列》，http://www-ns.iaea.org/downloads/standards/glossary/safety-glossary-chinese2007-10-23.pdf，最后访问时间：2020 年 5 月 9 日。

等),洪水泛滥(包括因降雨及其他原因导致的洪水、地震引发的波浪或其他地质学现象等)、坡地不稳定性、厂址地表坍塌沉降或隆起与土壤熔化等原因造成的岩土工程危害,等等①;后者是指对核电厂安全造成威胁的人类行为,主要包括飞机撞击事件、化学爆炸事件、火灾等,这些风险源分为固定源和移动源。②

核电厂能够抵御多重外部事件的同时作用或者超出设计基准之外的外部事件的冲击是值得质疑的。例如福岛核事故发生的主要外部原因就是9级地震引发的强烈海啸导致海水越过海堤,淹没了应急柴油机及其冷却系统,从而使得核电厂处于全厂断电状态,反应堆冷却失效。这一事实说明,外部事件的不确定性仍然是核电厂必须要面对的安全威胁。

第三,人因失误和组织问题。在核电行业,人因失误所引发的各种事故和安全事件占到事故(事件)总数的50%～85%③,而严重核事故的发生一般都可归结到人的因素上(参见专栏5.1)。

专栏 5.1

宁德核电厂因乏燃料水池失去冷却造成运行事件报告与经验反馈

2020年6月20日14:59,宁德核电厂1号机组处于换料停堆模式(RCS),按计划执行安全壳喷淋和隔离阶段B综合试验(T1EIE001)。在A列手动隔离阀1RRI039/060VN未恢复开启的情况下,运行人员执行了程序外的操作,远控关闭B列电动隔离阀1RRI040/059VN导致乏燃料水池失去冷却,当15:08运行人员发现在线异常后重新开启1RRI040/059VN恢复了正常冷却,至此中断8.5min,违反了宁德核电厂运行技术规范中"PTR系统两列必须可用,其中至少一列运行以保证乏燃料水池的冷却"的规定。

整个运行事件过程中,乏燃料水池温度由30.85℃上涨至30.95℃,满足运行技术规范的温度范围要求,各控制系统响应正常,反应堆处于安全状态,三道屏障完整,无放射性释放。

根据《核电厂营运单位报告制度》准则4.1.1"违反核电厂技术规格书"的要求,被界定为运行事件。本次事件过程中,对机组运行未产生明显影响,无放射性后果、无人员照射、无环境污染。根据《国际核与辐射事件分级手册》,该运行事件界定为0级事件。

国家核安全局要求宁德核电厂营运单位应做好本事件相关的经验反馈工作,并按照《核电厂营运单位报告制度》相关要求,在事件发生后30天内向国家核安全局和华东核与辐射安全监督站提交事件报告。

国家核安全局要求各核电厂营运单位汲取本次运行事件经验教训,强化换料停堆模式

---

① See IAEA, Site Evaluation for Nuclear Installations Safety Requirements, *Safety Requirements*, No. NS-R-3, 2003, pp. 10-16.
② See IAEA, External Human Induced Events in Site Evaluation for Nuclear Power Plants Safety Guide, *Safety Guide*, No. NS-G-3.1, 2002.
③ See Werner W F, Hirano M, Kondo S, et al., Results and Insights from Level-1 PSA for NPPs in France, Germany, Japan, Sweden, Switzerland, and United States, *Reliability Engineering and System Safety*, 1995, pp. 165-185.

下的综合试验管理,采取有效措施避免运行人员操作错误而导致的类似事件。

资料来源:国家核安全局网站,http://nnsa.mee.gov.cn/ywdh/ywjyfk/202007/t20200706_001.html。最后访问时间:2020年7月9日。

实践证明,人因失误是核设施风险的重要来源之一。例如,在三里岛核事故中一个典型的人为认识和操作失误就是,当一回路的冷却剂开始流失时,安全注入系统自动启动并向反应堆一回路注水使得稳压器水位迅速上升,然而操作人员误认为稳压器泄压阀已关闭,面对稳压器水位迅速上升的现象,害怕造成一回路水量过大,于是手动关闭了安全注入。这一错误判断造成了反应堆冷却剂被继续排放而得不到补充的状态,最终导致反应堆堆芯熔化。[1] 又如,在切尔诺贝利核事故中,操作人员在进行安全系统测试时违反操作规程和核电厂安全运行准则,再加上其判断失误而造成事故后果的扩大。

人因失误既和核电厂操作人员的技能、知识和经验等自身因素有关,在很多情况下还和组织因素密切相关。这里的组织包括核电厂管理体系、核能安全的政府监管体制和核事故应急体系等。核电厂是否建立了完善的安全管理规程、核能监督管理部门是否严格履行了其监督职责、核应急准备是否充分以及响应是否及时到位都影响着核能风险的控制效果。福岛核事故中凸显的安全监管机构不独立、东京电力公司疏于安全管理和应急反应的混乱就是重要教训。[2]

为了避免核事故可能导致的严重危害后果,需要结合核事故发生的原因采取针对性的安全管控措施。切尔诺贝利核事故发生后,国际社会针对陆基民用核设施缔结了《核安全公约》。从该公约中可以看出,管控核设施的安全应当遵循着全过程或者持续控制的原则,即应采取事前预防、事中控制和事后缓解的综合措施,集中表现为对核设施的选址与设计、建造、运行和退役这四个阶段进行管控。需要说明的是,不同核设施的性质和风险程度不同,其对应的安全管控措施也有所区别(《核安全法》第14条)。

本章以下部分主要以核电厂为代表来介绍核设施的安全管控措施。

第二节 核设施的选址和设计

一、核设施的选址

(一)核设施选址的安全要求

核设施选址是为拟建核设施选择合适厂址的过程。正确选择核设施厂址,是确保核设施安全的第一道屏障,是核设施建造可行性研究中的一项重要工作。从安全管控的角度来看,核设施选址过程主要是评价厂址的各项特征是否符合核安全的要求,包括评价在该核设施的预定寿期内可能影响其安全的与厂址有关的一切因素,以及评价拟议中的核设施对个人、社会和环境的安全可能造成的影响。[3] 其目的是保护公众和环境免受放射性物质释放以

---

[1] 参见赵仁恺、阮可强、石定寰主编:《八六三计划能源技术领域研究工作进展(1986—2000)》,原子能出版社2001年版,第360页。
[2] 参见福岛手册发行委员会:《福岛十大教训——为守护民众远离核灾》,福岛手册委员会2015年版,第54页。
[3] 参见《核安全公约》(1994年)第17条。

及事故状态放射性物质释放所引起的过量辐射影响。

（二）核设施选址的程序

核设施选址一般包括厂址调查和厂址选择两个步骤。前者是指对一个广大的区域进行调查并排除不适宜的厂址之后确定核设施候选厂址的过程，后者是根据安全性和其他考虑因素对剩余的厂址进行筛选和比较，而后对这些厂址进行评定以选择出一个或几个优选的候选厂址的过程。①

我国《核安全法》规定，核设施选址应当进行科学论证、合理布局，核设施营运单位应当对地质、地震、气象、水文、环境和人口分布等因素进行科学评估。② 而具体应当评价哪些内容则与核设施的类型有关。

以核电厂厂址选址为例，在评价一个厂址是否适于建造核电厂时，必须考虑以下几方面的因素：第一，在某个特定厂址所在区域可能发生的外部自然事件或人为事件对核电厂的影响；第二，可能影响所释放的放射性物质向人体转移的厂址特征及其环境特征；第三，与实施应急措施的可能性及评价个人和群体风险所需要的有关外围地带的人口密度、分布及其他特征（参见专栏5.2）。

专栏5.2

是不是任何地方都可建核电站？

从核安全的观点考虑，核电站的选址是预防核事故发生的第一步，其基本出发点就是考虑万一出事故时，造成的损失要最小，对周围环境的影响要最小。所以核电站选址有严格的要求，在选址时要考虑社会、经济等原则，外部自然条件对设施的安全影响评价（如地震、工程地质、洪水和极端气象条件、水体交换、大气扩散等），外部人为事件、人口分布及应急计划等因素。具体来说，核电站的选址需要重点考虑以下几个方面：

第一，选址应在人烟稀少、物产不丰富的地方。核电站通常建在人口密度相对较低、地区平均人口密度相对较小的地点，核电站距离10万人口的城镇和100万人口以上的大城市，应保持适当的距离。

第二，所选地点必须有大量的水源。目前我国运行和在建的核电站多在沿海地区，这主要是考虑到水源汲取和排放的方便。

第三，必须有良好的气象条件。核电站厂址要求四周开阔，没有高山，有一定的地势高度，以防洪灾，并有利于扩散。在气象条件上，有固定的主风频，使核电站排放的废气容易消散。

第四，所选地点要地质稳定、不受其他自然灾害的影响。核电站要求的地质条件很高，多建在地质结构稳定的抗震强度高的花岗岩地带上，避开断裂带，地下水位较低。

第五，电力主要输送城市，不能离城市太远。例如，我国的大亚湾核电站向广东省、香港

---

① 国际原子能机构：《国际原子能机构安全术语——核安全与辐射防护系列》，http://www-ns.iaea.org/downloads/standards/glossary/safety-glossary-chinese2007-10-23.pdf，最后访问时间：2020年5月9日。

② 参见我国《核安全法》第23条。

等地区提供电力输送。大亚湾核电站厂址离深圳市中心直线距离为 45 km,距离香港约 52 km。我国秦山核电站向苏浙沪等省市提供电力支持,秦山核电站离上海的直线距离为 45 km,离杭州的直线距离为 100 km。

资料来源:中国辐射防护协会网站科普园地:《是不是任何地方都可以建核电站?》,http://www.csrp.org.cn/newsitem/278292236,最后访问时间:2020 年 5 月 15 日。

我国国务院核安全监督管理部门发布的《核电厂厂址选择安全规定》(1991 年)和《电离辐射防护与辐射源安全基本标准》(GB18871—2002)对上述三个方面的评价内容和程序作出了具体规定。为使选址过程能够达到上述规章和标准的要求,我国国务院核安全监督管理部门还制定了一系列选址相关的安全导则文件(参见图表 5.2)。

图表 5.2 核电厂厂址选择安全导则目录

导则编号	导则名称
HAD101/01	核电厂厂址选择中的地震问题
HAD102/02	核电厂的抗震设计与鉴定
HAD101/02	核电厂厂址选择的大气弥散问题
HAD101/03	核电厂厂址选择及评价的人口分布问题
HAD101/04	核电厂厂址选择的外部人为事件
HAD101/05	核电厂厂址选择中的放射性物质水力弥散问题
HAD101/06	核电厂厂址选择与水文地质的关系
HAD101/12	核电厂的地基安全问题
HAD101/07	核电厂厂址查勘
HAD101/08	滨河核电厂厂址设计基准洪水的确定
HAD101/09	滨海核电厂厂址设计基准洪水的确定
HAD101/10	核电厂厂址选择的极端气象现象
HAD101/11	核电厂设计基准热带气旋

资料来源:《核电厂厂址选择安全规定》(国家核安全局,1991 年)

按照我国《核安全法》《民用核设施安全监督管理条例》《核电厂安全许可证件的申请和颁发》的有关规定,核电厂等核设施选址必须经国务院生态环境主管部门(核安全监督管理部门)批准。该阶段具体审批程序是:首先,组织编制选址阶段的环境影响报告书,并报国务院生态环境部门审查批准;其次,在厂址选定前提交核设施厂址安全评价报告,取得国家核安全监督管理部门厂址选择审查意见书;最后,向核设施项目可行性研究报告的审批部门申请审批可行性研究报告。

需要指出的是,核设施的选址通常意味着要启动核设施项目,会引起社会公众和当地民众的高度关注,在实践中也可能出现"邻避"情形。为了切实保护公众的安全利益,核设施选址过程不仅要实施科学决策,还要体现民主决策。对此,我国法律规定核设施选址过程应当要做到信息公开和吸纳公众参与(参见第二章第四节)。

(三)核设施厂址的保护

考虑到适合建造核设施的厂址的稀缺性与保护厂址状态的稳定性以及未来核应急需

要,很多国家的核法都规定了厂址保护制度,限定核设施周围区域的使用功能和相关活动。例如,美国和日本均采取了"三区法",即:在核设施厂址周围划出一个无常住居民的隔离区为第一区;第二区为低人口密度区,控制或限制该区域人口总数和工业规模;第三区为非人口中心区,即在离核设施更远的一定距离内不允许有大规模的人口中心区。①

我国《核安全法》对核设施厂址的保护规定是:首先,省级人民政府应当对国家规划确定的核动力厂等重要核设施的厂址予以保护,在规划期内不得变更厂址用途;其次,省级人民政府应当在核动力厂等重要核设施周围划定规划限制区;最后,禁止在规划限制区内建设可能威胁核设施安全的易燃、易爆、腐蚀性物品的生产、贮存设施以及人口密集场所(第21条)。

二、核设施的设计

(一)核设施设计的安全要求

核设施是一个高度复杂的综合型的构筑物系统,需要科学设计。核设施设计安全水平是核安全监管的重要对象。只有核设施设计符合相关核安全法规标准所确定的基本原则并满足相应的准则,该核设施才能视为在安全上是可以接受的,才可能被许可建设和运行。

国际公约和国际原子能机构的安全标准文件均将核设施的设计进行一体化考虑。核设施的安全设计必须要做到:第一,防止由于反应堆堆芯或其他辐射源失控所引起有害后果的事故,并在事故发生时减轻其后果;第二,保证在设计中考虑的所有事故的放射性后果都低于相关限值,并保持在可合理达到的尽量低的水平;第三,保证有严重放射性后果的事故发生的可能性极低,并尽最大可能减轻这种事故的放射性后果。

为了证明在核设施的设计中实现基本安全目标,必须对设计进行全面的安全评价,以确定所有辐射照射的来源,并评估核动力厂工作人员和公众可能受到的辐射剂量,以及对环境的可能影响。此种安全评价要考虑核动力厂的正常运行、预计运行事件时核动力厂的性能和事故工况等基本内容。此外,核设施的设计还应当考虑采用可靠的工艺技术,建立纵深防御体系(参见专栏2.1)。

为了节约成本和提高监管效率,有的国家例如美国建立了标准设计认证制度。②

我国《核安全法》规定,核设施营运单位取得核设施建造许可证后,应当确保核设施整体性能满足核安全标准的要求。对核设施设计来说,应当符合核安全标准,采用科学合理的构筑物、系统和设备参数与技术要求,提供多样保护和多重屏障,确保核设施运行可靠、稳定和便于操作,满足核安全要求(第24条)。这实际上是从科学性、独立性和多重性、人机界面友好性(便捷性)三个方面对核设施的设计提出了原则要求。③

此外,我国国务院核安全监督管理部门制定的《核动力厂设计安全规定》(2004年制定、

---

① 参见许安标等主编:《中华人民共和国核安全法释义》,中国民主法制出版社2017年版,第83页。
② 例如,在美国核电厂设计者可以向美国核监管委员会提交其研制的核电厂设计方案,核监管委员会举行通告评议和听证后认为该设计符合安全标准而向设计者颁发设计证书。该标准设计证书的有效期是15年,到期后设计者可以申请更新认证,而在标准设计证书的有效期内,该核电厂设计可以被无限次利用。换言之,持有标准设计证书意味着获得了一种核电厂技术认可,该技术类型可以被标准化建造。采用该标准设计的企业在申请建造许可或者合并许可时可向核监管委员会申请不再审查核电厂设计的安全性,核监管委员会也只需审查该标准设计和厂址的符合性。这相对在颁发建造准许时对电厂设计的逐案审查方式来说大大提高了效率并节省了监管成本。
③ 参见许安标等主编:《中华人民共和国核安全法释义》,中国民主法制出版社2017年版,第83页。

2016年修订）对核动力厂这类设施的设计作出了具体规定。我国住房和城乡建设部也发布了相关的国家标准，例如《核电厂常规岛设计规范》(GB/T50958—2013)。

（二）核设施设计的管理要求

国际原子能机构要求，核设施设计组织必须建立和实施管理系统，以确保在设计过程的所有阶段均考虑并实施为电厂设计所确定的所有安全要求，并确保在最后设计中达到这些要求。管理系统必须包括关于始终确保每一结构、系统和部件设计质量以及核电厂总体设计的规定。这包括查明和纠正设计缺陷、检验设计的充分性和控制设计变更的手段。营运组织必须建立一个正式的体系，以确保电厂设计在核电厂整个寿期内的持续安全性。确保电厂设计持续安全性的正式体系必须包括一个经正式指定的实体，由其负责营运组织管理系统内电厂设计的安全。在各项安排中必须考虑对负责电厂具体部件设计的外部组织（被称为"负责任的设计者"）所赋予的任务。经正式指定的实体必须确保电厂设计达到安全、可靠性和质量方面与相关国家和国际准则以及标准、法律和条例相一致的验收标准。[①]

我国《核动力厂设计安全规定》(2004年制定、2016年修订)在采纳国际原子能机构要求的基础上，对核设施的设计安全管理作出了更详细的规定，具体而言：

第一，设计安全管理职责方面。营运单位必须保证提交国务院核安全监督管理部门的设计符合所有适用的安全要求。所有与核动力厂安全设计重要活动相关的组织，包括设计单位，都有责任保证将安全事务放在最优先的位置。

第二，质量保证方面。营运单位必须制定和实施描述核动力厂设计的管理、执行和评价的总体安排的质量保证大纲。该大纲包括保证核动力厂每个构筑物、系统和部件以及总体设计的设计质量的措施，包括确定和纠正设计缺陷、检验设计的恰当性和控制设计变更的措施。

第三，全寿期内核动力厂设计的安全和完整性的保持方面。营运单位对安全负全面责任。营运单位必须建立一套正式的体系，在整个寿期内始终保证核动力厂设计的安全和完整性。为便于安全分析报告、设计手册和其他设计文件等详细的设计资料转移至营运单位，应尽早设立全面负责设计过程的部门，并制定管理流程，在营运单位的管理体系内负责核动力厂设计安全和完整性。在核动力厂的设计工作由工程公司、反应堆及其辅助系统供应商、主要设备供应商、电气系统的设计单位以及核动力厂安全重要的其他系统的供应商等许多组织分担的情况下，营运单位必须对委托给外部组织的设计活动进行管理。全面负责设计过程的部门必须保证核动力厂设计满足安全性、可靠性和质量方面法律法规和标准规定的验收准则。

第三节　核设施的建造与运行

一、核设施的建造

（一）核设施的建造过程

核设施的建造，是指在获得许可的条件下建筑符合设计要求和安全标准的核设施的过

[①] 国际原子能机构：《核电厂安全：设计》，第9—10页，https://www-pub.iaea.org/MTCD/Publications/PDF/P1715C_web.pdf，最后访问时间：2020年5月9日。

程。不同类型的核设施建造过程和内容虽然存在差异,但在安全管控方面遵循着类似的要求,核电厂的建造过程可以作为核设施建造过程的典型代表。核电厂的建造内容主要包括核岛、常规岛、核电站配套设施和核电站的安全防护措施(参见专栏5.3),建造流程中分为前期筹备、土建施工、设备安装和系统调试四个阶段。

专栏5.3

核电站的组成

核电站由核岛、常规岛、核电站配套设施和核电站的安全防护措施组成。

核岛为核电站的核心部分,指主要由核反应堆、压力容器(压力壳)、蒸汽发生器、主循环泵、稳压器及相应的管道、阀门等组成的一回路系统。

常规岛指由蒸汽发生器的二次侧、汽轮发电机组、凝汽器、给水泵及相应的管道、阀门等组成的二回路系统。

核电站配套设施,指围绕确保核电站安全及环境保护而设置的一些设施,主要包括:

第一,反应堆控制系统和紧急停堆系统;

第二,堆芯应急冷却系统;

第三,安全壳顶部设置的冷水喷淋系统;

第四,容积控制系统,它主要调节主冷却剂水的含硼量及容积变化;

第五,化学控制系统,它主要用于控制一回路冷却剂水的含氧量和pH值,抑制有关设备和材料的腐蚀;

第六,其他系统,像余热导出系统、冷却剂净化系统、三废(废气、废液、废渣)处理系统等。

资料来源:臧希年:《核电厂系统及设备》,清华大学出版社2010年版。

在我国,核电厂建造的前期筹备阶段主要是指核电厂选址获得国务院核安全监督管理部门批准、核电项目建议书获得国家发改委同意后核设施营运单位确定工程建设模式、进行融资、签订设备供应合同和主体工程合同、征地、四通一平[①]、核岛负挖等一系列准备活动的过程;土建施工阶段是指核设施营运者申请获得核电厂建造许可后组织建造核电厂核岛和常规岛的过程,以核岛第一罐混凝土浇筑为起点,以穹顶吊装为结束标志;设备安装阶段是指对建成的核岛和常规岛安装各种设备、线路和管道的过程;系统调试阶段是指将已安装的部件和系统投入运行并进行性能验证,以确认是否符合设计要求、是否满足性能标准的过程。

(二)核设施建造的安全管理要求

核设施建造的目标是精准建设成一个经批准的核设施设计。[②] 建造环节对核安全的影

---

① "四通一平"是指工程建设中通水、通路、通电、通电讯和平整场地的施工工作。

② See IAEA, Construction for Nuclear Installations, Specific Safety Guide, Vienna: International Atomic Energy Agency, 2015. p.1.

响主要在于其建造施工的质量水平,确保建造过程的每一个行为(环节)和物项满足核安全的要求是风险防控的重点。在我国,法律上对核设施建造的管控主要表现为以下三个方面:

一是许可管理。为了控制核事故风险,核设施营运单位在建造核设施前应当向国务院核安全监督管理部门提出建造申请并提交核设施建造申请书、初步安全分析报告、环境影响评价文件、质量保证文件等法律、行政法规规定的材料,在获得国务院核安全监督管理部门颁发的建造许可后方可开展核设施建造施工活动(参见第四章第三节)。① 未经许可建造核设施的,由国务院核安全监督管理部门责令改正,处 100 万元以上 500 万元以下的罚款;拒不改正的,责令停止建设或者停产整顿,对直接负责的主管人员和其他直接责任人员,处 5 万元以上 20 万元以下的罚款(《核安全法》第 79 条)。

二是质量保证和控制。质量保证是指为了对某一物项、过程或服务能够满足例如许可证中规定的特定质量要求建立充分的信心所需采取的有计划和有系统的行动。② 质量保证是有效管理的一个实质性的方面。③

《核安全法》规定,核设施营运单位和为其提供设备、工程以及服务等的单位应当建立并实施质量保证体系,有效保证设备、工程和服务等的质量,确保设备的性能满足核安全标准的要求,工程和服务等满足核安全相关要求(第 17 条)。《民用核安全设备监督管理条例》还规定,核安全设备设计、制造、安装和无损检验单位,应当提高核安全意识,建立完善的质量保证体系,确保核安全设备的质量和可靠性;并根据其质量保证大纲和民用核设施营运单位的要求,在核安全设备设计、制造、安装和无损检验活动开始前编制项目质量保证分大纲,并经核设施营运单位审查同意;不得将国务院核安全监督管理部门确定的关键工艺环节分包给其他单位。与此同时,核设施营运单位,应当对核安全设备设计、制造、安装和无损检验活动进行质量管理和过程控制,做好监造和验收工作(第 20—24 条)。

三是定期报告。关于报告,我国国家核安全局制定了《核电厂营运单位报告制度》(1995 年)、《研究堆营运单位报告制度》(1995 年)和《核燃料循环设施的报告制度》(1995 年)等规范文件。以核电厂建造为例,核设施营运单位在核设施建造阶段,从核岛基础混凝土开始浇筑之日起到首次装料开始,大约要 60 个月④,这期间必须以公函形式在每个季度的第一个月最后一天以前,向所在地区核安全监督站递交前一季度的建造情况总结报告,同时抄送国务院核安全监督管理部门。⑤

此外,为了保证核设施建造过程符合法律、法规规定和标准要求,《核安全法》第 70 条第 3 款规定,国务院核安全监督管理部门或者其派出机构应当向核设施建造现场派遣监督检查人员,进行核安全监督检查。

---

① 参见我国《核安全法》第 25 条。
② 物项是材料、零件、部件、系统、构筑物以及计算机软件的总称,服务是指由供方进行的工作(如设计、制造、检查、无损检验、修理或安装等)和由营运单位完成的工作(如运行、维护和修理)。参见国际原子能机构:《国际原子能机构安全术语——核安全与辐射防护系列》,http://www-ns.iaea.org/downloads/standards/glossary/safety-glossary-chinese2007-10-23.pdf,最后访问时间:2020 年 5 月 9 日。
③ 参见《核电厂质量保证安全规定》(国家核安全局,1991 年)。
④ 参见国家核安全局:《核姿势 008 期:建一座核电站要多久》,http://nnsa.mee.gov.cn/zhxx_8953/kpyd/kpcl/201801/t20180126_430402.html。最后访问时间:2020 年 5 月 9 日。
⑤ 参见《核电厂营运单位报告制度》(国家核安全局,1995)第 1.1 项。

二、核设施的运行

(一)核设施运行的条件

核设施建成后不能立即运行,需要经过调试验证建成的核设施满足批准的设计要求和满足运行的条件。① 根据我国国务院核安全监督管理部门制定的《核动力厂运行安全规定》(2004年)的规定,核设施营运单位必须制定详细的、能够满足核电厂营运单位的目标并获得国家核安全部门的认可的调试大纲,并在大纲中对其各部分的实施和报告责任作出明确规定。

调试大纲必须能保证提供建造的设施已满足设计要求并符合安全要求的证据。在运行人员的参与下,调试大纲必须尽实际可能地确认运行规程的有效性。

在整个调试大纲实施期间,国务院核安全监督管理部门与核设施营运单位之间应保持密切联系,国务院核安全监督管理部门应对调试大纲的实施情况分阶段进行审查,在完成对前阶段调试试验所得结果的评价和监查,并确认已实现了全部目标和满足了全部核安全管理要求之后才允许进行下一阶段的调试试验工作。

核设施的调试包括带核燃料的调试和不带核燃料的调试,带核燃料的调试在实质上已经是一定程度上运行了核设施,即意味着存在安全风险。为了防控风险,根据《核安全法》第27条的规定,核设施营运单位应完成国务院核安全监督管理部门认为必需的全部运行前试验,在试验结果获得核电厂营运单位和国务院核安全监督管理部门两者的认可后,还应当向国务院核安全监督管理部门提出运行申请(参见第四章第四节),获得核设施运行许可后才允许进行初始装料和初始功率提升。

(二)核设施运行过程中的安全管控

核设施营运单位在获得核设施运行许可后方可开始装载核燃料正式运行核设施,此后核设施安全管控的目标是保障核设施不偏离正常的运行工况,保持其安全风险处于可接受的范围内(参见专栏5.4)。

专栏 5.4

美国核电厂运行的安全目标

1986年美国核监管委员会发布了"核电厂运行安全目标"政策声明。核电厂运行安全目标由两个定性目标和两个定量指标组成。两个定性安全目标分别是:保护公众中的个人成员免于核电厂运行的后果,使其不用承担显著的额外健康和生命风险;核电厂运行所带来的社会性的健康和生命风险应当小于或者和其他电力生产技术导致的风险相当,并且相对其他社会性的风险而言,没有带来显著的额外风险。两个定量指标分别是:反应堆事故导致的核电厂附近的人均即时死亡风险不得超过美国人通常暴露的其他事故的即时死亡总风险的千分之一;核电厂运行可能导致的核电厂附近区域人群癌症死亡风险不得超过其他原因

---

① 参见我国《核安全法》第26条。

导致的癌症死亡总风险的千分之一。其中两个定性目标是首要目标,两个定量指标是用来实现上述定性目标的辅助目标。

美国核监管委员会认为,之所以采取定性和定量相结合的目标模式,是因为首先考虑到保障核电厂不至于给公众带来显著的死亡或伤害风险,即这样一种安全水平能够使生活或者工作在核电厂附近的个人能够正常地进行相关活动而不用因临近核电厂而有特别顾虑,而定量的健康影响指标可以用于监管决策过程,使得目标具有可操作性。

资料来源:U. S. Nuclear Regulatory Commission, Safety Goals for the Operation of the Nuclear Power Plants, Policy Statement, 10 CFR Part50, 1986。

对核设施运行阶段进行管控是确保核能利用活动过程安全的核心环节。作为许可证持有人,核设施营运单位对核动力厂的安全运行负全面责任。核设施营运单位可以把核设施的安全运行授权给核设施运行管理者(例如我国中广核集团公司设立了专门的核电运营公司),但必须给营运单位提供必要的资源和支持,并保持对安全负有首要责任。

我国核设施营运单位应当严格遵守核设施运行许可证载明的条件和要求,安全运行核设施。综合《核安全公约》和我国《核安全法》《民用核设施安全监督管理条例》《核动力厂运行安全规定》的规定来看,核设施运行阶段的主要安全管控措施包括:建立组织机构和开展人员培训,确定和遵守运行限值和条件,制定和执行运行指令与规程,实施检修和安全评价,采取辐射防护措施(参见第四章),制定对预计的运行事件和事故的响应程序(参见第七章第二节),建立安全报告与经验反馈机制,以及开展辐射监测。

1. 建立组织机构和开展人员培训

由于安全方面的特殊要求,核设施营运单位的组织机构必须适合核设施安全运行管理的特点,决不可将管理非核设施的原有组织加以简单扩充来管理核设施。我国《核安全法》第15条规定,核设施营运单位应当具备保障核设施安全运行的能力,包括有满足核安全要求的组织管理体系和质量保证、安全管理、岗位责任等制度,规定数量、合格的专业技术人员和管理人员;具备与核设施安全相适应的安全评价、资源配置和财务能力,必要的核安全技术支撑和持续改进能力与应急响应能力。

《核动力厂运行安全规定》还规定了核设施营运单位的组织机构必须履行的七项职责:在单位内部划清职责并授权;确定并验证管理大纲圆满实施;提供充分的运行人员培训;建立与国家和地方主管部门的联络渠道;建立与设计、建造、制造、核动力厂运行和必要的其他(国内和国际)组织机构的联络渠道;提供足够的资源、服务和设施;提供适当的公众咨询和联络渠道。

2. 确定和遵守运行限值和条件

为保证核电厂运行符合设计要求,核电厂营运单位必须制定技术和管理两个方面的运行限值和条件。《核安全公约》第19条规定,每一缔约方应当采取适当步骤确保对于由安全分析、试验和运行经验导出的运行限值和条件有明确的规定并在必要时加以修订,以便确定运行的安全界限(参见专栏5.5)。

专栏 5.5

核电站正常运行时释放放射性物质的水平及其对环境和居民的影响

  核电站在运行时可能释放少量的放射性物质。据联合国原子辐射效应科学委员会（UNDCEAR）的统计，全世界核电站正常运行所致广大公众的年人均辐射照射计量只有0.2微希。经过如下对比，大家就可以知道这个剂量很小的。不会对人的健康产生任何影响：由于天然辐射照射，地球上的每个人都不得不接受的辐射照射量是每年人均2400微希；乘坐喷气式飞机旅行，一次飞行5小时增加宇宙辐射照射剂量大约是30微希。

  此外，各个核电站每年提交一份环境影响评价报告，对放射性物质排放的种类和数量、对环境和居民的影响等进行全面的评估，接受国家监管部门和广大公众的监督。

资料来源：中国辐射防护学会网站科普园地：《核电站在运行时会施放出放射性物质吗？对环境和居民的影响有多大？》，http://www.csrp.org.cn/newsitem/277499969。

  根据《核动力厂运行安全规定》的规定，运行限值和条件必须反映最终设计，并在核电厂运行开始之前经国家核安全部门评价和批准。运行限值和条件必须包括对各种运行状态（包括停堆在内）的要求。由于安全运行既取决于设备也取决于人，运行限值和条件必须考虑到与核设施运行有关的技术问题（包括安全系统功能的执行），还必须包括运行人员应采取的行动和应遵守的限制。

  运行限值和条件可以分为安全限值、安全系统整定值、正常运行的限值和条件，以及监督要求，其目标是能起到防止发生可能导致事故工况的状态，以及如果发生这种事故工况则可减轻其后果的作用。

  在发生异常事件后，必须使核设施恢复到安全的正常运行状态，必要时包括停堆。在核设施运行偏离一项或几项规定的运行限值和条件时，必须立即采取适当的纠正措施，事后核设施营运单位必须对上述偏离和纠正措施进行审查和评价，并报国务院核安全监督管理部门。

  3. 制定和执行运行指令与规程

  核设施应当按照规定的程序来运行，以保证其运行在运行限值和条件之内。根据《核动力厂运行安全规定》的规定，核设施营运单位必须在运行开始之前，制定出详细的符合所批准的运行限值和条件的书面运行规程，并报送国务院核安全监督管理部门。

  严格地遵守书面的运行规程必须是确保核设施安全的根本要素之一，对于运行人员发现核设施系统或设备的状态或条件不符合运行规程的情况，核设施营运单位必须以书面形式清楚地规定有关人员的职责和联络渠道。核设施营运单位必须以书面方式明确地规定控制室操纵员和为了安全而指导反应堆停堆的人员的责任和权力。同样，也必须以书面形式明确地规定在导致停堆的异常事件后或为了维修而停堆很长时间后重新启动反应堆的责任和权力。

  4. 实施检修和安全评价

  和其他工业设施、设备一样，核设施在运行过程中需要不断维护。《核安全公约》第19

条规定,每一缔约方应当采取适当步骤确保对于核设施的运行、维护、检查和试验按照经批准的程序进行。我国《核动力厂运行安全规定》规定了维修、试验、监督和检查的具体要求。核设施营运单位在必须制定和实施安全重要构筑物、系统和部件的维修、试验、监督和检查的大纲。

在核设施整个运行寿期内,考虑到运行经验和从所有相关来源得到的新的重要安全信息,核设施营运单位必须根据管理要求采用以固定的间隔和必要的频率重新对核动力厂进行系统的安全评价。① 我国《核安全法》第16条规定,核设施营运单位应当对核设施进行定期安全评价,并接受国务院核安全监督管理部门的审查。

5. 记录报告与经验反馈

为了掌控核设施的运行状态和及时应对可能出现的异常情况,有必要记录和报告核设施运行相关的信息。《核安全公约》要求有关许可证的持有者及时向监管机构报告安全重要事件(第19条)。

我国《核安全法》第35条规定,国家建立核设施营运单位核安全报告制度。国家核安全局制定的《核动力厂运行安全规定》《核电厂营运单位报告制度》《研究堆营运单位报告制度》和《核燃料循环设施的报告制度》对不同要求核设施营运单位的报告要求作出了具体规定。

以核动力厂为例,营运单位必须对安全重要的记录和报告进行控制管理,必须符合核动力厂质量保证有关法规的要求(参见专栏5.6)。

专栏5.6

阳江核电厂因海洋生物导致停堆事件报告与经验反馈

2020年3月24日,阳江核电厂4号机组处于满功率运行。18:18,由于海生物(毛虾群)进入海水循环水过滤系统,旋转滤网压差高导致2号海水循环水泵跳闸,工作人员按预案将机组降功率至600MW。18:30,海水循环水过滤系统旋转滤网压差高导致1号海水循环水泵跳闸。两台海水循环水泵跳闸触发凝汽器故障信号,导致汽轮发电机组跳闸,触发反应堆紧急保护停堆,工作人员执行事故程序稳定机组。21:20,机组状态满足运行技术规范要求,退出事故程序。机组稳定在热停堆状态。3月25日13:14,在对海生物(毛虾群)进行打捞后,4号机组重新并网。

2020年3月25日,阳江核电厂1/2/3/5/6号机组处于满功率运行状态,4号机组处于80%功率运行状态。由于海生物(毛虾群)突然再次爆发,各台机组海水循环水过滤系统旋转滤网压差持续升高导致海水循环水泵相继跳闸,因为两台海水循环水泵跳闸触发凝汽器故障信号,汽轮发电机组跳闸,触发反应堆紧急保护停堆,3/4/6/2号机组分别于16:09、16:19、16:19以及16:35自动停堆;1/5号机组快速降功率到停堆状态。目前阳江核电厂各台机组均处于安全稳定状态。

---

① 参见《核安全公约》(1994年)第14条;《乏燃料管理安全和放射性废物管理安全联合公约》第15条;国际原子能机构:《核电厂安全:调试和运行》,https://www-pub.iaea.org/MTCD/Publications/PDF/P1716C_web.pdf,最后访问时间:2020年5月9日。

根据《核电厂营运单位报告制度》准则4.1.4"导致专设安全设施和反应堆保护系统自动或手动触发的事件（预先安排的这类试验除外）"，3月24日阳江核电厂4号机组因海洋生物导致停堆事件被界定为运行事件。在本次事件过程中，机组无放射性后果、无人员照射、无环境污染。根据《国际核与辐射事件分级手册》，该事件界定为0级事件。

根据《核电厂营运单位报告制度》准则4.1.4"导致专设安全设施和反应堆保护系统自动或手动触发的事件（预先安排的这类试验除外）"，3月25日阳江核电厂4台机组因海洋生物导致停堆事件被界定为运行事件。在本次事件过程中，机组无放射性后果、无人员照射、无环境污染。由于是多机组共因事件，根据《国际核与辐射事件分级手册》，该事件由0级提升为1级。

近年来，我国核电厂已相继发生了几起由于海生物入侵海水循环水过滤系统，导致的反应堆跳堆的运行事件，国家核安全局要求各核电厂营运单位吸取本次运行事件经验教训，开展冷源系统防控海生物检查，采取措施防范此类事件发生。

资料来源：国家核安全局网站，http://nnsa.mee.gov.cn/ywdh/ywjyfk/202003/t20200326_770820.html。最后访问时间：2020年5月9日。

为了不断提高核安全水平，核设施安全管理应当在总结经验和吸取教训的基础上不断改进。《核安全公约》要求每一缔约方应当采取适当措施以确保制定收集和分析运行经验的计划，以便根据获得的结果和得出的结论采取行动，并利用现有的机制与国际机构、其他运营单位和监管机构分享重要的经验（第19条）。

我国《核安全法》第35条规定，国务院有关部门应当建立核安全经验反馈制度，并及时处理核安全报告信息，实现信息共享，核设施营运单位应当建立核安全经验反馈体系。

以核动力厂为例，经验反馈包括三个方面：首先，营运单位必须系统地评价核动力厂的运行经验，调查研究安全重要的异常事件以确定其直接原因和根本原因并向核动力厂运行管理者提出明确的建议，核动力厂运行管理者必须及时地采取恰当的纠正行动，这些评价及调查所得的信息必须反馈给核动力厂工作人员；其次，营运单位必须获得并评价其他核动力厂的运行经验和教训，以作为借鉴，并重视与国内和国际机构的经验交流及信息共享（参见专栏5.7）；最后，核动力厂运行管理者必须与设计有关单位（制造者、研究单位、设计者）保持适当联系，以向其反馈运行经验的信息及获得与处理设备故障或异常事件有关的建议。①

专栏5.7

世界核电营运者协会的成立及其目标

1979年3月28日的美国三里岛核事故，特别是1986年4月26日的苏联切尔诺贝利核事故，严重扭曲了核电的形象，动摇了公众对核电的信任感。有识之士一致认为核事故的影

---

① 参见《核动力厂运行安全规定》第2.4项。

响是没有国界的。因此,无论是哪家核电站,都有责任保证其核电站安全可靠的运行,而整个核电界则有共同的责任来不断地改善核电站的安全可靠性。

在美国核动力运行研究所和国际电力生产和配电者协会的大力支持下,由英国中央电力管理局主席马歇尔爵士倡议,于1989年5月15日在莫斯科成立了世界核电营运者协会(World Association of Nuclear OPerators,WANO)。

WANO是一个将核安全和卓越的运行业绩作为首要目标的非营利性的非政府组织。任何核电厂营运者只要遵从WANO的使命并向WANO作出承诺就可以加入WANO。WANO下辖4个区域中心,1个办公室,即莫斯科、东京、巴黎、亚特兰大中心和伦敦办公室。为了顺应中国地区迅速发展的核电形势,于2012年在香港开设了伦敦办公室香港办事机构。

WANO的使命是通过相互协助、信息交流和良好实践推广等活动来评估、比较和改进电厂的业绩,并最终提高全球核电站的安全性和可靠性。WANO理事会制定的长期目标包括:加强WANO的运行经验计划,使它成为WANO会员之间运行经验信息和服务的主要来源;作为提高核安全性和可靠性的有效手段,促进和发展WANO同行审议计划;制订和管理WANO业绩指标,使核电厂能够确定有意义的目标和衡量进展;发展分享最佳实践的手段和为会员解决已知业绩问题提供帮助;支持核电厂工作人员的专业和技术发展;提高WANO内部的联系能力,以加强核电厂之间关于安全性和可靠性的信息交流;加强每个地区实现上述目标的能力和资源。

资料来源:世界核电营运者协会网站,https://www.wano.info/。最后访问时间:2020年5月9日。

6. 开展辐射环境监测

核设施运行过程中会向环境排放一定的具有放射性的废弃物,为了保护人体健康和保护生态环境,有必要对在运行核设施的周边环境进行监测。《核安全公约》要求核设施营运单位应当确保由核设施引起的对工作人员和公众的辐射照射量在各种运行状态下保持在合理可行尽量低的水平,并确保任何个人受到的辐照剂量不超过本国规定的剂量限值。[1]

我国《核安全法》在规定核设施营运单位的辐射防护义务的基础上,要求核设施营运单位应当对核设施周围环境中所含的放射性核素的种类、浓度以及核设施流出物中的放射性核素总量实施监测,并定期向国务院环境保护主管部门和所在地省、自治区、直辖市人民政府环境保护主管部门报告监测结果。[2]

根据我国《放射性污染防治法》的规定,国务院环境保护行政主管部门负责对核动力厂等重要核设施实施监督性监测,并根据需要对其他核设施的流出物实施监测,监督性监测系统的建设、运行和维护费用由财政预算安排(第24条);核设施营运单位未按照规定报告有关环境监测结果的,将由县级以上人民政府环境保护行政主管部门或者其他有关部门依据职权责令限期改正,可以处2万元以下罚款(第49条)。

---

[1] 参见《核安全公约》第15条。
[2] 参见我国《核安全法》第19条。

为了加强辐射环境监测信息公开程度,满足社会公众对辐射环境质量的知情权,生态环境部已要求从 2015 年下半年开始实时发布国家辐射环境监测网自动监测数据。①

第四节 核设施的退役

一、核设施退役的条件和目标要求

(一) 核设施退役的条件

核设施具有特定的设计寿期,例如核电厂的设计寿期一般为 40—60 年。核设施运行快到设计寿期时需要考虑延寿或者退役。实践中,核电站延寿已经是国际核电行业通行的一种做法。按照国际惯例,核电站延寿工作即申请运行许可证延续的工作一般在其设计寿命结束前十年就应启动。核设施营运单位之所以希望能将核电机组进行延寿,经济性考量是其中最主要的原因。新建一台核电机组的费用动则上百亿元,但通过延寿,使核电站再运行几十年,相当于再建一座同等规模的核电站,但所花费用却少得多。

世界上第一个为核电站进行延寿的国家是俄罗斯,位于俄罗斯卡卢加州的奥布灵斯克核电站于 1954 年建立,被业内称为"世界上第一座核电站",从建成运行至今已有近 60 年。在美国,一般核电站设计寿命是 40 年,再延寿通常是 20 年。虽然经济性考量固然是核电站延寿的重要因素,但在许可证延续评审过程中对于设备老化管理、技术性的改造、安全性评估均会进行详尽的检查和论证,以保证延寿电站的安全性。例如,我国《核安全法》规定核设施运行许可证有效期届满需要继续运行的,核设施营运单位应当于有效期届满前五年,向国务院核安全监督管理部门提出延期申请,并对其是否符合核安全标准进行论证、验证,经审查批准后,方可继续运行(第 28 条)。

即便延寿,终有期限,核设施最后都会进入退役阶段。退役意味着核设施被永久停止运行。核设施退役主要包括去污和拆除两个主要步骤,整个过程往往要持续数年时间。② 世界上已经有一百多座核电站永久关闭,而真正完成退役的并不多。

核设施退役有多种形式。以核电厂为例,其主要分为三种形式:一是停止运行后立即拆除并清除反应堆中的放射性物质;二是将反应堆封存几十年,待其放射性自然衰减后再拆除;三是在反应堆外建一个混凝土外壳,将反应堆长期罩起来,例如切尔诺贝利核事故核电站建立的"石棺"(参见专栏 5.8)。

 专栏 5.8

切尔诺贝利核"石棺"

1986 年 4 月 26 日,位于乌克兰北部靠近白俄罗斯边境的苏联切尔诺贝利核电站 4 号机组突然发生爆炸,造成迄今为止人类历史上最惨重的核灾难。事故发生后,苏联政府用混凝

---

① 参见环境保护部办公厅:《关于实时发布国家辐射环境监测网自动监测数据的通知》(环办函〔2015〕1362 号)。
② 国际原子能机构:《核动力厂和研究堆的退役》,https://www-pub.iaea.org/MTCD/Publications/PDF/Pub1079c_web.pdf,最后访问日期:2020 年 5 月 9 日。

土等材料将4号反应堆仓促封存,防止放射性物质进一步外泄,约200吨核原料仍封存至今,该保护结构被称为"石棺"。"石棺"原计划维持10年,到1996年已经出现了裂缝,再盖一个新的遮盖物是国际社会的共识,但是这项计划进展并不顺利。从1997年开始筹建,但是由于资金问题一直没有办法启动,直到2012年,钢制的新"棺"才开始动工建设。

这个新的拱形钢筋混凝土"石棺"重达3万多吨,由28个国家筹集约15亿欧元援建,高110米,长257米,宽164米,大小与巴黎圣母院或者两架波音747飞机相当。2016年12月,新"石棺"建设工程宣告竣工,对原有的石棺覆盖,其设计使用寿命为100年。

资料来源:伍浩松:《乌签署切尔诺贝利石棺拆解合同》,载《国外核新闻》2019年第8期。

考虑到安全问题和保障退役工作的有效展开,法律要求核设施营运单位要提前对核设施退役问题予以考虑。根据我国《核安全法》和《放射性污染防治法》的规定,核设施退役前核设施营运单位应当从多个方面做好准备:首先,在核设施设计时,应考虑未来便利于实施退役的要求①;其次,核设施营运单位应当预提核设施的退役费用,并将其列入投资概算或者生产成本②;再次,核设施营运单位应当在核设施终止运行后采取安全的方式进行停闭管理,保证停闭期间的安全,确保退役所需的基本功能、技术人员和文件;最后,核设施营运单位应当制订退役计划并准备其他相关文件并向核安全监督管理部门申请退役许可。③

(二)核设施退役的安全目标

核设施营运单位获得核能监督管理部门颁发的退役许可后方可按退役计划开展退役工作。在退役过程中,核设施营运单位的主要义务是按照合理、可行和尽可能低的原则将核设施厂址、构筑物、系统和设备的放射性水平控制在核安全和辐射防护要求的标准下。我国《核安全法》还规定,核设施退役后,核设施所在地省、自治区、直辖市人民政府环境保护主管部门应当对核设施厂址及其周围环境中所含的放射性核素的种类和浓度组织监测(第30条),以核实核设施退役的实际效果。

核设施退役的最终目标是使核设施和(或)厂址获得有限制或无限制开放和使用,例如英国要求核设施退役的最终要求是达到"绿地"状态(参见专栏5.9)。为达到这种目标,退役作业应减少退役后设施和厂址占用者的辐射剂量至审管机构认可的管理目标值。鉴于核设施的复杂程度各异,经审管机构批准,核设施可实施立即拆卸或延迟拆卸的退役策略。无论采取哪种核设施退役策略,退役安全目标都是应确保工作人员、公众的安全及环境安全,免受或减少来自退役各阶段中产生的放射性或非放射性有害物质的危害,同时又不给后代留下不适当的负担,包括额外的健康、安全风险以及财政需求。④

---

① 参见《核动力厂环境辐射防护规定》(GB6249—2011);《研究堆设计安全规定》(国家核安全局1995年)。
② 参见我国《放射性污染防治法》第27条;《核安全法》第48条。
③ 参见我国《核安全法》第30条第1款。
④ 参见《核设施退役安全要求》(GB/T 19597—2004)。

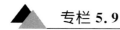

专栏 5.9

英国的核设施退役方案

英国核设施退役的标准做法是分三个阶段实施退役活动,将反应堆拆至"绿地"状态。

第一阶段:停堆后即开始将反应堆中的核燃料全部卸出。卸料时间为4—5年,在后期,核电站的放射性总活度与停堆时相比,约降低到万分之一。

第二阶段:拆除反应堆生物屏蔽之外的所有部件。包装所有的放射性废物,并送往处置场,屏蔽隔离反应堆。这一阶段约需5年,然后受控制的开放现场。接着是观测阶段,监测反应堆的安全,这一时期可延至停堆后的一百年。

第三阶段:约用五年时间,将场地清除至"绿地"状态,反应堆全部拆除,所有放射性废物处置完毕。将第三阶段工作延迟约100年的理由是使反应堆中放射性物质衰变。这样能使作业人员安全实施拆除工作,减少受照。

资料来源:赵世信、林森等编:《核设施退役(Ⅰ)》,原子能出版社1994年版。

二、核设施退役的过程管控

(一)制订退役策略与计划

国际原子能机构要求,核设施营运者必须选择一种与国家的放射性废物管理政策相一致的构成退役计划依据的退役策略,对所选的退役策略进行合理化评估,能达到规定的退役终态并且不会对后代人造成不适当的负担。① 对于拥有不止一个设施的厂址而言,核设施营运者必须制定厂址退役策略,以确保在将导致每一设施的最终退役计划的单个设施的规划中考虑到各设施间的关联因素。

我国《核安全法》规定,核设施退役前,核设施营运单位应当向国务院核安全监督管理部门提出退役申请,并提交核设施退役申请书、安全分析报告、环境影响评价文件、质量保证文件等材料(第30条)。

根据《核设施退役安全要求》(GB/T 19597—2004)的规定,在退役经费和退役技术能保障退役活动的安全时,应采取立即拆卸的退役策略;在退役经费和退役技术不充分时,可选择延迟拆卸的退役策略,但必须向有关部门申述理由并承诺后续退役经费筹措及退役技术研究开发(第5.2项)。

每个核设施的退役计划可按三个阶段制订,即核设施退役初步计划,核设施退役中期计划和核设施退役整体计划(第5.1项)。

依照《核安全法》的规定,核设施营运单位未经许可开展核设施退役活动,由国务院核安全监督管理部门责令改正,处100万元以上500万元以下的罚款,造成环境污染的责令限期

---

① 国际原子能机构:《设施退役》,https://www-pub.iaea.org/MTCD/Publications/PDF/Pub1652CWeb-6826044.pdf,最后访问时间:2020年5月9日。

采取治理措施消除污染,对直接负责的主管人员和其他直接责任人员处5万元以上20万元以下的罚款(第79条)。

(二)采取安全防护和辐射监测措施

核设施营运者在获得核能监督管理部门的退役许可后,必须根据确定的核设施退役策略和最终退役计划实施退役活动。国际原子能机构要求,对于立即拆除的核设施,应当立即实施退役计划;对于延迟拆除的核设施,核设施营运者必须确保设施保持安全的配置,以便能够实施后续去污和(或)拆除,同时为确保延迟期间的安全,必须制订适当的维护、监测和监督计划,报监管机构批准;监管机构必须对退役活动作出安排并须对其进行视察和审查,以确保这些活动正在按照最终退役计划和实施退役的许可以及监管机构负有监督职责的其他要求实施,如未达到安全要求和未满足退役许可的条件,监管机构必须采取相应的执法措施。①

核设施退役过程主要涉及辐射安全问题,包括各种类型放射性污染、与空气污染相关的吸入危险、需要远距离操作的高辐射水平、临界与退役中采用特殊工艺相关的辐射危险、由于辐射生长而增加的危险、退役过程中可能产生的新的辐射危险等方面。

根据我国《核安全法》的规定,核设施退役时,核设施营运单位应当按照合理、可行和尽可能低的原则处理、处置核设施厂址的放射性物质,将构筑物、系统和设备的放射性水平降低至满足标准的要求(第30条)。

按照《核设施退役安全要求》(GB/T 19597—2004),核设施营运单位应建立具有处理工作人员和公众健康以及辐射安全事宜能力的独立的辐射安全组织,并按适宜的程序执行安全管理。在采取安全防护措施的同时,在核设施退役过程中还需要实施辐射监测,包括退役过程现场辐射监测、完工状态现场辐射检测、完工状态现场辐射验收监测和辐射环境监测四种类型的监测(参见专栏5.10)。

专栏5.10

核设施退役过程中的辐射监测

为了安全防护和防止环境污染,核设施退役过程中需要开展各种监测,包括退役现场辐射监测、退役过程辐射防护监测、退役完工状态辐射监测、完工状态辐射验收监测和环境辐射监测,不同监测类型的监测对象有所不同,具体而言:

退役现场辐射监测的对象主要有退役施工范围内被放射性物质污染的设施、系统、设备、物料、建(构)筑物、场地等在去污、清除后的表面污染水平,土壤中放射性核比活度、γ剂量率;放射性废物包装体的总活度、核素种类、比活度、废物包表面污染水平;放射性流出物排放口排放量、排放浓度和核素组成。退役过程辐射防护监测对象包括工作场所的空气污染水平、周围环境γ剂量率、个人剂量、个人防护器具表面污染、体表污染等。退役完工状态辐射监测对象包括退役范围内退役完工状态下保留下来的设施、系统、设备、物料、建(构)筑

---

① 国际原子能机构:《设施退役》,https://www-pub.iaea.org/MTCD/Publications/PDF/Pub1652CWeb-6826044.pdf,最后访问日期:2020年5月9日。

物、场地的残留放射性表面污染水平、周围环境γ剂量率、核素种类;土壤中残留放射性比活度;场区外环境的污染水平。完工状态辐射验收监测对象包括退役范围内完工状态辐射监测对象和项目的抽样复检。环境辐射监测对象一般包括流出物排放点、大气、土壤、地表水、地下水中的放射性监测和环境γ辐射水平监测。

资料来源:《核设施退役安全要求》(GB/T 19597—2004)。

依照我国《核安全法》的规定,国务院核安全监督管理部门或者其派出机构应当向核设施退役现场派遣监督检查人员进行核安全监督检查,对核设施退役时,未将构筑物、系统或者设备的放射性水平降低至满足标准的要求的,责令其改正,给予警告;情节严重的,处50万元以上200万元以下的罚款;造成环境污染的,责令限期采取治理措施消除污染,逾期不采取措施的,指定有能力的单位代为履行,所需费用由污染者承担(第80条)。

(三)提供退役资金保障

核设施退役需要耗费大量的资金,资金是否充足也影响核设施退役策略的选择。例如,美国核监管委员会在1990年中期开始对每个核电站征收7500万美元至13500万美元之间的款项作为核电站退役基金,而核设施营运单位对每个核电站的退役费用估算在15000万美元至35000万美元之间。退役费用与核电站的规模、堆型、环境和厂址位置等因素有关,一般包括直接费用、间接费用和意外费用。其中,直接费用是用于"依次"完成退役工作的材料、劳动力和设备的费用等,间接费用包括工程管理费用、承包商费用、保险费用和资产税金等,意外费用是指对于诸如由于设备采购延迟或恶劣天气等原因使得计划变动而引起的意外费用。①

国际原子能机构要求,在国家法规中必须规定关于退役财政职责方面的条款,这些条款必须包括建立一种机制来提供适当的财政资源,并在必要时确保提供到位以便保证安全退役。② 实践中,很多国家都建立了核设施退役资金保障机制。

在我国,根据《核安全法》第48条的规定,核设施营运单位应当预提核设施退役费用,并列入投资概算、生产成本,专门用于核设施退役,并由国务院财政部门、价格主管部门会同国务院核安全监督管理部门、核工业主管部门和能源主管部门制定具体办法。此前,2010年财政部、国家发展改革委、工业和信息化部印发了《核电站乏燃料处理处置基金征收使用管理暂行办法》,通过向核电厂已投入商业运行5年以上压水堆核电机组的实际上网销售电量征收0.026元/千瓦时的费用,设立政府性的核电站乏燃料处理处置基金,专项用于包括乏燃料后处理厂的退役等在内的核电站乏燃料处理处置活动。之后,国防科工局于2014年3月印发了《核电站乏燃料处理处置基金项目管理办法》。

【本章思考题】

1. 核设施有哪些类型?核设施安全问题的成因是什么?

---

① 参见赵世信、林森等编:《核设施退役(I)》,原子能出版社1994年版,第114—118页。
② 国际原子能机构:《设施退役》,https://www-pub.iaea.org/MTCD/Publications/PDF/Pub1652CWeb-6826044.pdf,最后访问时间:2020年5月9日。

2. 简述核设施安全管控的各项环节。
3. 核设施的设计有哪些安全要求?
4. 核设施的选址需要符合哪些条件?
5. 试述核设施建造过程中的安全管控要求。
6. 试述核设施运行过程中的安全管控要求。
7. 核设施退役应当符合哪些安全目标要求?

第六章

核活动安全管控

【教学目的与要求】 了解核活动的概念和类型;理解核技术利用安全管控的原则与安全防护的基本要求;理解乏燃料与放射性废物处理或处置管理过程中安全管控的制度措施;了解放射性物质运输的安全管控要求。

如前所述,"设施和活动"(facilities and activities)是本书对核法所规制的风险源的统称。根据国际原子能机构的定义,"活动"包括工业、研究和医用辐射源的生产、使用、进口和出口,放射性物质的运输,设施的退役,排放流出物等放射性废物管理活动,以及受过去活动残留物影响的厂址在恢复方面的一些活动。[①] 由于本书第五章已对设施的退役作出了介绍(参见第五章第四节),本章将主要阐述核技术利用(包括工业、研究和医用辐射源的生产、使用、进口和出口等)、乏燃料与放射性废物管理(包括排放流出物等放射性废物管理活动以及受过去活动残留物影响的厂址在恢复方面的一些活动等)与放射性物质运输这三类核活动的安全管控。

第一节 核技术利用安全

核技术利用包括工业、研究和医用辐射源的生产、使用、进口和出口等,核技术在利用过程中会对人身安全以及生态环境带来一定风险,因而必须对其进行谨慎地管理。实际上,发展核技术对于保障国家能源安全、促进经济发展以及应对严峻的环境污染与气候变化问题具有重要的战略意义。对核技术利用的法律规制应该建立在安全管控的基础之上,既要注重风险控制,又不能忽视其社会效益。

一、核技术利用中安全管控的原则

(一)分类管理原则

分类管理原则主要适用于对放射源和射线装置的管理。不同的放射源使用的放射性核素、物理和化学形态以及放射性强度不一样,因而产生的健康与环境风险也不一样。国际原子能机构和各国通行的做法是对放射源实施分类管理。

---

① 国际原子能机构:《国际原子能机构安全术语——核安全与辐射防护系列》,http://www-ns.iaea.org/downloads/standards/glossary/safety-glossary-chinese2007-10-23.pdf,最后访问时间:2020年5月9日。

国际原子能机构在其制定的安全导则中将放射源分为五个类别（即Ⅰ类、Ⅱ类、Ⅲ类、Ⅳ类、Ⅴ类，参见图表6.1）。其中，Ⅰ类放射源为极度危险源，一般情况下接触几分钟就可能对人体造成永久性损伤，接近几分钟至一小时就可能对人体造成致命性伤害；Ⅱ类放射源为非常危险源，一般情况下接触几分钟可能对人体造成永久性的损伤，接近几小时至几天就可能对人体造成致命性的伤害；Ⅲ类放射源为危险源，一般情况下接触几小时就可能对人体造成永久性损伤，接近几天至几周就可能对人体造成致命伤害；Ⅳ类放射源为低危险源，一般情况下不大可能有危险，不大可能造成永久性损伤，但接触或者接近几周可能造成临时性损伤；Ⅴ类放射源为极低危险源，不会造成永久性损伤。

图表6.1 国际原子能机构关于用于一般实践的放射源的建议类别

类别	源[a]和实践	活度比[b]（A/D）
1	放射性同位素热电发生器（RTG） 辐照装置 远距放射治疗源 固定式多束远距放射治疗（γ刀）源	A/D≥1000
2	工业γ射线探伤源 高/中剂量率近距放射治疗源	1000＞A/D≥10
3	装有高活度源的固定式工业仪表[c] 测进仪表	10＞A/D≥1
4	低剂量率近距放射治疗源（眼部敷贴和永久性植入除外） 未装高活度源的固定式工业仪表[c] 骨密度仪 静电消除器	1＞A/D≥0.01
5	低剂量率近距放射治疗眼部敷贴和永久植入源 X射线荧光（XRF）分析仪 电子俘获设备 穆斯堡尔谱仪 正电子发射断层成像（PET）检查源	0.01＞A/D 且 A＞豁免水平[d]

资料来源：International Atomic Energy Agency, Categorization of Radioactive Sources, IAEA Safety Standards Series No. RS-G-1.9, IAEA, Vienna (2005), p. 5.

我国参考国际原子能机构的分类建议，结合国内的实践情况，将放射性同位素分为五类，将射线装置分为三类。① 我国《放射性同位素与射线装置安全和防护条例》（2019年修订）第4条规定，国家对放射源和射线装置实行分类管理。根据放射源、射线装置对人体健康和环境的潜在危害程度，从高到低将放射源分为Ⅰ类、Ⅱ类、Ⅲ类、Ⅳ类、Ⅴ类，具体分类办法由国务院生态环境主管部门制定；将射线装置分为Ⅰ类、Ⅱ类、Ⅲ类，具体分类办法由国务院生态环境主管部门商国务院卫生主管部门制定。

（二）全过程管理原则

全过程管理原则是指监管机关对许可证持有人所实施的核技术利用活动的各个环节和整个过程实施监督，包括事前的许可审批、事中的监督、事后的处罚，以确保许可证的条件切实得到落实，使核技术利用活动处于安全状态，其主要手段是监督检查。

---

① 参见《放射性同位素与射线装置安全和防护条例》（2019年修订）第4条。

例如，我国《放射性同位素与射线装置安全和防护条例》对放射性同位素和射线装置的生产、销售、使用、回收等每一个环节都作出了规定，要求生产放射性同位素的单位的行业主管部门加强对生产单位安全和防护工作的管理，并定期对其执行法律、法规和国家标准的情况进行监督检查。

之所以要对核技术利用实施全过程管理，主要有两方面的考虑。一方面，源头管理不能保证过程的安全性。核技术利用活动必须是在获得政府授权的前提之下展开，即政府对核技术利用活动实施许可制度，未经许可不得从事相关活动，许可制度的目的在于设定一定的门槛从源头上控制核技术利用的风险，预防核与辐射事故的发生。其制度预设是，只要许可证持有人严格遵守许可证上的各项安全标准和要求，就能够实现核安全。然而，许可证持有人通常是以追逐利益最大化为主要目的的企业，其能否有效地自我约束取决于适当的激励和约束机制。如果只停留在事前的许可审批，难以有效地保障核技术利用的安全。另一方面，核技术利用过程产生的辐射危害具有不可逆性。核技术利用过程如果没有得到有效的管控，一旦发生辐射事故，将会对人体健康造成严重的放射性损伤，这种损伤通常是不可逆的。对此，即便法律规定严厉的事后处罚和制裁依然难以弥补其所造成的损害。

国际原子能机构强调对核能与核技术利用活动要遵循"持续控制原则"，要求监管机关应当对许可证持有人的核技术利用行为的每个环节和整个过程实施监督，知晓并确保其颁发的许可证的每一项要求得到满足，即许可证持有人在安全、可靠地开展核技术利用活动。此处的全过程管理原则与持续控制原则在内涵上应当是一致的。

二、核技术利用中安全管控的措施

根据国际原子能机构的界定，放射源是辐射发生器、放射源或其他科研与动力反应堆涉及的核燃料循环之外的放射性物质。[①] 为了区分核燃料循环过程和非核燃料循环过程产生的放射源，核能领域和很多国家的立法通常用"放射源"来专指核燃料循环之外的放射源（Radiation Source），包括产生电离辐射的密封源和非密封源和辐射设备。我国相关的法律法规分别使用了"核技术利用"[②]和"放射性同位素和射线装置"[③]的表述方式。为行文方便，本书以下部分根据不同语境分别使用放射源、核技术或放射性同位素和射线装置，对其内涵不做区分。

放射性同位素和射线装置已经广泛应用于工业、农业、交通、教学、科研等领域。不同于核电厂等大型核设施的集中管理模式及其与公众之间较大的距离感，放射性同位素和射线装置的应用呈分散状态并与人们的生活密切关联。现实生活中，放射源的丢失、被盗、失控时有发生，存在较大的安全隐患，而且可能会导致社会恐慌，影响社会秩序（例如河南杞县辐照装置卡源事件，参见专栏 6.1）。因此，有必要建立放射源"从摇篮到坟墓"的管控措施。本部分重点介绍放射源的分类管理制度、台账与盘存制度、标识与警示制度、废旧源回收制度以及孤儿源控制制度。

---

① See International Atomic Energy Agency, IAEA Safety Glossary: 2018 Edition, IAEA, Vienna (2019), p. 220.
② 例如我国《放射性污染防治法》第四章。
③ 例如我国《放射性同位素与射线装置安全和防护条例》。

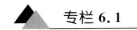

专栏 6.1

河南杞县辐照装置卡源事件

河南省杞县利民辐照厂是一家从事辐照加工的民营企业。该企业辐照装置采用远程控制的钴-60 放射源照射物品,使被照射物品达到灭菌、消毒等目的。该类装置的放射源处于 1 米厚的钢筋混凝土结构的辐照室内,进行辐照加工时,通过远程控制将放射源从水井中提出照射物品,使用后放射源即返回到水井中。2009 年 6 月 7 日凌晨 2 时,该企业辐照装置在运行中发生货物意外倒塌,压住了放射源保护罩,并使其发生倾斜,导致钴-60 放射源卡住,不能正常回到水井中的安全位置。

事件发生后,环保部门派专家赴现场进行处理并确认目前,发生卡源的辐照装置处于有效受控状态,事件不会进一步恶化,不会造成对人员和环境的威胁。然而,在事件处理过程中,谣言也开始通过网络在市民中传播,有人发帖称放射源会引发爆炸,致使大量群众奔向周边县市"避难",汽车、拖拉机、三轮车等各种车辆堵满了该县通往周边县市的道路,上演了现代版的"杞人忧天"事件。

资料来源:蒋云、宗祝平、宋福祥、陈东兵:《河南杞县辐照装置卡源事件的警示》,载《核安全》2009 年第 4 期。

（一）建立放射源的台账与盘存制度

放射源主要来源于国内生产和进口。源头治理的理念要求对放射源的生产和进口实行严格管控。根据《放射性同位素与射线装置安全和防护条例》规定,除许可审批之外,生产放射性同位素的单位应当建立放射性同位素产品台账,并按照国务院生态环境主管部门制定的编码规则,对生产的放射源统一编码。未列入产品台账的放射性同位素和未编码的放射源,不得出厂和销售(第 22 条)。同时,对进口的放射源,由国务院生态环境主管部门确定与其标号相对应的放射源编码(第 18 条)。对放射源统一编码并建立台账的目的在于能够确定每一个放射源的"身份"号码,通过放射源编码即可以了解包括生产厂商(国家)、出厂时间、核素种类、放射源类别等主要信息,并且记录生产和进口放射源的底数或总量。

为了便于管理和实现信息共享,条例还规定,企业(单位)应当将放射性同位素产品台账和放射源编码清单报国务院环境保护主管部门备案,由国务院环境保护主管部门负责建立放射性同位素备案信息管理系统,与有关部门实行信息共享(第 22 条)。

台账管理在一定程度上具有总量管理的性质,并不能确保处于控制状态中放射源实物和账目相符,因为很多放射源在使用过程中会发生移动(包括室内移动和野外作业使用),而可移动的放射源可能会由于各种因素而发生丢失现象。因此,需要对放射源的使用实施过程"跟踪"。《放射性污染防治法》规定,贮存、领取、使用、归还放射性同位素时,应当进行登记、检查,做到账物相符。

此外,考虑到放射源会在不同的单位和行政管辖区域之间"流动"而造成的账物不符现象,我国行政法规规定了转让备案制度。根据《放射性同位素与射线装置安全和防护条例》规定,转让放射性同位素,由转入单位向其所在地省、自治区、直辖市人民政府生态环境主管部门提出申请,并提交符合要求的证明材料。省、自治区、直辖市人民政府生态环境主管部门应当自受理申请之日起15个工作日内完成审查,符合条件的,予以批准;不符合条件的,书面通知申请单位并说明理由。放射性同位素的转出、转入单位应当在转让活动完成之日起20日内,分别向其所在地省、自治区、直辖市人民政府生态环境主管部门备案(第19、20、21条)。

如果生产放射性同位素的单位未建立放射性同位素产品台账、未按照国务院生态环境主管部门制定的编码规则对生产的放射源进行统一编码、未将放射性同位素产品台账和放射源编码清单报国务院生态环境主管部门备案、出厂或者销售未列入产品台账的放射性同位素和未编码的放射源等行为之一的,由县级以上人民政府生态环境主管部门责令限期改正,给予警告;逾期不改正的,依法收缴其未备案的放射性同位素和未编码的放射源,处5万元以上10万元以下的罚款,并可以由原发证机关暂扣或者吊销许可证(第58条)。

(二)采取放射源的标识与警示措施

放射源的生产和使用过程会对工作人员和公众的健康产生潜在风险,尤其对社会公众而言,放射源产生的放射性难以识别和了解。因此,有必要设立特定的活动标志以提醒和警示相关人员,使他们了解自身所处的环境,自觉采取安全防护措施。

根据我国《放射性污染防治法》第16条规定,放射性物质和射线装置应当设置明显的放射性标识和中文警示说明。生产、销售、使用、贮存、处置放射性物质和射线装置的场所,以及运输放射性物质和含放射源的射线装置的工具,应当设置明显的放射性标志。根据《放射性同位素与射线装置安全和防护条例》第36条的规定,在室外、野外使用放射性同位素和射线装置的,应当按照国家安全和防护标准的要求划出安全防护区域,设置明显的放射性标志,必要时设专人警戒。除此以外,我国《电离辐射防护及辐射源安全基本标准》(GB18871—2002)对放射性物质标识和警示标志及其设置要求作出了明确规定(参见图表6.2和图表6.3)。

图表6.2 放射性标标志

图表6.3 放射性警示标

违反《放射性污染防治法》的规定,不按照规定设置放射性标识、标志、中文警示说明的,由县级以上人民政府生态环境行政主管部门或者其他有关部门依据职权责令限期改正;逾期不改正的,责令停产停业,并处2万元以上10万元以下罚款;构成犯罪的,依法追究刑事责任(第55条)。生产、销售、使用放射性同位素和射线装置的单位有违反《放射性同位素与射线装置安全和防护条例》规定,在室外、野外使用放射性同位素和射线装置,未按照国家有关安全和防护标准的要求划出安全防护区域和设置明显的放射性标志的,由县级以上人民政府生态环境主管部门责令停止违法行为,限期改正;逾期不改正的,处 1 万元以上 10 万元以下的罚款(第 57 条)。

(三) 实施废旧放射源回收

废旧放射源是指不打算用于初始目的的放射源,但不一定都是废物。有些废旧放射源由于各种原因退役而处于闲置状态,这些闲置放射源如果全部当作废源处理,会给放射性废源的贮存和处置带来一定压力,同时也是一种巨大的浪费。实际上很多废旧放射源是可以再利用的,如骨密度仪中使用的 241Am 低能光子源闲置后可用于测厚仪,再有湿密度仪中使用的 241Am-Be 中子源,料位计中使用的 137CS 伽马源退役后可返回生产厂家经测漏后,再继续用于仪器生产。闲置放射源的再利用从放射性废物管理角度看就是减量化,因此,对闲置放射源应坚持"减量化、再使用、再循环"的原则。我国法律法规原则上规定废旧放射源由生产单位进行回收,这是因为生产单位一般具有对废旧放射源进行再处理的能力,对放射源贮存管理的设施、设备较为齐备,技术力量相对较强,管理经验也更为丰富。

根据我国《放射性污染防治法》的规定,生产放射源的单位,应当按照国务院环境保护行政主管部门的规定回收和利用废旧放射源;使用放射源的单位,应当按照国务院环境保护行政主管部门的规定将废旧放射源交回生产放射源的单位或者送交专门从事放射性固体废物贮存、处置的单位(第 32 条)。根据《放射性同位素与射线装置安全和防护条例》的规定,生产、进口放射源的单位销售Ⅰ类、Ⅱ类、Ⅲ类放射源给其他单位使用的,应当与使用放射源的单位签订废旧放射源返回协议;使用放射源的单位应当按照废旧放射源返回协议规定将废旧放射源交回生产单位或者返回原出口方。确实无法交回生产单位或者返回原出口方的,送交有相应资质的放射性废物集中贮存单位贮存。使用放射源的单位应当按照国务院环境保护行政主管部门的规定,将Ⅳ类、Ⅴ类废旧放射源进行包装整备后送交有相应资质的放射性废物集中贮存单位贮存(第 32 条)。

生产、销售、使用放射性同位素和射线装置的单位违反《放射性同位素与射线装置安全和防护条例》的规定,未按照规定对废旧放射源进行处理的,由县级以上人民政府生态环境主管部门责令停止违法行为,限期改正;逾期不改正的,由原发证机关指定有处理能力的单位代为处理或者实施退役,费用由生产、销售、使用放射性同位素和射线装置的单位承担,并处 1 万元以上 10 万元以下的罚款(第 59 条)。

(四) 对孤儿源实行控制

2004 年国际原子能机构《放射源安全与保安行为准则》中,将孤儿源(orphan source)定义为:孤儿源是指那些从未接受过监管部门管制的放射源,或者由于被遗弃、丢失、错放、被盗和非法转移而导致没有置于监管部门管制的放射源。相对于得到监管的放射源而言,孤儿源更容易引发辐射事故,误伤公众,并很可能造成巨大的经济损失和局部的社会恐慌。孤儿源产生的主要途径有:移动使用的放射源再运输过程中丢失或被盗;逃避责任而蓄意丢弃放射源;因为放射源设备或其容器的废料价值而被盗。[①]

因而在下列情况发生时,监管部门应着重考虑以上三种途径,到相关的场所进行现场搜寻:放射源实物盘存时失踪或者多出放射源;关、停、并、转的公司或企业未履行放射源转移

---

① 参见黄超云、周启甫:《孤儿源搜寻初探》,载《辐射防护通讯》2007 年第 5 期。

或者退役手续;媒体有关放射源的丢失或被盗的报道;在贮存放射源的区域发生的盗窃与破坏报告;医院诊断病人有与辐射有关的症状或损伤。

监管部门搜寻孤儿源通常有两种方式,分别为管理角度搜寻和现场搜寻。管理角度搜寻是指监管部门检查有关管理记录,并通过调查建立起孤儿源清单。现场搜寻是指辐射应急人员或监管工作人员携带放射源搜寻设备,在可能存在孤儿源场所进行放射源搜索,找到放射源并将其收贮。管理部门应当在孤儿源搜寻前制定严密的计划,并注重对搜寻小组的培训。同时,对孤儿源的回收必须逐案处理,最终实现安全的处理或处置,从而消除安全隐患。①

第二节 乏燃料与放射性废物管理安全

一、乏燃料与放射性废物的概念

(一)乏燃料的概念

乏燃料(spent fuel),是指经过核裂变后,燃料已无法有效继续维持核裂变反应,但经过后续处理提纯后,仍能作为核裂变燃料的物质。因此,乏燃料既可被当做放射性废料处理,也可作为有待加工的核燃料处理。

美国核能管理委员会将乏燃料定义为已经无法继续有效维持核裂变反应链的使用过的核燃料"②,国际原子能机构将乏燃料定义为"核燃料在辐照后从反应堆中移除的,由于裂变材料的耗尽、毒物积聚或辐射损伤而不再可用的物质"③;《乏燃料管理安全和放射性废物管理安全联合公约》将其定义为"已经历过辐照,从核反应堆中取得的核燃料"④。我国《核安全法》第93条对乏燃料的定义为:乏燃料,是指在反应堆堆芯内受过辐照并从堆芯永久卸出的核燃料。

乏燃料内含有大量未充分利用的可进行裂变的材料,如铀-238、钍-232、钚-239、铀-235或铀-233等等。这部分材料一部分来自原燃料中未反应遗留的,一部分来自反应过程中生成的。由于乏燃料的燃料纯度不足,乏燃料无法继续维持核反应,但是乏燃料中剩余的裂变材料具备再次利用的价值,因此乏燃料后处理技术被研发出来用于对乏燃料进行提炼,从而得到新的可利用的核燃料。

乏燃料含有极高的放射性物质剂量,如果泄露,带来严重的核辐射危害。乏燃料泄露带来的放射性物质可通过呼吸吸入、皮肤伤口及消化道吸收进入体内,引起内辐射,γ辐射可穿透一定距离被机体吸收,使人员受到外照射伤害。短时间内大剂量电离辐射引起的放射性损伤,称急性放射病。较长时间超过允许剂量的辐射损伤,称慢性放射病。此病常见于接受过量射线的工作人员、公众及核武器爆炸的罹难者,主要引发造血功能障碍、内脏出血、组

---

① 参见黄超云、周启甫:《孤儿源搜寻初探》,载《辐射防护通讯》2007年第5期。
② See U. S. NRC, Spent nuclear fuel, https://www.nrc.gov/reading-rm/basic-ref/glossary/spent-nuclear-fuel.html, last accessed on May 8, 2020.
③ See International Atomic Energy Agency, IAEA Safety Glossary: 2018 Edition, IAEA, Vienna (2019), p. 223.
④ 参见《乏燃料管理安全和放射性废物管理安全联合公约》第1条第n款。

织坏死、感染及恶性变等。

概言之,乏燃料具备两面性。一方面,乏燃料具备再次利用的价值;另一方面,乏燃料又具有典型核废料的放射性和衰变热,具备危害性。由于乏燃料的危害性,若国家不计划对其进行后处理,乏燃料将被视为放射性核废料。乏燃料与放射性核废物的区别,关键在于是否有再次利用的计划。

(二)放射性废物的概念

放射性废物为含有放射性核素或被放射性核素污染,其浓度或比活度大于国家监管部门规定的清洁解控水平,并且预计不再利用的物质。根据形态可分为气体废物、液体废物和固体废物。[①] 我国《核安全法》第2条将其定义为"核设施运行、退役产生的,含有放射性核素或者被放射性核素污染,其浓度或者比活度大于国家确定的清洁解控水平,预期不再使用的废弃物"。

放射性废物根据放射水平可分为低中高三类。其中,低水平的放射性废物,是指那些能够在安全范围内,将放射性废物排入环境的放射性废物;中等水平的放射性废物,是指经过稀释或去污后,能够排入环境的放射性废物高水平的放射性废物,是指那些放射性太强,以致不能安全释放入环境,而只能在严格管理条件下加以贮存处理的放射性废物。

放射性废物的主要来源于核燃料生产、反应堆运行、核燃料后处理与退役核设施、核武器生产和试验以及其他使用放射性物质等产生的各种废物等四个方面。

二、乏燃料管理安全

乏燃料管理(spent fuel management)是指任何与处理和贮存乏燃料相关的活动。[②] 从乏燃料卸出到乏燃料的最终处置,乏燃料需经历贮存、运输、后处理和最终处置等流程,所有流程活动都可称为乏燃料管理。乏燃料管理要妥善处理乏燃料的危害性,避免乏燃料危害公众和环境。

(一)乏燃料后处理的政策与方式

乏燃料管理政策是指一个国家在处理乏燃料时采取的方式,通常包括两种:一种是对乏燃料进行后处理(reprocessing),另一种是对乏燃料进行直接处置(disposal)。其中,乏燃料后处理(reprocessing of spent fuel)又称为乏燃料再循环。根据美国核能管理委员会的定义,乏燃料后处理是指"将可继续核反应的物质从乏燃料中分离出来的过程,分离出来的燃料可再次使用"的过程。[③] 乏燃料后处理的产物有两种,一种是二氧化铀(UO_2),一种是钚铀氧化物混合燃料(MOX),两种均可再次用以进行核裂变反应。而且在再次反应后,其剩余的产物仍是乏燃料,可再次进行后处理,依此循环。因此,乏燃料后处理构成的核燃料循环流程也叫做闭式循环(closed cycle)。乏燃料后处理的主要目的在于:首先,后处理可提高核燃料利用率,解决核燃料资源不足的问题;其次,乏燃料后处理可减少放射性废物的体积,优

---

① 参见范智文:《铀、钍伴生矿放射性废物的管理》,载《辐射防护通讯》2001年第5期。
② See International Atomic Energy Agency, IAEA Safety Glossary: 2018 Edition, IAEA, Vienna (2019), p. 223.
③ See U. S. NRC, Fuel reprocessing (recycling), *https://www.nrc.gov/reading-rm/basic-ref/glossary/fuel-reprocessing-recycling.html*, last accessed on May 8, 2020.

化废物管理。最后,乏燃料后处理可去除长寿命核素,降低废物的长期毒性。① 很多国家,如果法国、俄罗斯、英国等,均采取了乏燃料后处理的管理政策(参见专栏6.2)。

专栏6.2

乏燃料后处理过程

辐照过的燃料元件从堆内卸出时,无论是否达到设计的燃耗深度,总是含有一定量裂变燃料(包括未分裂和新生的)。回收这些宝贵的裂变燃料(铀-235,铀-233和钚)以便再制造成新的燃料元件或用做核武器装料,是后处理的主要目的。此外,所产生的超铀元素以及可用作射线源的某些放射性裂变产物(如铯-137、锶-90等)的提取,也有很大的科学和经济价值。

乏燃料后处理具有放射性强,毒性大,有发生临界事故的危险等特点,因而必须采取严格的安全防护措施。

后处理工艺可分下列几个步骤:

(1) 冷却与首端处理:冷却将乏燃料组件解体,脱除元件包壳,溶解燃料芯块等。

(2) 化学分离:即净化与去污过程,将裂变产物从U-Pu中清除出去,然后用溶剂萃取法将铀—钚分离并分别以硝酸铀酰和硝酸钚溶液形式提取出来。

(3) 通过化学转化还原出铀和钚。

(4) 通过净化分别制成金属铀(或二氧化铀)及钚(或二氧化钚)。

资料来源:国家原子能机构:《核能百科》,http://www.caea.gov.cn/n6759381/n6759387/n6759395/c6792223/content.html,最后访问时间:2020年7月20日。

我国施行乏燃料后处理政策。1983年,国务院科技领导小组召开专家论证会,确定了"发展核电必须相应发展后处理"的战略。当前的乏燃料后处理政策本质上是1983年的战略延续。2016年3月,我国《国民经济和社会发展第十三个五年规划纲要》将核电项目用于推动能源结构的优化升级,并明确要求"加快论证并推动大型商用后处理厂建设"。随后在国家发展改革委、国家能源局发布的《能源技术革命创新行动计划(2016—2030年)》等文件中,核燃料循环体系建设及乏燃料后处理均被作为重要内容作出了规划,标志着我国乏燃料后处理产业进入了发展的"快车道"。

随着核电机组陆续建成和投运,乏燃料的累积量和产生量逐年上升。然而,我国尚未建成任何一座乏燃料商用后处理厂,同时由于现今制度没有妥善地解决邻避问题,后处理厂的建设不断受阻。据预测,2030年我国核电站累积卸出乏燃料将达到近2.4万t,离堆贮存需求达到1.5万t以上。为解决这一挑战,我国必须加快乏燃料后处理发展的步伐。②

---

① 参见孙学智、罗朝晖:《全球乏燃料后处理现状与分析》,载《核安全》2016年第2期。

② 参见李宏业、张琦:《我国核电站乏燃料管理立法思考》,载《中国能源》2018年第3期。

（二）乏燃料管理安全管控的要求和保障

1. 乏燃料管理的技术要求

对乏燃料管理安全的技术要求主要体现在贮存、运输、处理等各个环节中。

从贮存角度来看，乏燃料从核反应堆中卸出时会出现强烈的衰变热，因此乏燃料必须在特定的容器中进行贮存，待其冷却后才能进行运输和后处理。乏燃料贮存即指这一流程。乏燃料贮存一般存在着湿式贮存（wet storage）和干式贮存（dry storage）两种贮存方式。[①]

从运输角度来说，乏燃料运输是连接乏燃料从贮存，到后处理，再到最终处置的中间流程，其本质上属于放射性物质运输。放射性物质运输需要执行严格的安全要求，将放射性物质放于特殊设计和制造的运输容器中，运输过程受到监管，承运人和托运人承担相应的安全责任（参见第六章第三节）。

从乏燃料处理过程来看，与乏燃料后处理相对另一种乏燃料处理方法，是乏燃料直接处置（direct disposal），也称为乏燃料"一次通过"（once through cycle）。直接处置就是放弃对乏燃料进行后处理，将之视为放射性废物，进行中间贮存和最终的地质处理。乏燃料直接处置具有两个优点，一方面，乏燃料后处理的成本较高，从商业发电的角度来说，后处理取得的收益小于后处理的成本，因此很多核能商业发电的国家如美国、加拿大一般都施行乏燃料"一次通过"政策。[②] 另一方面，直接处置没有后处理流程，减少乏燃料的流转对象和运输流程，降低了核技术扩散以及核安全问题引发的可能性。

2. 乏燃料管理的安全要求及保障

我国法律法规主要对乏燃料产生、贮存、运输、后处理的过程作了相关规定。

根据我国《核安全法》的规定，产生、贮存、运输、后处理乏燃料的单位应当采取措施确保乏燃料的安全，并对持有的乏燃料承担核安全责任（第39条）。通过道路运输核材料、放射性废物的，应当报启运地县级以上人民政府公安机关按照规定权限批准；其中，运输乏燃料或者高水平放射性废物的，应当报国务院公安部门批准（第51条）。核材料、放射性废物的托运人应当在运输中采取有效的辐射防护和安全保卫措施，对运输中的核安全负责。乏燃料、高水平放射性废物的托运人应当向国务院核安全监督管理部门提交有关核安全分析报告，经审查批准后方可开展运输活动（第52条）。除此以外，《核安全法》还对直接负责的主管人员和其他直接责任人员、核设施营运单位、技术支持单位及其他相关主体违反法律规定、不履行义务的法律责任作出了明确规定（第75—91条）。

2009年国务院颁布的《放射性物品运输安全管理条例》规定，根据放射性物品的特性及其对人体健康和环境的潜在危害程度，将放射性物品分为一类、二类和三类。乏燃料属于其中的一类放射性物品，即Ⅰ类放射源、高水平放射性废物、乏燃料等释放到环境后对人体健康和环境产生重大辐射影响的放射性物品（第3条）。

[①] 在乏燃料卸出后，乏燃料组件一般首先放入硼水池中冷却一段时间。待冷却完毕后会进入下一阶段的贮存，即"湿式贮存"或"干式贮存"。所谓"湿式贮存"是指将乏燃料存放在至少20英尺深的水下，以此为水池附近的任何人提供足够的辐射屏蔽。湿式贮存具备安全保护和冷却两大作用。乏燃料贮存硼水池的容量是有限的，由于当前各国对大量的乏燃料采取未后处理和地质处置，很多核电站拥有的硼水池容量已接近饱和状态。所谓"干式储存"是指与"湿式贮存"相对的贮存方式，其特指将乏燃料组件存入某种特意为临时储存乏燃料而设计的设施中（通常是干式储存桶）。

[②] Peter R. Orszag, Costs of Reprocessing Versus Directly Disposing of Spent Nuclear Fuel, CBO testimony, 2007.

乏燃料属于一类放射性物品,根据该条例规定,一类放射性物品启运前,托运人应当将放射性物品运输的核与辐射安全分析报告批准书、辐射监测报告,报启运地的省、自治区、直辖市人民政府环境保护主管部门备案(第37条)。通过道路运输核反应堆乏燃料的,托运人应当报国务院公安部门批准。通过道路运输其他放射性物品的,托运人应当报启运地县级以上人民政府公安机关批准(第38条)。另外,核反应堆乏燃料运输的核事故应急准备与响应,还应当遵守国家核应急的有关规定(第43条)。该条例同时对安全监管部门与放射性物品运输容器设计、制造单位等相关主体违反条例规定行为的法律责任作出了相应规定(第49—66条)。

2018年生态环境部颁布了《乏燃料后处理设施安全要求(试行)》,完善了我国核燃料循环设施监管的法规体系,进一步规范和指导乏燃料后处理设施的选址、设计、建造、调试、运行和退役。

最后,资金保障方面,《核安全法》规定核设施营运单位应当按照国家规定缴纳乏燃料处理处置费用,列入生产成本(第48条)。根据2010年财政部、国家发展改革委、工业和信息化部制定的《核电站乏燃料处理处置基金征收使用管理暂行办法》(以下简称《乏燃料管理暂行办法》)的第5条和第6条的规定,乏燃料处理处置基金按照核电厂已投入商业运行五年以上压水堆核电机组的实际上网销售电量征收,征收标准为0.026元/千瓦时;乏燃料处理处置基金计入核电厂发电成本。同时,该办法第10条规定,核电厂缴纳的乏燃料处理处置基金,由政府相关部门和机构专项用于乏燃料处理处置。具体使用范围包括:乏燃料运输;乏燃料离堆贮存;乏燃料后处理(含乏燃料后处理中试厂进行的商用核电站乏燃料后处理);乏燃料后处理所产生的高放废物的处理处置;乏燃料后处理厂的建设、运行、改造和退役;乏燃料处理处置的其他支出。

三、放射性废物管理安全

放射性废物安全管理事关人体健康和环境安全,也直接关系到核能和核技术利用事业的健康发展。为确保放射性废物的安全,我国《放射性污染防治法》对放射性废物管理作了原则规定。为增强法律的可操作性,保障法律制度的实施,需要将法律的原则规定具体化,2011年国务院发布的《放射性废物安全管理条例》,对放射性废物管理作出了具体规定。其中,第3条将"贮存"界定为临时放置活动,将"处置"界定为永久处理不再回取的活动,并对贮存和处置分别规定了不同的许可条件和要求。放射性废物处置是整个核材料循环链的最后一步,理想情况下的处置应避免放射性废物再次进入环境,同时避免本代人产生放射性废物的不良影响由后代人承担。

(一)放射性废物处理的方式

贮存、处置都可以理解为一种处理,但放射性废物安全管理专业术语中的"处理"特指贮存、处置前的改变废物的属性、形态或者体积的一些活动,包括净化、浓缩、固化、压缩、包装等,其目的是为了满足运输、贮存、处置的要求。另外,贮存与处置二者的共同点都是存放放射性废物,区别在于贮存是一段时间内暂时的存放(时间长短不一),是一个中间环节,而处置是永久存放,是最终环节。贮存相当于处置的一个中转站,因为大部分核技术利用单位比较分散,废物也不多(如医院),从技术条件和经济合理性角度考虑,不可能要求每个单位都将废物直接送到处置单位去。为此,有必要建一些专门的贮存设施,将分散设施,将分散的废物集中起来,积累到一定数量或者满一定期限后,再按规定进行清洁解控或者送处置单位最终处置。

放射性废物的处置主要为地质处置。地质处置是利用天然屏障和人工屏障,将放射性废物与人类的生存环境隔离开来。地质处置是当前公认的处置放射性废物最为安全合理的最终处置方式。对于不同的放射性废物可采用不同的地质处置方式。地质处置需要建造地质处置库,以方便对地质处置的放射性废物进行监控。根据国际原子能机构的定义,地质处置库是指位于地下(通常在地表以下几百米或更多),处于稳定的地质构造中,用于长期隔离生物圈中的放射性核素的废物处理设施。① 地质处置根据深度的不同分为近地表地质处置和深层地质处置(参见专栏6.3)。

专栏6.3

放射性废物的近地表地质处置与深层地质处置

1. 近地表地质处置

近地表地质处置(near-surface disposal),又称浅地表地质处置,是指将核废料处置在近地面处置设施中的行为。所谓近地表地质处置库,是指距离地表约几十米之内的一种放射性废物处理设施。浅地层埋藏处置将核废料处置在地表或地下的具有防护覆盖的、有工程屏障或没有工程屏障的浅埋处置,埋藏深度一般在地面下50 m以内。浅地层埋藏是处置中低放射物的主要方法,浅地层埋藏处置是为了将中低放固体废物限制在处置场范围之内,在其危险时间内防止对人类造成危害。浅地层埋藏处置法在世界各国被广泛采用,这种处置技术比较成熟,只要处置程序正确、可靠,完全能保障对中低放射性废物不对环境构成危害,这已经在各国对核废物的处置中得到验证。目前,我国在西北和南方两个地区计划建造4个中低放废物处置场。

2. 深层地质处置

深层地质处置是将高放废物经后处理固化后深埋在距离地面至500 m以下,使放射性核素自行衰变。目前一般的深埋深度是1000 m,在不考虑地质变化的条件下,这不失为处理高放废物的理想办法。

深层地质处置可用于处置很长时间内仍具有放射性的核废料。深层地质处置以稳定的地质构造为基础,利用由工程屏障和天然屏障(岩石、盐、粘土)的结合提供辐射隔离的"多重屏障"。核废料通过废物包装、工程储存库和地质,完全隔离于人类和环境。理想状态下的地质处理不会给后代产生相应义务去主动维护该设施。此外,深层地下水通常没有氧气,尽量减少废物的化学移动可能性。

据英国谢菲尔德大学的地质学家弗格斯·吉布博士的实验所示,核废物能利用自身的衰变热将周围的部分岩石熔化,在随后的时间岩石将慢慢冷却并再次结晶,从而把核废物封存在地表深处。特别在地下500 m以下的深度,即使是封存核废物的固化体泄漏,也不存在能把放射性废物带回地表的地下水。深层地质处置核废物的方法既安全,又廉价,在阿根

---

① See International Atomic Energy Agency, IAEA Safety Glossary: 2018 Edition, IAEA, Vienna (2019), p. 63.

廷、澳大利亚、比利时、加拿大、捷克共和国、芬兰、法国、日本、荷兰、大韩民国、俄罗斯、西班牙、瑞典、瑞士、英国和美国等多个国家,深地质处置是核废物管理的首选方案。

资料来源:
1. World Nuclear Association Website, Storage and Disposal of Radioactive Waste: http://www.world-nuclear.org/information-library/nuclear-fuel-cycle/nuclear-waste/storage-and-disposal-of-radioactive-waste.aspx, last accessed on May 8, 2020.
2. 袁涛等:《核废物处理途径的探讨》,载《科学技术与工程》2004年第10期。

(二)放射性废物安全管控的要求和保障

1. 放射性废物安全管理原则

放射性废物如果管理不当,可能会对人类健康和环境产生不利影响。国际原子能机构在征集成员国意见的基础上,经理事会批准,于1995年发布了放射性废物管理九条基本原则,包括:保护人类健康;保护环境;超越国界的保护;保护后代;不给后代造成不适当的负担;纳入国家法律框架;控制放射性废物的产生;放射性废物产生和管理间的相依性;保证废物管理设施安全。[①]

我国《放射性废物安全管理条例》第4条规定了放射性废物的安全管理的原则,即放射性废物的安全管理应当坚持减量化、无害化和妥善处置、永久安全三个原则。

其中,减量化原则要求实现放射性废物产生量由多变少、体积由大变小等。可通过在放射性废物的产生、处理环节,采用先进的生产工艺和设备,实施有效的管理与控制,实现废物的减量化。如在放射性废物的产生环节,可通过适当的设计措施,合理选择、利用和控制原材料以及材料的循环使用和复用,减少放射性废物的产生;在放射性废物的处理环节,可通过采用先进的固化工艺和减容技术,在保证安全的同时,有效地缩减废物体积。

无害化和妥善处置原则,是指将放射性危害降低到满足国家法规标准规定的人类和环境可接受程度,并保持在合理达到的尽量低水平,对于放射性废物中除放射性之外的其他危害,如生物学、化学和其他危害,应满足固体废物污染环境防治法及相关法规标准的要求。

永久安全原则,是指放射性废物安全管理要确保长期安全,不给后代带来不当负担。放射性废物管理必须确保对后代预期的影响不超过当今可接受的影响水平。因此,需要根据所处置的废物类型和特性,选择合适的处置方式,采用自然屏障与工程屏障相结合的多重屏障措施,实现其与人类环境的隔离,减缓进入人类环境的速度,从而有效地降低对人类和环境的危害,达到长期安全的目的。如近地表处置,处置设施通常位于地面以下几十米,并利用废物体自身稳定性、处置容器、回填材料、覆盖层等工程屏障保证废物安全;对于深地质处置,处置设施位于地面以下几百米的岩体中,通过工程屏障包括包装容器、缓冲回填材料等以实现废物体与人类和环境的长期隔离。

2. 放射性废物管理的安全要求和保障

根据我国《放射性废物安全管理条例》的规定,放射性废物管理的应当遵循四个方面的要求:一是放射性废物的处理、贮存和处置活动,应当遵守国家有关放射性污染防治标准和国务院环境保护主管部门的规定;二是核设施营运单位、核技术利用单位应当按照规定将其

---

① 参见刘坤贤等主编:《放射性废物处理与处置》,中国原子能出版社2012年版,第21—23页。

产生的废旧放射源、其他放射性固体废物和不能经净化排放的废液进行处理,并送交有相应许可证的单位贮存或者处置;三是放射性固体废物贮存、处置单位应当按照规定对其接收的放射性固体废物进行贮存、处置,建立情况记录档案,加强安全检查和放射性监测,发现异常情况立即采取措施并报告;四是从事放射性废物相关活动的单位建立相应的安保制度、人员培训制度,并定期报告相关情况。

需要指出的是,放射性废物的处理处置过程是个非常复杂的技术工艺过程,需要充足的资金作为保障。《乏燃料管理安全和放射性废物管理安全联合公约》要求每一缔约方应采取适当步骤,以确保有足够的财力可用于支持放射性废物管理设施在运行寿期内和退役期间的安全;并做出财政规定,使得相应的制度化的控制措施和监督工作在处置设施关闭后认为必要的时期内能够继续进行。[1] 很多国家也通过立法建立了专门的基金制度来放射性废物处理处置工作的顺利开展。例如,美国 1982 年《核废物政策法》[2]规定在美国财政部设立由核废物产生者出资的核废物基金,法国《放射性材料和废物可持续管理规划法》[3]规定放射性废物管理局应该在其内部成立一个由基础核设施运营商支付的、以便建造、运行、最终关闭、维护和监测由放射性废物管理局建造和运营的长寿命、高放废物的贮存设施和处置设施。

我国法律也作出了类似的规定。例如,根据《核安全法》和《放射性污染防治法》的规定,核设施的放射性废物处置费用应当预提,列入投资概算或者生产成本[4];产生放射性固体废物的单位,应当按照国务院环境保护行政主管部门的规定,对其产生的放射性固体废物进行处理后,送交放射性固体废物处置单位处置,并承担处置费用。[5] 法律还规定,国务院财政部门、价格主管部门应会同国务院核安全监督管理部门、核工业主管部门和能源主管部门制定放射性废物处理处置费用征收和使用的具体办法。根据财政部、国家发展改革委、工业和信息化部已于 2010 年联合发布的《核电站乏燃料处理处置基金征收使用管理暂行办法》的规定,核电厂缴纳的乏燃料处理处置基金还将用于乏燃料后处理所产生的高放废物的处理处置。

此外,放射性废物管理还强调放射性废物处置厂址的安全监护。在放射性固体废物处置设施设计服役期届满,或者处置的放射性固体废物已达到该设施的设计容量,或者放射性固体废物处置设施所在地区的地质构造或者水文地质等条件发生重大变化导致处置设施不适宜继续处置放射性固体废物的情况下,放射性废物处置设施需要予以关闭。[6] 放射性废物处置场关闭后,需要在划定的区域设置永久性标记。由于放射性废物的漫长半衰期,放射性废物处置设施厂址需要实施进行长期的安全监护。

根据国外实践,处置设施关闭后监护管理分为三个阶段。第一阶段,放射性废物处置场营运单位负责维护和监督,截至证实关闭后的处置厂址达到了稳定状态。第二阶段,放射性

---

[1] 参见《乏燃料管理安全和放射性废物管理安全联合公约》第 22 条。
[2] 参见 1982 年《核废物政策法》(Nuclear Waste Policy Act of 1982), http://www.nrc.gov/reading-rm/doc-collections/nuregs/staff/sr0980/v1/sr0980v1.pdf#page=423,最后访问时间:2020 年 5 月 8 日。
[3] 参见法国《放射性材料和废物可持续管理规划法》(Programme Act 2006-739 of 28th June 2006 on the Sustainable Management of Radioactive Materials and Waste), http://www.french-nuclear-safety.fr/publications/2012/RA2011-UK/fichiers/assets/common/downloads/publication.pdf,最后访问时间:2020 年 5 月 8 日。
[4] 参见《核安全法》第 48 条。
[5] 参见《放射性污染防治法》第 45 条。
[6] 参见《核安全法》第 46 条。

废物处置场营运单位向申请将处置场交由地方政府指定的机构接手长期监管,在此期间除对场区的通行实行控制外,仍有环境监测和少量的维护工作。这两个阶段合称主动监护(主要是监测、监督和设施维护)期,一般为 100 年。第三阶段为被动监护期(主要是限制土地使用),保有档案和现场标记,以免设施受其他社会行为的影响。放射性废物处置场关闭后安全监护的目的包括防止公众意外闯入处置库,防止移出或扰动已处置的放射性废物,对照设计准则监测处置库的效能以及执行必要的补救行动。

我国也建立了放射性废物处置设施关闭后安全监护制度。根据《核安全法》第 47 条和《放射性废物安全管理条例》第 27 条的规定,放射性废物处置单位在放射性废物处置设施处于上述三种情形以及法律、行政法规规定的其他需要关闭的情形下应当办理关闭手续,在放射性废物处置设施关闭前,应当编制放射性废物处置设施关闭安全监护计划,报国务院核安全监督管理部门批准。其中,安全监护计划应当包括安全监护责任人及其责任、安全监护费用、安全监护措施和安全监护期限等主要内容。待到放射性废物处置设施关闭后,放射性废物处置单位应当按照经批准的安全监护计划进行安全监护,在确认关闭的放射性废物处置设施状态稳定后,可以向国务院核安全监督管理部门提出申请,将其交由省、自治区、直辖市人民政府进行监护管理。

《核安全法》第 86 条还规定,对于对应当关闭的放射性废物处置设施而未依法办理关闭手续,关闭放射性废物处置设施但未在划定的区域设置永久性标记,未编制放射性废物处置设施关闭安全监护计划,或者放射性废物处置设施关闭后未按照经批准的安全监护计划进行安全监护的违法行为,由国务院核安全监督管理部门责令改正,处 10 万元以上 50 万元以下的罚款;情节严重的,处 50 万元以上 200 万元以下的罚款;造成环境污染的,责令限期采取治理措施消除污染,逾期不采取措施的,指定有能力的单位代为履行,所需费用由污染者承担。

第三节 放射性物质运输安全

一、放射性物质及其运输的概念

放射性物质是指能自然地向外辐射能量,发出射线的物质。一般都是原子质量很高的金属,如钚,铀,等。放射性物质放出的射线主要有 α 射线、β 射线、γ 射线、正电子、质子、中子、中微子等其他粒子。放射性物质可以分为天然放射性物质(如氡和铀矿)和后期取得放射性的物质,后者通常由于在反应堆内照射而形成(如医疗用放射性同位素和放射性废物)。① 放射性物质根据来源可分为天然放射性物质和人工放射性物质。自然界中天然存在的放射性物质称为天然放射性物质,人工制造的放射性物质称为人工放射性物质。

人工放射性物质通常是核反应后的产物,包括核反应堆和加速器两种方法。应用核反应堆生产放射性同位素是根据原子核的物理性质以及所需射线的种类、能量、半衰期,来选取合适的材料作靶子,将其放入核反应堆中,用核反应堆产生的中子射线进行照射,使其靶

---

① See C. Stoiber, A. Baer, N. Pelzer, et al., *Handbook on Nuclear Law*, International Atomic Energy Agency, 2003, p. 57.

材料的原子核吸收中子而变成放射性同位素。应用加速器生产放射性同位素是应用加速器的高压电场加速带电粒子(一般是质子),使其轰击事先选定的靶材料,被轰击的靶材料的原子核吸收一个带电粒子而变成放射性同位素。①

为了方便运输管理,通常将放射性物质分为低比活度放射性物质、表面污染物体、可裂变物质、特殊形式放射性物质和其他形式放射性物质这五个类型。我国核法所调整的放射性物质运输相关的活动有核材料运输、乏燃料运输、放射性废物运输以及放射性物品运输等。

需要说明的是,在国家具体的法律规范中,根据规范对象的特点及管制的实际需求,往往会采用不同的表述。比如我国《放射性物品运输安全管理条例》采用了"放射性物品"的概念,并根据放射性物品的特性及其对人体健康和环境的潜在危害程度,将放射性物品分为一类、二类和三类。一类放射性物品,是指Ⅰ类放射源、高水平放射性废物、乏燃料等释放到环境后对人体健康和环境产生重大辐射影响的放射性物品;二类放射性物品,是指Ⅱ类和Ⅲ类放射源、中等水平放射性废物等释放到环境后对人体健康和环境产生一般辐射影响的放射性物品;三类放射性物品,是指Ⅳ类和Ⅴ类放射源、低水平放射性废物、放射性药品等释放到环境后对人体健康和环境产生较小辐射影响的放射性物品(第3条)。

国际原子能机构对"运输"的定义是"包括与放射性物质搬运有关和搬运中所涉的所有作业和条件,这些作业包括包装的设计、制造、维修和修理,以及放射性物质的货物和货包的准备、托运、装载、运载(包括中途存贮)、卸载和抵达最终目的地时的接收"②。

运输放射性物质可以采用多种方式。例如,根据国际原子能机构发布的《放射性物质安全运输条例》(TS-R-1)和我国制定的《放射性物质安全运输规定》(GB 11806—2004),凡符合规定的乏燃料货包,可采用公路、铁路、海运和空运的运输方式,可以采用一种或多种方式联合的运输。就我国来说,核电站主要分布在东部沿海,而后处理厂地处西北内陆,呈现运输距离长、运输来源分散的特点。我国现今使用的乏燃料容器和运输方式主要是 B 型容器及公路运输(参见专栏 6.4)。

专栏6.4

乏燃料运输过程中是否对环境有放射性影响?

乏燃料组件是指燃耗深度已达到设计卸料燃耗,从堆中卸出且不再在该反应堆中使用的核燃料组件。其特性包括:(1)具有一定的放射性;(2)会持续释放衰变热。

乏燃料运输使用乏燃料运输容器罐,对环境几乎没有影响。乏燃料运输是用特殊容器和专用运输工具,将乏燃料从一地转送到另一地的过程。乏燃料组件在符合规程要求的条件下,可以通过公路、铁路和海上运输。由于对运输乏燃料组件的安全要求越来越高,容器重量越来越大,已有专门的运输车辆和船只,但不需要专用公路、铁路和码头,只要通过控制

---

① 参见王百荣、田新、杨忠平:《非法运输放射性物质的探查》,载《辐射防护》2005 年第 6 期。
② See International Atomic Energy Agency, Regulations for the Safe Transport of Radioactive Material, IAEA Safety Standards Series No. SSR-6 (Rev.1), IAEA, Vienna (2018), Art.106.

容器质量和严格组织运输环节来确保运输安全。运输过程中配备有辐射监测设备、防护用品和防盗、防破坏设备,并编制运输说明书、核与辐射事故应急响应指南、装卸作业方法、安全防护指南。运输说明书包括放射性物品的品名、数量、物理化学形态、危害风险等内容。

需要说明的是,乏燃料从核电厂反应堆卸出后,在核电厂乏燃料储存(水池或干法储存)5~10年,放射性和发热能力大大衰减后才会运输至处置场。容器专门设计、密封、屏蔽、防辐射,并且具有抗震、防水淹、防火能力保证处于安全状态。经过安全评审、环评后方能实施。

资料来源:国家原子能机构:《核能百科》,http://www.caea.gov.cn/n6759381/n6759387/n6759395/c6792095/content.html,最后访问时间:2020年7月20日。

放射性物质运输过程的安全实施管控是确保核安全的重要内容,必须采取严格管控措施来避免运输过程中涉及的人员和运输路线上的公众收到不必要的辐射危害。根据我国《核安全法》和《放射性物品运输安全管理条例》的规定,国务院核安全监督管理部门对乏燃料和放射性物品运输的核与辐射安全实施监督管理,包括负责批准乏燃料、放射性物品运输包装容器的许可申请,制定乏燃料与放射性物品运输安全标准等;国务院核工业主管部门负责协调乏燃料运输管理活动,监督有关保密措施;公安机关对核材料、放射性物品道路运输的实物保护实施监督,依法处理可能危及乏燃料与放射性物品安全运输的事故;国务院交通运输、铁路、民航等有关主管部门在各自职责范围内负责放射性物品运输安全的有关监督管理工作;县级以上地方人民政府环境保护主管部门和公安、交通运输等有关主管部门,负责本行政区域放射性物品运输安全的有关监督管理工作。[①]

二、放射性物质运输容器的设计、制造与使用

(一)放射性物质运输容器设计的安全管控

1. 放射性物质运输容器设计的技术要求

运输容器的安全性和可靠性是确保放射性物质运输过程安全的重要保障。国际原子能机构根据不同类型核材料的特点和潜在危害制定了不同的放射性物质运输容器包装标准。原子能机构的指导方针很复杂,但根据所运输废物的活动和物理形态,确定了五种不同类别的容器,其主要类别包括:普通工业类容器(ordinary industrial containers)、A型容器(type A)、B型容器(type B)、C型容器(type C)和其他类(exception)。[②] 运输容器根据运输的放射性物质的性质和运输方式而不同。

我国生态环境部2019年发布了国家放射性污染防治标准《放射性物品安全运输规程》(GB 11806—2019)第7.1项规定应当根据放射性内容物的特性、活度水平、比活度和运输方式对货包进行分类。具体分为:例外货包、工业货包、A型货包、B(U)型货包、B(M)型货包、C型货包。此外还有易裂变材料货包和六氟化铀货包。

其中,B型容器是最为常见的放射性废物运输容器,其一般用于储存高放射性废物和

[①] 参见《核安全法》第51条;《放射性物品运输安全管理条例》第4条。

[②] See Transport of Radioactive Materials, http://www.world-nuclear.org/information-library/nuclear-fuel-cycle/transport-of-nuclear-materials/transport-of-radioactive-materials.aspx, last accessed on May 8, 2020.

MOX 燃料。这类容器体积可大可小,可容纳 6 至 24 吨的废燃料。B 性容器可用于陆运和海运。由于 B 型容器一般储存放射性较高的物质,其必须设计得坚固且安全,以应对可能发生的极端事故条件。最常见的 B 型容器是干式贮存桶,容器设计一般既可用于贮存,也可用于运输,属于两用类容器。

除 B 型容器以外,其他类型的容器一般都有比较特定功能。"普通工业容器"主要用于运输工业运作过程中产生的低放射性材料,例如从矿山运出的氧化铀浓缩物。"A 型容器"包装用于运输体积相对较小但数量较多的中等放射性材料,如医疗或工业放射性同位素以及一些核燃料材料。由于容器较小,其一般需要设计能够承受压力和碰撞以保证运输安全。"C 型容器"是针对飞机运输放射性物质的容器。飞机运输是相对少见的放射性物质运输方式。C 型容器比一般常见的 B 型容器保护性更强,根据国际原子能机构要求,其应能做到在飞行事故承受撞击的情况下仍保证不泄露。其他类运输容器是指由于运输的物质放射性过低,其潜在的危险微不足道的,因此不需要对安全壳或屏蔽的完整性进行测试的普通容器。

2. 放射性物质运输容器设计的安全要求

为了避免放射性物质在运输中因颠簸、撞击或坠落等原因造成泄露,放射性物品运输容器通常具有较高的安全使用要求,《放射性物品运输安全管理条例》对放射性物品运输容器设计的安全要求作出了以下规定:

第一,规定了放射性物品运输容器设计的安全标准与责任。根据条例规定,运输放射性物品,应当使用专用的放射性物品运输包装容器(以下简称运输容器),且放射性物品的运输和放射性物品运输容器的设计、制造,应当符合国家放射性物品运输安全标准(第 5 条)。放射性物品运输容器的设计、制造单位应当建立健全责任制度,加强质量管理,并对所从事的放射性物品运输容器的设计、制造活动负责(第 6 条)。

第二,规定了容器设计单位的质量保证义务。放射性物品运输容器设计单位应当建立健全和有效实施质量保证体系,按照国家放射性物品运输安全标准进行设计,并通过试验验证或者分析论证等方式,对设计的放射性物品运输容器的安全性能进行评价(第 8 条)。放射性物品运输容器设计单位应当建立健全档案制度,按照质量保证体系的要求,如实记录放射性物品运输容器的设计和安全性能评价过程。其中,进行一类放射性物品运输容器设计,应当编制设计安全评价报告书;进行二类放射性物品运输容器设计,应当编制设计安全评价报告表(第 9 条)。放射性物品运输容器设计单位未对二类、三类放射性物品运输容器的设计进行安全性能评价,未如实记录安全性能评价过程或未编制三类放射性物品运输容器设计符合国家放射性物品运输安全标准的证明文件并存档备查的,由国务院核安全监督管理部门责令限期改正;逾期不改正的,处 1 万元以上 5 万元以下的罚款(第 52 条)。

第三,明确了国务院核安全监督管理部门的监管职责。一类放射性物品运输容器的设计,应当在首次用于制造前报国务院核安全监督管理部门审查批准(第 10 条)。国务院核安全监督管理部门应当自受理申请之日起 45 个工作日内完成审查,对符合国家放射性物品运输安全标准的,颁发一类放射性物品运输容器设计批准书,并公告批准文号;对不符合国家放射性物品运输安全标准的,书面通知申请单位并说明理由(第 11 条)。设计单位修改已批准的一类放射性物品运输容器设计中有关安全内容的,应当按照原申请程序向国务院核安全监督管理部门重新申请领取一类放射性物品运输容器设计批准书(第 12 条);二类放射性物品运输容器的设计,设计单位应当在首次用于制造前,将设计总图及其设计说明书、设计安全评价报告表报国务院核安全监督管理部门备案(第13条);三类放射性物品运输容器的设计,设计单位应当编制设计符合国家放射性物品运输安全标准的证明文件并存档备查(第14条)。

在法律责任方面,该条例规定,国务院核安全监督管理部门未依照本条例规定作出行政许可或者办理批准文件的,对直接负责的主管人员和其他直接责任人员依法给予处分;直接负责的主管人员和其他直接责任人员构成犯罪的,依法追究刑事责任(第49条)。放射性物品运输容器设计单位将未取得设计批准书的一类放射性物品运输容器设计用于制造,或修改已批准的一类放射性物品运输容器设计中有关安全内容、未重新取得设计批准书即用于制造的,由国务院核安全监督管理部门责令停止违法行为,处50万元以上100万元以下的罚款;有违法所得的,没收违法所得(第50条)。放射性物品运输容器设计单位将不符合国家放射性物品运输安全标准的二类、三类放射性物品运输容器设计用于制造,或将未备案的二类放射性物品运输容器设计用于制造的,由国务院核安全监督管理部门责令停止违法行为,处5万元以上10万元以下的罚款;有违法所得的,没收违法所得(第51条)。

(二)放射性物质运输容器制造的安全管控

《放射性物品运输安全管理条例》对放射性物品运输容器制造的安全要求作出了以下规定:

第一,明确了制造单位的制造标准与质量检验义务。放射性物品运输容器制造单位,应当按照设计要求和国家放射性物品运输安全标准,对制造的放射性物品运输容器进行质量检验,编制质量检验报告;未经质量检验或者经检验不合格的放射性物品运输容器,不得交付使用(第15条)。放射性物品运输容器制造单位将未取得设计批准书的一类放射性物品运输容器设计用于制造,或修改已批准的一类放射性物品运输容器设计中有关安全内容、未重新取得设计批准书即用于制造的,由国务院核安全监督管理部门责令停止违法行为,处50万元以上100万元以下的罚款;有违法所得的,没收违法所得(第50条)。放射性物品运输容器制造单位将不符合国家放射性物品运输安全标准的二类、三类放射性物品运输容器设计用于制造,或将未备案的二类放射性物品运输容器设计用于制造的,由国务院核安全监督管理部门责令停止违法行为,处5万元以上10万元以下的罚款;有违法所得的,没收违法所得(第51条)。

第二,规定了制造单位应当具备的条件。从事一类放射性物品运输容器制造活动的单位,应当具备下列条件:(1)有与所从事的制造活动相适应的专业技术人员;(2)有与所从事的制造活动相适应的生产条件和检测手段;(3)有健全的管理制度和完善的质量保证体系(第16条)。同时,从事一类放射性物品运输容器制造活动的单位,应当申请领取一类放射性物品运输容器制造许可证(以下简称制造许可证)(第17条)。国务院核安全监督管理部门应当自受理申请之日起45个工作日内完成审查,对符合条件的,颁发制造许可证,并予以公告;对不符合条件的,书面通知申请单位并说明理由(第18条)。

对放射性物品运输容器制造单位有下列行为之一的,由国务院核安全监督管理部门责令停止违法行为,处50万元以上100万元以下的罚款;有违法所得的,没收违法所得:(1)未取得制造许可证从事一类放射性物品运输容器制造活动的;(2)制造许可证有效期届满,未按照规定办理延续手续,继续从事一类放射性物品运输容器制造活动的;(3)超出制造许可证规定的范围从事一类放射性物品运输容器制造活动的;(4)变更制造的一类放射性物品运输容器型号,未按照规定重新领取制造许可证的;(5)将未经质量检验或者经检验不合格的一类放射性物品运输容器交付使用的。有前款第3项、第4项和第5项行为之一,情节严重的,吊销制造许可证(第53条)。

第三,对制造单位的工商登记信息变更、专业信息备案等作出了规定。一类放射性物品运输容器制造单位变更单位名称、住所或者法定代表人的,应当自工商变更登记之日起20日内,向国务院核安全监督管理部门办理制造许可证变更手续;变更制造的运输容器型号的,应当按照原申请程序向国务院核安全监督管理部门重新申请领取制造许可证(第20条)。一类放射性物品运输容器制造单位变更单位名称、住所或者法定代表人,未依法办理制造许可证变更手续的,由国务院核安全监督管理部门责令限期改正,逾期不改正的,处2万元的罚款(第54条)。从事二类放射性物品运输容器制造活动的单位,应当在首次制造活动开始30日前,将其具备与所从事的制造活动相适应的专业技术人员、生产条件、检测手段,以及具有健全的管理制度和完善的质量保证体系的证明材料,报国务院核安全监督管理部门备案(第22条)。

对放射性物品运输容器制造单位在二类放射性物品运输容器首次制造活动开始前,未按照规定将有关证明材料报国务院核安全监督管理部门备案,或者将未经质量检验或者经检验不合格的二类、三类放射性物品运输容器交付使用的,由国务院核安全监督管理部门责令停止违法行为,处5万元以上10万元以下的罚款;有违法所得的,没收违法所得(第55条)。

第四,规定了对一类、二类放射性物品的统一编码制度与对三类放射性物质的备案要求。一类、二类放射性物品运输容器制造单位,应当按照国务院核安全监督管理部门制定的编码规则,对其制造的一类、二类放射性物品运输容器统一编码,并于每年1月31日前将上一年度的运输容器编码清单报国务院核安全监督管理部门备案(第23条)。从事三类放射性物品运输容器制造活动的单位,应当于每年1月31日前将上一年度制造的运输容器的型号和数量报国务院核安全监督管理部门备案(第24条)。

条例规定,放射性物品运输容器制造单位未按照规定对制造的一类、二类放射性物品运输容器统一编码,未按照规定将制造的一类、二类放射性物品运输容器编码清单报国务院核安全监督管理部门备案,或者未按照规定将制造的三类放射性物品运输容器的型号和数量报国务院核安全监督管理部门备案的,由国务院核安全监督管理部门责令限期改正;逾期不改正的,处1万元以上5万元以下的罚款(第56条)。

(三)放射性物质运输容器使用的安全管控

《放射性物品运输安全管理条例》对放射性物品运输容器使用的安全要求作出了以下规定:

第一,规定了使用单位的保养、维护、安全性能评价要求。放射性物品运输容器使用单位应当对其使用的放射性物品运输容器定期进行保养和维护,并建立保养和维护档案;放射性物品运输容器达到设计使用年限,或者发现放射性物品运输容器存在安全隐患的,应当停止使用,进行处理。一类放射性物品运输容器使用单位还应当对其使用的一类放射性物品运输容器每两年进行一次安全性能评价,并将评价结果报国务院核安全监督管理部门备案(第25条)。

放射性物品运输容器使用单位未按照规定对使用的一类放射性物品运输容器进行安全

性能评价,或者未将评价结果报国务院核安全监督管理部门备案的,由国务院核安全监督管理部门责令限期改正;逾期不改正的,处1万元以上5万元以下的罚款(第57条)。

第二,规定了使用境外单位制造的放射性物品运输容器的管理要求。使用境外单位制造的一类放射性物品运输容器的,应当在首次使用前报国务院核安全监督管理部门审查批准。申请使用境外单位制造的一类放射性物品运输容器的单位,应当向国务院核安全监督管理部门提出书面申请并提交材料设计单位所在国核安全监督管理部门颁发的设计批准文件的复印件、设计安全评价报告书、制造单位相关业绩的证明材料、质量合格证明,以及符合中华人民共和国法律、行政法规规定,以及国家放射性物品运输安全标准或者经国务院核安全监督管理部门认可的标准的说明材料。国务院核安全监督管理部门应当自受理申请之日起45个工作日内完成审查,对符合国家放射性物品运输安全标准的,颁发使用批准书;对不符合国家放射性物品运输安全标准的,书面通知申请单位并说明理由(第26条)。

对于未按照规定取得使用批准书使用境外单位制造的一类放射性物品运输容器的,由国务院核安全监督管理部门责令停止违法行为,处50万元以上100万元以下的罚款(第58条)。使用境外单位制造的二类放射性物品运输容器的,应当在首次使用前将运输容器质量合格证明和符合中华人民共和国法律、行政法规规定,以及国家放射性物品运输安全标准或者经国务院核安全监督管理部门认可的标准的说明材料,报国务院核安全监督管理部门备案(第27条)。未按照规定办理备案手续使用境外单位制造的二类放射性物品运输容器的,由国务院核安全监督管理部门责令停止违法行为,处5万元以上10万元以下的罚款(第58条)。

三、放射性物质运输的安全责任

在行政机关的监督管理之下,乏燃料和放射性废物运输的具体工作由托运人和承运人来实施完成。根据核材料管理的唯一责任原则,发生核事故的核设施营运者,或在核材料或放射性废物运输期间发生事故的情况下发出运输的核设施的营运人,对造成的损害负有全部责任,并且除了上述营运人之外,任何其他当事方均不对核事故承担责任。[①]

承运人和托运人从责任划分上均属于核材料的运输责任主体,为了确保监管要求得到落实,必须明确托运人和承运人的责任和各自的义务。

(一)放射性物质托运人与承运人的安全责任

托运人是乏燃料与放射性废物运输过程中的核安全责任主体。根据《核安全法》规定,核材料、放射性废物的托运人应当在运输中采取有效的辐射防护和安全保卫措施,对运输中的核安全负责;乏燃料、高水平放射性废物的托运人应当向国务院核安全监督管理部门提交有关核安全分析报告,经审查批准后方可开展运输活动(第52条)。

《放射性物品安全管理条例》进一步对托运人的具体义务予以了明确。根据条例规定,托运放射性物品的,托运人应当持有生产、销售、使用或者处置放射性物品的有效证明,使用与所托运的放射性物品类别相适应的运输容器进行包装,配备必要的辐射监测设备、防护用

[①] 参见《维也纳公约》第2条第1款;《巴黎公约》第3、4条;《核损害补充赔偿公约》第3条第9款、第10款、附件第3条第1款。

品和防盗、防破坏设备,并编制运输说明书、核与辐射事故应急响应指南、装卸作业方法、安全防护指南(第29条)。托运人未按照规定编制放射性物品运输说明书、核与辐射事故应急响应指南、装卸作业方法、安全防护指南的,由国务院核安全监督管理部门责令限期改正;逾期不改正的,处1万元以上5万元以下的罚款(第59条)。

《放射性物品安全管理条例》还规定了托运人的监测义务、工作人员管理要求以及提交安全分析报告的义务。具体而言:

在辐射监测方面,《放射性物品安全管理条例》规定,托运一类放射性物品的,托运人应当委托有资质的辐射监测机构对其表面污染和辐射水平实施监测,辐射监测机构应当出具辐射监测报告;托运二类、三类放射性物品的,托运人应当对其表面污染和辐射水平实施监测,并编制辐射监测报告。监测结果不符合国家放射性物品运输安全标准的,不得托运。(第30条)。托运人未按照规定对托运的放射性物品表面污染和辐射水平实施监测、将经监测不符合国家放射性物品运输安全标准的放射性物品交付托运,或出具虚假辐射监测报告的,由启运地的省、自治区、直辖市人民政府环境保护主管部门责令停止违法行为,处5万元以上20万元以下的罚款(第63条)。

在工作人员管理方面,《放射性物品安全管理条例》规定,托运人应当对直接从事放射性物品运输的工作人员进行运输安全和应急响应知识的培训,并进行考核;并应当按照国家放射性物品运输安全标准和国家有关规定,在放射性物品运输容器和运输工具上设置警示标志(第32条)。托运人应当按照国家职业病防治的有关规定,对直接从事放射性物品运输的工作人员进行个人剂量监测,建立个人剂量档案和职业健康监护档案(第33条)。

在提交安全分析报告方面,《放射性物品安全管理条例》规定,托运一类放射性物品的,托运人应当编制放射性物品运输的核与辐射安全分析报告书,报国务院核安全监督管理部门审查批准(第35条)。一类放射性物品启运前,托运人应当将放射性物品运输的核与辐射安全分析报告批准书、辐射监测报告,报启运地的省、自治区、直辖市人民政府环境保护主管部门备案(第37条)。托运人未按照规定将放射性物品运输的核与辐射安全分析报告批准书、辐射监测报告备案的,由启运地的省、自治区、直辖市人民政府环境保护主管部门责令限期改正;逾期不改正的,处1万元以上5万元以下的罚款(第59条)。托运人未取得放射性物品运输的核与辐射安全分析报告批准书托运一类放射性物品的,由国务院核安全监督管理部门责令停止违法行为,处50万元以上100万元以下的罚款(第61条)。

与此同时,承运人也需要履行相应的安全义务以满足核安全要求。根据我国《核安全法》的规定,核材料、放射性废物的承运人应当依法取得国家规定的运输资质(第52条)。根据《放射性物品安全管理条例》的承运人应当对直接从事放射性物品运输的工作人员进行运输安全和应急响应知识的培训,并进行考核;还应当按照国家放射性物品运输安全标准和国家有关规定,在放射性物品运输容器和运输工具上设置警示标志(第32条)。

(二)放射性物质跨境运输的安全责任

国家之间的放射性物质运输许可缺乏协调性、一致性或多重监管,会造成国家间放射性物质运输成本的大幅增加。国家间的认可也会影响各国对别国放射性物质的接受程度。

实践中,95%以上跨境运输的放射性物质涉及医疗和工业用放射性同位素,[①]而非裂变材料。这类非裂变材料的托运也主要使用B型容器。目前这类放射性物质运输的主要问题是处理它们的港口数量有限,接受它们的海运船相对较少。对于所有放射性物质,托运人必须向处理包裹的人员提供培训,这给托运人带来了巨大的成本和不便。

国际原子能机构的安全标准文件《放射性物质安全运输条例》[②]是国际普遍接受的放射性物质运输的一般要求。我国亦采用了国际原子能机构的标准,建立了我国的放射性物质运输保障制度。就我国来说,乏燃料和放射性废物的运输涉及国务院交通运输、公安、核安全、核安保等部门以及地方政府(及其有关部门)的监督管理,因此其运输应明确各部门的职责分工以确保乏燃料和放射性废物的运输安全得到全方位的有效保障。

根据《放射性物品运输管理条例》规定,一类放射性物品从境外运抵中华人民共和国境内,或者途经中华人民共和国境内运输的,托运人应当编制放射性物品运输的核与辐射安全分析报告书,报国务院核安全监督管理部门审查批准,国务院核安全监管部门应当自受理申请之日起45个工作日内完成审查,对符合国家放射性物品运输安全标准的,颁发核与辐射安全分析报告批准书;对不符合国家放射性物品运输安全标准的,书面通知申请单位并说明理由;二类、三类放射性物品从境外运抵中华人民共和国境内,或者途经中华人民共和国境内运输的,托运人应当编制放射性物品运输的辐射监测报告,报国务院核安全监督管理部门备案。托运人、承运人或者其代理人向海关办理有关手续,应当提交国务院核安全监督管理部门颁发的放射性物品运输的核与辐射安全分析报告批准书或者放射性物品运输的辐射监测报告备案证明(第41条)。

【本章思考题】

1. 核活动安全管控的范围包括哪些?
2. 简述核技术利用安全管控的原则。
3. 什么是乏燃料、放射性废物和放射性物质,三者之间有什么关系?
4. 简述乏燃料安全管控的要求与保障措施。
5. 简述放射性物质运输的安全管控措施。

---

① See World Nuclear Association Website, The Many Uses of Nuclear Technology: http://www.world-nuclear.org/information-library/non-power-nuclear-applications/overview/the-many-uses-of-nuclear-technology.aspx, last accessed on May 8, 2020.

② See International Atomic Energy Agency, Regulations for the Safe Transport of Radioactive Material, IAEA Safety Standards Series No. SSR-6 (Rev.1), IAEA, Vienna (2018).

第七章

核 应 急

【教学目的与要求】 了解核应急的概念;了解核事故和辐射事故的发生原因;了解核事故应急和辐射事故应急的组织体系;理解核事故和辐射事故应急准备与响应的基本内容。

核能与核技术利用过程中产生的电离辐射不仅会对事发地产生有害影响,而且还可能影响到邻近地区的生态环境,甚至可能会造成跨越国境的大面积污染后果,因此,必须设计一个适当的应急系统,以减少紧急情况的风险并减轻由其产生的后果,即建立核应急制度。核应急制度旨在预防、控制、减轻核与辐射事故可能造成的人身伤害、财产损失及环境破坏,是核与辐射安全的最后一道防线。核应急制度包括核事故应急和辐射事故应急两个方面,其主要内容在于建立多层级的应急组织体系,制定科学的应急预案和实施有效的应急响应。

第一节 核事故应急

一、核事故应急的概念

核事故(nuclear accidents)是指大型核设施(如核燃料生产厂、核反应堆、核电厂、核动力舰船及后处理厂等)发生的意外事件,可能造成人员受到放射损伤和放射性污染。严重时,放射性物质泄漏到厂外,污染周围环境,对公众健康造成危害。[①]

核事故释放的放射性物质可通过呼吸吸入、皮肤伤口及消化道吸收进入体内,引起内辐射,γ射线可穿透一定距离被机体吸收,使人员受到外照射伤害。内外照射形成放射病的症状有:疲劳、头昏、失眠、皮肤发红、溃疡、出血、脱发、白血病、呕吐、腹泻等。有时还会增加癌症、畸变、遗传性病变发生率,影响几代人的健康。一般讲,身体接受的辐射能量越多,其放射病症状越严重,致癌、致畸风险越大。

核事故不仅会对事发地产生有害影响,而且还可能影响到邻近地区的环境。在某些情况下,空气或水会将放射性(物质)扩散到事故发生地以外的地区,而且甚至可能会造成包括其他国家领土范围在内的大面积污染。这种危险情形与核电厂有关,尤其是与核电厂具有类似潜在危险的设施有关,但同时也可能与核材料运输有关,比如由于核材料运输过程中发

---

① See IAEA: The International Nuclear and Radiological Event Scale User's Manual, IAEA, Vienna, 2008, pp. 151-152.

生了交通事故,就会有放射性(物质)释放到水或空气中。因此,必须设计一个核事故应急(nuclear emergency preparedness)的系统,以减少紧急情况的风险和减轻由其产生的后果(参见专栏7.1)。这个系统应当规定必要的措施以处理紧急情况的场内及场外的后果。①

 专栏 7.1

福岛核事故应急

福岛核事故发生后,为了避免辐射外释造成附近居民健康受损,于2011年3月12日,日本内阁官发布紧急避难指示,要求福岛核电站周边10公里内的居民立刻疏散。辐射半径10公里范围内的居民都被迅速疏散,规模约45000人左右。稍后,又将疏散半径扩展至20公里。可是,在核电厂内工作的员工都遭到辐射曝露,当辐射水平过高的时候,还必须暂时撤离工作岗位。经过多日努力,于3月20日,电力网终于恢复供电,使得各个机组能够陆续重新获得自动冷却功能。

4月12日,日本原子能安全保安院(简称"原安院")将本次事故升级至国际核事件分级表中最高的第七级,是第二个被评为第七级事件的事故。这意味着本次事故为"可能会造成严重的健康影响及环境后果"的特大事故。由于与民众联络沟通不良,并且未能有效地管理紧急事故,日本政府与东电饱受外国舆论界批评。

日本政府估计释入大气层的总共辐射剂量大约是切尔诺贝利核电厂事故的十分之一。大量放射性物质也被释入土地与大海。日本政府在离核电厂30—50 km区域检测出过高浓度的放射性铯,令人万分担忧,政府因此下令禁止买卖在此区域出产的食物。东京政府官员一度建议避免使用自来水调制料理给婴儿饮食。

这次事故已经严重地伤害了几位核电厂员工,虽然未有任何员工因为直接辐射曝露而不幸死亡,但有6名员工吸收到超过"终身摄入限度"的辐射剂量,约有300名员工也吸收到较大量辐射剂量。在核电厂附近居住的民众,因累积辐射曝露量而在未来患癌症死亡的人数估计约在100人以下。

2011年12月16日,日本首相野田佳彦宣布福岛第一核电站核泄漏已得到有效控制,1、2、3号反应堆冷停机成功,核事故处理第二阶段工作结束。但是,妥善清理周边区域的辐射污染,并且将整个核电厂除役,第三阶段可能还需要几十年不息不懈地努力工作才能达成目标。

2013年7月22日,在事故发生之后两年又几个月,东京电力公司表示,核电站内的放射性污水正泄漏流入太平洋,当地渔民与核子监督机构的专家早先就怀疑会发生这问题。而东电先前坚决否认这问题的存在。因此,日本首相安倍晋三命令政府介入处理这紧急问题。8月20日,核电站又发生一起事件,多达300吨的高辐射浓度污水从污水储存槽外泄。这污水足以对于附近工作员工的健康有害。这次污水外泄事故被评为国际核事件分级表中的第三级。8月24日,东电表示,导致福岛第一核电站蓄水罐存储的放射性污水大量泄漏的原因

---

① See C. Stoiber, A. Baer, N. Pelzer, et al., *Handbook on Nuclear Law*, International Atomic Energy Agency, 2003, p. 79.

是蓄水罐变形。此前东京电力公司曾经用橡胶圈对蓄水罐进行了密封,防止蓄水罐变形,但是,近日橡胶圈可能已经因老化而丧失功能。8月26日,日本政府采取紧急措施,直接出面解决外泄问题,避免这问题变得更严重,这动作显示出政府对于东电缺乏信心。9月3日,日本政府准备投入470亿日元经费阻止污水外泄,并且建设冻土墙与除污装置。9月19日,日本首相安倍晋三亲自视察核电站并且做出指示,除了先前除役的四个反应堆以外,完好但停机的第五、六号反应堆也应报废,专心处理污水问题。安倍说:"此行目的正是要亲自见证。"

资料来源:https://mp.weixin.qq.com/s/b2_wzhTUbr-O6mwC6rI5-w,最后访问时间:2020年7月5日。

在国际上,由于核事故危害的影响范围较大,在某国之内的核事故可能影响周围国家的安全和民众健康,因此核应急响应要求不同国家主管机关之间开展合作,同时必须要有一个组织和法律框架以促进应急预案的制定和实施。1986年切尔诺贝利核事故发生后,同年国际原子能机构通过了《及早通报核事故公约》(Convention on Early Notification of a Nuclear Accident)与《核事故或辐射紧急情况援助公约》(Convention on Assistance in the Case of a Nuclear Accident or Radiological Emergency)两大国际公约,目的在于进一步加强安全发展和利用核能方面的国际合作,通过在缔约国之间尽早提供有关核事故的情报,以使可能超越界的辐射后果减少到最低限。

二、核事故应急组织体系

我国根据《放射性污染防治法》和《核安全法》的规定建立了国家、地方(场外)和核设施营运单位(场内)三级核应急体系(参见图表7.1)。

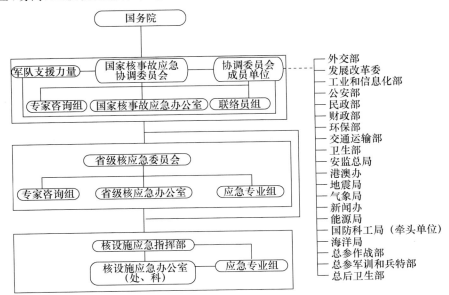

图表7.1 我国核应急组织体系图

资料来源:《核能百科》,http://www.caea.gov.cn/n6759381/n6759387/n6759395/c6792172/content.html,最后访问时间:2020年7月20日。

(一) 国家核事故应急机构及其职能

我国《放射性污染防治法》第 26 条要求国家建立健全核事故应急制度。核设施主管部门、环境保护行政主管部门、卫生行政部门、公安部门以及其他有关部门,在本级人民政府的组织领导下,按照各自的职责依法做好核事故应急工作。中国人民解放军和中国人民武装警察部队按照国务院、中央军事委员会的有关规定在核事故应急中实施有效的支援。必要时,由国务院领导、组织、协调全国的核事故应急管理工作。

《核安全法》规定,国家设立核事故应急协调委员会,组织、协调全国的核事故应急管理工作。国务院核工业主管部门承担国家核事故应急协调委员会日常工作,牵头制定国家核事故应急预案,经国务院批准后组织实施。国家核事故应急协调委员会成员单位根据国家核事故应急预案部署,制定本单位核事故应急预案,报国务院核工业主管部门备案(第 54 条、55 条)。根据国务院办公厅 2013 年修订的《国家核应急预案》第 2.1 条的规定,国家核应急协调委员会负责组织协调全国核事故应急准备和应急处置工作。国家核应急协调委员会主任委员由工业和信息化部部长担任。日常工作由国家核事故应急办公室承担。必要时,成立国家核事故应急指挥部,统一领导、组织、协调全国的核事故应对工作。指挥部总指挥由国务院领导同志担任。视情况成立前方工作组,在国家核事故应急指挥部的领导下开展工作。国家核应急协调委设立专家委员会,由核工程与核技术、核安全、辐射监测、辐射防护、环境保护、交通运输、医学、气象学、海洋学、应急管理、公共宣传等方面专家组成,为国家核应急工作重大决策和重要规划以及核事故应对工作提供咨询和建议。国家核应急协调委设立联络员组,由成员单位司、处级和核设施营运单位所属集团公司(院)负责同志组成,承担国家核应急协调委交办的事项。

(二) 地方核事故应急机构及其职能

根据我国《核安全法》的规定,省、自治区、直辖市人民政府根据实际需要设立核事故应急协调委员会,组织、协调本行政区域内的核事故应急管理工作,省、自治区、直辖市人民政府指定的部门承担核事故应急协调委员会的日常工作,负责制定本行政区域内场外核事故应急预案,报国家核事故应急协调委员会审批后组织实施(第 54、55 条)。

具体而言,根据《国家核应急预案》第 2.2 条,省级人民政府根据有关规定和工作需要成立省级核应急委员会,由有关职能部门、相关市县、核设施营运单位的负责人组成,负责本行政区域核事故应急准备与应急处置工作,统一指挥本行政区域核事故场外应急响应行动。省级核应急委设立专家组,提供决策咨询;设立省核事故应急办公室,承担省级核应急委的日常工作。未成立核应急委的省级人民政府指定部门负责本行政区域核事故应急准备与应急处置工作。必要时,由省级人民政府直接领导、组织、协调本行政区域场外核应急工作,支援核事故场内核应急响应行动。

以核电厂核事故应急管理为例,核电厂所在地的省、自治区、直辖市人民政府指定的部门负责本行政区域内的核事故应急管理工作,其主要职责包括:执行国家核事故应急工作的法规和政策;组织制定场外核事故应急计划,做好核事故应急准备工作;统一指挥场外核事故应急响应行动;组织支援核事故应急响应行动;及时向相邻的省、自治区、直辖市通报核事故情况。①

---

① 参见《核电厂核事故应急管理条例》第 5 条。

（三）核设施营运单位核事故应急机构及其职能

我国《核安全法》规定，核设施营运单位负责制定本单位场内核事故应急预案，报国务院核工业主管部门、能源主管部门和省、自治区、直辖市人民政府指定的部门备案（第55条）。

具体而言，根据《国家核应急预案》第2.3条规定，核设施营运单位核应急指挥部负责组织场内核应急准备与应急处置工作，统一指挥本单位的核应急响应行动，配合和协助做好场外核应急准备与响应工作，及时提出进入场外应急状态和采取场外应急防护措施的建议。核设施营运单位所属集团公司（院）负责领导协调核设施营运单位核应急准备工作，事故情况下负责调配其应急资源和力量，支援核设施营运单位的响应行动。

以核电厂核事故应急管理为例，核电厂的核事故应急机构的主要职责包括：执行国家核事故应急工作的法规和政策；制定场内核事故应急计划，做好核事故应急准备工作；确定核事故应急状态等级，统一指挥本单位的核事故应急响应行动；及时向上级主管部门、国务院核安全部门和省级人民政府指定的部门报告事故情况，提出进入场外应急状态和采取应急防护措施的建议；以及协助和配合省级人民政府指定的部门做好核事故应急管理工作。[①]

三、核事故应急准备和响应

（一）核事故应急准备

核事故应急准备，是指为应对核事故紧急状况而事先作出的一系列安排。核事故应急准备也是安全原则的重要体现，科学合理的应急准备能够在核事故发生时确保各主体有条不紊地应对核事故，缓解和降低核事故的影响。核事故应急准备工作主要包括核事故应急计划的制订和核事故应急演练。

1. 核事故应急计划制订

核事故应急计划一般包括四类：场内应急计划（onsite emergency planning）、场外应急计划（offsite emergency planning）、境内应急计划（national emergency planning）以及跨境应急计划（transboundary emergency planning）。

其中，场内应急计划是指，在核装置现场进行的所有以防止核事故发生和计划在紧急情况下的积极响应为目的的活动。[②] 场内应急准备的责任在于核设施营运者。如我国《放射性污染防治法》第25条规定，核设施营运单位应当按照核设施的规模和性质制定核事故场内应急计划，做好应急准备。场内应急准备包括及时发现事故，在事故可能出现应急情况时及时采取必要措施用以控制和解决紧急情况，以尽量减少损害。场内核应急准备的关键是发现"事件"，并控制"事件"，是作为核应急第一线的核电站保持场内安全。以核电厂场内应急计划为例，其内容包括：核事故应急工作的基本任务，核事故应急响应组织及其职责，烟羽应急计划区和食入应急计划区的范围，干预水平和导出干预水平，核事故应急准备和应急响应的详细方案，应急设施、设备、器材和其他物资，核电厂核事故应急机构同省级人民政府指定的部门之间以及同其他有关方面相互配合、支援的事项及措施。制订场内应急计划是核设

[①] 参见《核电厂核事故应急管理条例》第6条。
[②] See Helen Cook, *The law of Nuclear Energy*, Sweet & Maxwell, 2013, p.148.

施营运单位申请相关核安全许可的必要条件。①

　　场外应急计划的目的是在发生核或放射性紧急情况时,保护公众和环境免受核电厂周围区域或指定区域的有害辐射照射。其基本要素是可用情报的评估和情报交流。现场情报传递给场外的机构是尤其重要的,反之亦然。场外核应急准备的关键在于建立一套可以保障信息通畅的信息交流系统,使公众以及各有关单位和人员及时得知与核事故相关的信息,以保障公众人身和财产安全,维护社会稳定和保护环境。核设施营运者或核能监督管理部门应负责公开其准备的场外应急计划。场外应急计划应与场内应急计划相协调。另外,场外应急计划的实施通常由地方政府或中央政府负责。例如,我国《核安全法》第55条规定,省、自治区、直辖市人民政府指定的部门承担核事故应急协调委员会的日常工作,负责制定本行政区域内场外核事故应急预案,报国家核事故应急协调委员会审批后组织实施。

　　从狭义的角度来说,境内应急计划是指在国家层面上的核事故应急准备计划。从广义的角度来说,境内应急计划是指某一特定界限为划分的,比如省边界、州边界、国家边界为划分的区域计划。境内应急计划是相较于跨境应急计划而存在的。核事故危害后果的潜在跨界性质决定了核应急准备计划必须是国家(省、州)层级关注的问题。国家(省、州)必须制订应急计划保证境内公众和环境安全,同时国家(省、州)的计划应与其他国家(省、州)进行磋商。一般来说,国家可将制订国家核事故应急计划的责任委托给核监管机构。由核监管机构负责在国家应急计划的总体框架内协调此类计划,并与其他国家机构磋商。同样,单个省或州制订的核事故应急计划同样应与其周边同等级的行政区域进行磋商。例如,在我国,目前是由国务院核工业主管部门牵头制定国家核事故应急预案,经国务院批准后组织实施。

　　跨境应急计划是指针对可能产生跨境影响的核事故而制订的国际性(包括双边的或多边)的核应急计划。② 拥有核设施的国家应与可能受核事故影响的邻国或国家制定应急计划。需要商定并建立跨界信息交流机制,以使在核事故发生的情况下减少事故对其他国家的影响。《核安全公约》(The Convention on Nuclear Safety)和《乏燃料管理安全和放射性废物管理安全联合公约》(Joint Convention on the Safety of Spent Fuel Management and on the Safety of Radioactive Waste Management)③都要求各国与可能受到核事故影响的其他国家交换信息,以便在发生核或放射性紧急情况时可让这些其他国家作出准备。《及早通报核事故公约》(Convention on Early Notification of a Nuclear Accident)和《核事故或辐射紧急情况援助公约》(Convention on Assistance in the Case of a Nuclear Accident or Radiological Emergency)均规定了关于核事故或放射性紧急情况下的国际报告和援助的义务。这两项公约都要求国家指定一个"联络点",通过该联络点与国际原子能机构和其他国家交换信息。原子能机构建议国家核监管机构作为跨境应急计划联络点。此外,原子能机构制定了《紧急通知和援助技术操作手册》(Emergency Notification and Assistance Technical Opera-

---

　　① 参见《核电厂核事故应急管理条例》第13条。
　　② 参见国家核安保中心:《核安保事件辐射应急响应》,原子能出版社2017年版,第36—37页。
　　③ 我国未加入《乏燃料管理安全和放射性废物管理安全联合公约》,同时由于公约签署国家数量有限,该公约尚未生效。

tions Manual，ENATOM)，为执行国提供了指导方针。

2. 核事故应急演练

核事故应急演练是指为应对核事故紧急情况而事先进行的模拟真实应急状态下的各种应急响应措施的活动。应急演练是检验应急准备情况、培训应急工作人员的主要手段，在应急响应能力的保持中起着至关重要的作用。

我国《核安全法》第56条规定，核设施营运单位应当按照应急预案，配备应急设备，开展应急工作人员培训和演练，做好应急准备。核设施所在地省、自治区、直辖市人民政府指定的部门，应当开展核事故应急知识普及活动，按照应急预案组织有关企业、事业单位和社区开展核事故应急演练。

具体而言，根据我国《国家核应急预案》6.6.2的规定，各级核应急组织应当根据实际情况采取桌面推演、实战演习等方式，经常开展应急演习，以检验、保持和提高核应急响应能力。国家级核事故应急联合演习由国家核应急协调委组织实施，一般3至5年举行一次；国家核应急协调委成员单位根据需要分别组织单项演练。省级核应急联合演习，一般2至4年举行一次，由省级核应急委组织，核设施营运单位参加。核设施营运单位综合演习每2年组织1次，拥有3台以上运行机组的，综合演习频度适当增加。核电厂首次装投料前，由省级核应急委组织场内外联合演习，核设施营运单位参加(参见专栏7.2)。

专栏7.2

广西举行首次核事故应急联合演习

大型的电子屏幕上实时连线防城港、钦州市以及防城港核电厂3个核应急指挥中心，不断输送的环境监测点发来的监测数据，紧张研判事故状况和提出处置方案的专家，不时发出一道道指令的现场总指挥长……1月13日上午，在"红沙—2014"广西核事故应急联合演习中的自治区核电厂核事故应急指挥中心现场，演习活动紧张有序地开展。这是广西首次开展核事故应急演习活动。

演习事故情景模拟了核电站遭受一次强台风袭击，导致核电站两路场外电源失去，1号机组发生放射性泄漏事故，且机组故障进一步发展，最终导致三道屏障功能丧失，放射性物质向环境释放，影响到周围环境。广西核应急指挥部报国家有关部门批准启动一级应急响应，同时为了防止核电厂下风向区域的公众受放射性污染危害，将核电厂周围5公里范围内的公众撤离，5—10公里范围的公众实行就地隐蔽。最终，经过核电厂应急人员的抢修，核电厂事故机组故障修复，放射性物质停止向外释放，终止应急响应行动。

演习同时启动了广西壮族自治区、防城港市、钦州市以及防城港核电厂等4个核应急指挥中心，自治区42个部门和单位、广州军区、驻桂部队、广西军区、武警广西总队等参加，动用参演人员约1800人以及车辆、船舶、大型装备等150余台(辆)，组成11个专业组按照预案和实施程序开展应急响应和处置。

整个演习过程历时近3个小时并成功举行。活动检验了自治区各级核应急委员会开展核应急指挥决策和处置能力，锻炼了广西核应急队伍，为确保防城港核电厂的安全运行筑牢了最后一道防线。

防城港核电厂是国家西部大开发的重点工程。广西壮族自治区党委、政府高度重视核应急工作,自治区政府为此成立了由42个成员单位组成的自治区核电厂核事故应急委员会,负责领导、组织、协调全自治区的核事故应急管理工作,办公室设在自治区环保厅。目前,广西已形成全区核应急组织体系、协调架构和预警机制,建设自治区放射性分析实验室及移动应急监测系统,在核电厂周边建设防城港前沿站及12个自动监测子站,建立了上下联通的自治区、相关市、核电厂各级核应急指挥中心,形成全区核应急技术支持和救援响应能力,有力确保全区核与辐射安全。

资料来源:《广西举行首次核事故应急联合演习》,http://www.gov.cn/xinwen/2015-01/14/content_2803934.htm,最后访问时间:2020年7月20日。

(二)核事故应急响应

核事故应急响应,是指在核事故发生时根据事先制定的核应急预案的安排采取各项具体行动的过程。核事故发生后,各级核应急组织需要根据事故的性质和严重程度实施响应行动。我国《核安全法》第58条规定,发生核事故时,核设施营运单位应当按照应急预案的要求开展应急响应,减轻事故后果,并立即向国务院核工业主管部门、核安全监督管理部门和省、自治区、直辖市人民政府指定的部门报告核设施状况,根据需要提出场外应急响应行动建议。核事故应急响应主要包括以下三个方面:

一是通报核事故信息。

《核安全法》第60条规定,国务院核工业主管部门或者省、自治区、直辖市人民政府指定的部门负责发布核事故应急信息。国家核事故应急协调委员会统筹协调核事故应急国际通报和国际救援工作。

《国家核应急预案》3.1.8规定,按照核事故应急报告制度的有关规定,核设施营运单位及时向国家核应急办、省核应急办、核电主管部门、核安全监督管理部门、所属集团公司(院)报告、通报有关核事故及核应急响应情况;接到事故报告后,国家核应急协调委、核事故发生地省级人民政府要及时、持续向国务院报告有关情况。第一时间发布准确、权威信息。核事故信息发布办法由国家核应急协调委另行制订,报国务院批准后实施。

二是实施核事故缓解和控制措施。

《国家核应急预案》3.1.1—3.1.7对核事故发生后,各级核应急组织应采取的缓解和控制措施作出了规定,具体包括:迅速组织专业力量、装备和物资等开展工程抢险;开展事故现场和周边环境放射性监测,以及应急工作人员和公众受照剂量的监测;当事故已经或可能导致碘放射性同位素释放的,及时组织有关工作人员和公众服用防护药品,并组织有关人员隐蔽撤离,或者搬迁;去除或降低放射性污染,组织对辐射损伤人员和非辐射损伤人员实施医学诊断及救治;根据受事故影响区域具体情况,划定警戒区,设定出入通道,严格控制出入;及时进行重要生活必需品的市场监管和调控,搞好治安和警戒工作。

三是实行核事故应急救援与支援。

《核安全法》第59条规定,国家核事故应急协调委员会按照国家核事故应急预案部署,组织协调国务院有关部门、地方人民政府、核设施营运单位实施核事故应急救援工作。中国人民解放军和中国人民武装警察部队按照国务院、中央军事委员会的规定,实施核事故应急救援工作。核设施营运单位应当按照核事故应急救援工作的要求,实施应急响应支援。

《国家核应急预案》3.1.9 规定,国家核应急协调委统筹协调核应急国际通报与国际援助工作。按照《及早通报核事故公约》的要求,当核事故造成或可能造成超越国界的辐射影响时,国家核应急协调委通过核应急国家联络点向国际原子能机构通报。向有关国家和地区的通报工作,由外交部按照双边或多边核应急合作协议办理。

必要时,国家核应急协调委提出请求国际援助的建议,报请国务院批准后,由国家原子能机构会同外交部按照《核事故或辐射紧急情况援助公约》的有关规定办理。

(三)核事故后恢复与调查

当核事故已经得到有效控制,放射性物质的释放已经停止或者已经控制到可接受的水平,核设施基本恢复到安全状态,此时应当开展核事故后的恢复和调查行动。《核安全法》第61条规定,各级人民政府及其有关部门、核设施营运单位等应当按照国务院有关规定和授权,组织开展核事故后的恢复行动、损失评估等工作。

因导致发生事故、进入应急状态的原因不同及事故严重程度的差别,其恢复行动涉及的范围、复杂程序也会有较大的区别。一般来说,恢复行动包括场内恢复行动和场外恢复行动。

其中,场内恢复行动重点是尽快消除事故影响,恢复正常工作秩序。场内恢复行动主要包括以下六项措施:场内辐射环境监测;核设施损伤状况判断;核安全设施、设备、系统、构筑物状态的检查和判断;受辐照人员的医学筛查、治疗与随访;核设施的重新启动;经验反馈。

场外恢复行动重点是尽快消除事故的场外影响,恢复社会正常生活、生产秩序。场外恢复行动主要包括以下五项:环境的辐射水平监测;社会秩序的恢复;对局部受污染区域采取必要整治与洗消活动;对可能受到辐射影响的公众进行医学筛查、诊治与随访;做好对公众的解释与沟通工作。

事故调查处理应当按照实事求是、尊重科学的原则,及时、准确地查清事故原因,查明事故性质和责任,总结事故教训,提出整改措施,并对事故责任者提出处理意见。由于核事故原因复杂,影响面大,其调查处理工作涉及部门和单位众多,《核安全法》规定,核事故的调查处理,由国务院或者其授权的部门负责实施;核事故场外应急行动的调查处理,由国务院或者其指定的机构负责实施(第61条)。

第二节　辐射事故应急

一、辐射事故应急的概念

当放射源被应用到医疗和研究领域后,辐射事故就可能发生。临床上较为常见的是电离辐射导致的人体组织的损伤。[①]辐射事故(radiation accidents),是指放射源丢失、被盗、失控,或者放射性同位素和射线装置失控,导致人员受到意外的异常照射,或者造成环境污染。

---

① See C. Stoiber, A. Baer, N. Pelzer, et al., *Handbook on Nuclear Law*, International Atomic Energy Agency, 2003, p.45.

辐射事故应急是指在辐射事故发生前做好应急准备，在辐射事故发生时能够快速而适当地作出响应。

辐射事故的发生原因主要有两种类型：一类是放射源或射线装置由于操作失误或设备故障，导致人员受到意外异常照射，这种情况下，放射源或射线装置确认处于设施内，放射源或射线装置的污染范围较小；另一类是放射源丢失或被盗，使放射源丧失屏蔽，使人员受到不必要的意外照射，这种情况下，放射源或放射性物质完全失控，去向不明，有可能近距离接触人体或被丢弃在人群密集处，很容易引起大面积的辐射照射甚至危及人民群众生命安全。这一类的辐射事故，倘若信息处理不及时或不当，将更容易引起不明真相的公众恐慌情绪。因此，对辐射事故展开应急和辐射防护工作就显得至关重要。①

根据我国《放射性同位素与射线装置安全和防护条例》（2005年制定、2019年修订），辐射事故应急处理应当根据发生的性质的严重程度、可控性和影响范围等因素，从重到轻分为特别重大辐射事故、重大辐射事故、较大辐射事故和一般辐射事故四个等级（第40条）。其中，特别重大辐射事故，是指Ⅰ类、Ⅱ类放射源丢失、被盗、失控造成大范围严重辐射污染后果，或者放射性同位素和射线装置失控导致3人以上（含3人）急性死亡；重大辐射事故，是指Ⅰ类、Ⅱ类放射源丢失、被盗、失控，或者放射性同位素和射线装置失控导致2人以下（含2人）急性死亡或者10人以上（含10人）急性重度放射病、局部器官残疾；较大辐射事故，是指Ⅲ类放射源丢失、被盗、失控，或者放射性同位素和射线装置失控导致9人以下（含9人）急性重度放射病、局部器官残疾；一般辐射事故，是指Ⅳ类、Ⅴ类放射源丢失、被盗、失控，或者放射性同位素和射线装置失控导致人员受到超过年剂量限值的照射。

由于核事故与辐射事故具有事故破坏产生的即时性和事故发展的自然延续性，如果不能及时进行救援（救助），后果将不堪设想。辐射事故应急的目标包括两个方面，一是有效干预事故的自然发展进程，及早控制放射性物质的外泄；二是及早通知事故地区居民采取自我防护措施，或者及早组织撤离与掩蔽，以减少人员伤亡，减轻事故后果。

二、辐射事故应急组织体系

辐射事故应急组织体系包括中央政府层面、地方政府层面和核技术利用单位三个层面。

在中央政府层面，根据《放射性同位素与射线装置安全和防护条例》关于辐射事故应急处理的规定，国务院生态环境部门②对全国放射性同位素、射线装置的安全和防护工作实施统一监督管理。国务院公安、卫生等部门按照职责分工和本条例的规定，对有关放射性同位素、射线装置的安全和防护工作实施监督管理（第3条）。

生态环境部核设施安全监管司内设辐射监测与应急处（核与辐射事故应急办公室），具体承担核与辐射事故应急工作（见图表7.2）。

在地方政府层面，根据《放射性同位素与射线装置安全和防护条例》，县级以上地方人民

---

① 参见刘建茹：《论辐射事故应急与管理》，载《科技创新与应用》2017年第26期。
② 生态环境部内设的核设施安全监管司，其内设机构辐射监测与应急处（核与辐射事故应急办公室）承担核与辐射事故应急工作。

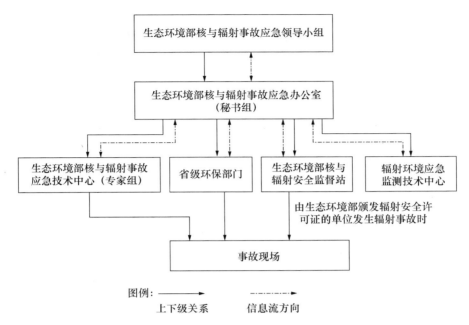

图表 7.2　生态环境部核与辐射事故应急组织结构

资料来源：参照原国家环境保护总局办公厅印发的《国家环境保护总局辐射事故应急预案》(2007年)绘制。

政府生态环境主管部门是辐射事故的应急主管部门，应当会同同级公安、卫生、财政等部门编制辐射事故应急预案，报本级人民政府批准（第41条）。（参见专栏7.3）

 专栏 7.3

浙江省辐射事故应急组织体系

浙江省辐射事故应急组织体系由指挥机构、工作机构、专家咨询组和市、县（市、区）指挥机构组成。

1. 指挥机构

发生重大以上辐射事故，根据需要成立省辐射事故应急指挥部（以下简称省指挥部），统一指挥、协调辐射事故的应对工作。省政府分管环境保护工作的副省长任总指挥，省政府分管环境保护工作的副秘书长（办公厅副主任）和省环保厅厅长任副总指挥，省环保厅、省委宣传部（省新闻办）、省委网信办、省公安厅、省财政厅、省卫生计生委等有关部门和单位负责人为成员，视情增加有关部门和单位负责人为成员。省指挥部办公室设在省环保厅，负责辐射事故应急处置的组织协调、督促指导等工作。办公室主任由省环保厅分管负责人担任。

2. 工作机构

辐射事故应急处置期间，省指挥部视情成立相应工作组。

（1）现场协调组。由省环保厅牵头，省公安厅、省卫生计生委等部门相关人员和辐射事故应急处置专家组成。

(2) 医疗卫生组。医疗卫生组由省卫生计生委牵头,相关部门人员组成。

(3) 现场监测组。由省环保厅牵头,卫生计生、环保部门的辐射监测人员组成。

(4) 安全保卫组。由省公安厅牵头,环保、卫生计生部门相关人员组成。

(5) 舆情信息组。由省委宣传部(省新闻办)、省委网信办牵头,省环保厅、省公安厅、省卫生计生委等部门相关人员组成。

3. 专家咨询组

专家咨询组由省环保厅牵头组建,主要包括核安全、辐射防护、放射医学、辐射环境监测和社会学、心理学等方面的专家。

4. 市县指挥机构

市县政府可参照省应急指挥机构的组成和职责,根据需要成立相应的应急指挥机构,负责组织和协调本行政区域内辐射事故的应对工作。市县指挥机构由本级政府及有关部门组成,政府分管领导任总指挥。发生跨设区市行政区域辐射事故时,由省环保厅组织各有关单位协调处置。地方有关部门按照职责分工,密切配合,共同做好辐射事故应对工作。

资料来源:浙江省政府办公厅印发《浙江省辐射事故应急预案》(2018年)。

在核技术利用单位层面,生产、销售、使用放射性同位素和射线装置的单位,应当根据可能发生的辐射事故的风险,制定本单位的应急方案,做好应急准备(第41条)。

三、辐射事故应急准备和响应

(一) 辐射事故应急准备

辐射事故应急准备包括辐射事故应急计划制订与辐射事故应急演练。

辐射安全应以预防为主。由于辐射事故发生的概率很低,各级部门、公众对相关的专业知识、应对方法、防护措施等均不甚了解,而辐射事故一旦发生则会造成巨大的影响,因此,必须以尽可能谨慎的态度来制定辐射事故应急方案,做到防患于未然,并需定期安排应急演习,做到常备不懈。尤其是辐射相关行业的工作单位,需要根据自身情况,分析可能发生辐射事故的级别和类型,制订全面、具体、可操作性强的应急计划和处理程序。

辐射事故应急演习是加强应急准备与响应的关键,是检验和评价应急组织的应急能力的手段,通过应急演习,建立部门协调配合、上下联动的机制,不断总结经验,不断修改与完善应急方案,进而提高应急响应能力。[①] (参见专栏7.4)

专栏 7.4

上海市杨浦区开展辐射突发事件应急综合演练

上午9:30,上海市杨浦区生态环境局应急值班室的电话那头传来警报:"我是江城皮肤病医院,我们医院护士在使用锶90放射源给病人治疗后,放射源处于失控状态,请求区生态

---

① 参见刘建茹:《论辐射事故应急与管理》,载《科技创新与应用》2017年第26期。

环境局支援……"

"请立刻控制住现场,我们的应急队伍马上到。"接警后,杨浦区生态环境局立即启动应急预案,值班领导分级传达命令,分派执法大队和监测站组成环境安全应急队赶赴现场。

这是日前杨浦区辐射突发环境事件应急综合演练中的一幕。演练模拟江城皮肤病医院锶90治疗室护士在使用锶90放射源后,因外出接电话不慎造成放射源失控。事件发生后,院方第一时间控制放射源失控现场,拉起警戒线,启动医院预案,立即向区生态环境局、区公安分局治安支队、区应急管理局等部门报告。

到达事发区域后,杨浦区生态环境局环境安全应急队分工明确,执法大队人员对事故原因展开细致调查;环境监测人员身穿防护服对放射源丢失区域进行地毯式搜寻。约20分钟后,失控放射源被找到,环境监测人员对其采取封存措施后,又对现场辐射环境进行监测,一场潜在的危机被化解。

警报解除后,区生态环境局分管领导杨永华对本次应急演练进行点评:这次演练谋划早、应急处置好、参演热情高、演练过程真实,处置应对及时。但是,演练过程中也存在演练人员危机意识不强、医院内部搜寻没有继续拓展到医院边界、部分应急人员未佩戴个人剂量计等问题。

杨永华接受记者采访时介绍,放射性同位素安全事关重大,其引发的安全事故容易引发社会恐慌。近年来,一些地区出现过类似的失控事故。杨浦区组织此次综合演练的目的有两个,一方面是提醒使用单位保持高压态势,绷紧安全弦,强化内部管理,全面落实好放射性同位素管理的主体责任;另一方面督促相关单位常态化保持"战备"状态,警钟长鸣,及时做好危急事件应对各项工作,确保区域辐射环境安全。

资料来源:《中国环境报》,http://www.wxnmhcom/thread-7301805.htm,最后访问日期:2020年10月9日。

(二)辐射事故应急响应

根据辐射事故的发展,辐射事故应急响应分为应急待命、应急响应、应急终止和后期评价四个阶段。

其中,应急待命阶段,是指从接到辐射事故报告至实施现场应急阶段。这一阶段,各辐射事故应急救援队伍进入应急状态,准备所需的资料和应急设备,包括监测设备、防护设备、交通、通信器材的准备等。根据现场有关资料,初步判断辐射事故的类型、性质和级别。

应急响应阶段,是指应急开始至应急结束的重要环节。在此阶段,应急监测人员要携带仪器设备赴现场开展应急监测和采样工作,如发生放射源丢失或被盗的辐射事故,首先在出事地点及附近排查,利用监测仪器确定放射源是否进入生产线或被遗弃在工作场所,再扩大至厂区及邻近废品站、居民区和可疑人群;救援人员应根据事故的危害程度,指导群众采取恰当的辐射防护手段,并最大程度给公众提供防护措施,根据事发时的地理环境、气象表征、人口密集程度等情况,确定群众安全疏散方式,指导群众安全撤离。辐射事故中,若有人受到意外照射时,应迅速将受照人员送至指定的医疗机构救治或者接受医学检查。

应急终止需要满足以下几个条件:(1)根据辐射事故现场应急情况,确认已有效控制辐射事故现场,已消除事故条件、已将核设施放射性物质的释放降到规定水平;(2)辐射污染源的泄漏或放射性物质得到控制、放射性污染已达到当地本底辐射水平①;(3) 辐射事故所造成的危害已被消除,无后续发生条件,事故的最终后续结果可能引起的照射降至尽量合理低的水平。如果满足以上条件,即允许进入应急终止阶段。

应急终止结束后需要对辐射事故及后果进行迅速、有效评价,包括:对事故发生起因及事故发展过程进行分析,评价事故对公众的危害程度及对环境等资源的污染程度;对事故造成的长期后果及影响进行科学评价,对遭受辐射污染场地清理、辐射后续监测、放射性废物处理、辐射污染环境恢复等提出应对措施和建议;对应急期间所采取的行动措施(包括应组织指挥、现场救助、取样监测、去污处置、应急人员剂量控制等方面)进行详细评估;编写应急响应报告,全面总结评价应急响应行动并根据经验反馈及时对应急预案及相关实施程序进行修订。②

【本章思考题】

1. 简述我国核与辐射事故应急组织体系。
2. 简述核事故应急计划的类型。
3. 核事故发生后,各级核应急组织应实施哪些应急响应行动?
4. 核事故后的场内恢复行动和场外恢复行动主要指什么?

---

① 本底辐射水平,是指天然存在的放射性辐射量。
② 参见刘建茹:《论辐射事故应急与管理》,载《科技创新与应用》2017年第26期。

第八章

核损害赔偿

【教学目的与要求】 了解核损害的概念和赔偿范围;了解核损害赔偿责任的主体;领会核损害赔偿责任的构成;理解核损害赔偿责任中的唯一责任;了解核损害赔偿责任保险;理解国家补偿。

由核事故引发的核损害事件一旦发生,便可能产生核损害赔偿责任及其承担问题。本章将系统地阐述核损害的概念、核损害赔偿责任和核损害赔偿责任的确定规则,以及确保核损害赔偿责任得以落实的财务保障机制。

第一节 核损害的概念

一、核损害的定义和特征

随着人们对核事故所造成损害的认识不断加深,核损害(nuclear damage)的概念也在逐渐完善。对核损害定义和特征的界定是了解与掌握核损害赔偿制度体系的基础。

（一）核损害的定义

核损害的定义经历了由浅入深的演变过程,对这一过程的梳理有助于对这一重要概念作出明确而清晰的界定。

核损害一词最早出现在美国1946年《原子能法》中,该法未直接就"核损害"给出定义,但从该法及后续修订版本对"核事故"的定义中可以看出,"核损害"是指因"源材料、特殊核材料或副产品的放射性、有毒性、爆炸性或其他有害特性"而造成的"人身伤害、疾病、死亡、财产的灭失、损坏或者使用价值的减损"。

早期的国际公约也将核损害限定为人身和财产损失。例如1960年《巴黎公约》第3条将"核损害"定义为"核设施产生或者来自核设施的核物质引发的人身伤害、死亡,财产损坏、灭失",但不包括核设施本身或者用于核设施的财产的损坏或者灭失。又如1963年《维也纳公约》第1条将"核损害"定义为"由核事故所引起或造成的丧失生命、任何人身伤害或对财产的损失或破坏,以及主管法院的法律规定范围之内的任何其他损失或破坏"。

---

① 此处定义引用自美国1954年《原子能法》,See U. S. Atomic Energy Act of 1954,§ 170. q.

之后,1997年《修订〈维也纳公约〉议定书》和1997年《核损害补充赔偿公约》逐渐将"核损害"的定义扩展至包括环境损害、预防性措施以及受损环境的恢复措施费用等其他损失、损害或产生的费用。

除以上国际公约及协定对"核损害"作出的定义之外,还有很多国家也通过国内立法的形式对核损害的概念作出了规定(参见专栏8.1)。

 专栏 8.1

部分国家法律中"核损害"的定义

1. 美国

《普莱斯—安德森法》(1957年)(注:该法为美国《原子能法》的组成部分之一)将"核损害"定义为:"由于源材料、特殊核材料或副产品的放射性、有毒性、爆炸性或其他有害特性而造成的人身伤害、疾病、死亡、财产的灭失、损坏或者使用价值的减损。核损害还包括因预防性疏散措施而导致的损害或产生的费用。"

2. 日本

《原子能损害赔偿法》(2009年修订)规定,"原子能损害"是指由于核燃料原子核裂变反应的作用、核燃料等放射线的作用或毒性作用(指摄取或吸入该等物质造成人体中毒及其并发症)造成的损害。但是,应承担损害赔偿责任的原子能经营者所受的损害除外。

3. 韩国

《核损害赔偿法》(2013年修订)规定,"核损害"是指核燃料裂变(包括重大环境污染造成的经济损失)、核燃料或核废料的放射性或毒性造成的各种损害和损失,但有关核设施营运者受到损害或其雇员履行职责所受损害除外:(i) 根据《灾害管理法》或其他相关法律法规已采取的或将采取的恢复受损环境措施所产生的费用;(ii) 依《灾害管理法》或其他相关法律法规,为尽量阻止、降低或减轻因核损害、核事故造成的重大威胁,以及采取预防措施的费用(包括因预防措施造成的进一步损失或损害)。

4. 印度

《核损害民事责任法》(2010年)规定,核损害是指:(i) 造成生命丧失或人身伤害(包括直接和长期的健康影响);(ii) 由核事故引起或导致的财产损失或损害,并在中央政府通知的范围内包括以下各项;(iii) 由于第(i)项或第(ii)项所述的损失或损害而造成的任何经济损失,如果索赔是由有权索赔的人申请的,则不包括在根据这些子条款提出的索赔中;(iv) 对核事故造成的环境受损而进行环境修复所需的费用,除非已经实质上采取措施或将要采取措施修复环境,并且不包括在根据第(ii)项提出的索赔中;(v) 由于核事故造成的环境严重损害而导致不能使用或享有环境的经济利益所得而造成收入损失,并且该损失不包括在第(ii)项所述的索赔中;(vi) 预防措施费用,及此类措施造成的进一步损失或损害;(vii) 除第(iv)和(v)项所述的环境损害造成的其他经济损失,只要印度现行的一般民事责任法规允许索赔但不能依据该法规索赔的情况下,在上述子条款(i)至(v)和(vii)的范围内,由核设施内辐射源发射或由其发射范围内产生的电离辐射,或来源于运输到核设施的核材料、核燃料或放射性物质、废物,无论是由该物质的放射性产生的,或放射性物质与有毒性、爆炸性或其他危险性质物质等造成的损失或损害。

资料来源:
陈刚主编:《核损害责任法律法规汇编》,法律出版社 2018 年版,第 142—143、311—312、330—331、395 页。

本书认为,核损害是指由核事故所引起或造成的生命丧失、人身伤害、财产损失、环境损害、纯粹经济损失等损失以及采取预防性措施和恢复性措施等产生的费用。

(二)核损害的特征

核损害属于一种特殊侵权损害,其既具有传统侵权损害的属性,又兼具生态环境损害的属性。

核损害具有传统侵权损害属性。民用核能利用活动具有高度的危险性,一旦发生核事故,将会对人的生命、健康、财产造成巨大的损害,核事故受害人遭受人身伤害、财产损害和精神损害,理应获得赔偿。核事故受害人遭受的此种损害,属于侵权损害的范畴,核事故受害人所遭受的损失得到赔偿,可有效地保护核事故受害人的人身权利和财产权利,保护国家和社会公众的财产权利。[①]

核损害具有生态环境损害属性。民用核能利用活动属于高度危险活动,对周围环境亦具有高度的危险性。美国三里岛核事故、苏联切尔诺贝利核事故以及日本福岛核事故的发生,均对环境与生态造成了巨大的损害,自然资源与自然环境均遭受了严重的污染。这些自然资源与自然环境具有生态价值,因发生核事故遭受损害后生态功能减退,其所有人享有的使用价值和交换价值减少,公众享受安全、无污染环境的权利遭到侵犯,理应得到赔偿。

与其他民事损害相比,核损害具有如下三个方面的特征:

第一,影响范围广,损害规模大。通常情况下,一般民事损害的受害人群限定在一定的范围之内,损害程度较为轻微。而核损害的影响地域很广,影响人群成千上万,影响范围可波及数地及数国,甚至可能会造成跨境核损害。

第二,持续时间久,索赔周期长。核事故给受害人、环境等造成的损害是长期而持续的,因为放射性污染所致人身、环境等伤害在辐射照射实际发生后可能无法立即显现,损害结果无法在某一时间段确定下来,损害会持续发生。正因为如此,核损害造成的索赔过程长期而艰辛。

第三,赔偿数额多,救济成本高。核损害所带来的经济损失和损害赔偿金巨大,需要耗费大量的人力、物力和财力才有可能妥善公正地解决核事故造成的人身伤亡、财产损失或者环境损害等问题(参见专栏 8.2)。

[①] 参见杨立新:《侵权损害赔偿》(第六版),法律出版社 2016 年版,第 22 页。

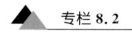

专栏 8.2

三次重大核事故的赔偿

1. 美国三里岛核事故

1979年3月28日,发生了美国三里岛核事故,之后保险池共向3170名提出撤离索赔的受害人支付了约120万美元的赔付额,还向636名提出工资损失索赔的受害人支付了超过9.2万美元的赔付额。受害人也向宾夕法尼亚州法院和联邦法院提出了多起诉讼,要求赔偿各种人身伤害和财产损失,哈里斯堡联邦地方法院将这些诉讼进行了合并。根据1981年9月签署的和解协议,保险池向法院管理的基金支付了2000万美元,用以赔付核电厂25英里范围内的企业和个人遭受的经济损失,并且投入了500万美元,用于建立覆盖该区域的公共健康基金。三里岛核事故并未造成人员死亡,对公众造成的辐射、对环境带来的影响极小,但大量人员撤离、环境清理等工作,造成了将近10亿美元的直接经济损失。直到1997年,赔付给受害人的金额总计超过7000万美元(包括赔偿协议额4200万美元和赔偿费用2800万美元)。

2. 苏联切尔诺贝利核事故

1986年4月26日,发生了苏联切尔诺贝利核事故,这场近代历史上代价最"昂贵"的灾难事件造成的损失惨重,苏联在遏制事态恶化和消除污染方面花费了180亿卢布(相当于当时的180亿美元)。直到现在,白俄罗斯、乌克兰等国政府还在为约700万人支付此次核事故导致损害相关的社会福利。

3. 日本福岛第一核电厂事故

2011年3月11日,日本福岛发生了第一核电厂事故。之后,围绕着此次事故造成的损害,产生了大量的纠纷和索赔请求。处理和解决这些纠纷和索赔请求的主要方式为发起诉讼和采用替代性纠纷解决机制。

(1) 发起诉讼

2013年9月,从福岛县来到群马县避难的137人发起针对东京电力公司和日本政府的诉讼,要求被告赔偿每人慰问金1100万日元(约合9.7万美元),诉讼总额达15亿日元(约合1324万美元)。日本群马县前桥地方法院于2017年3月17日作出判决,东京电力公司和日本政府作为被告,应向137名因福岛核事故而被迫避难的民众赔偿3855万日元(约合34万美元)。这是日本首次围绕福岛核事故作出承认国家赔偿责任的判决。

与此同时,日本全国还有约30起类似的集体赔偿诉讼和对前东京电力公司责任人的刑事诉讼。其中规模最大的是,同为2013年,受害民众组成3800人的原告团,对日本政府和东京电力公司提起的集体诉讼,要求日本政府和东京电力公司对他们因核事故所受影响和精神痛苦给予总额160亿日元(约合9.6亿元人民币)的赔偿。这也是日本迄今为止最大规模的福岛核事故集体诉讼。

日本福岛地方法院以日本政府和东京电力公司是否有能力提前预测可能发生的海啸,以及国家指定的赔偿金额等是否合理作为审理的焦点。2017年10月10日,福岛地方法院最终判决认为,日本政府和运营福岛核电站的东京电力公司对核事故负有责任,责令他们对

3800 名原告中的 2900 人赔偿 4.9 亿日元（约合 2950 万元人民币），但对原告提出的恢复当地生活环境的要求予以回绝。

2020 年 3 月 12 日，日本仙台高等法院对一起福岛核事故受害人集体诉讼作出二审判决，判决东京电力公司向 213 名福岛核事故受害人赔偿 7.335 亿日元（约合 4938 万元人民币）。

（2）采用替代性纠纷解决机制

日本文部科学省通过《原子能损害赔偿法》设立原子能损害赔偿纠纷审查委员会，专门处理核损害赔偿纠纷。具体的处理方式有两种：一是受害人和营运人根据核损害纠纷审查委员会制订的关于核损害赔偿范围、计算方法等方面的导则进行赔偿交涉，就赔偿问题双方达成和解合意，而后获得相应的赔偿；二是受害人和营运人不能达成赔偿和解协议时，可以向纠纷解决中心申请调解（也可以径直申请调解），达成赔偿合意。

根据日本原子能损害赔偿纠纷解决中心 2018 年发布的《原子能损害赔偿纠纷解决中心活动状况报告书》公布的数据，福岛核事故发生的当年，即 2011 年，纠纷解决中心受理申请调解的案件数为 521 件、完成调解的案件数为 6 件；2012 年，受理申请调解的案件数为 4542 件、完成调解的案件数为 1856 件；2013 年，受理申请调解的案件数为 4091 件、完成调解的案件数为 4667 件；2014 年，受理申请调解的案件数为 5217 件、完成调解的案件数为 5054 件；2015 年，受理申请调解的案件数为 4239 件、完成调解的案件数为 4281 件；2016 年，受理申请调解的案件数为 2794 件、完成调解的案件数为 3403 件；2017 年，受理申请调解的案件数为 1811 件、完成调解的案件数为 2132 件；2018 年，受理申请调解的案件数为 1121 件、完成调解的案件数为 1818 件。至 2018 年，纠纷解决中心累计处理案件 23217 件。

资料来源：

1. See American Nuclear Society, The Price-Anderson Act: Background Information, *American Nuclear Society*, 2005, p. 2.

2. 参见《美国三里岛核泄漏事故（下）》，http://news.163.com/11/0322/16/6VP0B7RU00014AED.html，最后访问日期：2020 年 2 月 20 日。

3. See Committee on Environment and Public Works, *Price-Anderson Amendments Act of 2005: Report (to accompany S. 865)*, Washington, D.C.: U.S. G.P.O., 2005, p. 2.

4. See Mikhail Gorbachev, Interview in Thomas Johnson, The Battle of Chernobyl on YouTube, *Discovery Channel*, 2006, https://www.imdb.com/title/tt1832484/?ref_=m_tt_rec_tti, last accessed on February 20, 2020.

5. See IAEA, Chernobyl's Legacy: Health, Environmental and Social-Economic Impacts and Recommendations to the Governments of Belarus, the Russian Federation and Ukraine, *The Chernobyl Forum: 2003-2005* (2nd revised version), https://www.iaea.org/sites/default/files/chernobyl.pdf, last accessed on February 20, 2020.

6. 参见《日本仙台高院对福岛核事故受害者集体诉讼做出二审判决 东京电力赔偿 7.335 亿日元》，http://m.news.cctv.com/2020/03/13/ARTIAl2OeSn4M5KjipKseZAM200313.shtml，最后访问日期：2020 年 2 月 20 日。

7. 参见《日本地方法院判决福岛核事故原告方胜诉》，http://news.xinhuanet.com/world/2017-10/10/c_1121781487.htm，最后访问日期：2020 年 2 月 20 日。

8. 参见〔日〕日本原子能损害赔偿纠纷审查委员会发布：《原子能损害賠償紛争解決センターの設置について》，http://www.aec.go.jp/jicst/NC/senmon/songai/siryo03/siryo3-4.pdf，最后访问日期：2020 年 2 月 20 日。

9. 参见〔日〕日本原子能损害赔偿纠纷解决中心发布：《原子力損害賠償紛争解決センター活動状況報告書：平成 30 年における状況について～》，https://www.mext.go.jp/a_menu/genshi_baisho/jiko_baisho/detail/pdf/PDF-13_adr_015.pdf，最后访问日期：2020 年 2 月 20 日。

二、核损害的范围

现行国际公约对核损害的范围均作出了明确界定。《巴黎公约》将核损害的范围限定为人身伤害和财产损害;《维也纳公约》将核损害范围界定为,除了人身和财产两方面的损害之外,还包括"由此而引起或造成的在主管法院所在国家的法律规定范围之内的任何其他损失或损害"。

1986年苏联切尔诺贝利核事故对人身、财产和环境等各方面都造成了巨大的损害,其中的一些新的损害类型并没有被上述《巴黎公约》和《维也纳公约》所覆盖,例如环境污染修复的费用支出以及牧场的荒废、奶制品和作物的无法出售、旅游业关停等经济损失。为此,两大公约的缔约方都开始着手修订公约。

《维也纳公约》缔约方经过谈判,于1997年形成了《修订〈维也纳公约〉议定书》和通过了《核损害补充赔偿公约》,并将核损害的范围定义为包括生命丧失或人身伤害、财产的损失或损害、经济损失、受损环境的恢复措施费用、由于环境的明显损坏所引起的收入损失、预防措施费用以及由此类措施引起的进一步损失或损害、环境损坏所造成的损失以外的任何其他经济损失①。随后,巴黎公约体系的缔约方也于2004年通过了《修订〈巴黎公约〉议定书》和《修订〈布鲁塞尔补充公约〉议定书》。其中,《修订〈巴黎公约〉议定书》还明确了核损害的范围,其中规定的类型和上述《修订〈维也纳公约〉议定书》基本一致。世界上主要的有核国家和地区对核损害范围的界定基本都在上述公约界定的范围之内。

因此,本书认为,核损害的范围既包括对人的生命健康造成的人身损害和精神损害,也包括对财产造成的损失,还包括与环境损害、预防性措施和经济损失有关的其他损害类型,即,受损环境的恢复、预防性措施和某些特殊经济损失的费用。② 具体阐释如下:

第一,人身损害。一旦核事故发生之后,最直接受到侵害的便是民众的生命健康权。核事故给受害人造成的人身损害主要包括:侵犯受害人身体权造成的损害、因核事故导致受害人伤残和死亡造成的损害。核事故受害人因生命健康受损而导致的精神痛苦和精神利益的丧失或减损也是核损害的范围之一。精神损害往往容易被忽略,但它带给受害人的痛苦绝不亚于生命和健康损害,而且同样也可能是长期性且不可逆转性的。

第二,财产性损失。包括财产损害和经济损失两种类别。属于核损害范围的财产损害,是指核事故的发生导致核事故受害人的财产遭到破坏,其使用价值和价值遭受贬损、减少或者完全丧失,从而使得核事故受害人拥有的财产价值减少。③

核事故发生造成的经济损失,按照国际原子能机构的认定主要包括如下三类:

一是包括"有权对生命丧失、人身伤害或财产的损失或损害提出索赔的人遭受的这类损失

---

① 参见1997年《修订〈维也纳公约〉议定书》第2条第2款。
② 这些新增的类型也涵盖在缔约方主管法院的法律所确定的范围之内,确认赔偿的形式和内容最好交由对特定核事故有管辖权的法院依据其国家的民事责任法的规定来判定。
③ 但是,核设施营运者对下述核损害不承担责任:对核设施本身的核损害或对在核设施厂址使用的或将要使用的与该设施有关的任何财产的核损害;或者对运输工具的核损害,而在核事故发生时,有关的核材料正在此运输工具上。1997年《修订〈维也纳公约〉议定书》对这项规定做了修正,将对运输工具的损害纳入了核损害的范围。

或损害所引起的后续经济损失",即所谓可得利益。① 例如,由于受伤或者死亡而支出的医疗费或收入损失、因农作物受核污染而失去的收入、工厂遭受核事故损害而停产的收入损失等,这种可得利益损失能够获得赔偿的条件是其没有被包括在对人身伤亡和财产损害的赔偿中。

二是包括"由于环境的明显损坏所引起的收入损失,而这种收入来自对环境的任何利用或享用方面的经济利益",即所谓纯粹经济损失(pure economic loss)②,此种情况中受害人的经济损失和财产受损没有直接关联。例如,渔民并不拥有海里面鱼的所有权,但是鱼受到辐射污染后其收入会受到影响;又如度假胜地的酒店因公共海滩受到污染而丧失游客光顾、导致收入减少等。

三是包括"环境损坏所造成的损失以外的任何其他经济损失",这类经济损失也属于纯粹经济损失,因为"它与有权要求赔偿的人所遭受的任何财产损坏无关。而且,这类经济损失并不源自对环境的利用或享用方面的经济利益"。例如,上述工厂遭受核事故影响而停产后,大量雇员因失去工作机会而产生的损失。③

第三,受损环境的恢复措施费。除上述来自环境的利用或享用方面的经济利益的收入损失外,受损环境的恢复措施费也属于核损害的范围,并且限定于"实际采取的或将要采取的受损环境恢复措施的费用"。此类费用区别于上述纯粹经济损失,实质上是作为补偿环境本身遭受损害的一种替代措施。1997年《修订〈维也纳公约〉议定书》增加了"恢复措施"的定义,根据该定义,这些措施包括"采取措施国家的主管部门已批准的、旨在恢复或修复受损害或损坏的环境组成部分或适当时向环境引入相当于这些组成部分的任何合理措施"。这里的措施必须是针对"显著"的环境损坏,而是否"显著"则由缔约方主管法院依其国内法来判断。此外,根据这一定义,"受损害国家的法律应确定谁有权采取此类措施"。④

第四,预防措施费用及其他。核损害中的预防措施,是指"核事故发生后,任何人员为了防止或最大限度地减少损害而采取的任何合理措施"(例如,服用碘片、疏散撤离等),但须"经采取措施国家的法律所要求的主管部门批准"。⑤ 预防措施不仅包括针对防止核损害采取的预防措施,还包括针对产生"造成此种损害的严重和紧急威胁"的事件采取的预防措施。⑥ 这里的"合理措施"和上述受损环境的恢复措施费的"合理措施"的判断标准是一致的,即需要符合缔约方国内法规定的"适当和相称"要求,包括考虑损害的性质和程度、措施可能有效的程度以及有关的科技知识等(参见专栏8.3)。

---

① 可得利益,通常是指"因发生损害事故导致当事人个人财产应该增加而未增加的金额"。参见曾世雄:《损害赔偿法原理》,中国政法大学出版社2001年版,第157页。《德国民法典》第252条规定,可得利益是指依事物的通常进程,或者依特殊情形,特别是依已采取的措施或者准备,可预期取得的利益。

② 关于"纯粹经济损失",学界尚未形成一个被普遍接受的概念。纯粹经济损失可以被理解为这样一些损害,即,被害人直接遭受财产上不利益,而非因人身或物被侵害而发生。参见王泽鉴:《民法学说和判例研究》(第七册),北京大学出版社2009年版,第60页。

③ See IAEA, The 1997 Vienna Convention on Civil Liability for Nuclear Damage and the 1997 Convention on Supplementary Compensation for Nuclear Damage—Explanatory Texts, *IAEA International Law Series No. 3* (revised, Vienna, 2017), pp. 35-36.

④ Ibid., p. 37.

⑤ 见1997年《修订〈维也纳公约〉议定书》第1条第1款(n)项。

⑥ See IAEA, The 1997 Vienna Convention on Civil Liability for Nuclear Damage and the 1997 Convention on Supplementary Compensation for Nuclear Damage—Explanatory Texts, *IAEA International Law Series No. 3* (revised, Vienna, 2017), pp. 37-39.

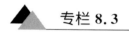专栏 8.3

日本有关核损害范围的规定

2011年日本福岛核事故造成了巨大的损害，为了给受害人提供及时的救济，日本政府根据《原子能损害赔偿法》成立了核损害争议调解委员会。该委员会根据对核事故影响的发展状况持续开展评估，先后制定了系列关于确定核损害赔偿范围的导则来不断修正和更新核损害赔偿的范围。根据2012年该委员会发布的中期导则（含补充导则）的列举，福岛核事故的责任人东京电力公司需要赔偿的损害范围可以根据损害产生的具体原因归纳为以下九个方面。

第一，和政府撤离疏散指示有关的损害。这类损害包括（人体辐射）检查费用、撤离费用、临时进入（撤离区）费用、回家费用、受伤或死亡、精神痛苦损害、商业（收入）损失、不能工作导致的损失、（财产安全）检查费用和财产价值减损。

第二，和政府宣告海洋禁区和禁飞区有关的损害，这类损害包括商业损失和不能工作导致的损失。

第三，和政府指示或者限制运送农业、林业与渔业产品有关的损害。这类损害包括商业损失、不能工作的损失和（财产安全）检查费用以及与其他政府指示相关的损害。

第四，传闻相关的损害。这类损害是指由于媒体报道产品或者服务存在受到放射性物质污染风险导致消费者或者贸易伙伴减少或者停止购买相关的产品或服务，从而造成产品或服务提供者遭受损失，包括商业损失、不能工作的损失和（财产安全）检查费用，具体涉及传闻对农林渔业、食品生产、旅游业、制造和服务、出口的影响而造成的损失。

第五，间接损害。这类损害是指和遭受核事故直接损害的人有经济关系的第三方由于核事故的直接受害人的状况变化而产生的损失，包括商业损失和不能工作的损失。

第六，辐射暴露导致的损害。这类损害是指直接受到核事故释放的放射性照射或者因为参加应对核事故相关工作受到辐射照射而遭受的损害，包括收入减损（误工）、医疗与药品费、以及因受到照射而导致的精神痛苦。

第七，福岛地区（非政府指示撤离疏散区）自愿撤离相关的损害。这类损害是指政府指示撤离之外的自愿撤离而遭受的损失，包括自愿撤离而增加的生活开支、由于不能正常生活而遭受的精神痛苦、撤离和回家的搬迁费。

第八，与清污相关的损失。这类损害主要包括根据日本《放射性物质污染应对特别措施法》（2011年）而采取的清污措施的费用和清污过程中可能导致的相关损害。

第九，其他损失。这类损害是指不能归为上述类别的损害，包括因校正受害人获得的政府救济金和损害赔偿金采取的相关措施的费用和当地政府遭受的财产损失等。

该中期导则还指出，由于福岛核事故的后处理过程仍然进行，未来评估可能会不断纳入新的需要赔偿的损害类型，其他暂未纳入导则范围的损害也并不意味着当然不能获得赔偿，只要能够证明损害和核事故之间存在充分的因果关系仍可以依法获得赔偿。

资料来源：
See OECD-NEA, Japan's Compensation System for Nuclear Damage, 2012, http://www.oecd-nea.org/law/fukushima/7089-fukushima-compensation-system-pp.pdf, last accessed on February 20, 2020.

第二节　核损害赔偿责任

一、核损害赔偿责任的概述

核损害赔偿责任,是指发生民用核事故对人体生命、健康、财产及环境造成损害时,责任主体应当依法承担的赔偿责任。核损害赔偿责任主要针对核设施营运者以外的第三人,即核事故发生后,由核设施赔偿责任主体对受害人承担赔偿责任,因此又称为核损害第三者责任。我国没有建立专门的核损害赔偿制度,也尚未形成统一而完整的核损害赔偿责任法律制度体系。有关核损害赔偿责任的制度分别由《民法典》[①]《核安全法》[②]《放射性污染防治法》[③]《国务院关于处理第三方核责任问题给核工业部、国家核安全局、国务院核电领导小组的批复》(国函[1986]44号文)以及《国务院关于核事故损害赔偿责任问题的批复》(国函[2007]64号文)[④]等法律及规范性文件的规定组成。

(一) 核损害赔偿责任的主体

核损害赔偿责任的主体包括核损害赔偿责任主体和核损害赔偿的关联责任主体。核损害赔偿责任主体,是指依据国际公约或者国内法律规范的规定,而对核损害赔偿承担法律责任的主体。核损害赔偿责任主体指且仅指核设施营运者。核设施营运者作为唯一的核损害赔偿责任主体,是法律上应当承担核损害赔偿责任的"人"。

核损害赔偿的关联责任主体,是指依据国际公约、国内法律规范的规定,或者合同的约定,代替核损害赔偿责任主体向受害人履行经济赔偿的主体。一旦核事故发生,便由核损害赔偿责任主体和不同的核损害赔偿关联责任主体依照一定的层级和顺序对核事故受害人支付赔偿。供应商、承运人、蓄意造成核损害或失职的第三人也会在一定条件下成为核损害赔偿的关联责任主体。

[①] 我国《民法典》已由第十三届全国人民代表大会第三次会议于2020年5月28日通过,自2021年1月1日起施行,其中第1237条规定,民用核设施或者运入运出核设施的核材料发生事故造成他人损害的,民用核设施的营运单位应当承担侵权责任;但是,能够证明损害是因战争、武装冲突、暴乱等情形或者受害人故意造成的,不承担责任。在《民法典》颁布之前,《侵权责任法》第70条、《民法通则》第123条也对核损害赔偿责任作出了规定。

[②] 我国《核安全法》第90条规定,因核事故造成他人人身伤亡、财产损失或者环境损害的,核设施营运单位应当按照国家核损害责任制度承担赔偿责任,但能够证明损害是因战争、武装冲突、暴乱等情形造成的除外。为核设施营运单位提供设备、工程以及服务等的单位不承担核损害赔偿责任。核设施营运单位与其有约定的,在承担赔偿责任后,可以按照约定追偿。核设施营运单位应当通过投保责任保险、参加互助机制等方式,作出适当的财务保证安排,确保能够及时、有效履行核损害赔偿责任。

[③] 我国《放射性污染防治法》第59条规定,因放射性污染造成他人损害的,应当依法承担民事责任。

[④] 这两个批复是目前我国针对核损害赔偿最为详细具体的规定。但是,这两个批复的法律效力位阶较低、权威性不够、篇幅也较短,无高位阶综合性立法统领有关核损害赔偿的法律规范。同时由于这两个批复是我国在核电项目技术引进谈判中应外方投资者要求而临时制定的,内容过于原则粗糙,因此难以有效调整现有的核损害赔偿法律关系。两个核损害赔偿批复还无法构成《核安全法》第90条所说的"核损害赔偿制度",也无法达到《放射性污染防治法》法条里"依法"所指的"依照法律"中法律的层级。

各主要核能国家和地区(美国、日本、德国和我国台湾地区[①])的核损害赔偿法律制度规范对各层级履行赔偿的主体作出了明确规定,如下表所示。

图表8.1 主要国家和地区核损害赔偿体系中履行赔偿的主体

国别与地区\层级	美国		日本			德国	我国台湾地区
	持证者所致核事故	契约方所致核事故	一般事故	自然灾害引起	异常天灾、社会动乱		
第一层	保险人	核废物基金	保险人	政府	政府	保险人	保险人或财务保证人
第二层	持证者	能源部	原子能经营者、政府	原子能经营者	—	联邦政府/地方州政府	台湾当局
第三层	国会、财政部	国会、财政部	—	—	—	缔约国	—
第四层	—	—	—	—	—	营运者	—

数据来源:依据美国、日本、德国以及我国台湾地区的核损害赔偿法律规范的规定归纳。

(二)核损害赔偿责任与相关民事侵权责任的关系

核损害赔偿责任是一种特殊的民事责任,其特殊性质可以在与高度危险责任、产品责任、环境污染责任和生态环境损害赔偿责任等责任方式的比较中体现。

在与高度危险责任的关系方面,我国《民法典》第1237条规定:"民用核设施或者运入运出核设施的核材料发生核事故造成他人损害的,民用核设施的营运单位应当承担侵权责任;但是,能够证明损害是因战争、武装冲突、暴乱等情形或者受害人故意造成的,不承担责任。"该条文明确了核损害赔偿责任的责任类型是侵权责任中的高度危险责任,适用无过错责任原则。[②]

在与产品责任的关系方面,我国《民法典》第1202条规定:"因产品存在缺陷造成他人损害的,生产者应当承担侵权责任。"第1204条规定:"因运输者、仓储者等第三人的过错使产

---

① 这四个国家和地区在整个世界范围内,是核损害赔偿法律制度演变的典型代表:美国是最早进行核损害赔偿责任专门立法的国家,发生过三里岛核事故(1979年);日本开启核损害赔偿责任专门立法也很早,曾经经历过东海村核燃料加工厂临界事故(JCO事故)(1999年),2011年令世界震惊的福岛核事故发生之后,核辐射影响和赔偿诉讼一直持续到现在;德国也是较早开始核损害赔偿责任专门立法的国家之一,而且核电技术水平一直处于世界先进地位,但却选择在2011年日本福岛核事故发生之后,永久停运1980年以前投入运营的7座核电站,并宣布最迟在2022年前关闭其余10座核电站,成为首个宣布放弃核电的工业国家;我国台湾地区也是世界范围内较早启动核损害赔偿责任专门立法的地区,在经历了十几年的蓬勃发展之后,由于1979年美国三里岛核事故和1986年苏联切尔诺贝利核事故的相继发生,引发了群众的疑虑和恐慌,有反对建设核电厂的社会舆论和呼声日渐高涨,在建的第四座核电厂计划不断搁置、进展缓慢,先后经历了数次停建停工风波,2011年的日本福岛核事故令"反核"浪潮再次卷土重来……因此,对这四个国家和地区进行研究,可以较好地反映和揭示世界范围内核损害赔偿法律制度的规律和特征。

② 我国《民法典》颁布之前,《民法通则》(2009年修正)第123条规定,从事高空、高压、易燃、易爆、剧毒、放射性、高速运输工具等对周围环境有高度危险的作业造成他人损害的,应当承担民事责任;如能够证明损害是由受害人故意造成的,不承担民事责任。此条规定的是"高度危险作业致人损害的民事责任",其中将放射性活动认定为高度危险作业。《侵权责任法》第九章专章规定了高度危险责任。其中,第70条规定,民用核设施发生核事故造成他人损害的,民用核设施的经营者应当承担侵权责任,但能够证明损害是因战争等情形或者受害人故意造成的,不承担责任。第72条规定,占有或者使用易燃、易爆、剧毒、放射性等高度危险物造成他人损害的,占有人或者使用人应当承担侵权责任,但能证明损害是因受害人故意或者不可抗力造成的,不承担责任。被侵权人对损害的发生有重大过失的,可以减轻占有人或者使用人的责任。这些条文也明确规定,作为高度危险责任的一种,核损害赔偿责任适用的归责原则为无过错责任原则。

品存在缺陷,造成他人损害的,产品的生产者、销售者赔偿后,有权向第三人追偿。"①虽然核损害也可能涉及产品责任,如果核事故的发生是由于所提供的设备、材料或服务缺陷引起,遭受损害的受害人可以基于"产品责任"而对提供或制造与核设施的规划、建造或运行有关的设备、材料或服务的人提起诉讼。但是,核事故造成的损害不同于一般侵权行为造成的损害,即使核事故的发生是由于向核设施营运者提供服务、材料或设备的供应商(或制造商、或合同商)提供的设备、材料或者服务存在瑕疵或者缺陷,核事故受害人也不能要求供应商等承担产品责任。核损害赔偿责任只由核设施营运者承担,核设施营运者可依据事先签订的书面合同中约定的"追索权"条款行使追索权,要求供应商赔偿核设施营运者遭受的损失。

在与环境污染和生态破坏责任的关系方面,核损害会给环境造成污染,前文已经提及,环境损害亦属于核损害的其中一种类型。我国《民法典》第1229条规定:"因污染环境、破坏生态造成他人损害,侵权人应当承担侵权责任。"②《放射性污染防治法》第59条规定,因放射性污染造成他人损害的,应当依法承担民事责任。《核安全法》第90条亦明确规定:"因核事故造成他人人身伤亡、财产损失或者环境损害的,核设施营运单位应当按照国家核损害责任制度承担赔偿责任。"因此,因核事故造成环境污染的,核设施营运者应承担环境污染责任。同时,因核事故造成生态环境损害的,核设施营运者还应当根据《民法典》第1234条的规定承担生态环境修复责任。

(三) 核损害赔偿责任的国际立法概况

自20世纪50年代开始,大多数国家将原子能用于和平目的,民用核工业得以发展。为了保护核设施营运者免受毁灭性的责任索赔,同时为核事故受害人提供足够的赔偿,有核国家纷纷针对核设施和核材料运输过程中引起损害的民事责任问题作出特别的法律规定。这些国家在制订国内立法的同时,也努力通过国际公约或协定来试图实现一定程度的统一。

地区一级国际核责任公约以1960年《巴黎公约》为代表,该公约于1968年4月1日生效,是在当时的欧洲经济合作与发展组织(现为经济合作与发展组织)主持下通过的。之后,经济合作与发展组织于1963年制定《布鲁塞尔补充公约》,该公约于1974年12月4日生效,旨在规定利用国际和国内公共资金对核损害作出额外赔偿。而后,这两个公约分别于1964年和1982年进行了修订,最近一次修订在2004年,经济合作与发展组织通过了2004年《修订〈巴黎公约〉议定书》和2004年《修订〈布鲁塞尔补充公约〉议定书》。

与此同时,世界范围内也开始为统一核损害赔偿法律制度做出努力和尝试。在国际原子能机构的主持下,《维也纳公约》于1963年5月21日得以通过,并于1977年11月12日生效。该公约生效之前,还通过了一项处理核动力船舶问题的特定条约,即1962年布鲁塞尔《核动力船舶营运者责任公约》,但该公约从未生效。与之相关的还有1971年《关于海上核材料运输民事责任的布鲁塞尔补充公约》,该公约在政府间海事协商组织,即现在的国际海事组织的主持下通过,并于1975年7月15日生效。

然而,两种不同公约制度所确立的核损害赔偿原则造成了不必要的重复,带来了适用上

---

① 我国《民法典》颁布之前,《民法通则》(2009年修正)第122条规定,因产品质量不合格造成他人财产、人身损害的,产品制造者、销售者应当依法承担民事责任。运输者、仓储者对此负有责任的,产品制造者、销售者有权要求赔偿损失。《侵权责任法》第五章亦专章规定了产品责任。

② 我国《民法典》颁布之前,《民法通则》(2009年修正)第124条规定,违反国家保护环境防止污染的规定,污染环境造成他人损害的,应当依法承担民事责任。

的麻烦,IAEA 秘书处与 OECD 秘书处在经过商讨之后,一致认为制定和通过"旨在把这两个公约结合起来的公约文书是最佳的解决办法"①,于是 1988 年《关于适用〈维也纳公约〉和〈巴黎公约〉的联合议定书》应运而生。

为了进一步建立世界范围内的核损害赔偿制度,补充和加强不仅在《维也纳公约》和《巴黎公约》中而且在"符合这些公约的"国内法中规定的措施,同时为了建立更多层次的核损害赔偿制度,以及方便美国在不改变其"经济归属"(economic channeling)②法律制度的情况下参与到统一的核损害赔偿国际体系中来,确保获得充足资金进行补充赔偿,1997 年,《核损害补充赔偿公约》问世,对核损害赔偿责任原则、制度等进行了完善。

2004 年,经济合作与发展组织对《巴黎公约》进行修订,进一步提高了核设施营运者的赔偿责任限额,调整了计算单位,并且拓宽了"核损害"的范围,还扩大了公约适用的地理范围,使可获赔偿的受害人的国家数量空前增加,同时延长了诉讼时效,由现行的 10 年延长到 30 年。受害人可以在这 30 年内就有关人身伤害和生命丧失等损害提出索赔。同时,经济合作与发展组织还对《布鲁塞尔补充公约》进行修订,提高了核设施营运者和政府的赔偿责任限额,完善了三层级的核损害赔偿责任体系,大幅度提升了最高赔偿限额。

由于巴黎公约体系的成员国多是作为经济合作与发展组织成员的西欧国家,具有一定的地域性特征,而维也纳公约体系要求成员国已经制定了与其基本要求相符的国内核损害赔偿法律制度体系,因此我国目前尚不属于上述任一公约的成员国。

二、核损害赔偿责任的确定

核损害的特殊性,使得核损害赔偿责任的承担与一般侵权损害赔偿责任不同。由于按照过错责任原则进行责任分摊难以实现公平正义,因此核损害赔偿以无过错责任为归责原则(参见专栏 8.4)。同时,出于快速明确核损害赔偿责任的主体等考虑,通常情况下,核设施营运者是核损害赔偿的唯一责任人。另外,为了兼顾核能产业利益,核损害赔偿的责任范围亦会受到适当限制,即赔偿数额和赔偿时间通常被限定在一定的范围之内。

 专栏 8.4

侵权责任归责原则的演变及其构成要件

侵权责任通常实行无过错即无责任原理,称为过错责任原则,即按照当事人各自的过错程度来实现责任的分摊。近代侵权法中过错责任原则的基本含义是:过错是加害人承担民事责任的基础;如果加害人在主观上无过错,当然不承担民事责任;如果加害人在主观上有

---

① See IAEA, The 1997 Vienna Convention on Civil Liability for Nuclear Damage and the 1997 Convention on Supplementary Compensation for Nuclear Damage—Explanatory Texts, *IAEA International Law Series No. 3* (revised Vienna, 2017), p. 17.

② "经济归属"(economic channeling)与"法律归属"(legal channeling)相对应。"法律归属"是指,核损害赔偿的法律责任全部"归属"于核设施营运者,而"经济归属"则是由以 1957 年《普莱斯—安德森法》为基础的美国法律所创设的一种特别的制度,在这种制度下,核损害赔偿的经济责任全部"归属"于持证者(licensee)和契约方(contractor),持证者的经济归属制度实际上是一种"总括"保险体系,其保险范围包括根据一般民事侵权责任法可能负有核损害赔偿责任的所有人。

过错,则可能承担民事责任。过错责任原则与近代个人主义本位的法律原理相配合和适应,在19世纪及此前的自由竞争资本主义时期,对于鼓励竞争、活跃经济活动、消除封建法中的责任株连,起到了巨大作用,具有相当的合理性和进步性。

但随着经济社会的发展及专业化分工的明确,越来越多的加害行为本身开始具备社会正当性,而且由生产资料聚集所造成的经济实力与专业知识的不均衡导致过错的证明对弱势方极为困难——这又进一步加剧了强弱分化,因此无过错责任原则应运而生。无过错责任原则亦称客观责任原则、危险责任原则、严格责任原则。它是民法归责原则中的一个特殊原则。主要含义是指行为人造成他人损害的事实客观存在,以及行为人的活动和所管理的人或物的危险性质与所造成损害后果存在因果关系,而特别加重其责任,让行为人对损害后果承担法律责任。无过错责任归责原则内在地蕴含了一种理念变迁,即由形式正义到对特定侵权类型中格外弱势的受害人以特殊保护的实质正义,这种变迁折射了人类对于不公正行为的认识、反思和应对。

一般侵权责任的构成要件,是指构成一般侵权责任所必须具备的条件。具备构成要件,则构成一般侵权责任;欠缺任何一个构成要件,都可能会导致一般侵权责任的不构成。要件的具体内容包括:侵权行为、主观过错、损害事实和因果关系。而无过错责任原则下的"无论有无过错",也要建立在过错概念的基础上。

具体到核损害赔偿领域,尽管核事故发生的可能性极小,但由于核事故可能给人身、财产和环境造成严重损害,损害后果还可能跨越国境,因而我国《民法典》第七编第八章将民用核事故致害、民用航空器致害、放射性危险物致害等对周围环境具有高度危险性,但同时又不为法律所禁止的行为认定为高度危险作业,并适用无过错责任原则对产生的损害责任进行划分,就是上述理念的具体表现。

资料来源:魏振瀛主编:《民法》(第四版),北京大学出版社、高等教育出版社2010年版,第682页。

(一) 无过错责任

无过错责任,是指核设施营运者的核损害赔偿责任不以其行为时的故意或过失为要件,只要核事故发生造成损害,核设施营运者就应当承担损害赔偿责任。由于核活动属于高度危险活动,因此认定因从事核活动导致侵权不以行为人的主观过错作为责任成立的前提,而采用无过错责任进行归责。

核损害赔偿制度中的无过错责任,也称为严格责任(strict liability)[1],是指与核损害有因果关系的核设施营运者,无论是否存在过错,只要违反国际公约,或者各国家/地区法律规范,就应当承担核损害赔偿责任。核事故受害人只需证明核事故与为之寻求索赔的损害之间存在因果关系,而营运者不能通过证明其已克尽勤勉来逃避承担责任。[2]

无过错责任为核事故受害人提出索赔提供了极大的便利,受害人无须证明核设施营运

---

[1] 有关核损害赔偿的国际公约和国外法律规范通常都采用"严格责任"这一术语。"严格责任"是英美侵权法制度下的概念,与我国的无过错责任不同的是,英美法中的严格责任通常存在以下的抗辩事由:自甘风险、诉讼时效(届满)、除斥期间(超过),以及联邦法优先。

[2] See IAEA, The 1997 Vienna Convention on Civil Liability for Nuclear Damage and the 1997 Convention on Supplementary Compensation for Nuclear Damage—Explanatory Texts, *IAEA International Law Series No. 3* (revised Vienna, 2017), p. 9.

者存在过错,举证责任在核设施营运者身上,这使得核事故受害人受到损害的权益能够得到及时的救济,为核事故受害人提供更为妥善的保护。同时,无过错责任促使核设施营运者高度负责和审慎运营核设施,不断改进技术安全措施,尽力保障核设施周围公众与环境的安全。

国际公约和一些国家和地区的核损害赔偿法律规范明确在条文中规定了"核设施营运者应当承担绝对责任/严格责任"。例如,《维也纳公约》第4条第1款把核设施营运者的责任明确定性为"绝对"责任,从而表明,无论是否可以合理预见和避免,该责任不受不可抗力、自然灾害或第三方干预行为等传统免责事项的支配。

又例如,日本《原子能损害赔偿法》(2009年修订)规定原子能经营者承担无过失责任。另外,1996年马来西亚联邦《原子能许可法》第45条、1999年南非《第47号国家核监管法》第30条、2001年罗马尼亚《关于核损害民事责任的第703号法》第4条、2010年加拿大《核责任与赔偿法》(2010年)第3条等也规定了核设施营运者的无过错责任。我国《核安全法》第90条并未要求核设施营运单位承担赔偿责任以存在过错为前提,因此我国立法亦是采取无过错责任。

无过错责任加重了核设施营运者的责任,只有存在免责事由,行为人才能予以免责。《维也纳公约》第4条第3款对免责事由进行了明确:如果造成损害的核事故是直接由于"武装冲突、敌对行为、内战或暴乱"引起,核设施营运者可以不负责任;如果核事故由于"特大自然灾害"引起,则除非核设施所在国法律有相反的规定,否则,核设施营运者也可以不负责任。① 此外,该公约第4条第2款也规定,如果营运者能够证明核损害完全或部分地由于受到损害人的重大疏忽,或者由于此人有意造成损害的作为或不作为所产生,主管法院可以全部或部分地免除营运者对此人所受损害给予赔偿的义务。

各国国内法关于核损害赔偿责任免责事由的规定存在差异。例如,日本《原子能损害赔偿法》(2009年修订)第3条第1款针对异常巨大的自然灾害(天灾地变)或者社会动乱情形规定了免责条款。也就是说,核设施运行过程中发生事故,导致核设施损失时,如果该损失是由异常巨大的天灾或者社会动乱造成的,则核设施营运者免予承担责任。我国《核安全法》第90条规定的免责事由包括战争、武装冲突、暴乱等情形。

(二) 唯一责任

唯一责任(exclusive liability)②,是指除了核设施营运者以外的其他主体不承担核损害赔偿法律责任,核设施营运者被确定为核损害赔偿的唯一责任人。唯一责任要求,发生核事故的核设施营运者,或在核材料或放射性废物运输期间发生事故的情况下发起运输的核设施的营运者,对造成的损害负有全部责任,并且除了上述营运者之外,任何其他当事方均不对核事故承担责任。③ 核损害赔偿责任因此"合法地归属核设施的营运者,排除了根据一般

---

① 1963年《维也纳公约》第4条第7款规定,就任何个人有意造成损害的任何作为或不作为所造成的核损害而言,公约不影响该个人对其应承担的责任,同时营运者可依据第3款不承担责任。
② 国内部分学者也将"唯一责任"称为"责任集中",意为由法律规范明确规定将核损害赔偿责任集中于核设施营运者这一单一主体,除此之外的其他主体不承担核损害赔偿责任。
③ 《维也纳公约》(1963年)第2条第1款、《巴黎公约》(1960年制定,1964年和1982年两次修订,2004年再次修订)第3、4条以及《核损害补充赔偿公约》(1997年通过)第3条第9款、第10款、附件第3条第1款,均是如此规定。

侵权法可能代替营运者或与其共同负责的任何其他当事方"①。

依据唯一责任的要求,核损害赔偿责任只归结到一个法人,即发生核事故的核设施营运者,或在核材料运输期间发生事故的情况下发起此项运输的核设施营运者。营运者并且只有营运者对核事故负有责任,而不涉及任何其他自然人或法人。之所以会如此要求,是因为既可"避免冗长而复杂的法律反诉问题",有利于迅速确定赔偿责任主体,及时向核事故受害人提供赔偿;也可免除与核设施的规划、建造或运营有关的当事方投保核损害赔偿责任保险的必要性,他们不需要再对营运者保险已经包含的同样风险进行代价高昂的重复投保,"从而使承保能力更加集中"。② 这一点也区别于产品责任。根据普通民事责任规则,如果核事故的发生是由于所提供的设备、材料或服务缺陷引起,遭受损害的受害人完全可以基于"产品责任"(参见专栏 8.5)而对提供或制造与核设施的规划、建造或运行有关的设备、材料或服务的人提起诉讼。然而,核损害赔偿制度中的唯一责任却截然不同,要求任何非核设施营运者对核损害一律不承担责任。

专栏 8.5

产 品 责 任

产品责任,是指因产品有缺陷造成他人财产、人身损害,产品制造者、销售者所应承担的民事责任。产品责任这一概念有广义与狭义两种理解,广义的理解既包括产品有缺陷致人损害所应承担的民事责任(侵权责任),也包括产品质量不合格所引起的不适当履行合同的责任(违约责任);狭义的理解仅指侵权责任。

在我国《民法典》中,有关产品责任的规定体现在第七编侵权责任中,独立成章:

第 1202 条　因产品存在缺陷造成他人损害的,生产者应当承担侵权责任。

第 1203 条　因产品存在缺陷造成他人损害的,被侵权人可以向产品的生产者请求赔偿,也可以向产品的销售者请求赔偿。

产品缺陷由生产者造成的,销售者赔偿后,有权向生产者追偿。因销售者的过错使产品存在缺陷的,生产者赔偿后,有权向销售者追偿。

第 1204 条　因运输者、仓储者等第三人的过错使产品存在缺陷,造成他人损害的,产品的生产者、销售者赔偿后,有权向第三人追偿。

第 1205 条　因产品缺陷危及他人人身、财产安全的,被侵权人有权请求生产者、销售者承担停止侵害、排除妨碍、消除危险等侵权责任。

第 1206 条　产品投入流通后发现存在缺陷的,生产者、销售者应当及时采取停止销售、警示、召回等补救措施;未及时采取补救措施或者补救措施不力造成损害扩大的,对扩大的

---

① See IAEA, The 1997 Vienna Convention on Civil Liability for Nuclear Damage and the 1997 Convention on Supplementary Compensation for Nuclear Damage—Explanatory Texts, *IAEA International Law Series No.3* (revised Vienna, 2017), pp. 10–12.

② See International Expert Group on Nuclear Liability, Overview of the Modernized IAEA Nuclear Liability Regime, GOV/INF/2004/9-GC(48)/INF/5, *Board of Governors General Conference of IAEA*, 2004, p. 1, https://www.iaea.org/About/Policy/GC/GC48/Documents/gc48inf-5.pdf, last accessed on February 20, 2020.

损害也应当承担侵权责任。

依据前款规定采取召回措施的,生产者、销售者应当负担被侵权人因此支出的必要费用。

第1207条　明知产品存在缺陷仍然生产、销售,或者没有依据前条规定采取有效补救措施,造成他人死亡或者健康严重损害的,被侵权人有权请求相应的惩罚性赔偿。

资料来源:
《民法典》第七编侵权责任下第四章:产品责任。

核设施营运者对核事故造成的损害承担全部赔偿责任,这对于营运者来说是极为严苛的。不过,正是由于核事故造成的损害巨大,仅凭事后赔偿难以填补受害人遭受的损害,因而从根源上做到事先预防更为重要。

唯一责任最初由国际公约[①]加以确立并逐步完善,后为世界上大多数国家所采用并进一步发展。除了美国和印度等少数国家以外,世界各主要国家和地区均依据国际公约的规定在各自的立法中确立了完全的唯一责任。[②] 我国《核安全法》第90条规定,因核事故造成他人人身伤亡、财产损失或者环境损害的,核设施营运单位应当按照国家核损害责任制度承担赔偿责任。为核设施营运单位提供设备、工程以及服务等的单位不承担核损害赔偿责任。

核设施营运者承担唯一责任存在例外情况:在核事故造成的损害是由其他当事方的过错造成的情况下,核设施营运者对外承担赔偿责任后,理应向过错方追偿。例如,为平衡营运者的唯一责任,《维也纳公约》第10条在两种情况下赋予了营运者追索权:第一,有书面合同明确约定追索权;第二,核事故是由于蓄意造成损害的行为或失职所产生,则核设施营运者对有此行为或失职的个人享有追索偿还的权利。

关于营运者的追索权,各国具体规定不尽一致。例如,印度《核损害民事责任法》(2010年)虽然将受害人索赔的对象限制为营运者,但与国际通行做法不同的是,其第17条赋予了营运者对有过错的供应商进行追索的权利。如果供应商或其雇员提供具有显著的或潜在的缺陷或低于相关标准的设备或材料,并因此造成核事故,营运者在赔偿受害人相关损失后可以向供应商行使追索权。印度政府于2011年制定的《核损害民事责任条例》第24条通过明确规定供应商仅在固定时间段内承担责任,而不是在反应堆的整个寿命期内承担责任,从而绕过了《核损害民事责任法》(2010年)中"供应商追索权"条款带来的实践障碍。此期限可

[①] 1960年《巴黎公约》及其2004年议定书、1963年《布鲁塞尔补充公约》及其2004年议定书、1963年《维也纳公约》及其1997年修订议定书,以及为协调《巴黎公约》和《维也纳公约》而通过的1997年《核损害补偿赔偿公约》均明确规定了,"核设施营运者对核损害负有唯一责任"。

[②] 如前文所述,美国和印度的法律规定与上述国际公约并不完全一致。美国采用的是"经济归属"(economic channeling)而非国际公约的"法律归属"(legal channeling)。根据1957年《普莱斯—安德森法》的规定,任何导致核损害的主体都可能对核损害承担责任,但是只有核设施营运者对受害人承担所有的经济上的给付或赔偿义务。而印度2010年《核损害民事赔偿法》第17条关于营运者追偿权的规定,除了包含国际公约的两种情形外,还规定了一种营运者可以追偿的情形——"由于供应商或者其雇员的行为(包括提供具有永久或者潜在的缺陷设备、材料和不达标的服务)导致的核事故",这与国际公约对供应商豁免核损害赔偿责任的意旨并不符合。因此,美国和印度实行的是非完全的"核设施营运者唯一责任"。

由供应商在合同中协商。这些规则清楚地表明,供应商不会有无限或无尽期的责任。核电站的核材料供应商对其供应的有缺陷或有故障的设备在其规定的保证期后发生的事故不承担责任。

我国《核安全法》第 90 条规定,核设施营运单位与为核设施营运单位提供设备、工程以及服务等的单位有约定的,在承担赔偿责任后,可以按照约定追偿。

(三) 责任限制

责任限制,是指对核设施营运者的赔偿数额和时间进行限定。其中,赔偿数额存在最高限额和最低限额之分,赔偿时间则以尽可能充分保证受害人权益为衡量标准。唯一责任和无过错责任的适用,使核设施营运者背负了沉重的经济负担。为了不使核设施营运者因为担忧巨额赔偿而不愿参与核电发展,或者因为负担巨额赔偿而导致陷入破产的困境,需要对核设施营运者的责任施加数额和时间方面的限制。如果核设施营运者所需承担的责任缺乏限制,在危险过大、赔偿数额过高的情况下,核设施营运者将很难找到必要的保险或财政担保来应对这些赔偿诉求。而之所以设置时间方面的限制,是因为由于放射性污染所致的损害在辐射照射实际发生后一段时间内可能不明显,因而"有必要在保护受害人的利益和维护核设施营运者的利益之间达成一种妥协",确定合理的提起诉讼的法律期限。

对赔偿数额方面的责任限制也被称为"有限赔偿责任",即指核设施营运者承担的核损害赔偿责任在赔偿数额上以法律规定的最高赔偿额为限,如果实际造成的核损害数额超出该最高限额,核设施营运者不再对该超出部分进行赔偿。有限赔偿责任原则最早由美国 1954 年《原子能法》及 1957 年《普莱斯—安德森法》所创立,进而发展成为当前国际核损害赔偿公约所提倡的核损害赔偿责任承担方式。

之所以核损害赔偿制度设定有限赔偿责任,是因为核活动的特殊性。核事故造成的巨大损害常常难以预测,如果不限定核设施营运者的赔偿责任,其赔偿数额在可能最坏的情况下将会"高于迄今所遇到的任何财政责任,营运者将很难找到必要的保险或者财政担保以应对这些危险"[1],企业将因惧怕破产风险而不敢参与核能行业的发展。另外,对于企业通常通过购买保险来分散和转移核活动可能带来的巨额损害,如果事先无法确定核设施营运者的赔偿限额,保险公司可能缺乏足够的财力来承保,从而导致核设施营运者无法从市场上购买到足够的保险。[2]

有限赔偿责任并不意味着核事故受害人所获得的救济受到了限制,因为受害人还可以通过国家补偿、甚至国际公共基金等方式获得赔偿。判定是否要通过设定赔偿限额来保护核设施营运者,进而保证整个核能行业的长久稳定发展,需要一国根据自身实际情况,综合论证与权衡包括国家的能源需求与发展政策、环境政策、核能行业的发展状况与经济性分析、社会对核能风险的接受性等等在内的多方面因素之后,才能作出最符合国情的立法决策。

国际公约对赔偿限额的要求不尽相同,但呈不断提高趋势。例如,《维也纳公约》对营运

---

[1] See International Expert Group on Nuclear Liability, Overview of the Modernized IAEA Nuclear Liability Regime, GOV/INF/2004/9-GC(48)/INF/5, *Board of Governors General Conference of IAEA*, 2004, p. 2, https://www.iaea.org/About/Policy/GC/GC48/Documents/gc48inf-5.pdf, last accessed on February 20, 2020.

[2] See Norbert Pelzer, Focus on the Future of Nuclear Liability Law, *Journal of Energy & Natural Resources Law*, Vol. 17, Issue 4, 1999, pp. 337-338.

者的赔偿责任作出了数额上的限制,其第 5 条第 1 款允许核设施所在国将赔偿责任限制在每一次核事故不少于 500 万美元[①];《巴黎公约》第 7 条规定,核设施营运者对每一核事故的最高赔偿额为 1500 万单位的特别提款权(Special Drawing Right,SDR,参见专栏 8.6);《修订〈维也纳公约〉议定书》则将营运者或营运者和核设施所在国共同对任一核事故的责任限额由以前的 500 万美元提高到不少于 3 亿 SDRs[②];而 2004 年修订的《巴黎公约》将营运者的最低责任限额规定为 7 亿欧元。

 专栏 8.6

特别提款权的含义

特别提款权(Special Drawing Right,SDR)是国际货币基金组织创设的一种储备资产和记账单位,亦称"纸黄金(Paper Gold)"。它是基金组织分配给会员国的一种使用资金的权利。会员国在发生国际收支逆差时,可用它向基金组织指定的其他会员国换取外汇,以偿付国际收支逆差或偿还基金组织的贷款,还可与黄金、自由兑换货币一样充当国际储备。但由于其只是一种记账单位,不是真正货币,使用时必须先换成其他货币,不能直接用于贸易或非贸易的支付。因为它是国际货币基金组织原有的普通提款权以外的一种补充,所以称为特别提款权(SDR)。

资料来源:
国际货币基金组织:《特别提款权(SDR)》,https://www.imf.org/zh/About/Factsheets/Sheets/2016/08/01/14/51/Special-Drawing-Right-SDR,最后访问日期:2020 年 2 月 20 日。

《国务院关于核事故损害赔偿责任问题的批复》(2007 年)规定核电站的营运者和乏燃料贮存、运输、后处理的营运者,对一次核事故所造成的核事故损害的最高赔偿额为 3 亿元人民币;其他营运者对一次核事故所造成的核事故损害的最高赔偿额为 1 亿元人民币。

对赔偿时间方面的责任限制也被称为"诉讼时效",即核事故受害人请求赔偿的权利在一定时限内受到法律保护。这一时限分为"主观时限"(subjective prescription period)和"客观时限"(objective prescription period)。前者指从受害人知道或理应知道受到了损害及其责任人之日算起的时限,通常称此为"发现规则";后者指从发生致害事件之日算起的时限。《巴黎公约》和《维也纳公约》规定,赔偿诉讼必须在核事故发生之日起 10 年内提出。此外,各缔约方可以把营运者的赔偿责任限制在从损害发生之日起,或从遭受损害的人获悉或根据常理应该获悉应负赔偿责任的营运者之日起 2 年(《巴黎公约》)或 3 年(《维也纳公约》)之

---

① 该公约所述美元在第 5 条第 3 款中被定义为"其价值指 1963 年 4 月 29 日美元与黄金的比价,即每一盎司纯金合 35 美元"。因此,该公约确定的最低责任限额事实上大大高于表面上的数额。第 5 条第 4 款则进一步规定,该数额可以按约整的方式折合成本国货币。

② 国际社会曾批评 1963 年《维也纳公约》规定的责任限额过低,并且与《巴黎公约》建议的责任限额不相一致,责任限额的大幅度提高对此是个有效回应。为了确保营运者的责任始终处于财政保证的范围内,不论核事故发生在何处,均适用其核设施所在国确定的责任限额。

内。《修订〈维也纳公约〉议定书》第 8 条延长了上述时限,有关生命丧失和人身伤害的时限延长至 30 年,任何其他损害的时限延长为 10 年;并且规定,自遭受核损害者知道或应当知道该损害或应负责的营运者之日起 3 年内不提起诉讼,其依据公约要求赔偿的权利应服从管辖法院的法律规定的时效或时效的消灭,但不得超过前两款规定的 10 年或 30 年的期限。

依照我国《民法典》第 188 条第 1 款规定:"向人民法院请求保护民事权利的诉讼时效期间为 3 年。法律另有规定的,依照其规定。"①

有限赔偿责任也存在适用例外,即法律不限定核设施营运者的赔偿数额,核设施营运者应当以其全部所有财产来赔偿受害人所遭受的核损害,也就是说,核设施营运者承担无限赔偿责任。

无限赔偿责任的产生主要是基于尽可能给核事故受害人提供足够充分赔偿救济的考虑。承担无限赔偿责任的核设施营运者不再受到最高赔偿责任限额的限制,而是以其拥有的全部财产对核事故受害人遭受的损失支付赔偿,这对核设施营运者提出了更高的法律要求。采取无限赔偿责任同样需要以强制责任保险制度的建立和国家补偿机制的建立为基础。

需要说明的是,纵使在以有限赔偿责任为核损害赔偿责任承担方式的国际公约当中,也能发现无限赔偿责任的"踪影":无论是《维也纳公约》对"核设施营运者对每一核事故的赔偿可以由核设施所在国限制为不得少于 500 万美元"的规定,还是《修订〈维也纳公约〉议定书》将该最低赔偿数额提高到 3 亿 SDRs②,都是对缔约国的最低赔偿责任限额的要求,并没有排除缔约国可以采取无限赔偿责任。各缔约国完全可以在公约要求的最低额上提高核设施营运者的赔偿数额,甚至可以规定核设施营运者的无限赔偿责任。实践中,已有日本、德国、瑞士、俄罗斯、芬兰、匈牙利等部分国家通过立法确立了无限赔偿责任,这些国家与其他采取有限赔偿责任的国家一样,建立了财务保证制度和国家补偿机制。③

---

① 在此之前,1986 年《国务院关于处理第三方核责任问题给核工业部、国家核安全局、国务院核电领导小组的批复》曾经规定,核事故的受害人,有权在受害人已知或者应知核事故所造成的核损害之日起的 3 年内,要求有关营运者予以赔偿;但是,这种要求必须在核事故发生之日起的 10 年内提出,逾期赔偿要求即告丧失。

② 1997 年《修订〈维也纳公约〉议定书》在 1963 年《维也纳公约》的基础上大幅度提高了核设施营运者的最低赔偿责任限额,还确立了一个修正责任限额的"简化"程序。之所以会有这种改变,是因为切尔诺贝利核事故的后果表明,一次严重核事故造成的潜在损害程度非常巨大。1963 年《维也纳公约》规定的 500 万美元的最低责任限额似乎太低,无法对超过该限额的损害提供赔偿。同时,1997 年议定书对核损害定义的修正,将核事故可能造成的全部损失尽最大限度予以涵盖,也需要提高赔偿责任限额的措施加以配合。

③ 例如,日本《原子能损害赔偿法》(2009 年修订)规定原子能经营者需要购买保险来提供 1200 亿日元的财务保证,日本政府在实际损害超过原子能经营者所购买的强制责任保险外,为其提供 1200 亿日元的政府援助。See OECD, Japan's Compensation System for Nuclear Damage, 2012, https://www.oecd-nea.org/law/fukushima/7089-fukushima-compensation-system-pp.pdf, last accessed on February 20, 2020. 德国《原子能法》(2002 年修订)规定核设施营运者提供 25 亿欧元财务保证,其中单个核设施营运者需要购买 2.56 亿欧元保险,剩下的由所有核设施营运者通过协议分摊保证,而联邦机构、州和联邦政府在实际核损害大于核设施运营者财务保证时可共为其提供不超过 25 亿欧元的补偿。See OECD, Nuclear Legislation in OECD and NEA Countries-Germany, 2011, http://www.oecd-nea.org/law/legislation/germany.pdf, last accessed on February 20, 2020.

三、核损害赔偿案件的管辖

与普通侵权损害的管辖方式不同,核损害赔偿领域通常适用集中司法管辖,又称专属司法管辖,是指无论受害人居住地是否和核事故发生地适用同一司法管辖权,均由指定的唯一一家主管法院管辖。集中司法管辖的要求一方面保证了赔偿标准的一致性,另一方面也适应了核损害判定的专业性要求。将核损害赔偿诉讼案件的专属审判权授予一国的法院,而不涉及其他国家的法院,意味着,在其领土上发生核事故的那个缔约国的法院具有赔偿诉讼的专属审判权,既可保证审理案件的公正性和适用法律的一致性,也可提高案件审理效率、节约司法资源。在该国范围内,应当由一个单独的主管法院来处理因同一起核事故引起的对核设施营运者的所有诉讼,包括对保险公司或其他财务保证人的直接诉讼和确定索偿权的诉讼。[1]

集中司法管辖可以维护国家司法权、确保司法权的统一,通过同一法院对产生于同一事故的诉讼进行审理并统一适用法律、作出公正裁决,防止出现不同国家法院裁判的赔偿金额因累计而超出核设施营运者的赔偿责任限额。同时,集中司法管辖能够保证损害赔偿金在各个核事故受害人之间得以公平分配。

而在实践中,无论是国际公约还是主要国家的核法,均对集中司法管辖作出了明确规定。例如,在国际公约层面,《巴黎公约》第13条就公约调整范围内的核损害赔偿诉讼的管辖权做出了规定:(a)除本条另有规定外,《巴黎公约》第3、4、6(a)、6(e)条所指诉讼的管辖权应只属于在其领土内发生核事故的缔约方法院;(b)当核事故发生在缔约方领土外,或核事故发生地不能确定时,管辖权属于有责任的营运者的核设施所在地的缔约方法院;(c)如果按照本条(a)或(b)款规定,管辖权属于一个以上缔约方法院时,(a)如果核事故一部分发生在任何缔约方领土外,一部分发生在一个缔约方领土内,则管辖权属于该缔约方法院。(b)在其他任何情况下,管辖权属于本公约第17条所指的法院应其中一个缔约方请求所确定的、与争议案件最密切相关的国家的法院。

在国内法层面,例如美国1954年《原子能法》第170节规定,对于由一起核事故引起的、或造成的任何公共责任诉讼,核事故发生所在地区的美国地方法院,或在核事故发生在美国境外的情况下,哥伦比亚特区的美国地区法院,不论任何一方的国籍或争议中的责任额如何,均拥有初审权。[2] 德国立法规定,在审理有关核损害的诉讼过程中,《巴黎公约》和《维也纳公约》可以被直接引用,作为管辖权确定和判决的依据,而法国审理发生在其国内的核损害侵权诉讼的管辖权只能交给巴黎大法院。1986年我国《国务院关于处理第三方核责任问题给核工业部、国家核安全局、国务院核电领导小组的批复》要求:"由于在中华人民共和国境内发生核事故造成核损害而引起的有关第三方核责任的一切诉讼,都必须遵照中华人民共和国法律规定,提请对该核事故发生地有管辖权的人民法院受理。"2007年《国务院关于核事故损害赔偿责任问题的批复》曾要求在起草《原子能法(草案)》中对法院管辖

---

[1] See International Expert Group on Nuclear Liability, Overview of the Modernized IAEA Nuclear Liability Regime, GOV/INF/2004/9-GC(48)/INF/5, Board of Governors General Conference of IAEA, 2004, p. 1-2, https://www.iaea.org/About/Policy/GC/GC48/Documents/gc48inf-5.pdf, last accessed on February 20, 2020.

[2] See U.S. Atomic Energy Act of 1954, §170. n. (2).

做出规定。

集中司法管辖是核损害赔偿中确定管辖问题的一般原则,但跨境核损害民事责任涉及的管辖权问题可能构成集中司法管辖的适用例外。跨境核损害,是指位于一国管辖或控制范围内的核活动引起的发生在其他国家管辖或控制下的地区或国家管辖范围之外区域(全球公域)的损害。如果核设施所在国与损害发生国受同一核责任公约所约束,由于公约规定了专属管辖权,所以核设施所在国法院具有对所有核损害索赔的专属管辖权,适用核设施所在国的核损害法律制度。而如果核设施所在国与损害发生国无法受同一核责任公约约束,那么在缺乏管辖权条款规定的情况下,就需要运用冲突法规则来确定有管辖权的法院和适用的法律规则。

以我国为例,假设我国境内自然人、法人或其他组织因境外核事故受损,受害人可以选择在我国法院或核设施所在国法院提起诉讼。如在我国提起诉讼,根据《民事诉讼法》第265条的规定,如果被告在我国领域内有可供扣押的财产,或者被告在我国领域内设有代表机构,那么可以由侵权行为地人民法院管辖。如果受害人在核设施所在国的法院提起诉讼,也应首先确定管辖权法院。如果我国境外自然人、法人或其他组织因我国核事故受损,同样应首先确定管辖权法院。如果境外自然人、法人或其他组织因境外核事故受损,在这种情况下,如果其中不涉及我国国家、公民、法人或其他组织的利益,那么我国法院可以适用不方便法院原则拒绝审理。

第三节 核损害救济的财务保障机制

一、核损害救济财务保障机制的概念及其形式

核设施营运者对核事故受害人承担赔偿责任是基于对侵权损害赔偿之债的履行,是侵权责任法理之下的一种救济性责任承担方式。作为唯一法律责任主体的核设施营运者须维持足够的财务能力,才能向核事故受害人支付赔偿。但与核事故给受害人造成的巨大而长期同时具有潜伏性的损害相比,核设施营运者的自身赔偿能力仍显不足。为此,核设施营运者通常会选择投保核损害赔偿责任保险等方式,建立财务保证体系,用社会互助补强自身对核事故受害者的赔偿能力,使受害人能得到尽可能充分的救济。同时,在核设施营运者建立的财务保证体系仍无法满足赔偿需求时,还需要国家补偿和国际公共基金分别在一国和国际范围内为核事故受害人提供补充赔偿。这样一系列为救济核事故受害人而设置的财务保障机制既能给核事故受害人提供充分而有效的救济,又能保护核设施营运者,为其分散核损害带来的巨大风险,使其不至于陷入破产或倒闭的困境,维持整个核能行业的健康运行。

核损害救济财务保障机制主要是指核损害赔偿责任的主体提供一定数额的资金,专门用于对核事故受害人所遭受的人身和精神损害、财产性损失、以及环境受到的损害进行及时、充分、有效救助的法律制度。核损害救济财务保障机制即是在坚持核设施营运者承担唯一责任这一原则的基础上,通过对核第三者责任险、互助保险、国家补偿、国际公共基金等制度进行合理有序的安排,以保证在核事故造成核损害后,除了核设施营运者承担赔偿责任外,能有相应的资金安排确保受害人能获得充分而及时的赔偿。

核设施营运者及核损害赔偿的关联责任主体按照一定的赔偿顺位和层级履行赔偿义务,确保核事故受害人得到充分有效的赔偿,是核损害救济财务保障机制的层级体系构成旨在解决的问题。

维也纳公约体系、巴黎公约体系以及《核损害补充赔偿公约》均对核损害救济财务保障机制的层级体系做出了规定,其中,巴黎公约体系中有关核损害救济财务保障机制层级体系的规定更为明确。例如,1963年《布鲁塞尔补充公约》规定了三层级的核损害救济财务保障机制:第一层即是《巴黎公约》规定的赔偿额,这意味着,《布鲁塞尔补充公约》各缔约方都必须通过立法确定,核设施营运者应当通过投保责任保险或者其他财务保证提供至少500万SDRs的赔偿额;第二层由1.75亿SDRs与第一层所需赔偿额之间的差额构成,由负有赔偿责任的核设施营运者所在地的缔约国给予支持的公共资金负责提供;第三层由《布鲁塞尔补充公约》各缔约方按照预先确定方案而共同捐助的公共基金提供的1.25亿SDRs构成。①

在国家或地区层面,作为核能和平利用程度比较发达的国家或地区,美国、日本、德国以及我国台湾地区都建立了核损害赔偿体系,但这些国家和地区在核损害救济财务保障机制的层级设置上不尽相同,各国/地区的核损害救济财务保障机制层级体系构成如下表所示:

图表8.2 主要国家和地区核损害救济财务保障机制层级体系的构成

国别与地区 层级	美国		日本			德国	我国台湾地区
	持证者所致核事故	契约方所致核事故	一般事故	自然灾害引起	异常天灾、社会动乱		
第一层	初级财务保证	核废物基金	责任保险	政府	政府	财务保证(责任保险)	责任保险(或财务保证)
第二层	次级财务保证	能源部	原子能经营者、政府	原子能经营者		联邦政府	台湾当局
第三层	国会	国会				缔约国	
第四层						营运者	

数据来源:依据美国、日本、德国以及我国台湾地区的核损害赔偿法律规范的规定归纳。

在我国,根据《国务院关于核事故损害赔偿责任问题的批复》(2007年)的规定,核损害赔偿救济保障制度主要包括两个层级,一是核设施营运单位购买的足以履行其责任限额的保险,目前,由中国核保险共同体为核设施营运单位承保核第三者责任保险;二是国家补偿,核设施营运单位对核事故损害承担赔偿责任后,核事故损害的应赔总额超过规定的核设施营运单位的最高赔偿额的,由国家提供一定限额的财政补偿。为了增加核设施营运者的核损害赔偿能力,《核安全法》第90条规定,核设施营运单位应当通过投保责任保险、参加互助机制等方式,作出适当的财务保证安排,确保能够及时、有效履行核损害赔偿责任。

二、核设施营运者的财务保证

由核设施营运者承担唯一法律赔偿责任可以起到填补损害、风险转移、预防损害、责任

---

① See NEA,Brussels Supplementary Convention,https://www.oecd-nea.org/law/brussels-supplementary-convention.html,last accessed on May 5,2020.

强化以及促进核能发展等多方面的效果。为保障核设施营运者顺利履行其核损害赔偿责任,需要建立一套财务保证体系,助其实现核损害赔偿责任的承担。建立财务保证体系通常被规定为核设施营运者必须履行的义务,而财务保证人往往在核事故实际发生、造成核损害之后代替核设施营运者成为实际履行经济赔偿义务的主体。① 营运者通常可以采用银行存款、签订赔偿损失的补偿协议、自保、核第三者责任保险、互助保险等形式履行其财务保证义务,其中,责任保险和互助保险是实践中被采用的比较多的方式。

(一) 责任保险(核第三者责任险)

责任保险,即核第三者责任险,是指以核设施营运者对第三人的民事赔偿责任为标的的保险,主要承保各种民用核设施(包括核电站、核燃料循环中各种核设施及核材料的运输过程等)的营运者(或承运人)的核损害赔偿责任。核第三者责任保险承保的是赔偿责任主体对受害人的赔偿责任,根本目的是转移责任主体的赔偿责任和保证受害人依法获得经济赔偿。保险人最终替代核设施营运者,成为实际履行赔偿义务的主体。通过责任保险机制将核设施营运者依据唯一责任和无过错责任承担的损害赔偿进行社会化分摊之后,不仅核事故受害人受到侵害的权益得以恢复的可能性大幅增加,而且核设施营运者承受巨大的损害赔偿负担的威胁也大幅减少。可以说,责任保险将社会互助共济引入以核设施营运者唯一责任为核心责任承担方式之一的核损害赔偿,对其填补损害功能的增强起到了重要促进作用。

责任保险属于商业保险的范畴,通常是指以被保险人对第三人依法应负的赔偿责任为保险标的的保险。同理,核责任保险,则是指以核设施营运者对第三人应当承担的核损害赔偿责任为保险标的的保险。核责任保险与传统的责任保险一样,都以填补损害作为基本功能。核设施营运者因为发生核事故致使第三人遭受损害,而对他人所受损害承担赔偿责任,结果导致核设施营运者现有财产利益的减少。保险公司作为核设施营运者的承保人,理应对核设施营运者所承担的侵权损害赔偿责任进行赔付。但是,核责任保险与传统的财产保险并不相同。财产保险的目的是补偿投保人自己的财产或财产利益遭受的损失,属于第一者保险。而核责任保险乃是因为核设施营运者向遭受损失的第三方赔偿,因而对核设施营运者的这种侵权损害赔偿承担赔偿责任。

各国际公约对核设施营运者通过投保核第三者责任保险以保障赔偿能力均有明确的规定。例如:《维也纳公约》第7条规定,核设施营运者必须按照所在国规定的数目、类别和条件保存保险费或其他财政保证金,以抵偿其对核损害所承担的责任。《巴黎公约》第10条规定,为了有能力承担本公约规定的责任,营运者必须具有并保持按照确定的数额以及主管部门所指定的形式和条件的保险费或其他财务保证金。同时,作为保险费、再保险费或其他财务保证金而提供的款额,只可用于赔偿核事故造成的损害。

目前,世界上绝大多数核能国家/地区的核损害赔偿责任主体都根据各自国内/地区核损害赔偿法的规定购买了足额的核第三者责任保险,一些国家和地区还通过立法确定了责任保险人的赔偿主体地位。

---

① 见美国1954年《原子能法》第170节第a项。依据美国《普莱斯—安德森法》的规定,财务保证的强制执行是通过与营运者的营运可挂钩来实现的,一般要求营运者在申请营运可证时提交持有财务保证的证明,表明自身具有承担核损害赔偿责任的能力。

在美国,根据《普莱斯—安德森法》规定,责任保险包含两个层次:第一层,每个持有执照的反应堆须从私营保险机构购买保险来支付非常核事故造成的损失。目前购买保险的数额为3亿美元;第二层,由美国所有商业反应堆营运者联合提供,每个反应堆的保险数额最高达9,580万美元,加上另外征收5%的法律费用,每个反应堆的保险总额提高到1亿美元左右。考虑通货膨胀因素,上述数额每五年会进行一次调整。①

在日本,《原子能损害赔偿法》(2009年修订)规定,原子能经营者必须与保险公司签订原子能损害赔偿责任保险合同,发生一般性事故时由保险公司承担赔偿责任。早在1960年,日本的20家财产保险公司得到核保险营业许可,组成了核保险共同体共同承保核电。后保险公司的数量逐步增加,在日本开业的外资财产保险公司也被纳入其中。日本的核保险共同体承接核事故责任险,承接的保险除了自留50%外,其余的向海外的核保险共同体分保,以此来分散核保险的巨大风险。② 为了确保具备一定的赔偿资金并且便于赔偿,《原子能损害赔偿法》要求原子能经营者必须采取损害赔偿措施,这些措施包括与保险公司签订的原子能损害赔偿责任保险合同,以及与政府签订的原子能损害赔偿补偿协议。后者为前者的补充,以防在发生大规模事故(如地震、火山喷发导致的事故)时,原子能损害赔偿责任保险合同中赔偿资金不足。同时,为了确保原子能经营者能够履行责任,《原子能损害赔偿法》规定实行强制保险制度。事故种类虽然有所不同,但是保险的理赔金额一般每个核电站、运营处或每艘原子能船不超过1,200亿日元。没有保险覆盖的部分,虽然根据无限责任由原子能经营者承担,但是必要时候,国家可以通过补偿和援助进行补充。③

在我国,为适应中国核电发展对核保险的需求,加强国内保险公司在核保险方面的合作,经中国保监会批准,1999年9月2日,由中国再保险公司、中国人民保险公司、中国太平洋保险公司、中国平安保险公司共同发起设立中国核保险共同体(以下简称"中国核共体")。中国核共体汇集了国内最大最强的29家财产保险和再保险公司的承保能力,境内业务承保能力居全球第二,成员公司相互之间承担连带赔偿责任,并通过与全球27个国家的核共体建立再保险合作关系,将国内核电厂的保险风险分散转移至全球300多家保险和再保险公司。④ 核共体承保的核第三者责任险,包括电厂核第三者责任险与运输核第三者责任险。电厂购买的核第三者责任险主要保障被保险人对厂区外第三者造成的人身伤害、财产损失以及对周围环境损坏的赔偿责任;运输核第三者责任险则为核材料及受放射性沾污后的机器设备运输过程提供保险保障。⑤ 两者的保障范围、保障对象和赔偿责任限额如下表所示。

---

① 参见美国1954年《原子能法》第170节第b项,《普莱斯—安德森法》1988年修正案第11条第(d)款第(E)项的规定。以及参见 NEA, United States: Price-Anderson Act Renewal (2005), *NEA News 2005*, Legislative Updates, No. 23.2, p. 32, http://www.oecd-nea.org/nea-news/2005/23-2-legislative-updates.pdf, last accessed on February 20, 2020.

② 沙银华、崔哲男:《日本核泄漏的损害如何赔偿?》,载《中国保险报》2011年5月9日第005版。

③ 参见日本《原子能损害赔偿法》(2009年修订)第6条、第7条、第16条的规定。

④ 数据来源于中国核保险共同体网站,http://chinapool.chinare.com.cn/zghbxgtt/570423/570587/index.html,最后访问日期:2020年7月20日。

⑤ 参见中国核共体执行机构发布:《图说中国核保险共同体核安全3D保险保障——保险行业贯彻落实〈核安全法〉缩影》,http://www.chinapool.org/zghbxgtt/570426/583021/index.html,最后访问日期:2020年2月20日。

图表 8.3　电厂购买的核第三者责任险与运输核第三者责任险

责任 \ 种类	电厂购买的核第三者责任险	运输核第三者责任险
保障范围	保障被保险人对第三方（厂区外、与被保险核设施生产运营无直接关联的人群）的核损害赔偿责任。包括财产损失、人身伤害、环境恢复费用等	被保险标的在运输过程中（国内运输+跨境运输；海运+空运+陆运），由于意外事故导致的、被保险人对第三方的核损害赔偿责任。包括财产损失、人身伤害、环境恢复费用等
保障对象	直接保障对象为核电运营商，受益人为实际赔付的最终接收方即厂外社会公众第三者	核物质承运人等。根据国际历史事故处理经验，运输过程中核损害赔偿责任的赔付以施救疏散费用、环境恢复费用为主
赔偿责任限额	一次核事故运营商对第三者的赔偿责任限额为 3 亿元人民币	根据运输物质的性质（高放射性物质或中低放射性物质），承运人需承担 3 亿元人民币或 1 亿元人民币的赔偿责任

数据来源：中国核保险共同体官方网站：http://www.chinapool.org/，最后访问日期：2020 年 4 月 20 日。

（二）互助保险

即便责任保险能够有效分散核活动带来的风险，但核损害赔偿额巨大，仅凭单个保险公司难以承担。这样一来，保险公司不仅无法在核事故损害发生时，代替核设施营运者向核事故受害者支付赔偿，甚至可能会出现保险公司因承保核风险而陷入破产的境地。为了避免这种窘迫局面的产生，互助保险体系应运而生。

世界范围内发展比较成熟的互助保险体系是美国的核互助保险公司和欧洲的核互保协会。美国核互助保险体系的起源可以追溯到 1973 年，当时大约有 14 家美国核设施营运者创建了自己的互助保险体系，称为 Nuclear Mutual Limited（NML）。[①] 三里岛核事故发生之后，出现了第二家核互助保险公司：美国核电保险有限公司（Nuclear Electric Insurance Limited，NEIL）。这些专门的互助保险公司之所以成立，是为了向核设施营运者提供有别于美国核保险公司（American Nuclear Insurers，ANI）[②] 承担保险的替代方案。

在欧洲，核设施营运者为充分应对核保险池，创造了互助保险机制。1978 年，欧洲核互助保险协会（European Mutual Association for Nuclear Insurance，EMANI）成立，旨在降低其成员支付的保险费用。EMANI 涵盖与核设施有关的特定风险（为物质损失、营业中断、机械故障、安装工程一切险等风险承保），涉及成员国的 100 多处核设施。[③] 由于 EMANI 是核设施营运者的相互保险协会，其提供的保险额度与作为"常规保险公司协会"的核保险池的保险额度相互独立、并无关联。2002 年底，欧洲核工业责任保险组织（European Liability Insurance for the Nuclear Industry，ELINI）成立。ELINI 是一家位于比利时的互助保险协会，其目标是"为会员的核责任风险提供保险保障"，ELINI 的风险承保独立于各种核保险

[①] See Nuclear Electric Insurance Limited, About NEIL, http://www.myneil.com/about-us, last accessed on February 20, 2020.

[②] 依据美国《普莱斯—安德森法》的规定，所有核设施营运者均须向美国核保险公司投保责任保险，并且核管会以是否已向美国核保险公司投保作为审查批准核设施营运者是否符合准入条件、是否应当颁发相应许可证的标准之一。

[③] 美国也有 13 家核设施营运者加入了该协会。See European Mutual Association for Nuclear Insurance, Annual Report 2019, https://www.emani.be/page.php?pagina=39, last accessed on October 20, 2020.

池。因此，ELINI 不仅能够提供"根据经修订的《巴黎公约》和《布鲁塞尔补充公约》规定的"附加保险能力，还可以提供"针对核恐怖袭击和为期 30 年的诉讼时效的保险能力"。①

三、国家补偿

对于核损害，国家同样要承担一定的责任。通常在核设施营运者（以及责任保险人或其他财务保证人）履行核损害赔偿义务之后，由国家对核事故受害人承担补充赔偿的责任。②

（一）国家补偿的概念与正当性

国家补偿，是监管责任与保证责任相结合的、为核事故受害者提供补助的政府责任形式。国家补偿存在的正当性基础在于，既然核事故造成的损害是对人类生命共同体的侵害，那便有必要跳离传统侵权责任法中的加害人与受害人之间的责任个别履行而将风险转至全社会共同承担，让国家作为社会的管理者负担起弥补核设施营运者私人赔偿不足的责任。国家本来就肩负着对充满高度危险性的核活动实施监管的责任，核事故的发生造成损害，即便是在完全由不可抗力或者意外事故引起的情况下，也在一定程度上与政府的监管不力存在因果关联，因而由国家对核事故受害人履行补充赔偿义务具有合理性。

此外，国家作为社会的管理者，有义务维护社会的和谐，尽力保证每位社会成员在安全的社会环境中生活，一旦发生核事故，对核事故受害人造成的损失和对社会带来的冲击是非常巨大的，国家无法逃避其本应履行的社会责任。同时，国家补偿还具有社会救助的性质，国家对因遭受核损害而陷入困境的受害人给予经济救助，帮助其脱离困境，保障其受损利益的恢复。

（二）国家补偿的构成

国家补偿与责任保险、互助保险等共同构成核损害赔偿的资金来源，但是，国家补偿只是补充责任，其履行应当以核设施营运者无力支付为前提。至于国家补偿的额度是酌情补偿还是全额补偿，可由各国根据自身情况做出选择。同时，国家补偿主体是中央政府还是地方政府，也应根据国家结构形式的不同而有所区别。另外，有些国家法律甚至规定国家履行补偿责任之后，还可取得代位求偿权，向核设施营运者进行追偿。

在核事故损害赔偿中，国家的补偿相对核设施营运者的赔偿而言只是一种补充责任，因此，应当以核设施营运者无力支付赔偿为前提。为此，国家可以采取建立专项基金的方式，一旦发现以核设施营运者的财力（即保险公司的赔偿能力和其他财务保证人的保证能力）无法支付巨额核损害时，便应及时启动补偿程序，赔偿核事故受害人遭受的人身、财产损失以及对环境造成的损害。实际上，国际公约已经要求缔约国按照规定的方式以公共资金提供补充赔偿。

无论基于核能行业需要特殊保护的原因而让核设施营运者承担有限赔偿责任，还是基于充分保护核事故受害人利益的原因而让核设施营运者承担无限赔偿责任，都需要国家建立补偿机制，最大限度地弥补受害者的损失。国家责任作为一种补偿责任，无论是基于监管

---

① See European Liability Insurance for the Nuclear Industry, About ELINI, http://elini.net/about/, last accessed on October 20, 2020.
② 但国家补偿也存在扩大情形。例如根据日本 2011 年《原子能损害赔偿支援机构法》的规定，如果是因为地震、海啸、火山等自然灾害造成核事故损害，应该由政府进行补偿，超过 1200 亿日元部分，由原子能经营者承担无限责任。如果是异常巨大的天灾或社会动乱造成的核事故损害，则全部由政府承担责任。

不力还是源于社会救助,其目的是为了在核设施营运者(包括保险人和其他财务保证人)支付的赔偿之外,为核事故受害人提供国家救济,并非让核事故受害人遭受的损失得到全部赔偿。国家应当根据受害人受损害的程度、财政能力等情况斟酌考虑给予受害人的补偿额度,并且保留一定的灵活性,以应对核事故损害范围与程度的不断变化。

核事故造成的损害如此巨大,仅凭核事故发生地的地方政府之力,难以实现国家补偿设立的初衷,因此,由中央政府承担国家补偿是最为合适的选择。同时,国家结构形式的不同,也决定了国家补偿的承担者可以有所差别。如果是在联邦制国家,中央政府和地方(州)政府之间的结合比较松散、存在分权,联邦的权力来自各地方(州)的授予,因此,采取中央政府为主、事故发生地政府为辅的双重责任承担模式未尝不可。但是,如果在单一制国家,特别是如同我国一样的中央集权制国家,中央政府具有举国上下所有人力、财力、物力的支配权限,只由中央政府承担国家补偿更为合理。

在国际公约层面,《维也纳公约》关于国家补偿的规定比较简单,只是要求核设施所在国在保险人支付的保险费或其他财政保证人支付的财政保证金不能满足对营运者提出的核损害赔偿要求的情况下,提供必要的款项,保证上述赔偿要求得到偿付,但偿付的数额不得超过公约第 5 条规定的核设施营运者赔偿限额。1997 年《修订〈维也纳公约〉议定书》对国家补偿条款进行了修订,要求在财政保证金的数额不足以满足对营运者提出的核损害索赔时,核设施所在国应当通过必要的资金,确保此类索赔的支付,但不超过依据本款提供的不低于 3 亿 SDRs 的财政保证金数额。1997 年《核损害补充赔偿公约》则是在结合巴黎公约体系和维也纳公约体系的基础之上,设立了更为完善的国家补偿条款。该公约第 3 条规定,必须确保由核设施营运者通过保险费或其他财务保证金或由核设施所在国在国家一级对每次核事故造成的核损害给予的赔偿达到某一数额;超过该数额的部分由所有缔约国通过获得的公共资金按照规定的方式提供补充赔偿。

在国内法层面,各国关于国家补偿的主体、条件和方式的规定都不尽相同。

例如,美国代表国家承担补偿责任的政府部门包括核监管委员会、能源部和国会。其中核监管委员会应当与许可证持有者或赔偿人签订用来保证支付递延保险金的协议,如果资金不充足,核监管委员会应当进行再保险或担保支付。为了保障资金充足,核监管委员会应当请求国会拨款或根据拨款法请求财政部拨款。此外,美国能源部依其部门职能,对契约方造成的核损害赔偿承担补充责任。依据《普莱斯—安德森法》第 d 项第 1 段的规定,在 2025 年 12 月 31 日前,能源部长应当根据相关法律规定与契约方签订损害赔偿协议。另外,当契约方的损害责任超过核废物基金的赔偿限额之后,美国能源部承担补充赔偿的责任,其资金限额为 100 亿美元(包括契约方所支付的法律费用)。对于发生在美国境外的核事故所引起的损害进行赔偿,能源部提供的最高赔偿限额为 5 亿美元。[①] 为了保障核事故损害能够得到充分的赔偿,美国国会既可以在许可证持有人两级财务保证之后履行核损害补充赔偿责任[②],也可以在契约方核损害赔偿责任之后履行核损害补充赔偿责任[③]。也就是说,在持证

[①] 参见《普莱斯—安德森法》第 d 项第 5 段。
[②] 《普莱斯—安德森法》第 b 项第 4 段规定,如果因递延保险金的最高限额问题而导致资金不充足,核管会可请求国会拨款用于再保险或担保支付。
[③] 《普莱斯—安德森法》第 e 项第 2 段也规定,如果单起核事故产生的损害超过最高责任限额,那么国会将对其进行审查,并采取必要的措施,以保障公众利益(该条款均适用于许可证持有者及契约方所引起的核事故的赔偿)。

者所致核事故和契约方所致核事故赔偿的情形下,如果赔偿数额超出第二级赔偿限额,由国会进行拨款。①

又如,日本政府1961年专门制定《原子能损害赔偿补偿协议法》,规定当发生核事故时,核事故责任保险无法担保的部分,由原子能经营者和政府签订补偿协议,缴纳一定的补偿费用,由政府进行补偿。如果是发生一般性核事故,在保险公司和原子能经营者承担责任之后,根据损害的具体情况,政府也可以给予一定补偿;如果是因为地震、海啸、火山等自然灾害造成事故,应该由政府给予补偿;如果是异常巨大的天灾或社会动乱造成的,则全部由政府承担。② 概言之,除了因异常巨大的天灾或社会动乱所致核事故的核损害赔偿情形,日本政府承担的是有限补充赔偿责任。

对于我国来说,民用核能的审批权集中在中央政府,中央政府的财政力量也更为充足,按照权责一致原则,应当由中央政府对核事故损害承担补偿责任。《国务院关于核事故损害赔偿责任问题的批复》(2007年)规定:"核事故损害的应赔总额超过规定的最高赔偿额的,国家提供最高限额为8亿元人民币的财政补偿。对非常核事故造成的核事故损害赔偿,需要国家增加财政补偿金额的,由国务院评估后决定。"

四、国际公共基金

国际公共基金,是核损害赔偿国际公约创设的、旨在责任保险费或其他财政保证金不足以支付对核设施营运者提出的所有赔偿金额时,国际范围内予以补充赔偿的一种赔偿资金来源形式。

国际公共基金首创于1963年《布鲁塞尔补充公约》。《布鲁塞尔补充公约》创设了核事故赔偿的三级责任体系,其中第二层由负有赔偿责任的核设施营运者所在地的缔约国给予支持的公共资金负责提供,第三层由《布鲁塞尔补充公约》各缔约方按照预先确定方案而共同捐助的公共基金提供的1.25亿SDRs构成。③ 2004年议定书修订后的《布鲁塞尔补充公约》对原有的三层级核损害赔偿体系进行了完善,提高了国际公共基金的赔偿数额。

维也纳公约体系同样有关于国际公共基金的规定。《核损害补充赔偿公约》建立了国际公共基金的全球机制,该国际公共基金用于支付超出缔约国赔偿限额(3亿SDRs)部分的赔偿额。该国际公共基金能够再提供约3亿SDRs用于赔偿核损害,也就是说,赔偿总额提高至约6亿SDRs。该国际公共基金由两部分组成,其中超过90%的部分由核电生产国根据其核装机容量提供,余下部分则由所有会员国根据其联合国会费分摊比率提供。同时,该国际公共基金必须专门分配其中的50%用以支付任何跨境损害,表明了国际社会对赔偿跨境损害的高度重视。④

---

① 不过,总的来看,在1954年修订的《原子能法》中,国会并未被视作赔偿主体,但是,当核管会或能源部的赔偿能力不足时,国会可对其拨款,以实现补偿的目标。
② 参见环境保护部核与辐射安全监管二司、环境保护部核与辐射安全中心编:《日本福岛核事故》,中国原子能出版社2014年版,第6页。
③ See NEA, Brussels Supplementary Convention, https://www.oecd-nea.org/law/brussels-supplementary-convention.html, last accessed on February 20, 2020.
④ See International Expert Group on Nuclear Liability, Overview of the Modernized IAEA Nuclear Liability Regime, GOV/INF/2004/9-GC(48)/INF/5, *Board of Governors General Conference of IAEA*, 2004, p. 2, https://www.iaea.org/About/Policy/GC/GC48/Documents/gc48inf-5.pdf, last accessed on February 20, 2020.

【本章思考题】

1. 什么是核损害？核损害的范围如何？
2. 简述核损害赔偿责任与其他民事侵权责任的关系。
3. 简述核损害赔偿中的唯一责任。
4. 为何在核损害赔偿中要实行责任限制？
5. 试述核损害救济财务保障机制的资金来源和层级体系。
6. 试论核损害赔偿责任中国家补偿的正当性。

第九章

核安保和核不扩散

【教学目的与要求】 了解核安保和核不扩散的概念；了解核安保和核不扩散相关的国际法律框架和一般制度要求；理解中国在核安保和核不扩散问题上的国家立场和采取的措施。

本书第二章在介绍核法上的安全原则时阐述了核法上与"安全"有关的核安全、核安保和核保障三个概念。它们涉及核能利用过程中三个不同层面的风险源防控，是区别于一般技术风险法律规制领域的重要特征表现。这三个层面的风险防控在制度措施方面相互协同但又相互区别，是一国核法体系建构时应当妥善处理的重点问题。由于核安全方面的制度规范在上文各章已有详尽介绍，本章重点阐述核安保和核不扩散的概念及其一般法律制度要求，并介绍我国在这两方面的法律规定。

第一节 核 安 保

民用核能利用过程中，除了防止合法利用核能过程中由于技术故障、人因失误和自然灾害等原因导致的核事故风险外，还需要应对的一类风险就是不法分子尤其是恐怖分子的恶意行为。这类行为不仅干扰或破坏正常的核能利用活动的开展，还会造成严重的公共安全乃至国家安全问题，是国际社会和各国共同关注和积极防范的一类风险。

一、核安保问题的由来

核法中应对不法分子恶意行为的制度安排被称为核安保（Nuclear Security）制度。如本书第二章所述，核安保，是指防止、侦查和应对涉及核材料和其他放射性物质或相关设施的偷窃、蓄意破坏、未经授权的接触、非法转让或其他恶意行为。具体而言，这些恶意行为可以分为四类：盗窃核材料或者放射性物质、利用盗取的核材料或放射性物质制造爆炸装置、散布放射性物质装置（也称"脏弹"，参见专栏 9.1）以及破坏核设施或者运输中的放射性物质。[①] 上述任何一种行为都有可能导致综合性的后果。有报告显示，1972 年至 2007 年间，共发生了 17 起针对核电站的恐怖侵袭或者蓄意破坏行为，但均没有造成放射性释放的失控

[①] See Tetsuya Endo, Countries Planning to Introduce Nuclear Power Generation and the 3Ss: Making the 3Ss an International Standard, *The Japan Institute of International Affairs*, 2009.

后果。①

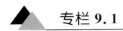 **专栏 9.1**

"脏弹"及其防控

"脏弹"(Dirty Bomb)又称"放射性炸弹"或"散布放射性装置",是一种大范围传播放射性物质的武器。"脏弹"之"脏",并非传统意义上的不清洁,而是由于它能产生核辐射,污染环境,因此称为"脏弹"。

如果从源头上将制造"脏弹"的必要原材料(放射性材料)管住,就会大大降低"脏弹"袭击发生的可能性。自核行业发展以来,我国逐步建立了与国际接轨的放射性材料监督管理体系,目前取得了良好成绩。

我国对放射源实施"从摇篮到坟墓"的管理,给每枚放射源设置一个"身份证号",对它们实行生产、销售、使用、退役、处置"一条龙"的全过程监管。同时建立了全国核技术利用监管系统,实施动态监管。与我们每个人一出生就有身份证号码一样,放射源的"身份证号"是在生产厂家或者进口时就被同时设置,并将伴随放射源一生,直到放射源被回收处置。为此,国家制订了《放射源编码规则》。在中华人民共和国境内使用的放射源都具有唯一编码,而且编码是不会改变的,其载明的信息包括有放射源的生产国家和单位、放射性核素的种类和特征、生产年份、序列号、放射源类型等。就像身份证要随身携带一样,编码卡要随放射源进行销售和转让。由于建立了放射源身份管理制度,对于任何一枚放射源都能很快查到相关负责单位或负责人。截至 2018 年,全国共约有核技术利用单位 6.7 万家,在用放射源 13.4 万枚,射线装置 15.1 万台(套),已收贮废旧放射源 19.2 万余枚。辐射事故年发生率从"十一五"的每年每万枚 2.5 起以上,持续下降至每年每万枚 1 起以下。

我国政府一贯高度重视核安保工作,对核级放射性材料一直实施严格的管控。在核材料安全方面,我国对生产、使用、储存、处理核材料采取许可证制度,对核材料流转各个环节均有严格的申报、跟踪、衡算指标和要求。60 多年来,我国保持了良好的核安保记录,实现了重要核材料"一克不少、一件不丢"。

资料来源:国家核安全局:《"脏弹"脏在哪里?》,http://nnsa.mee.gov.cn/zhxx_8953/kpyd/kpcl/201803/t20180323_432951.html,最后访问日期:2020 年 5 月 8 日。

核安保问题在核能发展之初的 20 世纪 50 年代并未引起特别关注,而且由于传统上保护核材料和设施避免盗窃和其他未经授权的移动被视为国家主权管辖事项,很多国家不愿意将其国家安全和相关法律实践暴露给外部审视。② 20 世纪 60 年代至 70 年代之间,全球核电装机容量猛增,核反应堆技术在全球范围内频繁转移,与此同时,现代恐怖主义兴起,考

---

① See F. Steinhausler, Countering Security Risks to Nuclear Power Plants, Nuclear Power (session 5/No 4), International Symposium on the Peaceful Applications of Nuclear Technology in the GCC Countries, Jeddah 2008.
② See C. Stoiber, A. Baer, N. Pelzer, et al., *Handbook on Nuclear Law*, International Atomic Energy Agency, 2003, p. 145.

虑到恐怖主义活动对核工业的威胁,国际社会开始担心非法贸易和盗窃核材料可能导致核武器扩散或制造简易核装置,并认识到加强国家之间的合作、构建相应国际法律框架来确保对材料实施充分的实物保护的必要性。《核材料实物保护公约》因此得以缔结并于 1987 年生效。

20 世纪 90 年代苏联解体,一时间核材料与核设施的管理和保护处于失控状态,偷盗和丢失核材料的事件频发;同时,一些地区恐怖主义活动猖獗。[①] 国际社会开始意识到核安保的重要性,加强核安保措施逐渐成为国际社会的共识。2001 年"9·11"事件之后,国际社会对核安保给予了极大的关注,联合国先后通过 1540 号决议和《制止核恐怖主义行为国际公约》,国际原子能机构先后制定了三个核安保计划,这些工作都提高了国际社会应对核材料及核设施安保问题的意识和能力。

随着核安保威胁形势的日益严峻,国际社会举行了四届全球核安保峰会(Nuclear Security Summit)[②],议题全部围绕防范核恐怖主义威胁及加强国际核安保体系展开。核安保峰会的召开,反映了国际社会对核恐怖主义现实威胁达成共识,也为各国强化核安保措施和行动指明了方向,并为开展相关国际合作奠定了基础。

自此,核安保进入了全球共建阶段。

二、核安保的国际法律框架和一般制度要求

(一)核安保的国际法律框架

无论是窃取核材料制造脏弹,还是攻击破坏核设施,都可能会导致严重的公共安全问题,进而可能引发全球恐慌,影响全球核能产业的发展。换言之,核安保问题虽然发生在某一国家或区域,但其影响的全球辐射性反映了国际合作的必要性。目前国际层面已经形成关于核安保的法律框架体系,该体系由国际公约、联合国关于核安保的决议、国际原子能机构关于核安保的文件以及国际核安保峰会的会议公报组成(如图表 9.1 所示)[③]。

图表 9.1　核安保相关的国际文件

序号	文件名称	生效时间	对中国生效情况
1	《核事故或辐射紧急情况援助公约》	1986 年	已对中国生效
2	《及早通报核事故公约》	1986 年	已对中国生效
3	《核材料实物保护公约》	1987 年	已对中国生效
4	《核材料实物保护公约修订案》	2016 年	已对中国生效
5	《制止核恐怖主义行为国际公约》	2007 年	已对中国生效
6	《关于制止资助恐怖主义的联合国安理会第 1373 号决议》	2001 年	已对中国生效
7	《关于大规模破坏性武器的联合国安理会 1540 号决议》	2004 年	已对中国生效
8	《联合国全球反恐战略》(A/RES/60/288)	2006 年	不具法律约束力

---

① 参见韩叶良、陈鹤等:《核安保——安保领域的皇冠》,载《科技导报》2016 年第 15 期。
② 我国新闻媒体习惯将"Nuclear Security Summit"译为"核安全峰会"。
③ See International Atomic Energy Agency, The International Legal Framework for Nuclear Security, IAEA International Law Series No. 4, 2011.

（续表）

序号	文件名称	生效时间	对中国生效情况
9	《核材料和核设施实物保护的核安保建议》(IAEA)	1977年制定，2010年修订	不具法律约束力
10	《放射源安全与安保行为准则》(IAEA)	2001年制定，2003年修订	不具法律约束力
11	《核安保基本法则：国家核安保制度的目标和基本要素》(IAEA)	2014年	不具法律约束力
12	国际核安保峰会公报	2010年/2012年/2014年/2016年	不具法律约束力

其中，核安保国际公约主要是关于核材料与核设施实物保护以及打击核恐怖主义方面的国际条约。核安保问题首先应重视核材料实物保护。① 国际原子能机构于1975年提出了一个对核材料实施实物保护的建议，并在此基础上于1979年推动了《核材料实物保护公约》（1987年生效）的签署。然而，该公约主要限于对国际转移中的核材料实施保护，没有覆盖国内核材料的使用、储存和运输，也没有涉及对核材料和核设施的蓄意破坏的规定。随着恐怖主义日益为现实的危险，尤其是2001年"9·11"事件发生后，人们对核安保范围的认识也从核材料逐渐扩展到核电厂和相关技术方面，国际社会也将核恐怖主义视为急需强化关切的事项，并开始谋求构建一个包括人员、核材料、核设施和技术在内的全面的核安保国际法律框架。② 在此背景下，国际社会启动了强化《核材料实物保护公约》的协商过程，并于2005年通过了《核材料实物保护公约修订案》（2016年生效）。该修订案将核安保的范围从核材料拓展到核设施，提出了核材料和核设施实物保护的基本原则，要求国家强化实物保护的法律框架，并在出现可信破坏威胁的情况下进行合作和相互支援。

"9·11"事件发生后，联合国意识到核恐怖主义行为可能带来最严重的后果并可能对国际和平与安全构成威胁，又注意到现有多边法律规定还不足以处理这些袭击，其认为迫切需要在各国之间加强国际合作，制定和采取切实有效的措施，以防止这种恐怖主义行为的发生，并起诉和惩罚行为人。在联合国的推动下，国际社会于2005年签署了《制止核恐怖主义行为国际公约》（2007年生效）。该公约要求缔约国采取所有可行的措施来防止和准备应对国土内和国土外的核恐怖活动，并追究相关的刑事责任。

联合国关于核安保方面的决议，是指为积极回应"9·11"事件带来的核恐怖主义风险，由联合国安理会通过的一系列关于核安保方面的决议。这些决议包括"9·11"事件后第一时间通过的，旨在呼吁加强国际合作和强化国内措施来阻止资助和要求镇压包括核恐怖主义行为在内的任何形式的恐怖主义行为的《联合国安理会第1373号决议》（2001年）；以及2004年联合国安理会通过的、要求成员国采取相关措施防止非国家行为主体发展、获得、制造、占有、运输或转移核武器以实施恐怖行为的《联合国安理会1540号决议》（2004年）。

国际原子能机构关于核安保的文件主要是国际原子能机构指定的关于核安保方面的标

---

① See Sitakanta MiShra, Nuclear Safety-Security-Safeguards: The Intricate Interface, *Air Power Journal*, Vol. 8, No. 3(2013).

② See Gehr, W., The Universal Legal Framework against Nuclear Terrorism, *Nuclear Law Bulletin*, No. 79 (2007).

准文件。在推动签署具有约束力的国际公约来加强实物保护的同时,国际原子能机构也在自身的职责范围内推动核安保制度的完善,其主要方式是通过制定核安保导则或者提出核安保建议来帮助成员国改善核安保制度。例如,为了帮助各国更好地履行《核材料实物保护公约》,国际原子能机构发布了《核材料和核设施实物保护的核安保建议》(2010年修订);为了对放射源的盗窃和未经授权的利用或转移行为进行规制,国际原子能机构制定了《放射源安全和安保行为准则》(2003年修订);为了帮助各成员国建立或完善国内核安保制度,国际原子能机构发布了核安保基本导则文件——《国家核安保制度的目标和基本要素》(2014年)。国际原子能机构关于核安保的文件属于国际软法范畴,不具有强制约束力。

核安保峰会公报文件是指国际社会先后于2010年、2012年、2014年和2016年举行的四次核安保峰会通过的会议文件。其中,首届核安全峰会于2010年4月13日在华盛顿举行,会议发表了公报和工作计划,承诺通过负责任的国家行动和持续有效的国际合作,以及强有力的安全措施,减少核恐怖主义威胁。第二届核安全峰会于2012年3月27日在韩国首尔举行,峰会以加强核材料和核设施安全为主题,通过了《首尔公报》,内容涉及全球核安全体系、国际原子能机构作用、核材料、放射源、核安全与核能安全、运输安全、防止不法交易、核检查、核安全文化、情报安全、国际合作等11个领域,共提出了13项非约束力承诺或鼓励措施。第三届核安全峰会于2014年3月24日在荷兰举行,会议通过了《海牙公报》,内容涉及全球核安全体系、国际原子能机构作用、核材料、放射源、核安全与核能安全、运输安全、打击非法贩运、核分析鉴定、信息安全、国际合作等10余个领域,共提出6项非约束力承诺或鼓励措施。第四届核安全峰会于2016年3月31日在华盛顿举行,会议以"加强国际核安全体系"为主题,重点讨论如何确保核材料和核设施安全、如何有效防范和打击核恐怖主义等议题,会议通过2016年核安全峰会公报,与会国家和国际组织领导人就加强核安全和减少核恐怖主义威胁议题达成重要共识。

总体而言,这四届核安保峰会都将核与辐射恐怖主义视为国际社会面临的最严峻挑战之一,并通过批准和实施核安保国际法律文书,强调《核材料实物保护公约》及其2005年修订案和《制止核恐怖主义行为国际公约》的重要性等措施和方式在国家、区域及全球层面强化核安保体系,提升国际社会对核与辐射恐怖主义威胁的认识。① 值得一提的是,中国国家主席在海牙核安保峰会上首次阐述了"理性、协调、并进"的中国国家核安全观(专栏9.2)②,并在华盛顿核安全峰会上提出了构建公平、合作、共赢的国际核安全体系的重要主张。

专栏 9.2

中国核安全观的提出及其内涵

中共十八大以来,以习近平同志为核心的党中央把核安全纳入国家总体安全体系,提出理性、协调、并进的核安全观,为新时期中国核事业安全发展指明了方向。核安全观的具体

---

① See The White House, Nuclear Security Summit 2016 Communiqué, https://www.whitehouse.gov/the-press-office/2016/04/01/nuclear-security-summit-2016-communiqué, last accessed cn May 10, 2020.
② 参见习近平:《在荷兰海牙核安全峰会上的讲话》,http://www.xinhuanet.com/politics/2014-03/25/c_126310117.htm,最后访问日期:2020年5月8日。

内容包括"四个并重",分别是:

发展和安全并重,以确保安全为前提发展核能事业。作为保障能源安全和应对气候变化的重要途径,和平利用核能事业,如同普罗米修斯带到人间的火种,为人类发展点燃了希望之火,拓展了美好前景。同时,如果不能有效保障核能安全,不能妥善应对核材料和核设施的潜在安全风险,就会给这一美好前景蒙上阴影,甚至带来灾难。要使核能事业发展的希望之火永不熄灭,就必须牢牢坚持安全第一原则。

权利和义务并重,以尊重各国权益为基础推进国际核安全进程。没有规矩,不成方圆。各国要切实履行核安全国际法律文书规定的义务,全面执行联合国安理会有关决议,巩固和发展现有核安全法律框架,为国际核安全努力提供制度保障和普遍遵循的指导原则。中国呼吁更多国家积极考虑批准核材料实物保护公约及其修订案、制止核恐怖主义行为国际公约。

自主和协作并重,以互利共赢为途径寻求普遍核安全。核安全首先是国家课题,首要责任应该由各国政府承担。各国政府要知责任、负责任,强化核安全意识,培育核安全文化,加强机制建设,提升技术水平。这既是对自己负责,也是对世界负责。

治标和治本并重,以消除根源为目标全面推进核安全努力。核安全涉及不同层面,既包括实施科学有效管理,发展先进安全核能技术,也包括妥善应对核恐怖主义和核扩散。完善核安全政策举措,发展现代化和低风险的核能技术,坚持核材料供需平衡,加强防扩散出口控制,深化打击核恐怖主义的国际合作,是消除核安全隐患和核扩散风险的直接和有效途径。

在核安全观引领下,中国逐步建立起法规规范、行政监管、行业自律、技术保障、人才支撑、文化引领、社会参与、国际合作等为主体的核安全治理体系。习近平主席提出理性、协调、并进的核安全观,强调发展和安全并重,倡导打造全球核安全命运共同体,为新时期中国核安全发展指明了方向,为推进核能开发利用国际合作、实现全球持久核安全提供了中国方案。

资料来源:习近平:《在荷兰海牙核安全峰会上的讲话》,http://www.xinhuanet.com/politics/2014-03/25/c_126310117.htm,最后访问日期:2020年5月8日。

(二)核安保的一般制度措施

通过梳理核安保相关的国际法律文件,可以总结出六项核安保方面的基本制度措施,即建立核安保的法律和监管框架、建立实物保护和核材料衡算与控制体系、打击核材料非法贩运、培育和发展核安保文化、建立核安保事件响应制度和核安保国际合作机制。

1. 建立核安保的法律和监管框架

虽然核恐怖主义威胁已被公认为需要严重关切的问题,制止核恐怖主义需要国际合作,但作为国家总体安保制度的一部分,通过建立、实施和维持适用于一国管辖下的核材料、其他放射性物质、相关设施和相关活动的核安保制度的责任仍属于国家。[①] 核安保制度是国家总体安保制度的一部分。国家应当通过立法来声明不支持核恐怖主义,限制任何形式的非

---

① See International Atomic Energy Agency, Objective and Essential Elements of a State's Nuclear Security Regime, IAEA Nuclear Security Series No. 20, IAEA, 2013.

国家主体开发、获得或者威胁使用核爆炸装置或者放射性散布装置。①

与此同时,国家应当建立或指定负责核安保监管和实施核安保相关法律的主管机关,并赋予其充分的权力、财政及人力资源以履行其承担的职责。国家还应采取适当措施确保核安保监管机关和负有促进核能发展职能的政府机关以及核能开发利用单位在职能和财政上的分离,从而保持核安保监管机关在决策方面的有效独立性。②

2. 建立实物保护和核材料衡算与控制体系

预防核恐怖主义行为的关键在于防止恐怖分子或者不法分子占有、接触或者破坏核材料与核设施,其最主要的技术措施就是建立核材料与核设施的实物保护体系和核材料衡算与控制体系。其中,实物保护是指通过人防、技防、物防等手段对核材料和核设施进行保护,核材料衡算与控制体系是通过账目记录、测量、评价等手段以便及时发现核材料是否丢失,二者并用共同实现核材料的安全监管,缺一不可。

具体而言,实施核材料或核设施实物保护的主要责任在于相关许可证持有人。许可证持有人应当执行核安保监管机关批准的核安保计划,保守有关核材料和核设施安保的机密,防止正在被使用、贮存和运输中的核材料被盗窃和其他非法获取,保护核材料和核设施免遭破坏,一旦发生核安保事件,根据预先制定的应急预案采取响应措施并与负有实物保护责任的其他主体(如场外应急响应部队)进行合作和协调,找回丢失或者被盗的核材料或者尽量减少破坏所造成的放射性后果。③

有效的实物保护体系还需要在立法中规定一个精心设计并得到广泛支持的记录和检测的系统,该系统要记录和监测处于该国司法管辖或控制范围内的核材料的数量和地点。这种国家核材料衡算与控制系统有两项重要功能:第一,通过及时发现任何丢失的核材料,可以遏制未经授权的与丢失的核材料有关的活动,尤其是非法贩运核材料;第二,通过准确的记录核材料的数量和位置,可以让国家在其司法管辖或控制的范围内开展实际的、实时的潜在风险评估。④

3. 打击核材料非法贩运

如果实物保护措施失效,核材料可能因被贩卖和运输从而落入恐怖分子之手,此时,打击非法贩运行为则成为另一项重要的防御措施。虽然"非法贩运"的定义目前尚未得到清晰的界定,但"非法贩运涉及任何故意或非故意的未经授权的获取、提供、占有、使用、转移或者处置核材料的行为或事件,无论其是发生在一国内还是跨境"。⑤ 打击非法贩运行为涉及强制执行、侦查、情报收集、确定接触放射性物质人员的可靠性等敏感行为,应当由国家授权的机关来实施。⑥

---

① 参见联合国1540号决议、《核材料实物保护公约》第3条和《核材料实物保护公约修订案》第8条。
② See International Atomic Energy Agency, Objective and Essential Elements of a State's Nuclear Security Regime, IAEA Nuclear Security Series No. 20, IAEA, 2013.
③ See International Atomic Energy Agency, Nuclear Security Recommendations on Physical Protection of Nuclear Material and Nuclear Facilities (INFCIRC/225/Revision 5), IAEA Nuclear Security Series No. 13, IAEA, 2011, pp. 4-15.
④ See C. Stoiber, A. Baer, N. Pelzer, et al., Handbook on Nuclear Law, International Atomic Energy Agency, 2003, p. 153.
⑤ Ibid., p. 154.
⑥ 参见《核材料实物保护公约》第4条和联合国1540号决议。

国家应当在立法中将威胁实物保护或者未经授权贩运核材料的行为规定为违法或者犯罪,并且对跨国的犯罪嫌疑人提起诉讼或者实施引渡。①(参见专栏9.3)

专栏9.3

巴基斯坦核弹之父卡迪尔·汗的核走私案

卡迪尔·汗1935年出生于印度中部的一个穆斯林家庭,16岁与家人移居巴基斯坦。1956年从卡拉奇大学毕业后赴德留学。1972年在比利时鲁汶天主教大学获博士学位,同年他到荷兰"物理动力研究实验室"工作,不久被借调欧洲最有名的尤伦科核燃料集团公司工作,在原子物理、冶金、机械和科学管理方面造诣颇深。1976年回国主持成立巴基斯坦第一个核实验室。在他的领导下,巴基斯坦于20世纪80年代掌握了核技术,并于1998年成功进行了数次核试验,他本人也被誉为巴基斯坦"核弹之父",媒体称他为"民族英雄"。2001年,卡迪尔·汗辞去以他名字命名的实验室负责人职务,受聘担任政府的科学顾问。2004年2月,卡迪尔·汗承认曾为伊朗、利比亚和朝鲜等国提供核技术。这一核走私案使卡迪尔·汗从"民族英雄"沦为"国家罪人"。

2004年初,美国情报部门经过长时期的跟踪和调查,认定巴基斯坦核弹之父——卡迪尔·汗及其助手在中东、东南亚等地区构建了一个庞大的跨国核走私网络,向伊朗、朝鲜、利比亚等国出售了浓缩核燃料的技术、制造核武器的蓝图和提供了制造核弹头所需的核心工程秘密。巴基斯坦总统穆沙拉夫称私自转让核技术的人为"国家公敌",巴外交部发言人称卡迪尔·汗及其同事是出于"野心和贪心"向伊朗转让核技术,是个人而非政府行为。于是,卡迪尔·汗的总理科学顾问一职被解除,实验室被戒严,人身自由遭限制,资产和账户被清查,助手和同事也受牵连。2004年2月1日,卡迪尔·汗承认在1986—1998年间向伊朗、朝鲜和利比亚泄露了核技术,2月4日向总统承认错误并承担全部责任。

穆沙拉夫在2月5日宣布,他已宽恕了承认泄露核秘密的巴"核弹之父"卡迪尔汗,对他的核走私问题采取包容态度,仅对其进行软禁。但在美国的压力之下,穆沙拉夫政府不得不加大对核走私案的调处力度,并将有关该案的最新调查材料移交给美国。巴基斯坦还在美国的敦促下,配合国际原子能机构协查伊朗核问题。其后,巴基斯坦承认卡迪尔·汗曾向伊朗提供离心机,并同意向国际原子能机构交出离心机样机,以帮助其核查伊朗的核问题。巴基斯坦还向美国承诺,今后将采取严格措施,不再使核技术和核材料外泄、外流。2009年8月28日,巴基斯坦拉合尔高等法院裁定解除涉嫌泄露核技术的核科学家卡迪尔·汗的软禁。

资料来源:
1. 张四齐:《卡迪尔·汗:从"民族英雄"到"国家罪人"》,载《世界知识》2004年第4期;
2. 张利军:《布什政府对巴基斯坦政策及美巴关系前景》,载《国际问题研究》2005年第4期。

4. 培育和发展核安保文化

核安保文化是指作为支持、加强和持久保持核安保手段的个人、组织和机构特征、态度

---

① 参见《核材料实物保护公约》第7条,第11条。

和行为的集合①,其定位类似于核安全领域中的安全文化。为了确保核安保系统有效实施,发展一个强大的核安保文化是必不可少的。虽然安保文化不是一个可以很容易在立法中反映出来的问题,但是形成安保文化对保障核材料及核设施获得充分的实物保护是至关重要的。

培育和发展一个有效的核安保文化的关键在于让相关人士深信核安保的重要性和核恐怖威胁的真实可能性。这是因为,如果执行者不相信会存在核安保威胁,他们有可能不会积极地采取小心谨慎的态度,此时再好的核安保系统也很难发挥其效果。因此,从政府到营运者的相关机构应采取措施,克服相关人士的自满情绪,令他们相信核恐怖威胁的可能性。为此,每位经营者应建立一个针对性的计划,评估和改进其核设施的安保文化。同时,应对核安保人员进行定期的训练,不但要改善他们的职业技能,还要使他们意识到核安保的重要性。每位相关工作人员不仅应该严谨地遵循现有的核安保系统,还应主动地、不断地寻找进一步改善该系统的方法。有效的核安保不只单靠先进的器材设备,更重要的是靠人的选择。② 因此,对与所有人和组织都密切相关的安保文化,在起草立法时应当给予适当的优先地位。③

5. 建立核安保事件响应制度

国际原子能机构将核安保事件分为三种类型:第一类是导致放射性物质散布、核反应堆释放有害能量或者有人受到有害辐射照射后果的犯罪或未经授权的蓄意行为;第二类是导致放射性物质未经授权地出现在已知地点但没有散布该放射性物质、反应堆不受控制的能量释放或不受控制的辐射照射后果的犯罪或未经授权的蓄意行为;第三类是仅有监测信息警示有可信的使用核或其他放射性物质,或者蓄意破坏不明目标的核或其他放射性物质或者其他目标的犯罪或未经授权的蓄意行为。④

核安保事件的性质和危害后果程度具有很大的不确定性,很有可能会产生全国性的或国际性的影响。因此,如同核安全问题,核安保问题的应对不仅在于采取周密的预防措施,还在于一旦发生核安保事件后能够采取及时有效的响应措施抑制事态的发展,将其危害后果降至最小程度。国际原子能机构指出,国内立法应当包含制定和实施应对未经授权的擅自转移核材料以及由此而来的未经授权的使用核材料、破坏核设施等非法行为的应急计划方面的条文,这些条文还应明确核设施营运者和政府有关部门在不同层级上制定和实施核安保事件应急计划的责任,并规定核设施营运者和所有相关部门在核安保事件响应时的协调与配合,同时考虑建立国际合作与援助机制。⑤

此外,核安保事件很可能会导致放射性物质释放,即引发核或辐射紧急状况(参见图表9.2),在制定和实施核安保响应计划时要将核安保事件的应对和核或辐射应急计划协同考

---

① 参见国际原子能机构:《核安保基本法则:国家核安保制度的目标和基本要素》,https://www-pub.iaea.org/MTCD/Publications/PDF/Pub1590c_web.pdf,最后访问日期:2020年5月9日。
② 参见张会:《保障中国核能发展:进一步加强和完善核安保》,载《中国核电》2014年第3期。
③ See C. Stoiber, A. Baer, N. Pelzer, et al., *Handbook on Nuclear Law*, International Atomic Energy Agency, 2003, p.154.
④ See International Atomic Energy Agency, Developing a National Framework for Managing the Response to Nuclear Security Events, IAEA Nuclear Security Series No. 37-G, 2019.
⑤ C. Stoiber, A. Baer, N. Pelzer, et al., *Handbook on Nuclear Law*, International Atomic Energy Agency, 2003, p.153.

虑，共同纳入国家总体应急框架中。①

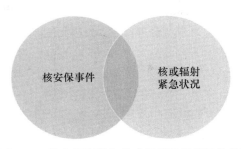

图表 9.2　核安保事件与核或辐射紧急状况的关系

6. 建立核安保国际合作机制

由于恐怖主义的全球蔓延性，各国已认识到一国核安保制度的实效在一定程度上可能取决于其他国家核安保制度的有效性，即有必要建立核安保国际合作机制，形成打击核恐怖主义的全球合力。各国对历届核安保峰会的重视也显示，开展国际合作以加强世界范围内的核安保具有现实的可行性。

核安保国际合作主要体现在两个方面，一是国家应当设立或指定负责核安保国际合作的机构，二是明确信息与实践经验分享、技术支持、司法互助等核安保国际合作的内容。正如国际原子能机构所指出的，国家之间可以直接就上述核安保问题展开合作与协助，亦可以通过国际原子能机构或者其他国际组织来实施。②

三、中国的核安保法律制度

中国把核安保作为保障核安全的重要屏障，按照最严格标准对核材料实施管制。核电厂、核燃料循环设施和放射源安保系统符合国际标准，反核恐怖机制日益完善。中国按照国际最新标准开展新建核设施的核安保系统建设，投入数十亿元专项资金改造升级原有核设施安保系统，大幅加强安全防范能力，同时积极推进国际核安保合作（参见专栏 9.4）。

迄今为止，中国尚未发生核材料被盗、丢失或非法使用事件，做到了核材料"一克不丢、一件不少"。③

　专栏 9.4

中美核安保示范中心建成运行

2016 年 3 月 18 日，中国国家原子能机构与美国能源部共同建设的核安保示范中心在北京市房山区投入运行。该中心是亚太地区乃至全球规模最大、设备最全、设施最先进的核安保交流与培训中心，将有力促进中国与美国、国际原子能机构以及其他国家和国际组织在核

---

① See International Atomic Energy Agency, Developing A National Framework for Managing the Response to Nuclear Security Events, IAEA Nuclear Security Series No. 37-G, 2019.

② 参见国际原子能机构：《核安保基本法则：国家核安保制度的目标和基本要素》，https://www-pub.iaea.org/MTCD/Publications/PDF/Pub1590c_web.pdf，最后访问日期：2020 年 5 月 9 日。

③ 参见国务院新闻办公室：《中国的核安全》（白皮书），国务院新闻办公室 2019 年版。

安保领域的国际交流合作。

作为迄今由中美两国政府直接投资建设的核领域最大合作项目,核安保示范中心是核安全峰会的重要成果,可为亚太地区各国提供系统、全面的核安保教育培训。它的建成是中美核安保领域合作的里程碑事件。2010年首届核安全峰会期间,中美两国元首达成共识,决定在华共同建设核安保示范中心。中方提供厂址设施并负责该中心的管理和运行,美方提供核材料分析、核安保设备测试、响应力量训练及演练等方面的专业设备。

核安保示范中心将主要发挥核安保、核材料管制、核进出口管理以及核安保领域国际交流合作的四大平台作用,并承担核安保领域的教育培训、测试认证和先进技术展示等任务。中心将面向中国及亚太地区国家开展培训,每年可培训两千人左右。培训对象主要包括核安保管理人员、技术人员、从业人员以及响应力量。通过各种先进的训练设施和演练技术,培训对象可以得到核安保领域的专业训练,提升自身核安保能力。

资料来源:国防部:《中美核安保示范中心建成运行》,http://www.mod.gov.cn/topnews/2016-03/19/content_4647008.htm,最后访问日期:2020年5月8日。

(一) 中国核安保的立场与立法现状

恐怖主义已成为影响世界和平与发展的重要因素,是全人类的共同敌人。国家主席习近平在海牙核安全峰会上强调:"光明前进一分,黑暗便后退一分。我们在核安全领域多作一份努力,恐怖主义就少一次可乘之机。中国将坚定不移增强自身核安保能力,坚定不移参与构建公平、合作、共赢的国际核安全体系。"[1]

中国是《核材料实物保护公约》及其修订案和《制止核恐怖主义行为国际公约》的缔约国,具有履行国际公约的义务。我国已经建立并在不断完善核安保的法律和监管框架。具体而言,在法规体系方面,现行关于核安保的法律法规主要有《反恐怖主义法》《刑法》《放射性污染防治法》《核安全法》《核材料管制条例》和《放射性物品运输安全管理条例》。正在起草中的《原子能法》和《核安保条例》[2]还将进一步完善和细化核安保的制度内容。

中国在2015年制定的《反恐怖主义法》(2018年修正)也明确宣示:国家反对一切形式的恐怖主义,依法取缔恐怖活动组织,对任何组织、策划、准备实施、实施恐怖活动,宣扬恐怖主义,煽动实施恐怖活动,组织、领导、参加恐怖活动组织,为恐怖活动提供帮助的,依法追究法律责任。国家不向任何恐怖活动组织和人员作出妥协,不向任何恐怖活动人员提供庇护或者给予难民地位。[3]《反恐怖主义法》还明确了我国反核恐怖主义的基本立场和原则。

此外,中国《刑法》规定了涉及核材料和放射性物品方面的罪名和刑罚;《放射性污染防治法》《核安全法》规定了核安保措施的一般要求,《核材料管制条例》和《放射性物品运输安全管理条例》分别对核材料和放射性物品运输方面的核安保问题作出了具体规定。

(二) 中国核安保制度的内容

本书将从核安保的主体及其义务、监管体制和刑事法律制裁三方面介绍中国核安保制

---

[1] 参见习近平:《在荷兰海牙核安全峰会上的讲话》,http://www.xinhuanet.com//politics/2014-03/25/c_126310117.htm,最后访问日期:2020年5月8日。

[2] 我国国防科工局于2016年发布了《核安保条例(征求意见稿)》,规定了威胁评估、核材料与核设施安保、核材料与其他放射性物质运输安保、信息与网络安全、核安保事件响应与演练以及人员与设备要求等方面的内容。

[3] 参见我国《反恐怖主义法》第2条。

度的基本内容。

第一,关于核安保主体及其义务。根据现行法律法规的规定,核安保的义务主体主要包括政府监管部门和核能利用的许可证持有人。在政府层面,监管部门应当加强对核设施、核材料的安全保卫[①]工作,包括制定相关的法规和加强监督执法;在许可证持有人层面,核设施营运单位应当建立和完善安全保卫制度,采取安全保卫措施,防范对核设施、核材料的破坏、损害和盗窃。[②] 其中,核设施营运单位的核安保义务包括两个方面:一方面,核材料持有单位通过建立专职机构或者指定专人保管核材料、建立核材料衡算制度、建立与核材料保护等级相适应的实物保护系统以及建立信息保密制度等措施来防止核材料被盗、破坏、丢失、非法转让和使用,保障核材料的安全与合法利用[③];另一方面,核材料、放射性废物的托运人在运输中应当采取制定核与辐射事故应急方案等方式有效地保卫放射性物品的安全。[④]

第二,关于核安保的监管体制。核安保的监管需要多个部门协调配合。我国履行核安保监管职能的部门主要包括国防科工局(工业和信息化部管理的国家局)、国务院公安部门和国家核安全局。具体而言,国防科工局所辖的国家原子能机构负责核材料管制、核设施实物保护、核领域的国际交流合作、参加国际原子能机构的活动。国家原子能机构于2011年建立了国家核安保技术中心作为其核安保、核材料管制、核出口管理和国际合作的技术支持部门。[⑤] 公安部与国家原子能机构合作,审批核设施和安保系统的设计基准威胁,负责放射性物质运输方面的安保工作,负责反核恐怖活动、核材料走私,侦查应对放射性方面的犯罪,在国家核安全局的帮助下追回丢失的放射性物质等。此外,国家核安全局也涉及对许可证持有人实物保护的监管。

第三,关于核安保相关的刑事制裁。《制止核恐怖主义行为国际公约》《核材料实物保护公约》及其修订案都要求各国通过刑法来规制针对核材料(包括放射性物质)和核设施的恶意行为。国际原子能机构在其《核安保基本法则:国家核安保制度的目标和基本要素》中指出,各国应把刑事处罚作为核安保制度的基本要素之一。我国核安保相关的刑事责任集中体现在《刑法》中,主要涉及危害公共安全罪和破坏社会主义市场经济秩序罪两大类(参见图表9.3)。

图表9.3 我国《刑法》关于核安保方面的规定

条文序号	罪行	刑罚
第114条	投放放射性物质危害公共安全,尚未造成严重后果。	处3年以上10年以下有期徒刑
第115条	投放放射性物质危害公共安全,致人重伤、死亡或者使公私财产遭受重大损失。	处10年以上有期徒刑、无期徒刑或者死刑
第125条	非法制造、买卖、运输、储存放射性物质,危害公共安全。	处3年以上10年以下有期徒刑;情节严重的,处10年以上有期徒刑、无期徒刑或者死刑

---

① 我国《核安全法》(2017年)和《放射性污染防治法》(2003年)关于核安保的规定采用的是"安全保卫"的概念。
② 参见《放射性污染防治法》(2003年)第25条;《核安全法》(2017年)第12条。
③ 参见《核安全法》(2017年)第38条。
④ 参见《核安全法》(2017年)第52条;《放射性物品运输安全管理条例》(2009年)第6条。
⑤ 参见国家原子能机构:《机构职能》,http://www.caea.gov.cn/n6758879/index.html,最后访问日期:2020年5月8日。

(续表)

条文序号	罪行	刑罚
第127条	盗窃、抢夺放射性物质,危害公共安全。	处3年以上10年以下有期徒刑;情节严重的,处10年以上有期徒刑、无期徒刑或者死刑。
	抢劫放射性物质,危害公共安全。	处10年以上有期徒刑、无期徒刑或者死刑。
第151条	走私核材料	处7年以上有期徒刑,并处罚金或者没收财产;情节特别严重的,处无期徒刑,并处没收财产;情节较轻的,处3年以上七年以下有期徒刑,并处罚金。

第二节 核不扩散

核事故以及核恐怖主义活动固然会给人类社会和生态环境造成巨大损害,但是核武器的使用带来的危害将远甚于上述两者,这也是人们谈核色变时脑海中浮现的最为恐怖的画面。1945年日本核爆之后,国际社会开始致力于控制核武器扩散以确保核能被和平利用,这其中最主要的手段就是建立核保障制度体系。

一、核不扩散问题的由来

第二次世界大战结束后,很多国家开始致力于核武器开发,而拥有核武器的美国试图垄断核武器,确立自己的世界霸主地位,但随着苏联等国家核武器的研制成功,美国的核武器垄断地位被打破,美国又开始积极倡议建立国际机制来防止原子能的滥用和核武器扩散,以免威胁世界和平。

为了防止核武器扩散,国际社会开始着手建立核不扩散制度体系。1953年美国总统艾森豪威尔在"原子用于和平"的演说中呼吁有核武器国家和无核武器国家进行合作,共同分享原子能技术,同时提议建立一个国际性的原子能机构,该机构致力于有效防止原子能滥用、核武器扩散、并进行原子能民用研究开发工作,让原子能真正地造福人类。

1945年11月15日,美国、英国和加拿大三国首脑在关于原子弹的联合声明中首次提出了核保障(nuclear safeguard,也可简称为"保障")的概念。在美国等国家的推动下,1957年国际原子能机构成立,其首要职责就是推动和平利用核能和实施核保障。之后,随着国际核不扩散形势的发展,一系列相关的国际公约和区域性条约相继得以签订,国际原子能机构实施的核保障也不断得到强化。

不同于核安全(nuclear safety)、核安保(nuclear security),"核保障"是一个政策工具性的概念,而不是一个政策目的性的概念。[①] 换言之,核安全、核安保和核不扩散(Non-proliferation of Nuclear Weapons)才是并立的三个目的性概念。只不过由于核保障是核不扩散最重要的制度措施,为此核领域习惯于将核保障与核安全、核安保并称,简称"3S"。

这里的保障是指"通过组织、法律和技术的机制防止核技术和核材料被滥用于军事目

[①] See Kazutomo IRIE, Redefining Interrelationship between Nuclear, Safety, Nuclear Security and Safeguards, *Journal of Power and Energy Systems*, Vol. 6, No. 2(2012).

的"。① 保障的载体通常是保障协议,即"国际原子能机构与一个或多个成员国缔结的载有该国或多个成员国承诺不利用某些物项推进任何军事目的和授权原子能机构监督履行这种承诺的协定"②。

二、核不扩散的国际法律框架和主要制度措施

(一) 核不扩散的国际法律框架

目前与核不扩散有关的国际法律文件主要有《国际原子能机构规约》《不扩散核武器条约》和一些区域性的无核区条约(参见图表9.4)。

图表9.4 与核不扩散有关的国际公约、区域性条约

序号	公约名称	生效时间	对中国生效情况
1	《国际原子能机构规约》	1957年	已对中国生效
2	《不扩散核武器条约》	1970年	已对中国生效
3	《拉丁美洲禁止核武器条约》	1967年	不适用
4	《南太平洋无核武器区条约》	1986年	不适用
5	《东南亚无核武器区条约》	1997年	不适用
6	《非洲无核武器区条约》	2009年	不适用
7	《中亚无核武器区条约》	2009年	不适用

其中,《国际原子能机构规约》是国际原子能机构设立和运行的法律依据。根据该规约第2条的规定,国际原子能机构的宗旨是谋求加速和扩大原子能对全世界和平、健康及繁荣的贡献,尽其所能,确保由其本身、或经其请求、或在其监督或管制下提供的援助不致用于推进任何军事目的。具体到核不扩散和核保障方面,该规约第三条第A款第5项规定:"机构有权制定并执行安全保障措施,以确保由机构本身,或经其请求,或在其监督和管制下提供的特种裂变材料及其他材料、服务、设备、设施和情报,不致用于推进任何军事目的;并经当事国的请求,对任何双边或多边协议,或经一国的请求对该国在原子能方面的任何活动,实施安全保障措施。"

《不扩散核武器条约》源于20世纪60年代初的古巴导弹危机。从该危机中,各国看到了核战争爆发的可能性。考虑到一场核战争将使全人类遭受浩劫,因而需要竭尽全力避免发生这种战争的危险并采取措施以保障各国人民的安全,1968年联合国大会通过了美国和苏联起草的《不扩散核武器条约》。该公约的主要目的是保证公约生效前已经宣布拥有核武器的国家(美国、英国、法国、苏联和中国)排他性地拥有核武器,并承诺最终销毁各自的核武器库。为此,公约的主要内容是:有核国家不得向任何无核国家直接或间接转让核武器或核爆炸装置,不帮助无核国家制造核武器;无核国保证不研制、不接受和不谋求获取核武器;停止核军备竞赛,推动核裁军;将和平核设施置于国际原子能机构的国际保障之下,并在和平使用核能方面提供技术合作(第1、2、3条)。

---

① See Doyle, J., *Nuclear Safeguards, Security and Non-proliferation*, Butterworth-Heinemann, 2008, p.17.
② 参见国际原子能机构:《国际原子能机构安全术语:核安全和辐射防护系列》,国际原子能机构2007年版,第159页。

无核武器区相关条约是指区域间的不扩散核武器国际条约。无核武器区（Nuclear-Weapon-Free-Zones），通常简称无核区，是防止核武器在全球扩散的重要举措，往往是某一地区相邻的几个国家在取得共识的基础上，通过签署集体条约并公之于国际社会的形式来确立的。条约一般规定缔约国不得进行核试验，不得研制、生产、储存核武器及其他核爆炸物，也不得利用其他方式获取并控制核武器；此外，缔约国不得允许其他国家在无核区储存核武器或核武器材料。为了展示无核武器区国家禁核的决心，无核武器条约往往在时效上确定为无限期有效。目前世界上有多个无核区，包括中亚无核区、拉美和加勒比无核区、南太平洋无核区、蒙古国无核区、东南亚无核区、非洲无核区（参见专栏9.5）。

专栏 9.5

南非放弃研制核武器始末

南非是世界上迄今为止唯一已拥有核武器但又自愿拆除的国家，从研制到放弃核武器大致经过了以下过程。

南非核武器计划可以追溯到20世纪40年代，当时南非勘探出世界上第三大铀矿藏，但此后一段时间该国并未认真考虑发展核计划。为解决"曼哈顿工程"中铀原料的不足，美国与南非在第二次世界大战中期开始了核合作。1945年，美国与南非签订了一份租借协议，规定双方可以平等地交换战略物资，铀矿石为其中重要的一项。第二次世界大战后，随着美苏双方的核军备竞赛不断升级，南非丰富的铀资源更受到美国的重视。借此机会，南非于1949年成立了以矿业部长为主席的南非原子能委员会，进一步加强核研究，为其研制核武器奠定了基础。南非官方决定开发核武器是在1978年，在1974年建立的铀浓缩工厂的基础上，南非于1978年开始生产高浓缩铀。1979年南非生产出第一枚核武器，到20世纪80年代末该国总共有6枚核武器。

但是由于受到"不具有国家安全威胁的国际制裁与孤立"和"国内政治"等因素的影响，南非很快放弃了核计划。由于国内种族隔离政策，南非自20世纪60年代起日益遭到外交和经济上的孤立，南非日益被各种国际组织开除。1974年联合国大会中止了南非与会的资格。到1988年底，与南非建交的国家只有22个，成为名副其实的"国际弃儿"。因此，期望解除外部世界的制裁与孤立，成为南非放弃核计划时的一个重要考虑。国内政治因素在南非放弃核计划中的决定性是毋庸置疑的。到20世纪80年代末，种种迹象表明，南非白人已经很难再维持种族隔离制度。即将下台的白人政权害怕一个由非国大领导的政府拥有核武器，一个黑人政府继承核武器的可能性让人不安，因此，必须"避免任何核武器与核材料可能落入占人口多数的黑人之手"。从决定放弃核计划到执行彻底的放弃，再到向国际监督机构开放核设施，并加入核不扩散条约，南非用了不到两年时间。

1989年9月，弗雷德里克·威廉姆·德克勒克当选为南非总统后仅两个星期，便任命了一个专家委员会研究接受核不扩散条约的问题。11月，该委员会建议完全拆除并终止核武器计划。于是，德克勒克成立了一个工作组，负责制定拆除核武器和加入核不扩散条约的时间表。1990年2月1日，南非建于1978年的铀浓缩工厂关闭。2月26日，德克勒克签署了终止核武器计划并拆除所有现有核武器的命令。这项工作于1991年7月正式完成。1991

年9月,南非正式加入核不扩散条约,并与国际原子能机构(IAEA)签署了安全协定。1993年3月,德克勒克在国会宣布,政府已经拆除其所制造的所有6.5枚核武器。1995年3月,南非正式被国际原子能机构批准为核供应集团成员,从而宣告了南非核贸易国际合作新时代的到来。

资料来源:
1. 王延庆:《美国对南非核政策的演变》,载《历史教学》2008年第10期;
2. 张春:《放弃核计划的内源力分析——以南非和利比亚为例》,载《西亚非洲》2007年第5期。

具体而言,拉美和加勒比地区14个国家于1967年2月14日在墨西哥城的特拉特科洛尔区签署《拉丁美洲禁止核武器条约》,宣布拉美无核化;南太平洋13国首脑于1985年8月6日在库克群岛举行的拉罗汤加会议上缔结了《南太平洋无核武器区条约》;1995年的第五次东盟首脑会议上,东盟七国首脑与当时尚未加入东盟的老挝、缅甸和柬埔寨三国领导人签署了《东南亚无核武器区条约》;1996年4月6日,49个非洲国家的代表在开罗签署《非洲无核武器区条约》;1998年12月4日,联大通过决议,支持蒙古国关于在全境设立无核武器区的声明;2014年哈萨克斯坦、吉尔吉斯斯坦、塔吉克斯坦、土库曼斯坦、乌兹别克斯坦五个国家签署《中亚无核武器区条约》;此外,南极上虽然没有任何国家,但1959年签订的《南极条约》第5条规定,禁止在南极洲进行任何核爆炸和处理放射性废料。这一条款使得南极条约成为人类历史上第一个禁止核试验的国际条约,从而也保证了南极地区成为世界上第一个无核区。

(二)核不扩散的主要制度措施:核保障

1. 核保障体系的发展及其类型

核保障机制经历了三个发展阶段。第一个阶段是从1957年到1970年。这一时期,国际原子能机构根据《国际原子能机构规约》的授权,制定并执行安全保障措施,以确保由机构本身,或经其请求,或在其监督和管制下提供的特种裂变材料及其他材料、服务、设备、设施和情报,不致用于推进任何军事目的;并经当事国的请求,对任何双边或多边协议,或经一国的请求对该国在原子能方面的任何活动,实施安全保障措施。实践中,这一阶段国际原子能机构主要通过自己与请求实施保障的国家签订的双边合作协定对特定核材料和设备实施核保障。[①] 在此期间,国际原子能机构于1961年制定了实施核保障的示范文本INFCIRC/26,该文本对应的核保障监督对象是热功率低于100兆瓦的反应堆,被称为最初的保障体系;并在1965年制定了INFCIRC/66,保障对象是成员国制定的项目所产生的核材料,也被称为项目型保障体系。[②]

第二阶段是从1970年到1997年。这一时期《不扩散核武器条约》(1970年)生效。根据该公约第3条的规定:在义务上每个无核武器的缔约国承诺接受其根据《国际原子能机构规约》及国际原子能机构的核保障制度与国际原子能机构谈判缔结的协定中所规定的各项保障措施,以防止将核能从和平用途转用于核武器或其他核爆炸装置;在核保障适用对象范围

---

① See International Atomic Energy Agency, IAEA Safeguards Glossary, International Nuclear Verification Series No.3, IAEA, 2003.
② 参见高宁:《国际原子能机构与核能利用的国际法律控制》,中国政法大学出版社2009年版,第47—49页。

上,无论是正在任何主要核设施内生产、处理或使用,还是在任何这种设施之外的原料或特殊裂变物质,均应遵守《不扩散核武器条约》规定的保障措施的程序;在核保障适用的空间范围上,公约所要求的各项保障措施应适用于每个无核武器的缔约国领土之内、在其管辖之下或在其控制之下的任何地方进行的一切和平核活动中的一切原料或特殊裂变物质。概言之,相对第一阶段的核保障范围,国际原子能机构获得《不扩散核武器条约》授予的实施全面核保障的权力。国际原子能机构为此制定了核保障范本文件INFCIRC/153,该文件下的保障体系也被称为"全面型保障体系"。

第三阶段是1997年以来核保障机制的强化时期。冷战结束后的20世纪90年代发生了多起考验国际原子能机构核保障效力的事件,例如伊拉克秘密核武器计划的曝光、对朝鲜保障声明核查的困难和南非政府放弃核武器计划并加入《不扩散核武器条约》等。[1] 这些事件导致国际社会对《不扩散核武器条约》下的核保障体系表示质疑,并指出国际原子能机构核保障机制缺乏对(未申报的)秘密核材料和核活动的探知能力,从而影响国际原子能机构核保障体系的有效性及其效率。为适应新的形势要求,1993年国际原子能机构秘书处组织启动强化核保障措施的研究计划,并于1995年完成了强化核保障措施的附加议定书草案。1997年5月,国际原子能机构理事会批准该草案,即为核保障协议的《模范附加议定书》(IN-FCIRC/540)。该附加议定书扩大了国际原子能机构实施核保障的法律基础与范围并赋予其新的核查权,允许国际原子能机构视察员对实施核保障的国家未申报的核材料及核设施进行核查,从而保障该国公开的核活动中的核材料没有被转用且无未公开的其他核活动。换言之,1997年后国际原子能机构在传统核保障机制的基础上通过上述附加议定书来实施强化版的核保障。

一般而言,对无核武器的《不扩散核武器条约》缔约国都需要和国际原子能机构签署核保障协议,其国内所有的核材料及规定物项都需要接受国际原子能机构的核查;对已经被承认合法拥有核武器的国家就其国内的核材料及有关物项是否和国家原子能机构签署保障协议是自愿性的。但上述有核武器的国家向没有核武器的国家出口核材料或有关物项需要和该进口国、国际原子能机构签署保障协议。

2. 核保障制度的实施

根据上述国际条约的规定,国际原子能机构是国际核保障的执行机构,其实施的保障是对承诺不使用核材料或核技术发展核武器或者其他核爆炸装置的国家是否遵守承诺进行核查的关键手段。[2] 国际原子能机构实施的核保障制度,在技术上表现为核材料的数量衡算和封隔与检视[3],在组织方法上表现为报告和核查机制。以下简要介绍核保障在组织方法方面的报告机制和作为核查机制重要手段的视察机制。

报告机制的目的是让国际原子能机构能够准确了解保障对象中的核材料的情况及其变化,为视察当事国履行义务提供事实基础。这里的报告包括账目报告和特别报告。前者是指国家向国际原子能机构提供一个与其接受保障的所有核材料有关的初始报告;后者是指

---

[1] See Michael D. Rosenthal, *Deterring Nuclear Proliferation_ The Importance of IAEA Safeguards* (A Textbook), Brookhaven Science Associates, LLC, 2013, pp.144-150.

[2] See International Atomic Energy Agency, IAEA Safeguards Glossary, International Nuclear Verification Series No.3, IAEA, 2003.

[3] 参见高宁:《国际原子能机构与核能利用的国际法律控制》,中国政法大学出版社2009年版,第58页。

在有特殊事件或情况发生时,国家应当向国际原子能机构提交核材料变化或者封隔情况变化的报告。①

视察机制,是指国际原子能机构为了核实受保障的核材料被利用的方式是否符合其保障协定的规定而在现场采取的一系列活动,包括审查资料、检查核材料记录、与当事国提交国际原子能机构的报告书内容进行比较、核实存量与物流、安装与运行封隔与监事装置等。视察工作由国际原子能机构向当事国派遣视察员来进行,视察的方式根据具体核保障协定的规定而不同,包括初始视察、特别视察、专门视察和不通知视察。视察是国际原子能机构实施核保障的重要核实方式,也是最具效力的手段。

应当指出的是,国际原子能机构在监督核保障协定的履行过程中,如果通过核查发现存在不履约的情形,可以采取以下三种措施来应对:第一,终止技术援助和要求召回国际原子能机构提供的材料和设备;第二,限制或中止成员国在《国际原子能机构规约》的权利和特权;第三,宣布未遵约并把该情况提交联合国安理会注意以便采取下一步的行动,例如,国际原子能机构于2003年将朝鲜未遵守的情形提交安理会讨论。

三、中国与核不扩散

核武器扩散危及全球的和平与安全,不符合中国的根本利益。中国一贯奉行不主张、不鼓励、不从事核武器扩散,不帮助别国发展核武器的政策,坚决反对以任何形式向任何国家扩散核武器。中国通过参与国际核不扩散努力和完善国内相关制度来践行负责任核大国的核不扩散承诺。

(一)中国核不扩散的国家立场和行动

中国政府历来以负责任的态度对待国际事务,一贯主张全面禁止和彻底销毁核武器,坚决反对此类武器及其运载工具的扩散。中国不支持、不鼓励、不帮助任何国家发展核武器武器及其运载工具。

中国政府认为,防扩散的根本目的在于维护和促进国际和地区的和平与安全,任何防扩散措施都应有助于实现这一目标。核武器及其运载工具的扩散有其复杂的根源,与国际和地区安全环境密切相关。谋求国际关系的普遍改善,促进国际关系民主化,推动有关地区安全问题公正、合理的解决,有利于防扩散国际努力的顺利开展。中国坚决支持国际社会为防扩散作出的努力,同时也十分关心国际和地区的和平与稳定。中国主张通过和平手段实现防扩散目标,一方面要不断改进国际防扩散机制,完善和加强各国的出口控制;另一方面应通过对话和国际合作解决扩散问题。

中国政府认为,防扩散必须得到国际社会的普遍参与。要争取国际社会最大多数成员的理解和支持,必须确保防扩散机制的公正性、合理性和非歧视性。无论是加强现有机制,还是建立新机制,都应在各国普遍参与、民主决策的基础上进行,摒弃单边主义和双重标准,并充分重视和发挥联合国的作用。

中国政府认为,由于核领域所涉及的许多材料、设备和技术具有双用途性质,各国在执行防扩散政策过程中,必须处理好防扩散与和平利用相关高科技的国际合作之间的关系。

---

① See International Atomic Energy Agency, The Structure and Content of Agreements between the Agency and States Required in Connection with the Treaty on the Non-proliferation of Nuclear Weapons, INFCIRC/153, 1972.

中国主张,既要在确保实现防扩散目标的前提下,保障各国特别是发展中国家和平利用和分享双用途科技及产品的权利,也要杜绝任何国家以和平利用为借口从事扩散活动。①

多年来,中国广泛参与了多边防扩散机制建设,积极推动这一机制的不断完善和发展,签署了与防扩散相关的所有国际条约,并参加了大多数相关国际组织。

在核领域,中国于1984年加入国际原子能机构,自愿将自己的民用核设施置于该机构的保障监督之下;1992年,中国加入《不扩散核武器条约》;中国积极参与了日内瓦裁军谈判会议有关《全面禁止核试验条约》的谈判,为该条约的达成作出了重要贡献,并于1996年首批签约;1997年中国加入桑戈委员会;1998年中国签署关于加强国际原子能机构保障监督的附加议定书,并于2002年初正式完成该附加议定书生效的国内法律程序,成为第一个完成上述程序的核武器国家。

中国积极支持国际原子能机构为防范潜在的核恐怖活动作出贡献,积极参加《核材料实物保护公约》的修约工作,并发挥了建设性作用。② 为实现朝鲜半岛无核化的目标,中国为推进朝核问题"六方会谈"进程不懈努力;中国主张以外交手段通过对话解决伊朗核问题,并为推动伊核问题在国际原子能机构框架内妥善解决发挥了建设性作用(参见专栏9.6)。

专栏9.6

伊朗核问题

20世纪50年代,伊朗开始了核能源开发活动,并在当时得到美国及其他西方国家的支持。1980年美伊断交后,美国曾多次指责伊朗以"和平利用核能"为掩护秘密发展核武器,并对其采取"遏制"政策。国际原子能机构也多次就伊朗核问题作出决议,2010年6月,安理会通过了"史上最严厉"制裁伊朗方案。

2015年7月14日,经过多年艰苦谈判,伊朗核问题最后阶段谈判终于达成历史性的全面协议。7月20日,联合国安理会通过决议,支持伊朗核问题的协议。这意味着长达10年的伊朗制裁将被取消。若伊朗在未来十年内违反协议,联合国将重新对其进行制裁。

然而,好景不长,2018年5月,美国总统特朗普单方面宣布退出伊核协议,随后美国政府陆续重启并新增一系列对伊严厉制裁措施。作为对美国单方面退出伊核协议的反制,自2019年5月起,伊朗已先后分四个阶段中止履行伊核协议部分条款,涉及伊朗浓缩铀和重水储量限制以及铀浓缩丰度限制。美伊双方的行为使伊核问题充满了变数。

在伊核问题上,中国充分展示负责任大国风采。自2006年美、英、法、俄、中、德六国磋商机制确立以来,中国从未缺席任何一轮谈判,并在其中发挥着调解、缓冲的作用。在谈判过程中,中国始终运筹帷幄,秉持客观公正立场,积极劝和促谈,为各方穿针引线,为通过政治、外交手段和平解决问题竭尽全力。多年来,中方一直积极推动美伊直接对话,同伊朗以及其他各方都保持着良好的互动,在解决伊朗核问题时起到了独特的、建设性的作用,尤其

---

① 参见国务院新闻办公室:《中国的防扩散政策和措施》,http://www.china.com.cn/ch-book/20031202/index.htm,最后访问日期:2020年5月8日。
② 同上。

是在谈判出现困难时,展示出足够的耐心、善意和诚意,在推动对话继续进行方面发挥了重要作用。

资料来源:
1. 外交部:《中国将继续致力于维护和执行伊朗核问题全面协议》,https://www.fmprc.gov.cn/web/wjbxw_673019/t1562745.shtml,最后访问日期:2020年5月8日;
2. 新华网:《特朗普宣布美国退出伊核协议》,http://www.xinhuanet.com/world/2018-05/09/c_1122803379.htm,最后访问日期:2020年5月8日。

中国积极支持有关国家建立无核武器区的努力,签署并批准了《拉丁美洲禁止核武器条约》《南太平洋无核武器区条约》和《非洲无核武器区条约》的相关议定书。中国已明确承诺将签署《东南亚无核区条约》相关议定书,并支持建立中亚无核区的倡议。

(二)中国核不扩散的国内立法和制度

中国坚持对核出口和核材料管制等方面进行严格的管理和控制。在核材料管理方面,中国自加入国际原子能机构后,就建立了核材料衡算和控制系统,以及符合《核材料实物保护公约》要求的核材料安保系统。中国政府于1987年颁布了《核材料管制条例》,对核材料实行许可证制度,明确规定了核材料监督管理部门和职责、核材料管制办法、核材料许可证的申请、审查和颁发、核材料账务管理、核材料衡算、核材料实物保护及相关奖励和惩罚措施等。

中国的核出口由国务院指定的单位专营,并坚决贯彻核出口保证只用于和平目的、接受国际原子能机构保障监督、未经中国政府许可不得向第三国转让等三项原则。1997年,中国政府颁布了《核出口管制条例》,阐述了中国政府的上述原则,以及不主张、不鼓励、不从事核武器扩散,不帮助他国发展核武器,禁止向未接受国际原子能机构保障监督的核设施提供帮助,不对其进行核出口或开展人员、技术交流与合作的政策。条例还规定对核出口实施严格的审查制度,对违规行为采取严厉的处罚措施,并制定了全面详细的管制清单。

1998年,中国政府又颁布了《核两用品及相关技术出口管制条例》,重申将严格履行不扩散核武器的国际义务,对核两用品及相关技术出口实行严格管制,对有关出口实行许可证管理制度,并确立了出口经营者登记制度、出口审批程序和违规行为的处罚办法等。2001年12月通过的《刑法》修正案将非法制造、买卖、运输放射性物质的行为定为犯罪,并予以刑事处罚。

构建核保障法律制度是履行核不扩散国际公约义务的需要和核领域国际合作的重要方面。我国正在制定《原子能法》,将从顶层设计上进一步完善包括核保障在内的核不扩散法律制度。[①]

[①] 我国司法部发布的《原子能法(征求意见稿)》(2018年)第6章"核进出口和国际合作"对核出口、核两用品及相关技术出口的清单控制和许可制度、核扩散敏感物项出口的严格限制、核进口承诺义务履行、参与核领域多边防扩散机制的建设等内容作出了规定。

【本章思考题】

1. 简述核安保与核不扩散的概念以及两者的联系和区别。
2. 核安保领域有哪些国际法律文件,主要制度是什么?
3. 什么是核保障,其与核不扩散是什么关系?
4. 试述我国在核安保领域的主要立法和制度措施。
5. 简述中国核不扩散的国家立场。

参 考 文 献

1. 朱华:《核电与核能》(第2版),浙江大学出版社2020年版。
2. 张廷克等主编:《中国核能发展报告(2019)》,社会科学文献出版社2019年版。
3. 胡帮达:《核法中的安全原则研究》,法律出版社2019年版。
4. 国际原子能机构:《放射性物质安全运输条例》(2018年版),第SSR-6(Rev.1)号,2019年。
5. 陈刚主编:《核损害责任法律法规汇编》,法律出版社2018年版。
6. 陆浩主编:《中华人民共和国核安全法解读》,中国法制出版社2018年版。
7. 国际原子能机构:《根据不扩散核武器条约的要求国际原子能机构与各国之间的协定的结构和内容》(2018年版),第INFCIRC/153号,1972年首版。
8. 许安标、刘华、王毅韧主编:《中华人民共和国核安全法释义》,中国民主法制出版社2017年版。
9. 《中华人民共和国核与辐射安全法律法规规章全书》编委会编:《中华人民共和国核与辐射安全法律法规规章全书》,法律出版社2017年版。
10. 国家核安保中心:《核安保事件辐射应急响应》,中国原子能出版社2017年版。
11. 伏创宇:《核能规制与行政法体系的变革》,北京大学出版社2017年版。
12. 国际原子能机构:《核电厂安全:设计》,第SSR-2/1(Rev.1)号,2016年。
13. 福岛手册发行委员会:《福岛十大教训——为守护民众远离核灾》,福岛手册委员会2015年版。
14. 核安全立法知识读本编委会编:《核安全立法知识读本》,人民交通出版社2015年版。
15. 环境保护部核与辐射安全监管二司、环境保护部核与辐射安全中心编:《日本福岛核事故》,中国原子能出版社2014年版。
16. 郭位:《核电 雾霾 你——从福岛核事故细说能源、环保与工业安全》,北京大学出版社2014年版。
17. 国际原子能机构:《国际辐射防护和辐射源安全基本安全标准》,第GSR Part 3号,2014年。
18. 国际原子能机构:《核安保基本法则:国家核安保制度的目标和基本要素》,国际原子能机构《核安保丛书》第20号,2014年。
19. 国际原子能机构:《设施退役》,第GSR Part6号,2014年。
20. 国务院法制办公室农林城建资源环保法制司、环境保护部政法司、辐射源安全监管司编:《放射性废物安全管理条例释义》,中国法制出版社2013年版。
21. 国务院法制办公室农林城建资源环保法制司、环境保护部政法司、辐射源安全监管司编著:《放射性物品运输安全管理条例释义》,中国法制出版社2013年版。
22. 国际原子能机构:《核材料和核设施实物保护的核安保建议》,国际原子能机构《核安保丛书》第13号,2012年。
23. 国际原子能机构:《促进安全的政府、法律和监管框架》,第GSR Part 1号,2010年。
24. 刘坤贤等主编:《放射性废物处理与处置》,中国原子能出版社2012年版。
25. 国际原子能机构和经济合作与发展组织核能机构联合编制:《国际核和放射事件分级表使用者手

册》(2008年版),国际原子能机构2012年。

26. 陈刚:《国际原子能法》,中国原子能出版社2012年版。

27. 〔美〕约翰·塔巴克:《核能与安全——智慧与非理性的对抗》,王辉、胡云志译,商务印书馆2011年版。

28. 徐原总译审、陈刚主编:《世界原子能法律解析与译编》,法律出版社2011年版。

29. 臧希年编著:《核电厂系统及设备(第二版)》,清华大学出版社2010年版。

30. 王喜元编著:《从核弹到核电:核能中国》,中国科学技术大学出版社2009年版。

31. 高宁:《国际原子能机构与核能利用的国际法律控制》,中国政法大学出版社2009年版。

32. 赵仁恺、阮可强、石定寰主编:《八六三计划能源技术领域研究工作进展(1986—2000)》,中国原子能出版社2001年版。

33. 国际原子能机构:《国际原子能机构安全术语:核安全和辐射防护系列》,第GSR Part 3号,2007年。

34. 国际原子能机构:《基本安全法则》,第SF-1号,2007年。

35. 张穹、李干杰主编:《民用核安全设备监督管理条例释义》,中国法制出版社2007年版。

36. 阎政:《美国核法律与国家能源政策》,北京大学出版社2006年版。

37. 张穹、王玉庆主编:《放射性同位素与射线装置安全和防护条例释义》,中国法制出版社2005年版。

38. 国际原子能机构:《核电厂厂址评估中的外部人为事件》,第NS-G-3.1号,2005年。

39. 蔡先凤:《核损害民事责任研究》,原子能出版社2005年版。

40. 朱继洲主编:《核反应堆安全分析》,西安交通大学出版社2004年版。

41. 李鹏:《起步到发展:李鹏核电日记》(上、下),新华出版社2004年版。

42. 曹康泰、解振华、李飞主编:《中华人民共和国放射性污染防治法释义》,法律出版社2003年版。

43. 国际原子能机构:《核动力厂和研究堆的退役》,第WS-G-2.1号,1999年。

44. 陈春生:《核能与法之规制》,台湾月旦出版社股份有限公司1995年版。

45. 赵世信、林森等编:《核设施退役(I)》,原子能出版社1994年版。

46. Abdullah Al Faruque, *Nuclear Energy Regulation, Risk and The Environment*, Routledge, 2019.

47. International Atomic Energy Agency, Developing a National Framework for Managing the Response to Nuclear Security Events, IAEA Nuclear Security Series No. 37-G, 2019.

48. International Atomic Energy Agency, IAEA Safety Glossary, 2018 Edition, 2019.

49. Helen Cook, *The law of Nuclear Energy*, Sweet & Maxwell, 2018.

50. International Atomic Energy Agency, The 1997 Vienna Convention on Civil Liability for Nuclear Damage and the 1997 Convention on Supplementary Compensation for Nuclear Damage—Explanatory Texts, IAEA International Law Series No. 3 (revised), 2017.

51. International Atomic Energy Agency, The Fukushima Daiichi Accident, Report by the Director General, 2015.

52. International Atomic Energy Agency, Construction for Nuclear Installations, No. SSG-38, 2015.

53. Christian Raetzke(ed), Nuclear Law in the EU and Beyond, Nomos, 2014.

54. Michael D. Rosenthal, *Deterring Nuclear Proliferation_ The Importance of IAEA Safeguards (A Textbook)*, Brookhaven Science Associates, LLC, 2013.

55. The National Diet of Japan, The Official Report of the Fukushima Nuclear Accident Independent Investigation Commission, 2012.

56. Stewart, Richard B., *Fuel Cycle to Nowhere: U.S. Law and Policy on Nuclear Waste*, Vanderbilt University Press, 2011.

57. Miranda A. Schreurs, *Fumikazu Yoshida: A Political Economic Analysis of A Nuclear Disaster*,

Hokkaido University, 2011.

58. International Atomic Energy Agency, The International Legal Framework for Nuclear Security, IAEA International Law Series No. 4, 2011.

59. J. Samuel Walker and Thomas R. Wellock, *A Short History of Nuclear Regulation: 1946-2009*, U. S. Nuclear Regulatory Commission, 2010.

60. C. Stoiber, A. Baer, N. Pelzer, et al., *Handbook on Nuclear Law: Implementing Legislation*, International Atomic Energy Agency, 2010.

61. Doyle, J., *Nuclear Safeguards, Security and Non-proliferation*, Butterworth-Heinemann, 2008.

62. Nuclear Regulatory Commission, Effective Risk Communication—The Nuclear Regulatory Commission's Guideline for External Risk Communication, NUREG/BR-0308, 2004.

63. C. Stoiber, A. Baer, N. Pelzer, et al., *Handbook on Nuclear Law*, International Atomic Energy Agency, 2003.

64. International Atomic Energy Agency, IAEA Safeguards Glossary, International Nuclear Verification Series No. 3, 2003.

65. International Atomic Energy Agency, External Human Induced Events in Site Evaluation for Nuclear Power Plants, No. NS-G-3.1, 2002.

66. David Fischer, *History of the International Atomic Energy Agency: The First Forty Year*, International Atomic Energy Agency, 1997.

67. G. M. Ballard, *Nuclear Safety: After Three Mile Island and Chernobyle*, Elsevier Applied Science Publishers Ltd, 1988.

文件索引

标准化法　13
不扩散核武器条约　2,10,17,46,49,52,53,55,56,
　　93,209,211,212,214
掺工业废渣建筑材料产品放射性物质控制标准
　　(GB9196—88)　102
处理联合国与国际原子能机构关系协定　17,75
促进安全的政府、法律和监管框架　42,60
大亚湾核电厂周围限制区安全保障与环境管理条例
　　9,25
低放废物政策法修正案　21
电离辐射的最大容许标准　23
电离辐射防护及辐射源安全基本标准　134
东南亚无核区条约　215
东南亚无核武器区条约　209,211
对外贸易法　28
乏燃料管理安全和放射性废物管理安全联合公约
　　19,38,39,44,143,158
反恐怖主义法　206
防止辐射损害的技术标准法　19
放射防护规定　23
放射卫生防护基本标准　102
放射线障害防止法　18
放射性材料和废物可持续管理规划法　143
放射性废物安全管理条例　9,84,94,140,142,144
放射性工作人员的健康检查须知　23
放射性工作卫生防护暂行规定　23
放射性固体废物贮存、处置许可证审批事项　94
放射性同位素工作的卫生防护细则　23
放射性同位素工作卫生防护管理办法　23
放射性同位素与射线装置安全和防护条例　9,25,
　　84,93,131—135,162
放射性污染防治法　2,8,12,13,25,42,49,54,65,
　　66,84,87—96,99,107,123,125,132—135,140,
　　143,155—157,175,177,206,207
放射性物品道路运输管理规定　98
放射性物品运输安全管理条例　9,25,61,84,94,
　　139,145—149,206,207
放射性物质道路运输法　21
放射性物质法　21
放射性物质污染应对特别措施法　174
放射源安全与安保行为准则　199
放射源编码规则　197
非洲无核武器区条约　209,211,215
芬兰核能法　33
辐射防护法　20
辐射污染防治条例　9,28
高放废物最终处置法　21
公共安全措施、林业防火保护和重大风险预防组织
　　法　21
关于核能领域第三者责任的68—943号法　19
关于超设计基准外部事件缓解策略要求进行许可证
　　修改的命令　22
关于大规模破坏性武器的联合国安理会1540号决
　　议　198
关于海上核材料运输民事责任的布鲁塞尔补充公
　　约　177
关于核能领域中第三方责任的巴黎公约(巴黎公
　　约)　17
关于核能领域中第三方责任的布鲁塞尔补充公约
　　(布鲁塞尔补充公约)　17
关于核设施的63—1228号政令　19
关于核损害民事责任的维也纳公约　11
关于核损害民事责任的维也纳公约(维也纳公
　　约)　17

文件索引

关于加强核电厂核与辐射安全信息公开的通知　45
关于可靠的乏燃料池仪表进行许可证修改的命令　22
关于可靠的增强安全壳通风许可证修改的命令　22
关于实时发布国家辐射环境监测网自动监测数据的通知　124
关于适用《维也纳公约》和《巴黎公约》的联合议定书　20,178
关于制止资助恐怖主义的联合国安理会第1373号决议　198
广东省核电厂环境保护管理规定　10,25
国防科技工业军用核设施定期安全审评管理办法　9
国际辐射防护和辐射源安全基本安全标准　99,101
国际原子能机构安全术语　2
国际原子能机构规约　2,10,11,17,20,48,55,57,75,76,209,211,213
国家安全法　55
国家核电发展专题规划(2005—2020年)　12
国家核应急预案　38,156,157,159—161
国家环境保护总局辐射事故应急预案　162
国家环境政策法　18
国务院关于处理第三方核责任问题给核工业部、国家核安全局、国务院核电领导小组的批复　175,185,186
国务院关于核事故损害赔偿责任问题的批复　175,184,186,188,194
伽马源　135
海洋倾废管理条例　13
和平利用原子能和防止其危害法　19
核安全与核安保委员会建立与运作法　59
核安保基本法则：国家核安保制度的目标和基本要素　199,203,205,207
核安保事件辐射应急响应　158
核安保条例　206
核安保条例(征求意见稿)　26,206
核安全、研究、发展和演示法　20
核安全法　2,8,12—14,19,26,28,32,34,35,37—43,45—49,52,54,62,65—69,71—74,84,87—94,96—99,107,111—114,117—119,121—128,136,137,139,140,143,144,146,150,151,155,156,158—161,175,177,180,182,183,188,206,207

核安全公约　2,10,19,21,32,33,37—39,41,44,49,51,54,60,107,111,119—123,158
核安全和辐射防护法　20,99
核安全信息公开办法　45,71,72
核安全行动计划　21
核材料管制条例　9,25,55,84,96,206,215
核材料和核设施实物保护的核安保建议　199,200
核材料实物保护公约　10,46,49,52,55,93,198—203,206,207,214,215
核材料实物保护公约修订案　39,55,198,199,201
核出口管制清单　52,93
核出口管制条例　9,25,27,28,52,56,84,93,215
核电厂常规岛设计规范　115
核电厂厂址选择安全规定　89,113
核电厂核事故应急管理条例　9,13,25,156,157
核电厂在役检查无损检验技术能力验证实施办法(试行)　9
核电厂质量保证安全规定　117
核电管理条例(送审稿)　26
核电站乏燃料处理处置基金征收使用管理暂行办法　128,140,143
核动力厂、研究堆、核燃料循环设施安全许可程序规定　89—91
核动力厂环境辐射防护规定　125
核动力厂设计安全规定　35,114,115
核动力船舶营运者责任公约　177
核反应堆安全分析　109
核废物政策法　20,143
核废物政策法修正案　21
核活动法　20
核监管委员会财政年授权法　20
核进出口及对外核合作保障监督管理规定　94
核科学技术研究、发展和培训区域性合作协定　10,17,49
核两用品及相关技术出口管制清单　52
核两用品及相关技术出口管制条例　9,25,27,28,52,56,84,94,215
核设施法　19
核事故或辐射紧急情况援助公约　38,49,51,155,158,161,198
核事故或辐射紧急援助公约　10
核事故或辐射事故紧急情况援助公约　19
核损害补充赔偿公约　20,21,150,168,172,178,

180,188,193,194
核损害民事责任法 182
核损害赔偿法 19,21,168,189
核透明与安全法 45,59,61,70,74
核责任法 19
环境保护部(国家核安全局)核与辐射安全监管信息公开方案(试行) 45
环境保护法 8,12,45
环境保护条例 9
环境信息公开办法(试行) 45
基本安全原则 20,30,34,41,43,60
及早通报核事故公约 10,19,38,44,49,51,155,158,161,198
加拿大核安全与控制法 40,59
加拿大核责任与赔偿法 32
建设工程质量管理条例 12
建筑材料用工业废渣放射性物质限制标准 102
禁止在海床洋底及其底土安置核武器和其他大规模毁灭性武器条约 17,49
经济合作与发展组织核能署规约 78
军工核安全设备监督管理办法 9
可再生能源法 12,16
矿产资源法 96
矿产资源监督管理暂行办法 13
拉丁美洲禁止核武器条约 209,211,215
立法法 8,9,84
联邦辐射防护指南 99
联合国全球反恐战略 198
联合国宪章 17,75
两用物项和技术出口通用许可管理办法 94
两用物项和技术进出口许可证管理办法 94
罗马尼亚关于核损害民事责任的第703号法 180
马来西亚原子能许可法 180
马斯特里赫特条约 79
美国1946年原子能法 167
美国1954年原子能法 2,18,33,57,63,64,167,183,186,189,190
美国不扩散法 57
美国能源重组法 18,38,39,57,59—61
美国普莱斯—安德森法 18,21,168,178,182,183,189—191,193
民法典 175—177,179,181,182,185
民事诉讼法 187

民用核安全设备监督管理条例 9,13,25,61,84,94,97,98,117
民用核设施安全监督管理条例 9,12,13,24,25,39,55,61,84,89—91,97,98,113,119
南非第47号国家核监管法 180
南极条约 211
南太平洋无核武器区条约 209,211,215
内蒙古自治区环境保护条例 9
能源政策法 20
欧洲经济合作公约 79
欧洲原子能共同体条约 79
企业事业单位环境信息公开办法 45
全面禁止核试验条约 10,11,214
山东省核事故应急管理办法 10
世界核电营运者协会宪章 80
台湾地区核子损害赔偿法 64
台湾地区核子损害赔偿法施行细则 64
台湾地区原子能法 64
特定放射性废物最终处置法 21
天津市放射性废物管理办法 10
宪法 8,9,14,27,84
刑法 8,14,15,27,74,206,207,215
行政许可法 82—84
修订《关于核损害民事责任的维也纳公约》的议定书 20
修订《巴黎公约》议定书 172
修订《布鲁塞尔补充公约》议定书 172
研究堆设计安全规定 125
研究堆营运单位报告制度 117,121
印度核损害民事责任法 21,168
印度核损害民事责任条例 182
印度原子能法 2
英国原子能法 17,18
原子炉等规制法 18,22
原子能法 2,6—8,12,16,18—20,24—26,64,89,168,185,194,206,215
原子能法(草案) 24,186
原子能法(征求意见稿) 2,8,12,26,215
原子能规制委员会设置法 18,22,40,59—61
原子能基本法 2,18,22,57
原子能控制法 17,18
原子能利用联邦法 33
原子能损害赔偿补偿协议法 21,194

文件索引

原子能损害赔偿法　21,168,171,174,180,185,190
原子能损害赔偿支援机构法　22,192
原子能研究所法　18
原子能灾害特别应对法　21,22
运行核电厂经验反馈管理办法（试行）　9
浙江省辐射事故应急预案　164
浙江省核电厂辐射环境保护条例　9
政府信息公开条例　45,69

制止核恐怖主义行为国际公约　10,26,49,52,55,198—201,206,207
中华人民共和国政府和比利时王国政府和平利用原子能合作协定　2
中华人民共和国政府和美利坚合众国政府和平利用核能合作协定　2
中亚无核武器区条约　209,211
注册核安全工程师执业资格制度暂行规定　98

事项索引

A 型容器　147,148
B 型容器　146—148,153
C 型容器　147,148
X 线机　92
安全壳　70,110,111,117,148
安全评价　21,33,37,66,67,114,115,120—122,148,149,151
安全许可　35,37,56,87,90
安全义务　42,43,62,63,65,66,152
安全优先　33,34
安全原则　20,30,31,33—35,52,82,143,158,197
巴黎公约体系　173,179,189,194
半衰期　144,145
保障协议　32,210,213
报告机制　213
本底辐射水平　166
比活度　94,128,129,138,146,147
闭式循环　138
不方便法院原则　188
钚铀氧化物混合燃料　138
财务保证　64,86,176,177,186—190,193,194
采矿资质许可　99
操纵员资格许可　98
操纵员执照　97
产品责任　177,178,182,183
场内恢复行动　162,167
场内应急计划　67,158,159
场外恢复行动　162,167
场外应急计划　158,159
纯粹经济损失　170,174
低能光子源　136
电离辐射　3,7,8,11,15,20,21,23,30,31,33—35,37,38,48,54,59,64,75,79,81,100,101,105,133,137,154,162,170
电离辐射效应　81
电离辐射源　63,107
独立监管原则　30,38,39,52
堆芯　11,16,34,108—110,112,115,117,137
二氧化铀　138,139
发现规则　185
乏燃料　19,26,39,41,49,64,66,68,72,85,94,111,129,131,137—141,144,146,147,151,153,185
乏燃料管理　138,140,141
乏燃料后处理　90,129,137—141,144
乏燃料再循环　138
防护的最优化　30,100
防护和安全　11,31,100,107,140,151
放射线医疗设备　2
放射性废物处理　13,36,66,87,92,94,131,141—144,167
放射性废物处置　11,20,62,64,68,89,95,141,144,145
放射性废物管理　11,14,19,26,32,39,41,44,49,57,61,62,78—80,85,94,102,107,127,131,136,137,141,143,144
放射性废物贮存　94
放射性核素　37,67,94,96,110,124,126,131,138,142,198
放射性核素监测　67
放射性矿产资源　61,62,66,85,87,95,96
放射性同位素　2,3,5,6,14,18,22,23,60,66,85,92—94,132—136,145,146,148,152,161—163,165,166

事 项 索 引

放射性物品　14,36,62,66,94,99,140,141,146—153,207,208
放射性物品运输资质许可　99
放射性物质　7,8,11,15,16,19—21,23,30,32,36,38,43,51,63,66,70,81,85,92,96,100,102—104,107—110,112—114,121,125—128,131,133,135,137,138,140,145—155,160,162,163,166,170,175,192,197,198,202,203,205,207—209,216
放射性物质运输安全　32,145
放射性物质运输许可　92,94,152
放射性炸弹　198
放射源　2,3,8,11,20,32,36,43,62,65,66,71,73,85,92,102,103,105,109,131—137,140,146,162,163,165,166,198,201,206
废旧放射源　36,94,95,136,144,198
风险交流　47,48
风险源　107,111,131,197
辐射　3,5—8,11,14,15,19,20,30—33,35—37,41,42,44,45,51,54,61,62,67,71,72,78,81—83,85,92,99—107,109,110,113—115,120,121,124—126,128,129,131,133,136,137,140,142,145—147,151,152,154—157,159,161—167,170,171,174—176,184,198,199,201,205,206,208
辐射安全　9,10,13,14,23,32,36,45,62,63,94,111,128,141,147,152—154,161,165,195
辐射防护　146
辐射防护标准　81,103
辐射防护干预　105
辐射防护监测　104,128
辐射改性　3
辐射技术　2,6,13
辐射剂量学　103
辐射加工　5
辐射监测　38,68,72,94,120,128,129,141,147,152,153,157,163,165
辐射育种　5
福岛核事故　16,21,22,26,30,35,38,40,45,46,52,60,108,110—112,155,170—172,175,176
概率安全分析　33
概率风险评价　33
高度危险责任　177
高级操纵员执照　97
个人剂量限值　100,101
公众　3,7,8,15,17,18,20—22,25,26,31,36,37,39,44,45,47,48,53,54,64,68—74,79,81,83,84,86,100,101,104,105,108,110,112,114,115,119—121,124—126,128,133,135—138,145,147,154,159—163,165—167,170,171,181,192,194
公众参与　26,45—47,53,68,69,72—74,81,114
供应商追索权　183
孤儿源　133,136,137
固定源　111
国际放射防护委员会　23,81,104
国际公共基金　184,188,195
国际合作原则　30,48,49,51,52
国际原子能机构　5,7,10,11,17,20—22,24,26,30—32,34,36,38,41—44,46—56,58,60—63,74—77,81,100,102,107,108,110,113,115,116,118,122,125,127—129,131—133,136,137,142,143,146—148,153,156,159,162,173,178,199—201,204—206,208—210,212—216
国家补偿　168,184,186,188,189,193,194,196
国家核安全局　3,5,9,13,24—26,33,35,39,45,46,61,62,70,89,91,98,99,105,109,111,112,114,118,122,123,126,176,186,187,198,208
国家能源局　9,26,36,46,59,109,139
国家原子能机构　5,58,59,62,93,139,147,162,206,208,213
核安保　10,11,22,26,31—37,39,40,46—49,52,57,59,60,62,153,159,197—209,217
核安保导则　201
核安全　7—14,17,19—22,24—26,31—33
核安全导则　9,13
核安全峰会　22,52,199,201,207
核安全设备　14
核安全许可　37,71,74,89,99,158
核保障　10,17,31,32,60,197,209,210,212—214,216,217
核不扩散　11,32,49,50,52,197,209—212,214,216,217
核材料　7,12—14,18,26,27,32,38,43,44,46—48,51,52,54—57,59,61,62,64,66,67,72,79,84—86,92,93,95—97,99,100,107,108,140,

141,146,147,151,152,154,168—170,173,176—178,181,182,184,190,191,197—209,211—214,216

核材料衡算和控制系统　216

核材料许可　64,87,95,96,98,216

核查权　213

核承压设备　61

核岛　23,117,118

核岛负挖　117

核第三者责任险　188,190—192

核电厂　4,5,9,10,22,23,25,30,36,37,45,46,51,59,62,71,73,77,79,80,87,89,91,108—125,129,133,141,144,147,154,155,157—161,171,176,191,200,206

核动力厂　14,33,34,71,72,85,87,108,115,116,120,122—124

核动力舰船　154

核法　1,2,6—8,10—12,14—23,25—31,33—37,41,42,44,46—49,51—53,56,60,63—66,68,69,73,74,85,107,108,115,131,146,187,197

核反应堆　4,5,11,16,18,20,57,61,64,70,80,94,117,137,140,141,145,146,154,198,205

核供应国集团　52

核活动　45,55,64,70,79,87,92,98,99,107,131,153,180,184,188,192,193,213

核活动许可　87,92

核技术利用　1—3,5—7,15,25,26,29,36,56,62,92,94,100,131—133,141,143,153,154,163,165,198

核监管委员会　18,20,22,38,39,44,47,48,59—61,64,70,73,115,119,120,129,194

核进出口许可　92—94

核聚变　1,2

核恐怖主义　8,22,26,49—52,199—203,206,207,209

核裂变　1,2,4,64,137,138,169

核能　1—8,10,13,15—19,21—26,28—30,32—75,77—87,89,94,100,102,103,106—108,110,112,120,126,128,133,137,138,140,141,154,156,159,170,176,179,184,188—190,193,195,197—199,201—203,205,208—210,212,213,215

核能利用许可　47,52,82—87,106

核燃料生产制造单位　43

核燃料循环　56,57,68,75,78,85,102,133,138,139,190

核燃料循环设施　11,14,20,36,65,87,108,141,206

核热电厂　87,108

核设备供应商　41

核设施　7—9,14,16,18,19,22,26,32,33,36—39,41—43,46,47,54—56,60—69,71—75,79,84,85,87—95,98,99,102,107,108,110,112—122,124—130,133,138,144,151,154,156,158—162,166,168,170,173,176—178,181,182,185—188,190,192,194,197,199—203,205—208,210,211,213,215,216

核设施安全　14,19,24,36,37,39,41,52,58,61,62,66—68,71,72,78,87,89,90,98,107,108,112,115,119—121,123,129,130,163,201

核设施操纵员　85,87,98

核设施建造可　112

核设施设计单位　43

核设施退役　36,62,64,68,73,78,92,125—130

核设施选址　73,74,87—89,107,112—114

核设施营运单位　14,19,41—44,46,65—68,71—74,87—92,94—96,98,100,113,115,117—129,140,141,143,156—158,160—162,176,178,181,183,184,189,208

核设施营运者　19—21,37,41,42,56,59,64,117,127,151,158,159,169,173,176,178—190,192—195,205

核设施运行　30,37,66,87,89,91,108,115,119—122,124,125,130,138,181

核设施运行资质许可　99

核事故应急　10,20,21,38,58,59,62,67,112,141,154,156—162,167

核损害　11,15—22,43,66,74,79,168—170,172—184,186—190,192—196

核损害救济财务保障机制　188,189,196

核损害赔偿关联责任主体　176

核损害赔偿责任　19,21,22,44,168,176—184,186,188—190,192,194,196

核探测器　2

核应急　11,13,20,22,36—38,60,112,114,141,154,156—162,167

核装置安全　32

事项索引

后处理　12,66,87,108,109,138—142,146,154,
　　175,185
急性放射病　109,137
集中司法管辖　187,188
剂量限值　23,37,42,67,81,100,101,103,104,
　　124,163
加速器　2,5,6,66,85,92,145,146
监督举报权　69,72
建造单位　43
决策参与权　69,72
可得利益　173,174
客观时限　185
跨境应急计划　158,159
冷却剂　110,112,117
链式反应　4,11
邻避　26,46,114,139
临界装置　5,85,87,108,109
流出物　37,67,68,71,72,105,107,124,128,
　　129,131
慢性放射病　137
美国三里岛核事故　16,19,30,33,38,80,109,123,
　　170,171,176
美洲核能委员会　79
欧洲核工业责任保险组织　192
欧洲核互助保险协会　192
欧洲原子能共同体　79
普通工业类容器　147
强制保险　191
切尔诺贝利核事故　16,19,30,38,44,49,51,71,
　　80,108,109,112,124,125,156,170,171,173,
　　176,186
清洁解控水平　94,96,138
区域核能组织　53,74,79
确定性效应　101,102,104,105
燃料元件包壳　110
热阱丧失　110
三里岛核事故　110,112,171,176,192
散布放射性装置　198
桑戈委员会　52,215
设计基准威胁　208
射线装置　2,14,22,23,66,92,93,131—133,135,
　　136,162,163,165,198
深地质处置　66,143

失流　110
实物保护　55,79,84,147,199—203,205,208,216
实验堆　85,87,108
食入应急计划区　158
世界核电营运者协会　50,51,80,123,124
世界核能协会　80,81
首要责任　41,42,52,120,202
寿期　75,91,112,116,122,125,144
四通一平　117
随机性效应　101,102,104
探矿资质许可　99
特种裂变材料　55,77,210,212
天然放射源　102
调试许可　90
透明原则　30,44—47,52,69,73
外照射　105,137,154,163,166
唯一责任　151,168,179,181—184,188,190,196
维也纳公约体系　179,189,194,195
无过错责任　177,179—181,184,190
无核武器区　211,212,216
无限赔偿责任　186,193
洗消　38,162
信息公开　45,47,53,68—72,81,114,125
信息获取权　69
许可证持有人　37,41—43,60—63,86,93,120,
　　132,133,194,203,208
烟羽应急计划区　158
严格责任　180,181
研究堆　5,11,14,20,36,85,87,108
氧化铀浓缩物　148
一回路压力边界　70,110
医用辐射源　107,131
移动源　111
应急辐射干预　105
营运单位　20,65,66,72,80,99,111,116,118,120,
　　122,123,145,176,177
营运者　20,41,63,64,80,86,124,177,180—186,
　　189—191,194,205
铀 235　4
铀矿石　96,211
原子能　1,2,4,6,7,11,12,16—20,24,26—28,32,
　　33,35,38,48,49,54,55,57,59—62,66,71,73—
　　76,78,79,128,147,155,159,169,172,177,178,

227

181,186,189,191,193,195,209—212
原子能规制委员会 22,40,59—61
运输安全 32,36,63,147—149,151—153,201
运行 4,5,11,15,19,24,25,31,34,36—38,43,51,56,61—63,65,66,70,71,80,85,87,89—91,99,107,108,110—113,115—126,129,134,138,141,144,160,178,182,188,203,206,207,210,214
脏弹 197—199
责任保险 15,176,186,189—193,195
责任限制 184,185,196

直接处置 138,140
中国核保险共同体 189,191,192
中国核能行业协会 48,68,69
中子发生器 66,92
中子源 136
重离子治疗加速器 5
主观时限 185
准入控制 35,98
纵深防御 14,33—35,37,42,43,67,70,109,115